Fyns Hoved
315
Hasmark
Hindsholm
Munkebo
165
Kerteminde
Kertinge
315
SEELAND
O3
160
Ullerslev
Fraugde
Sprogø
E20
Korsør
Nyborg
301
315
163
Ørbæk
8
301
Tårup Strand
Tårup
Gislev
9
Kværndrup
Hesselager
Gudme
Lundeborg
Lohals
163
Vejstrup
Vester Skerninge
Svendborg
Dageløkke
Thurø
305
LANGELAND
Tåsinge
Tranekær
9
Tullebølle
Hjortø
Rudkøbing
Spodsbjerg
(neu: Ende 2019)
Ærøskøbing
Strynø
Tårs
Lindelse
Marstal
305
Ristinge
Humble
LOLLAND
Magleby
Bagenkop

specials Dänische Inseln: Fünen, Langeland, Ærø

– eine Auswahl

Weitere Karten und Stadtpläne:

ALEXANDER GEH lebt als freier Autor und Lektor in Offenbach am Main. Seine schöpferischen Pausen erlebt er am liebsten in Skandinavien, je nach Stimmung in den einsamen Hochlandregionen von Norwegen und Schweden, aber auch in Kopenhagen und auf den Dänischen Inseln, wo er sich außerdem regelmäßig zur Recherche aufhält. An den Däninnen und Dänen schätzt er die oft lockere Art mit der Neigung zu Witz und Ironie. So ist es nicht verwunderlich, dass ihm selbst ab und zu ein Troll die Feder führt.

Seine weiteren Titel in der Edition Elch:
Dänische Inseln 2: Lolland, Falster, Møn
Fjordruta – Wandern in Norwegen
Schweden: Småland, Öland, Blekinge (als Ko-Autor)

Ein herzliches Dankeschön an: Henrik Christoffersen-Thorsen, Dennis Hou Holck, Anne Høyby, Charlotte Kennedy, Morten Gert Moritzen, Brian Schiødt Carlson, Sofie Schäfler, Louise Skøtt-Christensen, Søren Vestergaard, Lone Østergaard und an alle LeserInnen, die uns ihre Erfahrungen konstruktiv mitgeteilt haben. Dank gebührt auch meiner Familie, ohne deren Verständnis und Mithelfen ein solches Projekt kaum zu verwirklichen ist.

Alexander Geh

DÄNISCHE INSELN 1:

Fünen, Langeland, Ærø

HELSINKI

OSLO

STOCKHOLM

Edition Elch

Der Autor dieses Reiseführers hat die zusammengetragenen Angaben nach bestem Wissen erstellt, die Redaktion hat sie mit größtmöglicher Sorgfalt überprüft. Trotzdem sind inhaltliche Fehler nicht vollständig auszuschließen. Daher besteht auf die Angaben keine Garantie seitens des Verlages oder des Autors. Im Fall von inhaltlichen Abweichungen übernehmen weder Verlag noch Autor dafür die Verantwortung und Haftung; dies gilt auch im Hinblick auf mögliche Unfälle, zum Beispiel im Rahmen von sportlichen Aktivitäten wie Fahrrad- und Paddeltouren.

LESERTIPPS

Schreiben Sie uns bitte, sofern Sie vor Ort Änderungen erlebt oder falls Sie Ergänzungsvorschläge haben. Wird Ihr Tipp in der nächsten überarbeiteten Ausgabe verwendet, bedanken wir uns mit einem Freiexemplar. Verlag und Autoren freuen sich über jede Wortmeldung. Im Fall elektronischer Post senden Sie Ihre Anmerkungen bitte offen in einer E-mail, nicht als Anhang.

Edition Elch
Stichwort: Dänische Inseln 1
Hamburger Straße 70
D – 63073 Offenbach am Main
E-mail: ee35@edition-elch.de
Internet: www.edition-elch.de

Sechste, vollständig aktualisierte und erweiterte Auflage 2019
(»Dänische Inseln« erschien in den ersten drei Auflagen in einem Band)

ISBN: 978-3-937452-35-7

Elch-Logo: © *Petra Gran*
Fotos: © *siehe Bildnachweis auf Seite 288*
Redaktion und Satz: *Pekka Sjöblom*
Karten und Umschlag: *Brigitte Otto, Konstanz*
Produktion: *druckhaus köthen, Köthen/Anhalt*

Inhalt

Zu jedem Kapitel hat der Autor bis zu 5 **EMPFEHLUNGEN** AUSGEWÄHLT, die die touristische Vielfalt auf Fünen, Langeland, Ærø repräsentieren und damit auch die Geschichte, die Kultur und die Eigenheiten vor Ort. Auch Rad- und Wandertouren sind darunter, diese selbstverständlich aus erster Hand. In jedem Kapitel zu finden gleich auf der Startseite.

▲ Straßenkreuzung mit historischer Beschilderung, bei Ravnholt, westlich von Nyborg. Mit einer guten Straßenkarte oder freundlichem Nachfragen (ggf. auf Englisch) werden Sie sich auf Fünen & Co auch bei fehlender Beschilderung kaum ernsthaft verirren.

ABC Dänische Inseln

ANDERSEN, H.C.

Der Dichter *Hans Christian Andersen* (1805–1875) verlieh dem VOLKSMÄRCHEN eine neue, humorvolle Dimension. Seine Fähigkeit, Tiere, Pflanzen und Dinge menschlich darzustellen, ohne sie ihre ursprüngliche Natur verlieren zu lassen, gilt als unübertroffen. Der Zinnsoldat kann sich freuen und fürchten; nie jedoch verzieht er eine Miene, denn er ist ja aus Zinn. Weniger bekannt, aber auch geschätzt sind Andersens Reisebeschreibungen aus vielen europäischen Ländern.

Aus ärmlichen Verhältnissen in Fünen stammend, erfuhr Andersen erst spät die ihm gebührende Anerkennung. Ab 1819 lebte er bevorzugt in Kopenhagen; während sich die Landeshauptstadt mit einer angemessenen Würdigung immer schwer tat, ist das in seiner fünischen Geburtsstadt Odense ganz anders, wo in jedem Jahr Zehntausende ins H.C. Andersen Haus pilgern und weitere Attraktionen mit seinem Namen verbunden sind.

BARN, BØRN

Apropos Kinder (barn heißt Kind und børn heißt Kinder): Dänemark ist ein kinderfreundliches Land: Ob Wickelgelegenheiten auch in Herrentoiletten; ob ordentliche (statt der billigsten) Kinderstühle in Restaurants und Cafeterias; ob frei verfügbares Spielzeug in öffentlichen Bädern oder dort Wannen in den Duschräumen, worin Kleinkinder gewaschen und, während Papa oder Mama selbst duschen, »geparkt« werden können; ob Spielecken oder gar eigene Abteilungen in vielen Museen oder die vielen Attraktionen, die sich direkt an Kinder wenden – in Dänemark wird einiges getan für die Kleinen, gemäß dem fortschrittlichen Standard in ganz Skandinavien.

CYKEL (= FAHRRAD)

Kompliment, Dänemark hat sich keineswegs auf seinem Nimbus als fahrradfreundliches Land ausgeruht. Besonders in den letzten 25 Jahren sind viele neue Radwege angelegt und miteinander verknüpft worden. Das Radwegenetz unterteilt sich in nationale, regionale und lokale Routen, es gibt (Fern-)Radwanderrouten zum Planen in eigener Regie ebenso wie »Pakete« zum Buchen, bei denen die Suche nach einer Unterkunft entfällt.

Ausländer, das ergaben Umfragen, faszinieren vor allem zwei Dinge an Dänemark: die Kleine Meerjungfrau in Kopenhagen und das Radfahren. Dabei kann es »harte Arbeit« sein, einen Tag gegen den Wind anzukämpfen.

DESIGN

Wer des Designs wegen in dänische Gefilde reist, ist in Kopenhagen besser aufgehoben. Auf Fünen, Langeland, Ærø werden Sie vor allem in Odenses Museen und Shops, in Neubauvierteln sowie bei den Kunsthandwerkern fündig. Aber auch in einem gewöhnlichen Haushaltswarengeschäft!

Oben zu B (wie barn) und E zugleich: Das Schloss Egeskov Slot mit Park ist ein populäres Ausflugsziel, besonders für Familien mit Kindern, die hier reichlich Beschäftigung vorfinden. – Unten zu C (wie cykel): Radweg im Grünen, hier in Odense bei Fruens Bøge. ▶

Dänemark kann nicht billig produzieren; will es auf dem Weltmarkt bestehen, muss dies auf dem Gebiet des Designs und anderer Produktqualitäten erfolgen. Das frühe Einbeziehen von Künstlern verschaffte den skandinavischen Ländern Vorsprung und Renommee in der Designerzunft.

EGESKOV SLOT

Auf Fünen steht das prächtige Schloss, umgeben von einem Wassergraben, einem fantasievollen Landschaftspark und weiteren Attraktionen. Egeskov Slot eignet sich als Ausflugsziel für einen ganzen Tag. Inzwischen ziert ein Nachbau namens »Nixe Castle« einen japanischen Vergnügungspark.

In Dänemark müssen sich die Eigner von Schlössern und anderen herrschaftlichen Anwesen etwas einfallen lassen, um ihre Besitztümer zu erhalten, um die hohen Kosten für Instandhaltungen aufzubringen. Die einen richten noble Hotels und/oder exklusive Restaurants darin ein, andere beschränken sich darauf, ihre Automobilsammlung gegen Eintrittsgeld zur Schau zu stellen. In Egeskov entschied sich die Grafenfamilie Ahlefeldt-Laurvig-Bille für ein ganzheitliches, touristisch ausgerichtetes Konzept, sehr zur Freude der Besucher.

FROKOST

Frokost ist mehr zweites Frühstück als Mittagessen und wird zwischen 12 und 15 Uhr verzehrt. Die Frokost-Kultur kommt vielen Berufstätigen entgegen, die sich zur Mittagszeit mit einer kleinen Mahlzeit begnügen, da sie die Hauptmahlzeit lieber am frühen Abend im Familienkreis einnehmen.

Während gewöhnliche Lokale und Restaurants zur Frokostzeit Tellergerichte oder sogar ein Buffet anbieten, servieren klassische Frokost-Restaurants die legendären *Smørrebrød,* auf Deutsch Butterbrot, mit vielen Belagvarianten.

GASTFREUNDLICH

Ein angenehme Eigenschaft der allermeisten Däninnen und Dänen; sofern die Besucher nicht um Asyl bitten, davon an anderer Stelle mehr. Touristen treffen unterwegs normalerweise auf aufgeschlossene, hilfsbereite Einheimische, was besonders in alltäglichen Situationen wie Einkaufen oder Wegsuche auffällt. Ignorieren oder pampige Antworten sind die Ausnahmen und kommen eher in der Hauptreisezeit vor, wenn unter der großen Zahl an Touristen auch diejenigen mehr werden, die sich nicht zu benehmen wissen; das gilt übrigens für in- wie für ausländische Gäste.

HAFEN IM UMBRUCH

Das stete Wegbrechen produzierender Wirtschaftszweige sorgte in den letzten 30–40 Jahren für Stille in den Häfen – es gibt landesweit nur noch wenige Industriehäfen, für die verlassenen Areale liegen Bebauungspläne vor und sind bereits realisiert worden: Die Umwandlung in Wohn- und Büroflächen ist oft nur ein erster Schritt:

Die Bürger wollen mehr, als nur am Wasser wohnen und darauf schauen; sie wollen dort auch Freizeit verbringen, sich in ein Lokal setzen und in der Nähe einkaufen können.

In Nyborg dauerte es geraume Zeit, solche Wohnungen zu vermitteln, da keine entsprechende Infrastruktur zur Stelle war; inzwischen gibt's ein populäres Café-Restaurant mittendrin; die Entwicklung ist schleppend, aber unaufhaltsam.

Traditionelles Hafenmilieu ist noch auf Ærø in Søby sowie auf Fünen in Assens und Svendborg zu finden.

INFORMATION

Viele deutschsprachige Dänemark-Urlauber glauben, ohne Reiseführer auszukommen in dem kleinen Land da vor der eigenen Haustür. Zumal die Broschüren der Touristenbüros in der Mehrzahl von einem hohen Informationsgehalt sind. Deshalb will dieses Buch auch nicht das Unmögliche leisten, alle Angebote vor Ort einfach nur aufzulisten. Viel mehr liegt dem Autor daran, den Lesern eine sinnvolle Auswahl vorzubereiten. Denn wenn Sie vor Ort etwas unternehmen möchten und sich mit den zwar informativen, allerdings kritiklosen Broschüren der Touristenbüros begnügen, dann fällt die Wahl plötzlich schwer, weil jeder Strand der schonste, jedes Museum das interessanteste und jede Kunstsammlung die wertvollste sein soll ... Und, ein historisches Museum kann noch so spannend aufgemacht sein, doch was nutzt dies, wenn die Texte nur auf Dänisch abgefasst sind? Wohl denen, die einen kompetenten Reisebegleiter zur Hand haben, der die passenden Informationen pro und (wenn es sein muss) contra liefert.

JAHR FÜR JAHR

Kein offizieller Feiertag, aber typisch skandinavisch ist der Mittsommertag, in Dänemark *St. Hans* genannt und am 24. Juni. Am Vorabend wird die kürzeste Nacht des Jahres gefeiert, mancherorts mit großem Feuer, vielerorts mit Musik und Tanz – und sofern es nur irgendwie geht, dann am Wasser. Fragen Sie am besten in Ihrem Feriendomizil nach, wo und wie dort in der Gegend St. Hans begangen wird.

KULTUR

Steht hoch im Kurs bei unseren nördlichen Nachbarn, ihre sehr eigene Esskultur sowieso, jedoch auch die des Wahren, Schönen, Guten. Während in Deutschland Kultur einen im Vergleich geringeren Stellenwert in der Gesellschaft genießt, leistet sich Dänemark sogar ein Kulturministerium und so etwas wie eine Kulturpolitik – obwohl auch diese den Rotstift ansetzt. Insgesamt fließt aber doch einiges Geld an die Kulturschaffenden und die -träger. Viele Kulturträger basieren auf privaten Initiativen und großen Stiftungen (zum Beispiel von Konzernen), deren finanzielles Engagement steuerliche Vergünstigungen belohnen. Das gilt für den A.P. Møller Fond, die reichste private Stiftung im Land, die Kopenhagen mal eben ein Opernhaus spendierte. Womit sich der greise, mittlerweile verstorbene Fondchef selbst ein Denkmal setzte, indem er von der Architektur bis zum Übungsbarren der BalletttänzerInnen überall mitmischte – aber das ist eine andere Geschichte.

Gleich mehrere Stiftungen gehen auf die Brauerei Carlsberg zurück: Mit jeder Flasche Carlsberg und Tuborg fließen einige Øre in Kulturetats (und Wissenschaft). Der Vollrausch als Hingabe an die Kulturförderung!

LYKKELIG (= GLÜCKLICH)

Ja, sie sind ein eigenes Völkchen. Und laut eigener Aussage das glücklichste, zumindest in der Europäischen Union. Nachdem regelmäßige Umfragen gut 30 Jahre lang dieses immer gleiche Resultat ergaben, schickten sich vor einigen Jahren Wissenschaftler von der Universität in Odense (auf Fünen) an, das Warum zu ergründen. Und siehe da – im Gegensatz zu vielen anderen Europäern haben die Däninnen und Dänen nur geringe Erwartungen an die Zukunft. Sie halten sich für glücklich – jedoch »nur jetzt gerade, und wahrscheinlich nicht für lange«. Beflügelt wurde diese außerordentliche Zufriedenheit vom Gewinn der Fußball-Europameisterschaft 1992, der als erster internationaler historischer Triumph seit vielen Jahrhunderten empfunden wurde.

MADPAKKE

Eine von mehreren Besonderheiten in der dänischen Esskultur, ein Synonym für den Picknickkorb: Es muss ja kein Korb sein, in dem sich die Leckereien befinden. An öffentlichen Orten, die im »Verdacht« stehen, gemütlich zu sein, sind häufig Tische und Bänke platziert, wo der Inhalt des Madpakke verzehrt werden kann. Selbst in Museen, Parks von Schlössern etc. sind outdoor mitunter solche Plätze ausgewiesen; dort kann es heißen: *Medbragt mad kan nydes, drikkevarer skal købes.* Soll heißen: Mitgebrachtes Essen kann genossen (!) werden, Getränke sind zu kaufen.

NOCH 'NE NUMMER

Ob in der Apotheke, bei Behörden, in der Postfiliale – Sie ziehen am Automaten einen Nummernzettel, der die Reihenfolge der Wartenden festhält.

Sind Sie an der Reihe, erscheint Ihre Nummer auf einer Anzeigetafel, begleitet von einem akustischen Signal. Drängler sind chancenlos.

OTTER

Dass im Jahr 2008 ein Otter auf Fünen überfahren wurde, mag sich zunächst alles andere als bedeutungsvoll lesen. Ist es aber. Denn das war der erste wild lebende Otter, der seit 30 Jahren auf Fünen gesichtet worden war. Dänemarks Landwirtschaft ist zwar weiterhin intensiv und trägt ihren Teil dazu bei, sollte die Ostsee biologisch doch umkippen. Dennoch haben weniger auf den Feldern ausgebrachte Mittel und mehr Brachflächen dazu geführt, dass (so gut wie) ausgerottete Tiere zurückfanden, wie Seeadler, Bachforellen, Unken oder in Jütland Biber. Inzwischen haben sich im Osten Fünens andere Otter etabliert und halten sich hoffentlich vom Straßenverkehr fern.

PREISE

Zugegeben, ganz billig ist Dänemark nicht; die jahrelange Hochkonjunktur hat das Preisniveau eher noch angehoben. Es gibt aber einige Wege und Auswege, um Geld zu sparen, ob beim Übernachten, ob das Quantum mitgebrachter Lebensmittel – eher für jene gedacht, die wirklich jeden (!) Euro umdrehen müssen – oder die Urlaubsgestaltung mit Fahrrad, Kajak, Kanu oder per pedes anstatt vieler motorisiert zurückgelegter Kilometer. Wer kann, bucht das Quartier ohnehin in der Nebensaison. Und geht mittags ins Restaurant und nicht abends.

QUASSELN

Das beherrschen viele Däninnen und Dänen. Das schnelle Sprechen ist für alle ein Problem, die sich in der Sprache der Gastgeber versuchen wollen, denn sie werden ohne längere Übung schlicht und ergreifend nichts verstehen. Im Gegenzug führen putzige Dänisch-Versuche von Ausländern rasch zur Entgegnung: »What do you want?« Insofern sind all die Büchlein, mit denen Reisebuch-Verlage so etwas wie »Dänisch für Anfänger« zu barer Münze machen wollen – Quatsch.

ROYALS

Margrethe II. ist eine geistreiche Königin. Sie illustrierte Bücher, etwa die dänische Ausgabe von »Herr der Ringe« (1977), gestaltete Briefmarken, entwarf Bühnenbilder und Kostüme und übersetzte mit ihrem französischstämmigen, 2018 verstorbenen Ehemann, Prinz *Henrik,* einen Roman Simone de Beauvoirs ins Dänische.

Ihre Söhne, Kronprinz *Frederik* und Prinz *Joachim,* erfüllten zunächst die öffentlichen Erwartungen und gaben sich mit losen Autos und schnellen Frauen ab, oder umgekehrt. Nun sind beide unter der Haube, der Benjamin sogar schon zum zweiten Mal. Kronprinz Frederik feierte 2018 seinen 50. Geburtstag und lebt mit der aus Australien stammenden, ungemein populären Kronprinzessin *Mary* in Kopenhagen, wo er sich auf seine zukünftige Rolle als König vorbereiten darf: Als schillerndste Stationen gelten dabei seine Teilnahme an einer Grönlandexpedition und seine Kandidatur für das Internationale Olympische Komitee, die nicht zum ersten Mal öffentliche Diskussionen über seine Reife auslöste, denn in »feiner Gesellschaft« befindet er sich dort nicht und als Diplomat zum Guten fiel er bisher ebenso kaum auf. Zurück zur Familie, das Paar hat vier Kinder, das älteste heißt Christian, was dem männlichen Namensturnus in der Erbfolge entspricht.

Im Jahr 2022 steht das 50. Thronjubiläum der Königin an...

SCHWARZBROT

Nicht nur beim Drängeln (siehe: Noch 'ne Nummer) müssen sich deutsche Touristen in Dänemark umstellen: Ihr geliebtes bissfestes Schwarzbrot (mit harter Kruste) hat im Norden Europas keine Tradition. Dänisches Brot ist im Vergleich meist weich, das Weißbrot ohnehin, aber auch das dunkle. In Supermärkten ist immerhin verpacktes (importiertes) Mischbrot in Scheiben zu erstehen, mancherorts sogar Vollkornbrot. Ökologische *(økologiske)* Lebensmittel sind auf dem Vormarsch.

TOURISMUS

Dänemarks Fremdenverkehr tritt doppelt an: Für die Masse werden Imagekampagnen und Anzeigen in Medien geschaltet, doch mit den Sonne- und Fusel-Resorts im Süden zu konkurrieren, dies wäre kaum ergiebig. Vielversprechender scheint die Strategie, die Lebensqualität im Norden zu vermitteln: gesundes Klima, Gastfreundlichkeit, Radwege und Kajakrouten, auch die Strände, weitere Aktivitäten in der Natur, vielerorts sauberes Wasser, an lauschigen Plätzen einen Café schlürfen, nordisches Design. Besonders der Aktivtourismus ist im Aufwind, und so sehr, dass übliche Sehenswürdigkeiten wie Museen merklich an Publikum eingebüßt haben.

UNTERKUNFT

Ob Ferienhaus oder Rundreise – beides hat Vor- und Nachteile: Mobilität gegen eine feste Bleibe ohne ständige Suche. Dieses Buch eignet sich für beide Zielgruppen. Eindrucksvoll ist die Vielfalt, wie Sie übernachten können, ob Hotel, B & B, Bauernhof, Danhostel (Jugendherberge), Ferienhaus oder Ferienpark, unterm Himmelszelt usw.

VIN (= WEIN)

Der Klimaveränderung macht's möglich: Seit 2000 dürfen dänische Weinbauern ran, 2007 genehmigte die EU den ersten Jahrgang. Hauptberuflich arbeiten jedoch die wenigsten Winzer in ihrem Metier. Beim renommierten Weinwettbewerb »Mundus Vini« errangen einige dänische Weine Auszeichnungen in Gold und Silber, zuletzt 2 x Silber in 2017.

WIND- UND WASSERMÜHLEN

Sind schon lange nicht mehr ökonomisch und wären fast samt und sonders abgerissen worden, bis man sich der kulturhistorischen Bedeutung bewusst wurde. Inzwischen sind zahlreiche Mühlen restauriert und funktionsfähig, ein beliebtes Ausflugsziel. Das Knowhow kam einst von außen, aus Holland die Windmühlentechnik, aus England führten Zisterziensermönche den Wassermühlen-Betrieb ein.

Wer sich Mitte Juni im Land aufhält: Jedes Jahr findet dann an einem Sonntag der Dansk Mølledag statt, wenn viele der historischen Mühlen Schauplatz von Feiern und Veranstaltungen sind und (nach Möglichkeit) in Betrieb gesetzt werden.

Aber auch neue Windmühlen machen von sich reden. Das Land exportiert in großem Stil Windkraftanlagen, die Firma »Vestas« hatte 2017 einen Weltmarktanteil von knapp 15 %.

ZAHLEN

Müssen Sie immer noch mit dänischen Kronen und Øre. Dänemark ist bisher kein Euroland; jedoch viele Däninnen und Dänen haben ihren ablehnenden Volksentscheid schon bereut. Es sollte zwar nur eine Frage der Zeit sein, in diesen unruhigen Zeiten allerdings... An einigen touristisch stark frequentierten Orten können Sie bereits in Euro als Parallel-Währung bezahlen, nur ein verlässliches Netz gibt es nicht.

ÆBLE

Das Wort für Apfel. Obst wie Gemüse müssen Dänemark-Urlauber nicht im Supermarkt kaufen, das gibt's vielerorts ebenso am Straßenrand aus privater Hand: Die Präsentation ist recht individuell, mancher Stand mit Hingabe gezimmert und gepflegt. Bezahlen ist Ehrensache, die Kasse anbei. Auch Trödelware u.a. wird so dargeboten.

Ø

Im Dänischen und Norwegischen geläufiger Sonderbuchstabe und gleichzeitig das Wort für Insel. *Øhav* ist das Inselmeer, und *det sydfynske øhav* das Südfünische Inselmeer als Eigenname.

Å

Noch ein Buchstabe, der auch Wort ist: *Å* bedeutet Fluss/Bach; für uns interessant ist der Odense Å als Paddelrevier.

Skovsgaard Mølle im Süden von Langeland (siehe Seite 242) ▶

Vor der Reise

Information zu Hause

Dänemarks offizielle Tourismuszentrale heißt »VisitDenmark«, die deutsche Filiale hat ihren Sitz in Hamburg. Telefonisch bekommen Sie dort nur allgemeine Auskünfte, nichts Spezielles über Regionen. Die Website www.visitdenmark.de ist eine Art Datenbank aus touristischen Einträgen, schwer zu navigieren und soll demnächst einem Relaunch unterzogen werden.

BESSER ist es, DIREKT die für Fünen samt umliegenden Inseln zuständige Touristenbetreuung anzusteuern:

◎ **VISITFYN**, Forskerparken 10 C, DK –5230 Odense M, visitfyn@udvikling fyn.dk, www.visitfyn.de.

Die Website ist so strukturiert, dass Sie sowohl über Themen (wie Aktivurlaub) als auch über Regionen/Städten und Inseln oder über Praktisches (wie Unterkunft und Veranstaltungen) an die erhofften Auskünfte gelangen können. Unter »Reiseplanung« findet sich ein knappes A–Z. Bei konkreten Nennungen z.B. von Hotels im Menü »Übernachtung« können Sie davon ausgehen, dass diese bezahlt wurden und nicht auf objektiver Auswahl beruhen. Für den Hinterkopf: Es geht in erster Linie ums Verkaufen und eher zweitrangig um Information; das gilt auch für die Touristenbüros vor Ort:

◎ GEZIELTE Fragen an **TOURISTENBÜROS IN DÄNEMARK** helfen bei der Urlaubsplanung. Die Kontaktdaten der lokalen Touristenbüros finden Sie in den einzelnen Kapiteln ab Seite 100, jeweils im Anschluss an den einleitenden Text unter der Rubrik »Information«. – www.visitfyn.de verlinkt in seinem »A–Z« unter »Reiseplanung« zur »Touristeninformation«.

◎ Die **WEBSITES** der Touristenbüros basieren fast alle auf der erwähnten Datenbank-Struktur. D.h. es gilt einen großen Datensatz zu pflegen, was abhängig vom Etat ist. Wundern Sie sich also nicht, wenn Links vom Speziellen ins Allgemeine wechseln oder von der deutsch- in die dänischsprachige Version oder schlicht im Nirwana enden. Das ist keineswegs die Regel, kommt aber überraschend häufig vor, da die Branche unter andauerndem Kostendruck steht. Um keine allzu negativen Erwartungen zu wecken, sei angefügt, dass die Touristenbüros vor Ort professionell arbeiten und bemüht sind.

◎ **REISEBÜROS**, die auf Skandinavien spezialisiert sind, haben mitunter Rabattsysteme im Angebot, die Ermäßigungen für Transport sowie Unterkunft geben oder miteinander kombinieren.

Botschaften

Für EU-Bürger wird kaum ein direkter Kontakt notwendig sein. Die Webseiten sind aber eine Fundgrube bei der erfreulich objektiven Vorab-Information über Land und Leute.

Der Test von Touristik-Apps war (abgesehen von praktischen etwa zum Ticketkauf) ernüchternd: mal bezahlte Inhalte statt Information, mal lange Listen an Einträgen, ohne erkennbare Struktur, wie gezielt an Konkretes zu gelangen ist.

FÜNEN, LANGELAND, ÆRØ (UND GANZ DÄNEMARK) **IM INTERNET**

Wie überall im Netz gibt es auch auf dänischen Webseiten viel Müll zu entrümpeln; deutschsprachige Versionen sind vorhanden, jedoch nicht die Regel und werden im Zeichen knapper Kassen sogar weniger anstatt mehr. Wir erheben nicht den Anspruch, die »besten« Seiten über Dänemark vorzustellen, sondern treffen eine vornehmlich praxisorientierte Auswahl.

ZUM KENNENLERNEN

◎ **denmark.dk** – Selbstdarstellung Dänemarks, gepflegt durch das Außenministerium, allgemeine und praktische Inhalte. Auch auf Deutsch.

◎ **www.thisisodense.dk** – Blog samt Guide für Fünens größte, quirligste und kulturell vielfältigste Stadt. Auch auf Englisch.

◎ **carlnielsencompetition.com** – musikalische Website über einen Wettbewerb von Talenten in klassischer Musik, wobei Sie den meisten Beiträgen gratis vor Ort im Konzertsaal beiwohnen können. Zu Ehren von Dänemarks berühmtestem Komponisten. Auch auf Englisch.

◎ **museum.odense.dk** – hier erfahren Sie viel über zwei berühmte Künstler aus Odense und Fünen: Märchendichter H.C. Andersen und Komponist Carl Nielsen. Dazu Aktuelles über Odenses Museen. Auch auf Englisch.

◎ **de.naturstyrelsen.dk** – das Umweltministerium informiert über Wissenswertes zum Aufenthalt in der Natur. Auch auf Deutsch.

◎ **www.dyk-sydfyn.dk** – Wrack- und Naturtauchen für alle, die Texte über Tauchstellen berichten auch über Flora und Fauna, und ein Film zeigt das geplante Versenken einer ausgedienten Fähre. Auch auf Deutsch.

◎ **www.kongehuset.dk** – das Königshaus: die Geschichte, Paläste, Krone, Kostbarkeiten und die Royals in offiziellen Posen. Auch auf Englisch.

PRAKTISCHE SEITEN

◎ **www.dmi.dk** – inbegriffen LANGZEIT-WETTERVORHERSAGE für Dänemark und seine Landesteile.

◎ **www.rejseplanen.dk** – Routenplaner für öffentliche Verkehrsmittel, teilweise auch in deutscher Sprache. Einzelheiten auf Seite 37.

◎ **www.fynbus.dk** – Fahrpläne, Busterminals sowie eine Einführung in deutscher Sprache. Damit Sie nicht in den falschen Bus einsteigen...

◎ **www.kultunaut.dk** – elektronischer Veranstaltungskalender, auch auf Deutsch, ist zunehmend besser strukturiert, in den »unteren Ebenen« eher auf Dänisch oder automatisierte Übersetzung, in jedem Fall hilfreich.

◎ **www.krak.dk** – über das Menü »Kort« erhalten Sie mittels Eingabe der Adresse einen Stadt- bzw. Lageplan Ihres aktuellen Reiseziels. Dieser ist allerdings nur bedingt als Abbild der Realität zu nehmen, denn die Karten sind keinesfalls fehlerlos und die Luftaufnahmen zum Teil veraltet.

◎ **www.visitfyn.de** – siehe Seite 16 nebenan.

◎ **www.edition-elch.de** – wir werden uns bekannt gewordene Aktualisierungen zu diesem Buch baldmöglichst einstellen. Helfen Sie bitte mit.

◎ **DEUTSCHLAND**: Königlich Dänische Botschaft, Rauchstraße 1, 10787 Berlin, Tel. 030 – 5050 2000, beramb@um.dk, tyskland.um.dk/de.

◎ **ÖSTERREICH**: Königlich Dänische Botschaft, Führichgasse 6, A–1010 Wien, Tel. 01 – 512 7904, vieamb@um.dk, oestrig.um.dk.

◎ **SCHWEIZ**: Zuständig ist die Dänische Botschaft in Deutschland (siehe oben), ebenso für Liechtenstein.

◎ **NIEDERLANDE**: Royal Danish Embassy, Koninginnegracht 30, NL–2514 AB Den Haag, Tel. 070 – 302 5959, haaamb@um.dk, nederlandene.um.dk.

◎ **BELGIEN/LUXEMBURG**: Royal Danish Embassy, Rue d'Arlon/Aarlenstraat 73, B–1040 Bruxelles/Brüssel, Tel. 02 – 233 0900, bruamb@um.dk, belgien.um.dk.

Einreisebestimmungen

◎ **REISEDOKUMENTE**: EU-Bürger müssen sich zwar an der Grenze generell nicht mehr ausweisen, jedoch trotzdem ihren Personalausweis mitführen, der bei der Einreise mindestens noch DREI MONATE GÜLTIG sein muss. Kinder brauchen (ab 13) einen Personalausweis oder (bis 12) Kinderreisepass. Falls Sie in eine Fahrzeugkontrolle oder unliebsame Ereignisse verwickelt werden, stehen Sie ohne die Papiere schlecht da. Für Schweizer Bürger gelten die gleichen Regeln, da die Schweiz »Schengen-Land« ist. Im Rahmen der sog. Flüchtlingskrise hat Dänemark zeitweise Kontrollen an der Grenze zu Deutschland durchgeführt.

Wer mit dem eigenen Fahrzeug anreist, benötigt nur Führerschein und Fahrzeugschein. Die grüne Versicherungskarte ist nicht vorgeschrieben, im Schadensfall aber von Vorteil. Die TÜV-Plakette sollte noch mindestens drei Monate gültig sein.

HAUSTIERE

Folgendes ist Pflicht für die Mitnahme von Hunden, Katzen (und Frettchen):

◎ Das Tier muss eindeutig durch einen MIKROCHIP zu **IDENTIFIZIEREN** sein.

◎ Im **EU-HEIMTIERAUSWEIS** dokumentiert ein Tierarzt, dass das Tier GEGEN TOLLWUT GEIMPFT ist, d.h. mindestens 21 Tage oder maximal 12 Monate vor dem Einreisedatum. Welpen oder Kätzchen (jünger als 3 Monate) dürfen nur mit einer gültigen »Deklaration« des/r BesitzerIn einreisen; das Formular ist auf der Website der Berliner Botschaft Dänemarks abzurufen. 13 Hunderassen (u.a. Pit Bull Terrier) gelten als besonders gefährlich und dürfen weder in Dänemark gehalten noch mitgebracht werden, auch nicht Kreuzungen dieser Hunderassen.

◎ Unter tyskland.um.dk/de sind die **BESTIMMUNGEN** nachzulesen, auch für Vögel, Pferde und weitere Tiere.

ZOLL

◎ WAREN FÜR DEN **PERSÖNLICHEN BEDARF** SIND GENEHMIGUNGSFREI, ebenso falls sie als Geschenk gedacht sind. MEDIKAMENTE sollten in Inhalt und Zusammenstellung einer gewöhnlichen Reiseapotheke entsprechen. – Generell nicht erlaubt ist die Einfuhr von Drogen, Waffen und Feuerwerkskörpern. Ebenso würde der Zoll ein-

Wer den Hund mitbringen will, sollte wissen: selten Einlass in Restaurants oder andere Lokale, Leinenzwang in Städten, stadtähnlichen Gebieten, im Wald und von April bis September am Strand; doch es bleibt genug Raum zum Austoben.

schreiten, falls ein Fahrzeug mit einem Großvorrat an Zigaretttten oder Spirituosen gesichtet wird, egal ob an der Grenze oder im Inland. Es gelten nämlich Maximal-Richtwerte, die auf der Website der Botschaft einzusehen sind, aber halbwegs normalen Bedarf bei Weitem überschreiten.

◎ **LEBENSMITTEL**: Achten Sie in der Presse auf aktuelle Ereignisse (Epidemien o.Ä.), wodurch vorübergehend Einschränkungen möglich sind.

Klima und Reisezeit

STATISTISCHES 1:0 FÜR FÜNEN

Gemessen am Breitengrad, herrscht in Dänemark ein sehr MILDES KLIMA. In dem Land, wo kein Ort weiter als 50 km vom Meer entfernt liegt, betrug die Durchschnittstemperatur – wohl gemerkt, nicht der Spitzenwert – im kältesten Monat Februar in den letzten Jahren meist über 0°C und die im wärmsten Monat Juli über 20°C – vor den 1990er Jahren lagen diese Werte deutlich darunter. So waren 30°C + x in der jüngeren Vergangenheit häufig, als Juli- und August-Hitzewellen die Badeurlauber entlang der Küsten frohlocken ließen – andererseits sind verkorkste, nasse Monate selten.

Fünen und die umliegenden Inseln geraten eher unter Kontinentaleinfluss als der stärker maritim geprägte Westen mit Jütland. Das bedeutet höhere Sommertemperaturen, niedrigere im Winter und ein stabileres Klima: Das Wetter zeigt sich weniger unstet als an der Westküste Jütlands, kann dennoch mehrmals am Tag zwischen bedecktem Himmel, Sonnenschein sowie Nieselschauern wechseln, jedenfalls merklich öfter als in küstenfernen flachen Landstrichen Mitteleuropas. Trotzdem sind lang anhaltende regenlose Perioden keine Ausnahme, sehr wohl aber Dauerregen. Ostfünen, vor allem die Halbinsel HINDSHOLM, und LANGELAND zählen sogar zu den trockensten Regionen in Dänemark, mit 350–450 mm Niederschlag pro Quadratmeter im Jahr. Der Landesdurchschnitt liegt bei 700–800 mm.

◎ **JAHRESZEITEN**: Der Frühling meldet sich irgendwann bis Mai, während der sonnenwarme Sommer meist von (Mitte) Juni bis in die letzten Augusttage reicht. Wegen des fast immer wehenden Lüftchens werden selbst Hitzeperioden selten unangenehm. Der Herbst setzt zwischen September und der ersten Oktoberhälfte ein, wobei es wegen der kürzeren Tage merklich früher abkühlt: Wenn Anfang Oktober zwei Wochen lang die Sonne scheint, wird es in der Nacht des klaren Himmels wegen mitunter knackig kalt. In der Vor- und Nachsaison spielen die dänischen Inseln einen Vorteil aus, da der Wind hier nicht so rau weht wie an an Jütlands Nordseeküste drüben. Bis November beginnt eine feuchtkalte, windige Periode, die sich erst im neuen Jahr beruhigt. Üblich sind nasskalte Winter, wenn der Schnee nur selten mehrere Tage übersteht. Weiße Wintertage schätzen die Kenner dank des besonderen Lichts. Die Unerschrockenen begeben sich (dicht verpackt) an die einsamen Strände, um Meer und frische Luft zu atmen.

Im heißen Sommer 2018 wälzten sich viele Urlauber nachts auf der Suche nach erholsamem Schlaf hin und her, ob im Zelt, im eingeschossigen Ferienhaus, im Hotel ohne Klimaanlage: Besonders in Städten kühlte es nur mühselig ab.

KLEIDUNG UND GEPÄCK

◎ Zur **SOMMER-GARDEROBE** gehören in Dänemark neben den üblichen »Verdächtigen« wie Badebekleidung ein leichter, vor Ort im Tagesgepäck verstaubarer REGENSCHUTZ und ein WINDDICHTER Pullover bzw. dünnes, winddichtes Fleece für frische Abendstunden und exponierte Ausflugsziele, die dem Wind ausgesetzt sind. Regenschirme sind eher zweite Wahl, da bei Wind zu störrisch.

◎ Für die **KALTE** Jahreszeit empfiehlt sich anstatt einer dicken Jacke / Hose eine aus mehreren Schichten bestehende Garderobe, die variabler und, zum Beispiel mit schwedischer Woolpower-Unterwäsche aus WOLLE und Kunstfaser, kuscheliger ist. Stirnband bzw. Ohrenschutz nicht vergessen.

◎ **GESELLSCHAFTSKLEIDUNG** ist weder im gehobenen Restaurant noch im Theater vorgeschrieben, doch wer darauf Wert legt, fällt keinesfalls unangenehm auf. ZWANGLOS ist die eigentliche »dänische Etikette«.

◎ Wer ein **FERIENHAUS** mietet oder Hütten auf Campingplätzen beziehen will, tut sich mit dem einen oder anderen Utensil im Reisegepäck einen Gefallen. Mehr im special für Ferienhaus-Urlauber auf Seite 45.

◎ Wer die Möglichkeit hat, das eigene **FAHRRAD** mitzubringen, und sei es nur für einige kürzere Touren, sollte es der günstigen Infrastruktur wegen tun; alternativ sind in Städten und auf Campingplätzen oft Räder zu mieten. Zum Erkunden von Städten sind diese ebenso gut geeignet: Für die Recherchen dort nutzt unser Autor stets sein Fahrrad.

OUTDOOR-AUSRÜSTUNG

◎ **ZELTE** sollten regenfest, vor allem windstabil und mit tauglichen Heringen verankert sein – von Billig-Zelten sei abgeraten. Besonders entlang der Küsten kann der Wind selbst im Sommer kraftvoll am Zelt zerren; und es ist mehr als unangenehm, wenn Sie am Abend den Tagesausflug verlängern dürfen, um ihr Zelt oder gar Einzelteile einzusammeln. Fragen Sie an der Rezeption des Campingplatzes ggf. nach windgeschützten Stellflächen.

◎ **PACKTASCHEN** für Radwanderer sollten regendicht sein, womit auch die Nähte gemeint sind. Die deutsche Firma »Ortlieb« ist eine sichere Bank in diesem Segment. – RUCKSÄCKE für Wanderer gibt es selten wasserdicht.

◎ **EMPFEHLUNGEN**: Die Firmen, die viel Werbung (zur besten Sendezeit) machen, haben nicht zwangsläufig tolle Produkte. – NUR GUTE Erfahrungen hat der Autor bisher gemacht mit »VauDe« und »Tatonka« (jeweils komplettes Outdoor-Sortiment), mit skandinavischen Firmen wie »Fjäll Räven«, »Norrøna« und »Woolpower« (Unterwäsche aus Wolle/Kunstfaser) und mit »Lowe Alpine« (Rucksäcke und Fototaschen). Diese Liste ist als Tipp für die Leser gedacht und erfolgt ohne (!) Gegenleistung der genannten Firmen.

Geld

◎ Dänemark ist **KEIN EURO-LAND**. Dennoch können Sie an vielen touristisch stark frequentierten Orten mit Euro und Cent bezahlen, so in Hotels,

Outdoor-Produkte: Unabhängig, seriös wirken die Tests der Zeitschrift »Outdoor«. Andere Medien nennen Produkte bzw. verwerten die Musterartikel zum Eigennutz. Solche Tests im TV erinnern mitunter eher an »Product-Placement«.

einigen Restaurants, größeren Läden und Attraktionen. Sie können sich jedoch nicht darauf verlassen. Beim privaten Bed & Breakfast oder Aktivtrips draußen zum Beispiel wird eher Bargeld in der Landeswährung erwartet.

◎ **WÄHRUNG**: Währungseinheit ist die DÄNISCHE KRONE, im Folgenden DKK abgekürzt. Eine Krone entspricht 100 Øre. Die kleinste Münze ist 50 Øre wert, Wechselgeld wird auf- oder abgerundet. Weitere Münzen gibt es im Wert von 1, 2, 5, 10 und 20 DKK, Banknoten für 50, 100, 200, 500, 1.000 DKK.

◎ **WECHSELGELD** WIRD (wegen der 50 Øre als Münze mit dem geringsten Wert) AUF- ODER ABGERUNDET und in Kronen ausgezahlt, auch wenn mit Euro bezahlt wurde. Eine Ausnahme bilden u.a. die Fähren zwischen Dänemark und Deutschland.

◎ Der **WECHSELKURS** lag bei Redaktionsschluss bei 7,46 DKK für einen €, gleich rund 13,40 € für 100 DKK.

◎ Praktisch sind die überall präsenten **BARGELDAUTOMATEN** der Banken (*kontant* = bar) zum Geld-Abheben mit einer Maestro-Karte oder vergleichbaren Geldkarten, womit Sie bis zu 20.000 DKK ausgezahlt erhalten, je nach Geldinstitut: Großzügig bei dem Betrag sind überregionale Banken wie die »Danske Bank«, eher knauserig die Regionalbanken. Setzen Sie den Betrag nicht zu knapp an, denn für jede Abhebung wird Ihr Konto mit Gebühren (bis 10 €) belastet.

Als gebildete Dienstleister beherrschen die Automaten mehrere Sprachen, darunter auch das Deutsche.

Bargeldautomaten von Nicht-Banken berechnen tendenziell hohe Gebühren und einen mäßigen Kurs.

◎ Die **POSTBANK SPARCARD** gilt an allen Bargeldautomaten mit »Visa Plus«-Symbol und kann VIER MAL im Jahr gebührenfrei im Ausland als Bargeld-Beschaffer eingesetzt werden – in Kombination mit einer Kreditkarte eine gute Ausstattung.

◎ Die GÄNGIGEN **KREDITKARTEN** werden akzeptiert, das Zahlen mit der Karte ist in Dänemark selbstverständlicher als in Deutschland. Zum Teil geben die Hotels, Restaurants, Geschäfte, Tankstellen etc. aber die Gebühren für die Kartennutzung an die Kunden weiter. Stärker als in Deutschland ist die Kreditkartennutzung nur mit PIN-Eingabe verbreitet.

Zwar erhalten Sie mit Kreditkarten auch Bares an Geldautomaten, dies aber oft gegen relativ hohe Gebühren, je nach Vertrag.

◎ **REISESCHECKS** sind zwar immer noch ein SICHERER Geldwert, doch ist diese zusätzliche Absicherung nicht unbedingt nötig in Dänemark – es sei denn bei Kartenverlust oder Ihre Bank neigt dazu, das Konto warum auch immer voreilig zu sperren.

Gesundheit

Informieren Sie sich unbedingt im Voraus bei Ihrer Krankenkasse über die Einzelheiten.

◎ Zwischen Dänemark und allen EU-Ländern besteht ein Sozialversicherungsabkommen, das Ihnen im Fall einer Erkrankung oder Verletzung ärztliche BEHANDLUNG nach dänischem Recht gewährleistet. Voraussetzung ist die Vorlage der **EUROPÄISCHEN KRANKENVERSICHERUNGSKARTE** bzw. einer provisorischen Ersatzbescheinigung; wie Sie vor Ort an einen Arzt gelangen, erfahren Sie im »Praktischen A–Z« auf Seite 59.

Sogenannte Vertragsärzte behandeln Sie KOSTENFREI, auch Fachärzte, eine Überweisung vorausgesetzt. EIGENBETEILIGUNG gilt bei Zahnärzten (bis 100 %) und Medikamenten (100 % bei Rechnungsbetrag bis zu 900 DKK, darüber 15–100 %).

◎ Ein krankheitsbedingter RÜCKTRANSPORT wird nicht durch die Europäische Krankenversicherungskarte abgedeckt. Für solche und andere Leistungen empfehlen die Krankenkassen eine **AUSLANDSREISEKRANKENVERSICHERUNG**, die vergleichsweise preiswert ist.

◎ In Deutschland rezeptfreie **MEDIKAMENTE** sind in Dänemark häufig nur gegen Rezept erhältlich. Insofern sollten Medikamente, die regelmäßig einzunehmen sind, in ausreichender Zahl mitgebracht werden, sofern man es nicht besser weiß.

Die lokalen Touristenbüros sind Ihnen ebenfalls behilflich. Die Kompetenz ist zwar nicht überall gleich, aber es sollten zumindest jene Stellen bekannt sein, die konkret weiterhelfen.

◎ Die **WEBSITE** www.godadgang.dk (sinngemäß: leichter Zugang) enthält ausführliche allgemeine Informationen auf Deutsch und eine Suchfunktion nach barrierefreien Angeboten: Im Eingabefeld »Kreis« (gemeint: Region) gehören Fünen, Langeland und Ærø zu »Syddanmark«.

◎ Das **ZUGÄNGLICHKEITSLOGO** markiert besonders geeignete Einrichtungen für Menschen mit Handicap.

◎ **PARKBERECHTIGUNGSSCHEINE** aus dem Heimatland werden vor Ort anerkannt. Solche Parkplätze sind mit dem Schildertext »Invalidevogn« auf blauem Grund gekennzeichnet.

◎ **DANSKE HANDICAPORGANISATIONER** ist der Dachverband der dänischen Behindertenorganisationen, Blekinge Boulevard 2, DK-2630 Taastrup, Tel. 0045 – 3675 1777, dh@handicap.dk wohl am Wichtigsten, denn: www.handicap.dk nur auf Dänisch..

Barrierefreies Reisen

Die Integration von Körperbehinderten ist ein Beispiel dafür, dass die Gesellschaft in Dänemark (wie in den anderen skandinavischen Ländern) fortschrittlicher ist als wir in Mitteleuropa. Ob öffentliche Gebäude, Restaurants, Unterkünfte, der Standard in Sachen BARRIEREFREI ist anerkennenswert, wenn auch gewiss nicht ideal.

Karten

Nicht zu empfehlen sind Dänemark-Karten mit kleinem Maßstab, d.h. großer Maßstabszahl (wie 1 : 300.000), die Nebenstraßen unzureichend darstellen, da entweder zu klein im Gesamtbild oder gar nicht enthalten. Sobald Sie sich auf die Suche nach einem unbeschilderten Strand begeben, einem Hünengrab oder der Stichstraße

Dänemarks Nebenstraßen überraschen mit unerwarteten Kreuzungen, Sträßchen und Siedlungen: Dänisch-Sibirien findet sich nicht mal auf einer 150.000er-Straßenkarte; die Abzweigung entdeckten wir südlich von Kerteminde, an der Str. 165 nach Nyborg. ▶

in den Wald, wo der Wanderweg beginnen soll, stehen Sie verlassen da. Und eines sollten Sie lieber nicht ausprobieren, mit welcher Karte auch immer: Die »pfiffige Abkürzung« auf Seitenwegen führt fast immer in die Irre, da abgelegene Kreuzungen teilweise nicht mit Hinweisschildern versehen sind und plötzlich mehr dieser Kreuzungen auftauchen, als es die Straßenkarte vermuten ließ.

◎ Für die **STADTZENTREN** enthält dieses Buch selbstverständlich Pläne. Zudem verfügen die Touristenbüros vor Ort im Normalfall über die Jahreshefte sowie – großformatige – Karten/ Stadtpläne zumindest der benachbarten Gemeinden und Städte, so dass Sie stets bestens vorbereitet anreisen können.

STRASSENKARTEN

◎ **DÄNEMARK** IN 2 BLÄTTERN: Folgende Serien basieren auf den amtlichen Karten, werden regelmäßig aktualisiert, sind beidseitig bedruckt, im im Maßstab 1 : 200.000 angelegt und enthalten viele touristische Eintragungen wie Camping- und Golfplätze etc. Sowohl die »Kümmerly+Frey Straßenkarte Dänemark« als auch die »Marco Polo Straßenkarte Dänemark« sind in die zwei Blätter »West« und »Süd« unterteilt, die beide (!) Fünen beinhalten; so können Sie anhand eventueller zukünftiger Dänemark-Reisen entscheiden, welches Blatt Sie sich zulegen.

Von beiden Serien kosten die Blätter jeweils um 10–12 Euro. Wer regelmäßig nach Dänemark reist, kommt mit dem Dänemark-2-Karten-Set von »Freytag & Berndt« noch preisgünstiger davon; zudem sind diese beiden Straßenkarten im Maßstab 1 : 150.000 angelegt; dafür gibt's Fünen halt nur ein Mal.

KARTEN FUR AKTIVURLAUBER

Stellen wir im Kapitel »Ferien aktiv« ab Seite 68 vor.

BEZUGSQUELLEN

Folgende Versender geben auf ihren Webseiten das Erscheinungsjahr von Karten an, ein hilfreiches Kriterium.

◎ **GEOBUCHHANDLUNG KIEL**, Schülperbaum 9, 24103 Kiel, Tel. 0431 – 910 02, www.geobuchhandlung.de.

◎ **NORDLAND VERSAND**, Vornholtstraße 7, 49586 Neuenkirchen, Telefon 0800 – 6673 526 und 05465 – 476, www.nordland-shop.com.

Anreise

Permanent WECHSELNDE Tarife, aber auch Verbindungen (vor allem bei den Flugreisen) lassen zuverlässige Aussagen für nicht einmal mehr ein Jahr zu. Deswegen konzentrieren wir uns in diesem Kapitel teilweise auf Hilfestellungen, wie Sie an aktuelle Informationen kommen, und verzichten auf eine komplette Übernahme aller möglichen Tarife.

Mit dem eigenen Fahrzeug

Es gibt VIER ROUTEN, wobei Nr. 3 sowohl von Rostock als auch von Fehmarn aus gestartet werden kann. Es gab mehrere Versuche, erneut Fähren zwischen Deutschland und Ærø oder Langeland zu etablieren; jedoch wirtschaftlich waren diese Verbindungen zuletzt nicht mehr.

1. AUF DEM LANDWEG

Vor allem für Westdeutsche ist die Anfahrt via Schleswig-Holstein und Jütland günstig. Die Autobahn A7 / E 45 überquert nordwestlich von Flensburg die Grenze und hält sich nach Norden. Bei Kolding knickt die E 20 nach Osten ab, um zwischen Fredericia und Middelfart (105 km hinter der Grenze) den KLEINEN BELT (Lillebælt) nach Fünen zu überqueren. Die 1,7 km lange Brücke Ny Lillebæltsbro ergänzte 1970 die Lillebæltsbro (1935).

Diese Route eignet sich besonders für diejenigen, die bevorzugt im Norden, Nordwesten oder Westen Fünens oder in Odense und Umgebung Quartier beziehen wollen.

2. FÄHRE NACH FÜNEN

Zunächst identisch mit No. 1. Kurz hinter der Grenze zweigt die Str. 8 nach Osten zur Insel Als ab (die nördlich der schönen Stadt Sønderborg über eine Brücke erreicht wird), weiter nördlich sogar eine neue Autobahn. Jedenfalls endet die Str. 8 in FYNSHAV, wo zwei Schiffe im Wechsel (aber nicht ganztägig) nach Bøjden auf Fünen ablegen.

Diese Route eignet sich besonders für diejenigen, die im attraktiven Süden oder Südosten Fünens oder auf Langeland Quartier beziehen bzw. für alle, die Kilometer und Zeit hinter dem Lenkrad einsparen wollen.

◎ **FYNSHAV – BØJDEN**: saisonabhängig 7–12 Abfahrten täglich, Dauer der Überfahrt 50 Minuten. Standardticket für 1 Pkw (bis 6 m Länge und bis 9 Personen) in der Nebensaison: 217 DKK, in der Hauptsaison um 300 DKK, Wohnmobil (6–12 m Länge, bis 9 Personen) ab 332 DKK, Motorrad (mit 2 Personen) ab 127 DKK. Reservierung besonders für Fr–So zu empfehlen. Ticketverkauf bei Abfahrt, falls Kassenhäuschen unbesetzt.

◎ **ALSLINJEN** betreibt Minimalaufwand und wickelt den Kundenkontakt allein via www.alslinjen.dk ab. Es gibt ferner deutschprachige Portale, die eine Buchung anbieten.

Vor dem Ablegen Richtung Fynshav auf Als: die Fähre in Bøjden ▶

3. FÄHRE NACH LANGELAND

Diese Variante ist besonders für Ostdeutsche interessant, benötigt allerdings ZWEI FÄHRTRANSFERS: entweder von Rostock nach Gedser/Falster oder von Puttgarden/Fehmarn nach Rødby/Lolland-Süd. Nach 83 Kilometern ab Gedser oder 43 Kilometern ab Rødby steht noch die Überfahrt mit einer von drei Fähren ab Tårs/Lolland-West nach Spodsbjerg/Langeland an.

Diese Route eignet sich besonders für diejenigen, die auf Lolland etwas unternehmen oder Kilometer einsparen wollen; wegen der Fährtransfers ist der Zeitaufwand jedoch eher größer als bei Variante 2.

◎ **TÅRS – SPODSBJERG**: bis 16 Abfahrten täglich in jede Richtung, Dauer der Überfahrt 45 Minuten. Standardticket für 1 Pkw (bis 6 m Länge und bis 9 Personen) 265 DKK, für ein Wohnmobil (6–12 m Länge, bis 9 Personen) 390 DKK, Motorrad (mit 2 Personen) 130 DKK. Reservierung besonders Fr–So zu empfehlen. Ticketverkauf auch bei Abfahrt, sofern Fähranleger-Büros geschlossen oder kein Online-Ticket.

◎ **LANGELANDSLINJEN** gehört zur selben Reederei wie »Alslinjen« (siehe Seite 24). Das bedeutet Minimalaufwand beim Kundenkontakt allein via www.langelandslinjen.dk.

◎ **ROSTOCK – GEDSER**: 6–9 x täglich, Dauer 1:45 Stunden. Kompliziert-dynamisches Tarifgefüge mit Angeboten bei frühzeitiger Online-Buchung: Pkw bis 6 m 32–256 €.

◎ **PUTTGARDEN – RØDBY**: Abfahrt zu jeder halben Stunde, Dauer 45 Minuten. Zum Tarifgefüge wie Rostock-Gedser. Pkw bis 6 m 32–192 €. Reederei »Scandlines«.

◎ **SCANDLINES**, Trelleborger Str. 5, 18119 Rostock, Tel. 0381 – 7788 7766, www.scandlines.de. In Dänemark Tel. 3315 1515. Telefonsprechzeiten in D/DK: Mo–Fr 8–18 Uhr, Sa+So 9–18 Uhr.

4. FÄHRE NACH ÆRØ

Die Reederei »Ærøfærgerne« versieht DREI Fährrouten, wovon zwei im Rahmen der Anreise unpraktisch sind: ab Faaborg / Südfünen nach Søby und ab Svendborg / Südostfünen nach Ærøskøbing.

Insofern kommt nur die Fährroute von Fynshav auf Als nach Søby / Ærø in Betracht, bis Fynshav mit Variante Nr. 1 identisch.

◎ **FYNSHAV – SØBY**: Täglich 3 Abfahrten, Dauer der Überfahrt 70 Minuten. Tarife retour: Pkw bis 6 m Länge (ohne Personen) in Neben-/Hauptsaison 173/488 DKK, Wohnmobil 173/488–573 DKK, Motorrad 46/160 DKK, Fahrrad 31/47 DKK, Personentarife 84/224 DKK, Kinder (4–15) 42/112 DKK. Die Hauptsaison gilt von ca. 20.6. bis 15.8. Es gibt nur Retourtickets, die auf der Hinreise erhoben werden – sofern nicht bereits online gebucht. Eine Reservierung sei vor allem für die Wochenenden empfohlen.

◎ **ÆRØFÆRGERNE**, Tel. 0045 – 6252 4000 (Deutsch wird auch gesprochen), aeroe-ferry.dk auch auf Deutsch. Telefonsprechzeit Mo–Fr 8–15.30 Uhr, Sa +So 9–15 Uhr.

NEUE LANGELAND/ÆRØ-FÄHRE

Ende 2019 soll die Fährverbindung zwischen Rudkøbing/Langeland und Marstal/Ærø reaktiviert werden (www.aeroexpressen.dk). Allerdings kommt sie für die Anreise kaum in Frage.

Ungefähre Fahrzeiten für Motorisierte: Faaborg – Svendborg 32 Minuten, Faaborg – Odense 40 Minuten, Faaborg – Kerteminde 56 Minuten, Kerteminde – Svendborg 47 Minuten, Nyborg – Assens 55 Minuten.

AUTO-REISEN (UND VERKEHRSREGELN) IN DÄNEMARK

◎ **ABBLENDLICHT**: auch TAGSÜBER vorgeschrieben.

◎ **ALKOHOL**: Die PROMILLEGRENZE liegt bei 0,5 %. Alkohol am Steuer hat spürbare Konsequenzen: Als Strafe wird ein Monatsgehalt fällig, und in ganz schweren Fällen sind zudem 20 Tage Haft auf Bewährung drin, der Entzug des Führerscheins für mehrere Jahre sowieso.

◎ **AMPELN**: stehen auch hinter der Kreuzung, eine EXZELLENTE IDEE, so dass sich niemand Hals und Nacken verrenken muss; jedoch ergaben die jüngsten Recherchen, dass es inzwischen »mehr Kreuzungen mit weniger Ampeln« als früher zu geben scheint – auch Dänemark ist am Sparen...

◎ **ANSCHNALLPFLICHT**: gilt sowohl auf Vorder- als auch auf Rücksitzen.

◎ **AUTOVERMIETUNG**: ADRESSEN sind teilweise den Jahresheften der Touristenbüros zu entnehmen, aber auch leicht den Webseiten der üblichen, international tätigen Unternehmen. Je nach Fahrzeugtyp beträgt das Mindestalter für Kunden 21–25 Jahre; zum Teil wird von jungen FahrerInnen eine Zusatzgebühr verlangt. Fast obligatorisch für Ausländer ist das Bezahlen mit Kreditkarte.

◎ **BAUSTELLEN**: Die Servicewebseite www.trafikken.dk informiert auf der Startseite über aktuelle Behinderungen auf den Autobahnen. Die englischsprachige Fassung informiert nicht über Aktuelles; aber auch wer nicht des Dänischen mächtig ist, kann mit dem Navigieren auf der Karte Baustellen *(Vejarbejder)* und andere mögliche Beeinträchtigungen abrufen.

◎ Beim Fahrspurwechsel auf der Autobahn ist das **BLINKEN** Pflicht. Verstöße werden mit 500 DKK Geldbuße geahndet. Im Fall von gefährlichen Situationen (wie Stau) ist das Warnblinklicht einzuschalten.

◎ **FAHRRADFAHRER** besitzen in Dänemark einen höheren Stellenwert als etwa in Deutschland. Achten Sie beim RECHTSABBIEGEN auf Pedaltreter, die nämlich *nicht* damit rechnen, dass Ihnen die Vorfahrt genommen wird, da sich in Dänemark so gut wie *alle* Autofahrer daran halten. Zudem benutzen manche Mofa- und Mopedfahrer diese Radwege; ob erlaubt oder nicht, spielt erst mal keine Rolle. Fahren Sie niemals mit beschlagenen Fensterscheiben, damit beim Rechtsabbiegen kein Unglück passiert.

◎ **BENZIN**: Die TANKSTELLEN führen bleifreies Benzin (92/95 Oktan) und Dieselkraftstoff. Geld zu sparen ist an unbesetzten Tankstationen mit Selbstbedienung, sofern dort Kreditkarten akzeptiert werden, während die Vorkasse mit Geldscheinen dort nur bedingt zu empfehlen ist. Denn für Ausländer ist es umständlich, an solches Geld zu kommen, das der Automat ungerechtfertigt behalten hat, falls dieser zum Beispiel das Geld gezogen, die Benzinabgabe aber verweigert hat. Gehört die Tankstation eventuell zu einem benachbarten Supermarkt, wenden Sie sich im Schadensfall dorthin.

◎ Die AKTUELLEN **BENZINPREISE** sind auf einer speziellen Webseite des Automobilclubs FDM abzufragen: www.fdmbenzinpriser.dk.

FORTSETZUNG NÄCHSTE SEITE

FORTSETZUNG: **AUTO-REISEN IN DÄNEMARK**

◎ Sofern nicht eingeschränkt, beträgt die erlaubte **HÖCHSTGESCHWINDIGKEIT** außerhalb geschlossener Ortschaften 80 km/h, auf Autobahnen 130 km/h, für Pkw mit Anhänger 70 km/h sowie innerhalb geschlossener Ortschaften (erkennbar an weißem Schild mit Stadtsilhouette) 50 km/h. Die Polizei setzt u.a. Motorräder mit Videotechnik ein, um Temposünder zu überführen. Die Geldbußen sind hoch und sofort zu entrichten; wer nicht bezahlen kann, muss vorübergehend auf das Fahrzeug verzichten...

◎ **HANDY** AM STEUER: nur erlaubt mit Freisprecheinrichtung. Die Dänen sagen nicht Handy, sondern verwenden den Begriff MOBILTELEFON.

◎ **KINDER** unter 1,40 m Körpergröße gehören in einen KINDERSITZ.

◎ **KREISEL** sind in Dänemark schon seit den 1990er Jahren weit verbreitet. Der Verkehr fließt zügiger, und es sind weniger Ampeln zu warten.

◎ **NOTRUF**: Tel. 112, von Telefonzellen/Handy aus kostenfrei.

◎ **PANNENHILFE**: Normalerweise haben die deutschen Automobilclubs eine Notrufnummer für das Ausland. Ansonsten ist die Zentrale von FALCK zu kontaktieren: Tel. 7010 2030. Leistungen sind direkt zu bezahlen.

◎ **PARKEN**: Parkplätze sind deutlich ausgeschildert. Ist das Parken gebührenpflichtig, geben Schilder die Parkhöchstdauer und den Zeitraum an: 8–18 Uhr bezieht sich auf Mo–Fr, (8–12) auf Sa, eventuelle Zahlen in Rot auf Sonn- und Feiertage. Sie bezahlen via App oder am Parkautomaten mit Kreditkarte oder bar (und legen den Parkschein unter die Winschutzscheibe). Außerhalb der vermerkten Zeiträume parken Sie kostenlos. Manche Städte markieren Kurz-/Langzeitparkplätze farbig, z.B. kurz = rot, lang = blau/grün. Bei kostenfreiem Parken kann die PARKDAUER begrenzt sein; zur Kontrolle dient eine Parkscheibe. Sie brauchen nicht die dänische Version, die innen an der Windschutzscheibe befestigt ist. Wer keine dabei hat, bekommt sie vor Ort ggf. im Touristenbüro, an Tankstellen (und in Banken), auch gratis. Nicht geparkt werden darf u.a. an gelben markierten Bordsteinen, mit weniger als 10 m Abstand von Kreuzungen (auch kreuzenden Radwegen) und Fußgängerüberwegen, mit weniger als 12 m Abstand von einem Bushalt und auf Radwegen sowieso nicht. Falschparken kostet ab 500 DKK.

◎ **SPIKES**: erlaubt 1.11.–15.4., jedoch nur auf allen vier Reifen gleichzeitig.

◎ **VERSICHERUNG**: Sind Sie in einen Unfall mit einem unbekannten oder womöglich nicht versicherten Fahrzeug verwickelt, nehmen Sie am besten Kontakt auf mit: DFIM, Philip Heymans Allé 1, 2900 Hellerup, Tel. 4191 9191, dfim@forsikringogpension.dk, dfim.dk auch auf Englisch.

◎ **VORFAHRT**: Die aus der Heimat vertrauten Schilder sind nicht obligatorisch! Eine weiße Linie mit auf der Spitze stehenden Dreiecken (= HAIFISCHZÄHNE) signalisiert Ihnen, dass Sie dort halten müssen, um Vorfahrt zu gewähren. Führt zusätzlich ein RADWEG an der Vorfahrtstraße entlang, verläuft die gezackte Linie nicht direkt an der Kreuzung, sondern davor.

◎ **WARNDREIECK**: vorgeschrieben.

Mit dem Flugzeug

Es ist keine Standard-Anreise zu den Dänischen Inseln, nach Kopenhagen oder Billund zu fliegen und dort entweder in einen Mietwagen oder in einen Zug oder (im Fall Billund) in einen Bus zu steigen. Aber es ist möglich.

An der EIGENRECHERCHE etwa auf Webseiten von Airlines oder mit Hilfe (auf Skandinavien) spezialisierter Reisebüros führt heutzutage für Fluggäste kein Weg vorbei.

ÜBER BILLUND

Billund ist der zweitgrößte Airport im Land. Der kleine Ort, Sitz von »Lego« und Legoland, liegt im südlichen Jütland, also nicht zentral in Dänemark, aber nahe an Fünen, wohin eine Bus- und Bahnverbindung mit Stopps u.a. in Odense, Fünens zentral gelegener Hauptstadt, und in Nyborg besteht.

◎ **DIREKT AB**: Frankfurt am Main mit »Lufthansa«, Düsseldorf mit »British Airways«, Berlin mit »Ryanair« sowie Wien mit »Wizz Air«. Die Kontaktdaten der Airlines stehen auf Seite 30.

◎ **WEITER AB BILLUND**: Bus nach Vejle oder Kolding, umsteigen in Zug nach Odense, z.T. Nyborg (weiter bis Kopenhagen). Genaueres siehe www.rejseplanen. dk (siehe Seite 37). Das Ticket kann über die Website gekauft werden, in Fernzügen sind Platzkarten obligatorisch. Die Fahrzeit nach Odense beträgt ab etwa 1:30 Stunden.

◎ **BILLUND AIRPORT**: www.bil.dk auch auf Englisch. Vor allem können Sie anhand der »Destination map« die aktuellen Verbindungen prüfen.

ÜBER KOPENHAGEN

Für die dänische Landeshauptstadt als Zielflughafen sprechen die vielen Flugverbindungen.

◎ **DIREKT**: mit »SAS« und/oder »Lufthansa« ab Berlin, Hamburg, Hannover, Düsseldorf, Luxembourg, Frankfurt am Main, Stuttgart und München, Salzburg und Zürich. – Ab Berlin auch mit »Norwegian« und »easyJet« sowie ab Düsseldorf auch mit »Eurowings« und »Laudamotion«, ab Köln nur mit »Ryanair«, ab Luxembourg auch mit »Luxair«, ab Stuttgart auch mit »Laudamotion«, ab Wien entweder »Austrian« oder »Laudamotion«, ab Salzburg auch mit »Norwegian«, ab Basel nur mit »easyJet«, ab Zürich auch mit »Swiss« sowie ab Genf mit »Norwegian« und »easyJet«. Die Kontaktdaten der Airlines stehen auf Seite 30.

◎ **WEITER AB KOPENHAGEN**: Der Airport-Bahnhof – nicht zu verwechseln mit der Metro-Station – ist unterirdisch angelegt. Von hier aus bestehen Verbindungen (direkt per IC oder mit Umsteigen in Kopenhagen Hauptbahnhof) nach Jütland mit Stopps z.T. in Nyborg in Ostfünen und generell in Odense, Fünens Hauptstadt in zentraler Lage. Einzelheiten www.rejseplanen.dk (siehe Seite 37), wo das Zugticket auch bestellt werden kann; alternativ können Sie es am Flughafen am Automaten kaufen, wobei in Fernzügen Platzkarten obligatorisch sind. Die Fahrzeit nach Odense beträgt ab ca. 1:35 Stunden.

◎ **COPENHAGEN AIRPORT**: www.cph.dk auch auf Englisch. Anhand der Rutekort unter »Flyinformation« sollten Sie die (ohne Gewähr) aktuellen Verbindungen prüfen können.

Einen möglichen Anschlussflug nach Fünen (zu Odenses H.C. Andersen Airport) gibt es nicht.

FÜR AKTIVURLAUBER

◎ Ein **FAHRRADTRANSPORT** sollte angemeldet werden; die frühzeitige Reservierung empfiehlt sich, da normalerweise die Anzahl der Räder pro Flug begrenzt ist. Das Gefährt muss in der Regel zwar nicht verpackt werden; montieren Sie jedoch die Pedale ab und stellen Sie den Lenker quer, um Transportschäden vorzubeugen.

KONTAKT – AIRLINES

Da die Tickets ohnehin so gut wie immer online gebucht werden und der Telefonservice klein gehalten wird, ist die Liste ohne Telefonnummern, ansonsten alphabetisch sortiert und ohne Anspruch auf Vollständigkeit.

◎ **AUSTRIAN**: www.austrian.com

◎ **BRITISH AIRWAYS**: www.britishairways.com

◎ **EASYJET**: www.easyjet.com

◎ **EUROWINGS**: www.eurowings.com.

◎ **LAUDAMOTION**: www.ryanair.com/la/de/

◎ **LUFTHANSA**: www.lufthansa.com

◎ **LUXAIR**: www.luxair.lu

◎ **NORWEGIAN**: www.norwegian.com/de

◎ **SAS**: www.flysas.com

◎ **SWISS**: www.swiss.com

◎ **RYANAIR**: www.ryanair.com

◎ **WIZZ AIR**: www.wizzair.com

Mit der Bahn

In dieser Sparte ist vor allem nach dem Fahrplanwechsel (im Dezember) mit neuen Verbindungen und Angeboten bzw. erhöhten Tarifen zu rechnen. Die Verbindungen wurden reduziert, die Autoreisezüge nach Norddeutschland ebenso aufgegeben wie die City Night Line nach Kopenhagen mit Stop in Odense, die als Nachtzug eine geruhsame Anreise ermöglicht hatte.

Die meisten verbliebenen Verbindungen der Deutschen Bahn laufen via Hamburg und die Fähre ab Fehmarn nach Lolland; es ist allerdings viel zu umständlich und zeitaufwändig, von diesre Route nach Kopenhagen nach Fünen umzusteigen.

◎ **ÜBER JÜTLAND NACH ODENSE**: Es gibt mehrere Verbindungen täglich zwischen Hamburg und Odense, die ca. 4 Stunden Fahrzeit erfordern; entweder im IC mit einem Umstieg in Lunderskov, oder mit dem Regionalzug nach Flensburg sowie per IC mit nochmaligem Umsteigen in Kolding; das günstigste Ticket kam bei Redaktionsschluss auf 44,90 €, ohne BahnCard.

◎ Für Ostdeutsche kann der **SNÄLLTÅGET** alias BERLIN NIGHT EXPRESS von Interesse sein, der ab Berlin-Hbf, bei nächtlichem Fährtransfer Sassnitz-Trelleborg, bis nach Malmö fährt, von wo aus man rasch per Regionalzug in Kopenhagen ist und dort nach Odense umsteigen kann. Es ist halt eine lange Anreise, denn von Berlin bis Malmö ist der Zug 12 Stunden unterwegs. Nur in der Hauptsaison Mi+Fr+So.

KONTAKT

◎ **DEUTSCHE BAHN**: Tel. 0180 6 – 99 66 33 (verbindet mit dem benötigten Service, gebührenpflichtig nach Pauschale, nicht nach Gesprächsdauer). www.bahn.de und auch eine App.

◎ Die »Deutsche Bahn« bietet inzwischen auf Ihrer Website **PREISANGABEN** für Auslandsverbindungen; außer den je nach Buchungslage dynamischen Tarifen sind ferner SPARANGEBOTE wie das **EUROPA-SPEZIAL DÄNEMARK** ab 29 Euro möglich.
◎ **SNÄLLTAGET**: www.snalltaget.se mit Basisinformationen auf Deutsch sowie Buchungsfunktion auf Englisch. Die Tickets sind auch online über die Deutsche Bahn zu buchen.

Mit dem Bus

Seit seiner Freigabe 2013 ist der Fernbusmarkt erst enorm expandiert und dann durch Pleiten, Rückzüge sowie Fusionen durcheinander geschüttelt worden. Nun könnte mit »Flixbus« der Gewinner des Kapitalismus-pur-Wettbewerbs sogar den jahrzehntelang operierenden Platzhirsch »Eurolines« schlucken. Noch bleibt am Markt Bewegung und den Kunden das Kampfpreisgetümmel erhalten. Wichtig für die Wahl einer Route wird auch sein, wie aufwandsarm man von zu Hause zum Abfahrtort gelangt.

BEACHTEN Sie immer die Beförderungsbedingungen, etwa für den Fall, dass Sie den Termin umbuchen oder die Reise gar stornieren müssen.

ROUTEN
◎ **DRESDEN – BERLIN – NYBORG – ODENSE**: via Kopenhagen. Dauer gut 11 Stunden ab Berlin nach Odense sowie gut 13:30 Stunden ab Dresden. Ticket jeweils ab 40 €. »Eurolines«.
◎ **HAMBURG – ODENSE** entweder über Jütland mit Umsteigen in Randers oder via Kopenhagen mit dortigem Umstieg sowie Stop in **NYBORG**. Die Jütland-Verbindung hält auch in Flensburg. Zubringer nach Hamburg kommen zudem aus Bremen, Osnabrück, Münster, Dortmund, Frankfurt am Main, Darmstadt, Mannheim, zum Teil bereits mit einem Umsteigen in Deutschland. Die längste Fahrzeit ist ab Mannheim 17 Stunden. Die Tickets liegen ab Hamburg ab 19 €, ab Mannheim ab 35 €.

KONTAKT
◎ **EUROLINES**, c/o DEUTSCHE TOURING, Am Römerhof 17, 60486 Frankfurt am Main, Tel. 069 – 971 944 833, www.eurolines.de, Preisermäßigung je nach Alter bis 25/11/3 Jahre.
◎ **FLIXBUS** versteckt sich hinter App und Website und verzichtet auf Telefonservice: www.flixbus.de.

Mitfahren

Hier haben die Möglichkeiten des Internets die Anfragen sowie Angebote individualisiert, sehr zum Vorteil, will man eine nicht sonderlich stark nachgefragte Stadt wie Odense auf Fünen erreichen. Bei Tests fündig wurden wir auf www.blablacar.de.

ÆRØSKØBING

PAKHUSBUTIKKEN
TURIST INFORMATION
MARITIMT CENTER
DANMARK
TOURIST
SVENDBORG EVENT
PAKHUSBUTIKKEN
Lokale specialiteter og kulinariske oplevelser
Inspiration til ture på Fyn og i Det sydfynske Øhav
Information om færgerne og øhavet
Sejlture med de flotte, gamle træskibe

Unterwegs in Dänemark

Information vor Ort

Der Fremdenverkehr ist eine wichtiger wirtschaftlicher Faktor in Dänemark und dank nordischer Gründlichkeit sehr gut organisiert.

◎ In einem dänischen Touristenbüro – **TURISTBUREAU**, TURISTINFORMATION oder TURISTKONTOR – können Sie sich auf Deutsch (und Englisch sowieso) verständigen. Jedes autorisierte Turistbureau druckt deutsch- oder mehrsprachige Broschüren über die jeweilige Stadt oder Kommune oder Region; ebenso liegen die Webseiten so gut wie immer auf Deutsch vor. Die JAHRESHEFTE (zum Beispiel: Nyborg 2019) enthalten Stadt- und Lagepläne (es sei denn, diese gibt's separat), das aktuelle Programm an Sightseeing-Touren, Adressen (und Anzeigen) von Unterkünften und Restaurants, im Idealfall auch Sportstätten, Aktivveranstalter sowie Angaben zur Infrastruktur (Busbahnhof etc.).

◎ Fragen Sie immer nach dem aktuellen **VERANSTALTUNGSKALENDER**, der eventuell (auch) separat vorliegt, dann zumeist je Monat, Quartal oder Sommerhalbjahr.

◎ **SERVICE**: Sie erhalten in den Büros Informationen, die dieses Buch aus Platzmangel nicht nennen kann, wie etwa Fahrplanauskünfte. Hilfreich ist auch der Verkauf von Karten (u.a. für Aktivurlauber), von Angellizenzen für Binnengewässer, Ansichtskarten und Briefmarken, Souvenirs und vor allem von Konzertkarten, an die sonst mühselig oder eher mit Insiderkenntnis zu gelangen ist. Mancherorts können Sie Fahrräder mieten sowie Sightseeing-Touren (wie Nachtwächter-Rundgänge) und andere touristische Leistungen buchen. Die Vermittlung von Unterkünften ist nicht mehr relevant.

◎ **IN DIESEM BUCH** finden Sie in jedem Kapitel zu Städten und Regionen direkt im Anschluss an den einleitenden Text unter »Information« Adresse und Kontaktdaten des lokalen Touristenbüros samt eventueller Filialen sowie die Öffnungszeiten, die sich von Jahr zu Jahr leicht ändern können, vor allem wenn wegen des steten Kostendrucks »optimiert« und mal wieder eine halbe Stunde weggeknipst wird.

ODENSE GEHT NEUE WEGE ...

... in der Betreuung der Touristen. Seit 2019 gibt es kein klassisches Touristenbüro mehr mit professionellen Ansprechpartnern. Von Ende Juni bis etwa 25.8. sind Lastenräder mit den gängigen Broschüren in der Stadt unterwegs, die damit beauftragten Personen mehrsprachig und mit dem Standardrepertoire ausgebildet. Spezielleres erfahren Sie »nur noch« werktags per Telefon oder E-mail – in der Praxis verschiebt sich der Info-Service ins Internet, gut fürs städtische Budget, aber auch für die Touristen?

◀ Unterwegs in Dänemark: Oben nimmt die Fähre aus Ærøskøbing Kurs auf die Unterquerung der Svendborgsund-Brücke, unten das Domizil des Touristenbüros in Svendborg am Hafen

Transport

FLUGZEUG

Die kurzen Entfernungen innerhalb Dänemarks und die flotten Verbindungen per Bahn und Bus sprechen gegen einen Inlandflug; die Gründe dafür müssen schon ungewöhnlicher Art sein. Auch auf kleinen Flugplätzen ist es möglich, eine Maschine für die Personenbeförderung (und für Rundflüge) zu chartern; letzteres ist auf den Flugfeldern von TÅSINGE und ÆRØ möglich (siehe Seiten 37/218/281).

FÄHREN UND AUSFLUGSBOOTE

Wenn schon die Anreise ohne Fähre absolviert wurde, dann sollte wenigstens zwischen den größeren und kleineren Inseln ein FÄHRTRANSFER (alternativ die Fahrt mit einem Ausflugsboot) drin sein – sonst fehlte ein ganz authentisches Stück Dänische Inseln während Ihrer Reise.

◎ **FÄHREN NACH ÆRØ**: ab Faaborg nach Søby (siehe Seite 116), ab Svendborg nach Ærøskøbing (siehe Seite 225). Reederei ÆRØFÆRGERNE, Tel. 6252 4000, aeroe-ferry.dk als Basisversion auch auf Deutsch. – Ab Ende 2019 soll die Fähre von Rudkøbing / Langeland nach Marstal wieder aufgenommen werden. Reederei ist ÆRØXPRESSEN, www.aeroexpressen.dk, Tel. bei Redaktionsschluss noch offen.

◎ Die Inseln **BJØRNØ, AVERNAKØ** UND BESONDERS **LYØ** bieten sich im Rahmen eines Ausflugs (ab Faaborg) an; nehmen Sie das Fahrrad mit. Ab Svendborg sind **HJORTØ, SKARØ** SOWIE **DREJØ** zu erreichen. Zu den Fähren siehe Seite 73.

◎ Die Insel **STRYNØ** liegt wie die bisher genannten im sog. Südfünischen Inselmeer, zu erreichen ab Rudkøbing auf Langeland. Auf Strynø organisiert ØHAVETS SMAKKECENTER verschiedene Aktivitäten für Wassersportler. Siehe Seiten 232 und (zur Fähre) 73.

◎ Die dünn besiedelte Insel **BAAGØ** liegt im mittleren Westen Fünens bei Assens, von wo aus mehrmals täglich die Fähre pendelt. Siehe Seite 127.

◎ **AUSFLUGSBOOTE**: Von Odense bricht das Boot LUNDEN im Sommer zur Insel Vigelsø im Odense Fjord auf (siehe Seite 166). – Ab Svendborg verkehrt M/S HELGE (siehe Seite 214). – Ab Kerteminde tuckert ein Boot zu der Insel ROMSØ im Großen Belt, ein Ziel für Naturfreunde (siehe Seite 188 f.).

◎ **TICKETS** bekommen Sie teilweise online, sonst entweder vom Personal oder, wenn es sich um eine stark frequentierte Fähre handelt, am Kassenhäuschen beim Fähranleger. Dort reihen sich motorisierte Verkehrsteilnehmer nach Anweisung in nummerierte Wartespuren ein.

Gerade für diese Fahrgäste ist – abhängig vom Abfahrtzeitpunkt sowie von der Anzahl der Plätze an Bord – eine PLATZRESERVIERUNG zu empfehlen: In der Hochsaison und besonders an den Wochenenden (Wechsel in den Ferienhäusern) gibt es nämlich keine Garantie, dass auf der nächsten Fähre Platz für alle ist. Die Kontaktdaten der Reedereien stehen auf den zuvor genannten Seiten.

EISENBAHN

Noch in den 1960er Jahren durchzog Fünen bis Südlangeland ein Netz aus Bahnstrecken. Übrig davon blieben die

Ost-West-Achse zwischen Kopenhagen und Jütland mit Odense als dem größten Bahnhof und, trotz Autobahnverbindung, die Regionalbahn Svendborgbanen von Odense nach Svendborg. Die (nicht demontierten) Gleise ab Faaborg und Assens landeinwärts befahren heute ein Oldtimerzug (siehe Seite 108 ff.) und Draisinen (siehe Seite 130 f.).

◎ Die PIONIERARBEIT des dänischen Gleisnetzes leisteten PRIVATE Gesellschaften, bevor der Staat das Gros der Strecken 1885 übernahm, als die Dänischen Staatsbahnen (**DSB**) gegründet wurden. Auch heute ergänzen Privatbahnen das DSB-Streckennetz, indem sie den Pendler- und Güterverkehr in einigen Gebieten abwickeln; auf Fünen ist aber nur DSB zuständig.

◎ Die **TARIFE** für die meisten Inlandverbindungen verrät die Fahrplanauskunft www.rejseplanen.dk (siehe Seite 37). Nur sofern Sie auch in anderen Landesteilen mit der Bahn reisen wollen, rentiert sich (womöglich) die Anschaffung des **INTERRAIL**-EIN-LAND-PASS, der für Dänemark in der Preisgruppe 3 jeweils für 3, 4, 5, 6 oder 8 Reisetage erhältlich ist. Die Preise liegen für Erwachsene in der 2. Klasse bei 145 /175/203/228/275 €, für Jugendliche (12–27 Jahre) bei 116/140/162/182/ 220 €; Ermäßigung gibt es ferner für Kinder (4–11 Jahre) und Senioren (ab 61 Jahre). Die Tickets sind im Heimatland zu erwerben, die Tarife mittlerweile doch recht happig.

◎ **FAHRKARTEN** sind lediglich am Tag des ausgedruckten Reisedatums **GÜLTIG**. Einzeltickets gibt es online, via DSB-App, in Svendborg am Automaten, in Odense auch im Handverkauf (nur Mo–Fr 7–17 Uhr) und in den beiden 7-Eleven-Kiosken im Bahnhof.

◎ **PLATZKARTEN** sind in Fernzügen (IC/EC) Pflicht, zu empfehlen ebenso – besonders freitags und sonntags – in einigen Interregionalzügen zwischen Kopenhagen und Århus, die in Odense (und zum Teil Nyborg) halten. Zeitfahrkarten wie »InterRail« decken die Gebühr (30 DKK) nicht ab. Auf Dänisch PLADSBILLET.

◎ **FAHRRÄDER** dürfen in den meisten Zügen MITGENOMMEN werden, wobei in Fernzügen die Kapazität begrenzt ist und Reservierungspflicht besteht. Je nach Distanz kostet das zusätzliche Fahrradticket 13–40 DKK; innerhalb Fünens kommen je Transport maximal 26 DKK in Frage. Auf Dänisch CYKELBILLET.

Das Ein- und Ausladen besorgen Sie selbst. Im Normalfall sind die entsprechenden Zugtüren und Abteile mit einem Fahrrad-LOGO gekennzeichnet, zumindest in der Regionalbahn.

◎ **INFORMATION**: Als Auskunft ist die einheitliche Telefonnummer 7013 1415 zu kontaktieren: Mo–Fr 8–18, Sa +So 8–15 Uhr. DSB Customer Service unter www.dsb.dk/en/

◎ Unter der Rubrik **WEITERREISE** in den einzelnen Kapiteln sind die Bahnhöfe und die möglichen Routen vermerkt.

BUS

Die Busse erreichen längst nicht mehr alle Winkel des Landes, die Fahrpläne sind ausgedünnt, manche Linien verkehren nur in den Schulperioden. Als Ausgleich wurde der Telekørsel eingeführt, eine Art öffentliches Taxi, das es in verschiedenen Ausführungen gibt.

◎ **INFORMATIONEN** über Fahrpläne erhalten Sie in den Touristenbüros, die über Fahrplanhefte (Stadtbusse) sowie Faltblätter zu einzelnen Routen verfügen. Ebenso können Sie sich online informieren, wobei Einzelfahrpläne sogar per PDF zu laden sind (siehe im Anschluss unter »Fynbus«).

◎ **FYNBUS** ist für den öffentlichen Buserkehr auf Fünen und Langeland zuständig. Unter www.fynbus.dk sind über KØREPLANER die aktuellen Fahrpläne der Regional- und Lokalrouten abzurufen, zwar auf Dänisch, jedoch ist dies, auch ohne Sprachbegabung, zu meistern. Zudem enthält die Website eine zwar knappe, aber hilfreiche Einführung in deutscher Sprache!

»Find din rejse« führt u.a. auch zu den Terminals (siehe »Rute- og terminalkort«), so dass Sie nachvollziehen können, auf welchem Steig die Busse ankommen oder abfahren dürften.

◎ **TELEKØRSEL** (FAHRT BEI ANRUF): Telebusse fahren in schwach frequentierten Gebieten, aber auch wenn ein Linienbus nicht lohnt – abends, am Wochenende oder in den Schulferien. Die Kleinbusse sind mindestens zwei Stunden im Voraus zu BESTELLEN, die Tickets sind mit 20–40 DKK preiswert. Tel. 6311 2255 ist einheitlich. Ein Radtransport ist nicht vorgesehen, da die eingesetzten Busse dafür zu klein sind.

◎ **EINSTIEG**: fast immer vorne.

◎ Die meisten Busse nehmen **FAHRRÄDER** (gegen ein Zusatzticket) mit, haben jedoch nur eine begrenzte Kapazität, meistens für zwei Räder. Die sogenannten Telebusse (siehe oben) haben eher keinen Platz für Räder.

◎ Im Bus selbst können Sie nur noch das klassische **EINZELTICKET** kaufen. Die Einheimischen nutzen fleißig die FynBus-App und das Mobilbillet oder andere digitale Helferlein, wofür teilweise – etwa beim SMS-Ticket – bestimmte Verträge mit Mobilfunkanbietern Voraussetzung sind.

◎ Das Fynbus-**TAGESTICKET** ist mit 50 DKK ausgesprochen attraktiv; für Familien oder auch 4 Erwachsene ist es mit 150 DKK noch günstiger. Gültig nur in den dänischen Schulferien, die auf der deutschsprachigen Info-Seite unter www.fynbus.dk vermerkt sind. Erhältlich nur im webshop.fynbus.dk.

◎ Es geht auch ohne Ticket: **GRATIS** ist die Beförderung mit dem Bus AUF der **INSEL ÆRØ** und IN DEN BEIDEN CITY-BUSSEN 10 C (Innenstadt) und 10 H (Hafen) IN Fünens größter Stadt **ODENSE** (siehe Seite 162),

◎ In den einzelnen Kapiteln sind unter **TRANSPORT** Stadtbusse und Nahverkehrsrouten (in Ballungsräumen) sowie unter **WEITERREISE** Fernverbindungen und weitere in Frage kommende Nahverkehrsrouten genannt. Wegen der Vielzahl der Linien ist nur eine Auswahl möglich, die sich nach dem Kapitelinhalt richtet, etwa nach empfohlenen Ausflugszielen.

TRAMPEN

Das Trampen ist nicht so verbreitet wie in Deutschland, und es gibt auch kein Netz von Mitfahrerzentralen, da solche Wünsche zumeist online (auf Dänisch) geregelt werden.

Die Chancen auf spontane Mitnahme werden von »Experten« immerhin als »mittelprächtig« eingestuft, eben weil es vor Ort eher unüblich und gerade deswegen für manche Chaffeure wiederum reizvoll ist.

Zum Transport von A nach B sind die Propellermaschinen auf dem Flugfeld in Ærø auch im Einsatz, mit Touristen aber eher zu Rundflügen im Südfünischen Inselmeer ▶

FAHRPLANAUSKUNFT UND TICKETKAUF JEDERZEIT

Die Website www.rejseplanen.dk ermöglicht auch in deutscher Sprache den Online-Zugriff auf die Fahrpläne im öffentlichen Transport mit Bus und Bahn sowie bei vielen Verbindungen sogar den Kauf von Tickets. Auch eine App kann angesteuert werden, je nach Endgerät.

◎ Unter **OPTIONEN** können Sie die gewünschten Verkehrsmittel auswählen und angeben, ob Sie ein FAHRRAD dabei haben, womit automatisch nur noch die in Frage kommenden Verbindungen angezeigt werden; ist die Fahrradmitnahme auf der gewählten Route generell nicht möglich (und bei Bustransporten ist dies die Grundeinstellung, weil die Beförderung möglich ist, aber nicht garantiert werden kann), werden keine Verbindungen angezeigt. Weitere Einstellmöglichkeiten stehen zur Wahl, auch für Reisende mit Handicap.

◎ Wer die genaue **HALTESTELLE** von Bus (oder Bahn) in der Auswahl angeben muss: Der Anhang st bedeutet *station* und meint Bahnhof; im Zweifel probieren Sie es damit, da die Fern- und Regionalbusse im Normalfall an den Bahnhöfen halten. Der Busbahnhof heißt *Rutebilstation* oder *Busterminal*.

◎ Der **ONLINE-TICKETKAUF** kann in deutscher Sprache begonnen werden, dann werden Sie weitergeleitet: Bei »DSB« setzen Sie den Ticketkauf auf Englisch fort, bei »Fynbus« sogar auf Deutsch, gute Erläuterung inbegriffen. Die Bezahlung erfolgt mit Kreditkarte, ggf. auch wahlweise über ein Mobile-Pay-Verfahren, sofern Sie dafür angemeldet sind.

Unterkunft

Wer kurzfristig ein Zimmer sicht, kann im Touristenbüro nach Tipps fragen. Die Vermittlung gegen Provision ist allerdings ein Auslaufmodel und vielerorts bereits gestrichen worden.

Die Mehrzahl der Privatanbieter ist heute freilich online sowie einige mit Anzeigen in den Jahresheften der Touristenbüros oder auch Hinweisen am Straßenrand präsent, meistens unter »Bed & Breakfast«.

HOTELS

Dänische Hotels bieten häufig hohen Standard für skandinavisch hohe Preise. Sie können in alten Holzvillen an der Küste residieren, in restaurierten Herrenhöfen, Fachwerkhäusern, reetgedeckten Palästen, die sich harmonisch in die Natur einfügen, aber auch in klotzigen Betonburgen und heruntergekommenen Baracken. Die Konkurrenz mit anderen Sparten ist groß, die Renovierung verwohnter Zimmer in der Regel nur in Etappen möglich, so dass Sie immer nachfragen sollten, falls Sie in einem Retro-Raum landen.

Viele Hotels richten Angebote für ZIELGRUPPEN ein: Wochenendarrangements, Golf- und Mini-/Kurzferien.

◎ Wer eine noble Unterkunft mit einer Prise Extravaganz bevorzugt, mag sich in einem **HERRENHOF** oder gar in einem **SCHLOSS** einquartieren.

Auf Fünen und Langeland sind es nur FÜNF solcher ANWESEN, die sich derzeit mit einem oder mehreren Angeboten an Urlauber (und Konferenzteilnehmer) wenden, seien es Museen und/oder Gastronomie, Kultur, Unterkünfte; letzteres gilt für drei Schlösser bzw. Herrenhöfe auf Fünen: Broholm im Südosten, Hindsgavl Slot im Nordwesten und Holckenhavn Slot im Osten bei Nyborg (zurzeit keine Unterkunft für Individualtouristen).

INFORMATION: »Danske Slotte og Herregaarde«, Tel. (aus Deutschland) 0045 – 8660 3844, www.slotte-herregaarde.dk auch auf Deutsch.

◎ **SPARPOTENZIAL**: Hotelzimmer sind auf den ersten Blick teuer, da das Gros der Betreiber außerhalb der Reisesaison mit einem festen Kontingent an Tagungen und Konferenzen rechnen kann; an den Wochenenden und in der Hochsaison gehen die Preise allerdings deutlich nach unten, sofern es sich nicht um ein typisches Ferienhotel handelt. Fragen Sie gezielt nach Rabatten ab 2./3./x. Nacht. Und:

◎ Im kinderfreundlichen Dänemark hat es sich eingebürgert, eine gewisse Anzahl **FAMILIENZIMMER** bereitzuhalten, die erfreulich unter dem gewöhnlichen Preisgefüge liegen. Fragen Sie gezielt danach.

Ansonsten übernachten Kinder im Zimmer der Eltern kostenfrei, wobei das Alter der Kinder von Hotel zu Hotel unterschiedlich begrenzt wird; oft liegt die Altersgrenze bei 12 Jahren.

◎ **INFORMATION UND BUCHUNG**: Die Eigen-Recherche via Internet ist hilfreich, aber gehen Sie bitte davon aus, dass die Zimmer, die auf der Website eines Hotels präsentiert werden, nicht die gewöhnlichen, sondern die besten (und teuersten) sind.

Wer vorab buchen will, kann merklich sparen, verzichtet man auf Rechte wie Stornieren oder Umbuchen. Die meisten Hotels sind einem Buchungs-

In schöner Lage am Svendborgsund: »Hotel Christiansminde« (im Oktober) ▶

IN DIESEM BUCH VERWENDETE **ABKÜRZUNGEN**

- EZ = Einzelzimmer
- DZ = Doppelzimmer

TARIFE FÜR HOTEL- UND ANDERE **ZIMMER**

Die Grenzen sind durchaus fließend: In Odense, Fünens größter Stadt, zahlt man im Budget-Hotel etwa den gleichen Preis wie in der Jugendherberge mit 5 Sternen. SPARPOTENZIAL: Jugendherbergen, Campingplätze (und selten B & B) haben Gästeküchen. AUFSCHLAGPOTENZIAL: Hochsaison und Events.

- **HOTELS**: Preisangaben sind leider nur bedingt aussagekräftig, da viele Hotels dynamische Preise je nach Saison und Buchungsstand verwenden. Für ein Doppelzimmer in einem guten Mittelklasse-Hotel sind bei einem vergünstigten Tarif (weekend / Ferienzeit) um 700–900 DKK zu veranschlagen, im Hotel mit 4 Sternen selten unter 1.000 DKK sowie im Budget-Hotel mit eingeschränktem Service um 600–700 DKK. Jeweils mit Frühstück.
- **JUGENDHERBERGEN**: Ein Bett im Gemeinschaftszimmer kostet ab 200 DKK, ein EZ oder DZ ab 300 DKK. Frühstück geht extra. Siehe Seite 40 f.
- **BED & BREAKFAST**: sehr verschieden. Im Durchschnitt kostet ein EZ 250–400 DKK, ein DZ 400–600 DKK. Mal mit, mal ohne Frühstück. Siehe Seite 43 f.

system angeschlossen, einige wenige nur über die gängigen bekannten Portale zu buchen.

◎ Wir treffen eine kompetente Vorauswahl, die vor allem ein möglichst breites Spektrum abdecken soll – von noblen Herbergen bis zu Budget-Hotels, falls es sie denn vor Ort gibt. Unter der RUBRIK **UNTERKUNFT** enthalten unsere Kapitel ab Seite 100 Adressen und Preise, meist Lage des Hotels und mitunter ein paar Worte zu Standard-Zimmern sowie Extras. Alle Preise mit Frühstück, Zimmer mit Bad, sofern nicht anders angegeben.

ACHTUNG: In vielen Hotels mit Küstenblick kosten die Räume ohne Aussicht genauso viel wie diejenigen mit. Im Zweifel vorher erfragen.

KROER (SMALL DANISH HOTELS)

Von den klassischen Kroer (= auf Dänisch Mehrzahl von Kro) sind nicht allzu viele übrig geblieben, wie nebenan im Kastentext geschildert. Also haben sich Kroer und andere Unterkünfte im Marketing zu den »Small Danish Hotels« vereint: Rund 70 Unterkünfte sind landesweit beteiligt.

◎ **TARIFE**: Bei so vielen verschiedenen Teilnehmern im Verbund war es überfällig, das frühere Schecksystem einzustellen, nachdem das Tarifgefüge zu komplex geworden war. An dessen Stelle sind nun allgemeine Angebote getreten, die auf der Homepage der »Small Danish Hotels« plakativ in Szene gesetzt sind, ob »Danish Inns«, »Castle & manor house holiday«, »Active holidays«, »City break« oder einfach nur »Wellness«. Letztendlich ist es am Kunden, die Offerten zu vergleichen.

◎ **INFORMATION UND BUCHUNG**: Der jährliche GUIDE DENMARK 20xx wird sowohl von »VisitDenmark« (siehe Seite 16) als auch vom Dachverband »Small Danish Hotels« (siehe Seite 41) verschickt. Auf dessen Website kann übrigens auch gebucht werden und sind Gutscheine in beliebiger Höhe ab 200 DKK zu kaufen.

◎ Unter der RUBRIK **UNTERKUNFT** enthalten unsere Kapitel ab Seite 100 vier der zuletzt sieben sog. Small Danish Hotels auf Fünen und Langeland: das City Hotel in Odense (Seite 148), Tornøes Hotel, Kerteminde (Seite 176), Hotel Troense auf Tåsinge (Seite 208), Humble Kro auf Langeland (Seite 243). Nicht jeder Kro macht aber dort mit, Beispiel Bagenkop Kro (Seite 246).

JUGENDHERBERGEN

Jugendherbergen stehen allen offen: jungen Leuten wie älteren Semestern und Familien mit Kindern, Gruppen wie Individualreisenden, Konferenzteilnehmern wie Feriengästen.

◎ Jugendherbergen heißen eigentlich *vandrerhjem* auf Dänisch: Wandererheim. Heute tragen die dänischen Herbergen jedoch einen plakativeren Beinamen: **DANHOSTEL**. Der Dachverband »Danhostel Danmarks Vandrerhjem« unterhält eine Top-Webseite mit Buchungssystem auch in deutscher Sprache. Leider gibt es auf Fünen nur noch fünf Danhostels in Faaborg, zwei in Odense, in Kerteminde und in Svendborg.

◎ Ein **JUGENDHERBERGSAUSWEIS** ist Voraussetzung, der aus Ihrem Heimatland wird akzeptiert. Ansonsten kaufen Sie vor Ort den internationalen (für 160 DKK, gültig 12 Monate ab

Das traditionsreiche »Tornøes Hotel« an Kertemindes Hafen gehört zum Verbund der »Small Danish Hotels« ▶

TYPISCH DÄNISCH: DER KRO

Die Tradition des Kro, der sinngemäß als Krug, Schenke oder Gasthaus übersetzt werden kann, hat ihren Ursprung im Jahr 1198, als König *Knud IV.* einen Gasthof in Bromolle auf Seeland mit KÖNIGLICHEN PRIVILEGIEN ausstattete. Der Hintergrund war, ein Netz von Gasthäusern an den Handelswegen und Fährorten zu schaffen, wo die Könige auf Reisen durch ihr Land einkehren sowie angemessen übernachten konnten. Der Wirt war verpflichtet, immer Bett und Mahlzeit für Reisende bereit zu halten. Im Gegenzug durfte er Brot backen, Bier brauen und sogar abgabenfrei Branntwein brennen, sowohl zum Verzehr im Kro als auch zum Verkauf außer Haus. Und er war davon befreit, Soldaten in seinem Kro einquartieren zu müssen.

Die gewöhnlichen Dorfbewohner durften die Kroer jahrhundertelang nicht betreten. Obwohl sich das längst geändert hat, ist der Zuspruch heute oft zu gering. Die verkehrsgünstige Lage an Hauptstraßen und Kreuzungen ist für »klassische« Kroer ein Problem, Langzeit-Urlauber zu ergattern. Viele haben darum dicht gemacht, andere beschränken sich auf die Gastronomie.

◎ Die Kroer firmieren – zusammen mit anderen Hotels – seit einiger Zeit als **SMALL DANISH HOTELS**, Vejlevej 16, DK–8700 Horsens, Tel. (aus Deutschland) 0045 – 7564 8700, www.smalldanishhotels.dk auch auf Englisch.

Ausstellungsdatum) oder einen GÄSTEAUSWEIS, der aber nur für das Danhostel gilt, wo er erworben wird.

◎ Die günstigsten **PREISE** für ein Bett im Gemeinschaftszimmer liegen um 200 DKK. Teuer wird's, wenn Zimmer allein oder zu zweit gebucht werden. Attraktiver sind die Tarife je 3–6-Bett-Zimmer, die sich besonders für Familien eignen. Jedes Danhostel legt die Preise selbst fest und kann auch Zuschläge während der Feriensaison oder Events erheben.

◎ Wer Platz im Gepäck hat, bringt einen Satz **BETTWÄSCHE** und Handtücher mit. Ansonsten müssen Sie diese Utensilien vor Ort mieten, was um 75 DKK für beides im Set kostet; dieser Posten kann sich im Laufe einer Reise spürbar summieren. Outdoor-Schlafsäcke sind nicht erlaubt.

◎ Wenige Jugendherbergen bieten **MAHLZEITEN** rund um die Uhr, die meisten (für Individualtouristen) nur das Frühstücksbuffet für 65–80 DKK, Kinderportionen zum halben Preis auf Wunsch. Manche Herbergen bereiten ein Abendessen (aftensmad) zu, einige sogar Mittagessen (Frokost).

Obligatorisch ist die **GÄSTEKÜCHE** für INDIVIDUALREISENDE. Für einzelne Komponenten (wie Besteck) wird mancherorts ein Depositum verlangt.

◎ Die **AUSSTATTUNG** ist recht verschieden und reicht vom klassischen 6–Bett-Zimmer für Schulklassen bis zum gemütlichen Doppelzimmer mit Bad, das gegen Aufpreis sogar als Einzelzimmer bezogen werden kann, sofern die Kapazität ausreicht. Während vom 1.7. bis zum 15.9. Gemeinschaftszimmer und Familienzimmer (in denen zusammengehörende Personen unter sich sind) gebucht werden können, steht es den Herbergen frei, außerhalb der Hochsaison nur Familienzimmer anzubieten.

◎ **RESERVIERUNG**: Für Danhostels in (größeren) Städten wie Odense ist eine frühzeitige Buchung bereits von zu Hause aus zu empfehlen. Wobei es in der Hochsaison überall eng werden kann. Die Stornierungsfristen sind unterschiedlich und im Rahmen der Reservierung zu notieren.

Wer erst unterwegs reservieren will: Im Sommer (1.7.–15.9.) ist im eigenen Interesse zu beachten, schon vormittags anzurufen oder online zu gehen und ein Bett zu bestellen. Die Rezeption sollte besetzt sein: 8–12 und 16–20 Uhr, was kleine Danhostels nicht jederzeit leisten können. – Bis 17 Uhr muss erscheinen, wer reserviert hat.

Vom 15.9. bis zum 1.7. ist die Anmeldung sogar drei Tage IM VORAUS obligatorisch, da ein Danhostel ohne Auslastung vorübergehend durchaus geschlossen sein kann.

◎ **INFORMATION UND BUCHUNG**: »Danhostel Hovedkontor«, Vodroffsvej 32, DK–1900 Frederiksberg, Tel. (aus Deutschland) 0045 – 3331 3612, danhostel@danhostel.dk, www.danhostel.dk informativ auch auf Deutsch, mit Links / Karte zu den Hostels sowie Online-Buchung. In einigen Touristenbüros liegt das alljährliche Info-Heft mit allen rund 65 Danhostels aus.

◎ Unter der RUBRIK **UNTERKUNFT** enthalten unsere Kapitel ab Seite 100 jeweils Adressen und Öffnungszeiten, Anzahl der Familienzimmer, Tarife für EZ, DZ, Mehrbett-Zimmer, Lage, ggf. Verkehrsanbindung und ausgewählte Extras, wie etwa Fahrradvermietung.

B & B ist erst seit den 1990er Jahren groß herausgekommen und vor allem für Rundreisende reizvoll. Nun ist die Grenze zwischen billigem Hotel, Pension und B & B fließend; Sie bekommen ein Zimmer, in der Regel mit Frühstück, aber ohne gewöhnlichen Hotelservice. Während billige Hotels und Pensionen dabei häufig unpersönlich und ohne Ambiente sind, ermöglicht B & B immerhin Kontakt mit Däninnen und Dänen in – deren – privater Umgebung. Oft genug ergeben sich nette Begegnungen und Gespräche, die in gewerblichen Unterkünften eher die Ausnahme sind.

AIRBNB und ähnliche Dienste sind natürlich auch in Dänemark verbreitet. Da die Kommunen immer Geld gebrauchen können, einheimische Wohnungssuchende und gewerbliche Unterkünfte (die Steuern zahlen und Auflagen erfüllen müssen) durch das hohe Aufkommen dieser Angebote benachteiligt sind, sind in den nächsten Jahren vor allem in den Städten REGELN zu erwarten, etwa eine maximale Vermietungsdauer und auch eine Besteuerung. Je nachdem könnten solche Angebote relativ kurzfristig zurückgezogen werden, die Buchung beinhaltet also ein Restrisiko.

BED & BREAKFAST

B & B ist nicht gleich B & B: Manchmal ist die Bettwäsche im Preis enthalten, manchmal nicht; gleiches gilt für das Frühstück. Einige Wenige bieten sogar B ohne B, also ohne Frühstück, andere wollen nicht für eine Nacht Bettwäsche beziehen und vermieten erst ab zwei/drei Nächten; es ist von Vorteil, wenn Sie einen Satz Bettwäsche dabei haben. Mancherorts steht eine Gästeküche zur Verfügung, Dusche/WC zur gemeinschaftlichen Nutzung sind (aus eigener Erfahrung) eher selten zu beanstanden. Einige B & B-Serviceringe haben zudem FERIENWOHNUNGEN im Programm.

◎ **DIE PREISE** beginnen bei 200 DKK je Person, im Durchschnitt kostet ein EZ 250–400 DKK, ein DZ 400–600 DKK; es kann aber auch deutlich mehr sein. Manche Vermieter haben Familienzimmer, Kinder unter 12 Jahren übernachten meist zu reduzierten Tarifen. Zumeist wird das Bezahlen bereits bei der Ankunft erwartet, und zwar relativ häufig bar. Einige Vermieter bestehen bei Reservierungen auf Vorkasse, da es nicht selten vorkommt, dass Reservierungen weder wahrgenommen noch abgesagt werden.

◎ **INFORMATION UND BUCHUNG**: In den Jahresheften und auf den Webseiten der Touristenbüros helfen Anzeigen und Kontaktdaten weiter. Wer das Internet kontaktiert, muss bei der Auswahl einigen Aufwand betreiben, kann andererseits einen ausreichenden Eindruck gewinnen, vor allem mit Hilfe etwaiger Fotos. Die Objekte sind oft mehrfach vertreten.

Auf Fünen und umliegenden Inseln beschränkt sind www.visitfyn.de unter »Übernachtung, Privatunterkünfte« sowie www.bed-breakfast-fyn.dk, Den landesweiten »Bed and Breakfast Guide« gibt's sowohl gedruckt als auch online: bedandbreakfastguide.dk; bei

In Bed & Breakfast-Unterkünften bezahlen die Gäste meistens bar bei Ankunft. Einige Vermieter bestehen bei Reservierungen auf Vorkasse, da es vorkommt, dass Reservierungen weder wahrgenommen noch abgesagt werden.

beiden Varianten kann jedoch gezielt auf Fünen (samt Umland) nach einer passenden Unterkunft gesucht werden: Online sind es nur auf Fünen fast 100 Adressen, gedruckt weniger (vermutlich da für diesen Eintrag gezahlt werden muss).

◎ Unter der RUBRIK **UNTERKUNFT** enthalten unsere Kapitel ab Seite 100 Angaben, wie Sie sich, je nach Reiseziel, über solche Zimmer informieren können; ergänzt durch einzelne Empfehlungen, entweder aus eigener Erfahrung oder zuverlässiger Quelle.

FERIEN AUF DEM BAUERNHOF

Wie im Fall Small Danish Hotels gibt es einen Verbund, in dem verschiedene Unterkünfte zusammengeschlossen sind: von reinen B & B in ländlicher Umgebung bis zum »richtigen« Bauernhofurlaub. Zu beziehen sind Wohnungen ebenso wie Zimmer, manche nur wochenweise, andere auch tageweise. Die »Landsforening for Landboturisme« hat auf Fünen jedoch nur noch fünf Mitglieder.

◎ Die **PREISE** beginnen bei 250 DKK je Person, im Durchschnitt kostet ein EZ 400–550 DKK und ein DZ 550–700 DKK, mal mit, mal ohne Frühstück, für das um 80/85 DKK zu berechnen sind. Wohnungen werden lieber wochenweise vermietet. Gebucht wird direkt bei den Vermietern.

◎ **INFORMATION**: bondegaardsferie.dk gibt's zum Einstieg auf Deutsch. Wer sich über die Karte durchklickt, gelangt auf die Websites der Anbieter, die teils auch auf Deutsch, teils auch auf Englisch vorliegen. Eine Broschüre gibt es nicht (mehr).

FERIENPARKS, FERIENZENTREN

Eine traditionelle Unterkunft in Dänemark, die sich an Familien und Langzeiturlauber richtet. Abhängig von der Infrastruktur kann eine solche Anlage für Familien sehr interessant sein, besonders wenn eine großzügige Badelandschaft dazugehört; wobei Kinderbetreuung eher selten ist und wegen der Sprachbarriere zwischen den Kleinen eventuell doch Ganztagsbetreuung in eigener Regie anfällt. Andererseits benötigen Kinder nicht generell ein Lexikon zum gemeinsamen Spiel. Insofern gilt es sich gut zu überlegen und im Voraus zu informieren, ob der Gegenwert für die oft üppigen Tarife (vor allem während der Sommer-Feriensaison) gegeben sein dürfte.

◎ **INFORMATION UND BUCHUNG**: Auf Fünen sowie Langeland ist »Danland« mit drei Anlagen vertreten: die Klassiker in Faaborg (Südfünen) und Rudkøbing (Langeland) sowie neu und modern in Bogense (Nordfünen). Dan-Center, Drehbahn 7, 20354 Hamburg, Tel. 040 – 309 7030, www.danland.de.

◎ **FERIEPARK LANGELAND**, Emmerbølle: zwar abseits, aber populär und mit guten Referenzen, z.B. vorbildlich behindertengerecht. Siehe Seite 237.

FERIENHÄUSER

Die beliebteste Übernachtungsform deutscher Urlauber in Dänemark sind die Ferienhäuser, die in der Regel bereits zu Hause gebucht werden. Viele Objekte sind küstennah platziert.

◎ **VOR- UND NACHTEILE**: Den gestiegenen Ansprüchen der Feriengäste entsprechend, sind viele Objekte schick und gleichzeitig zweckmäßig eingerichtet: ein fixes Heim mit wohn-

FERIENHAUS-FINDER UND -TIPPS

Das Gros der Ferienhäuser steht entlang der Küsten. Wer überwiegend für sich bleiben bzw. sich an Strand und Küste aufhalten will, braucht keine Ortsvorauswahl vorzunehmen. Wer aber einige Ausflüge unternehmen und nicht lange Zeit für die Anfahrt verbringen will, ist mit einem Objekt an FÜNENS SÜDOSTKÜSTE gut beraten: Von hier sind die meisten Ziele dieses Buches ohne stundenlange Fahrt zu erreichen, zumindest für motorisierte Urlauber.

◎ Wer sein Ferienhaus im **INTERNET** aussucht, hat einen immensen Vorteil: Im Optimalfall sind zahlreiche Bilder von Lage und Einrichtung des Objekts verfügbar, die die Auswahl erleichtern sowie missliebigen Überraschungen weitgehend vorbeugen. (Dennoch: ausdrucken und mitnehmen.)

◎ **BAUWEISE**: Die modernen Ferienhäuser sind vorwiegend eingeschossig, in Holzbauweise ohne Dachboden. Bei SOMMERHITZE kann das Schlafen in aufgeheizten Häusern mühsam werden – wem die Nachtruhe viel wert ist, sollte auf zweigeschossige (und eventuell ältere) Objekte achten.

◎ **TIPPS**: Beschichtete PFANNEN sind üblich, praktisch – und empfindlich. Meistens hat irgendein Trottel vorher darin herumgekratzt, weshalb Sie besser ein solches Utensil mitbringen, sofern Sie kein Ragout mit Beschichtungspartikeln mögen. Auch ein guter Dosenöffner im Gepäck ist oft von Vorteil.

licher Atmosphäre, das besonders Familien mit Kindern entgegen kommt. Das fixe Heim kann zum Nachteil werden, wenn ein Objekt zu sehr abseits ausgesucht wurde und der relativ beschränkte Radius der Bewohner Ausflugsziele in weite Entfernung rückt.

Der Samstag als fester Wechseltag (teils ganzjährig, teils in der Hochsaison) ist nicht sehr kundenfreundlich. Immerhin werden außer der üblichen Ferienwoche auch Zeiträume von 3/4/5 oder 10 Tagen angeboten, freilich nicht für jedes Haus und zu jeder Saison. Selbstverständlich sind mehrere Wochen am Stück ebenso zu buchen. Sich im Sommer vor Ort auf die Suche zu begeben birgt das Risiko dürftiger Auswahl, wenn nicht nur die Filetstücke längst vergeben sind. In der Hochsaison ist dies gar nicht zu empfehlen.

◎ **EIGENHEITEN**: Die Schlafzimmer fallen in der Regel klein aus und sind mitunter als Schlafboden ohne Tür in den Wohnraum integriert. Vor allem in älteren Bädern ist der Wasserhahn eventuell aus dem Waschbecken herauszuziehen, um ihn als Dusche verwenden zu können – danach werden Sie ahnen, wie der Begriff »Nasszelle« zustande gekommen sein dürfte. Eine Herausforderung kann es sein, Strom und Wasser bei Ankunft einzuschalten – rechts herum statt links herum, rot statt grün, alles schon erlebt. Meist liegt aber eine Info-Mappe bereit, die solche Stolperfallen erläutert.

◎ **SPARPOTENZIAL**: Überlegen Sie sich, ob es wirklich ein Haus mit Whirlpool, Sauna und, vor allem, mit Swimmingpool sein muss. Die Stromkosten gehen in der Regel extra, was in einem

Falls Sie Ihr Traumhaus gefunden haben – nein, kaufen geht nicht, wenn Sie im Ausland wohnhaft sind; das Gesetz ist darin ziemlich streng.

solchen Luxushaus einen zusätzlichen dreistelligen Eurobetrag bedeutet.

Wer selbst die ENDREINIGUNG vornimmt, spart die stellenweise üppige Pauschale dafür, büßt jedoch ein ordentliches Stück Lebensqualität ein. (Wem es anfangs im Haus nicht sauber genug ist, muss sofort nachhaken.)

Sparen lässt sich mitunter auch bei mehrwöchigen Aufenthalten, indem Anschlusswochen billiger bis frei sind (etwa 3 Wochen buchen, 2 zahlen). In der Hochsaison ist mit solchen Offerten eher nicht zu rechnen.

◎ **INFORMATION UND BUCHUNG**: Die Ferienhäuser befinden sich in der Regel im Besitz privater Hauseigentümer, die einen Spezialisten damit beauftragen, ihr Objekt zu vermieten. Auf den Webseiten der Portale sowie Ferienhausagenturen können Sie Ihre Suche auf Landesteile und Regionen begrenzen. Eine große Reichweite hat www.dansk.de, das mit vielen Ferienhausanbietern kooperiert, so dass landesweit inzwischen über 20.000 Objekte sowie für Fünen, Langeland und Ærø über 1.000 aufzurufen sind. – »Feriepartner Danmark« (MOB) ist ein Zusammenschluss regionaler und lokaler Ferienhausagenturen (www.feriepartner.de), die auch (noch) Kataloge für ihre jeweiligen Gebiete erstellen. Für Fünen-Urlauber zuständig ist »Feriepartner Fyn«. – Daneben gibt es die (alteingesessenen) Ferienhausanbieter wie »Dancenter«, »Dansommer«, »Sonne und Strand«, ohne Anspruch auf Vollständigkeit. – Die Websites der Touristenbüros fungieren eher als Brücke, teils zu den privaten Vermietern, teils zu gewerblichen Verwertern; der Servicekomfort ist recht verschieden.

CAMPINGPLÄTZE

Die dänischen Campingplätze ähneln sich in ihrem Aussehen, begründet in der Natur: weitläufige Areale, teils offen daliegend, häufiger durch Hecken und Bäume in kleine bis kleinste Flächen parzelliert. Die einen sind durch die Wohnwagen von Stammcampern vollgepropft, andere reservieren eine Wiese für die Laufkundschaft oder zumindest für Zeltschläfer. In der Hauptsaison von Ende Juni bis Mitte August wird es eng, doch das mag nur diejenigen stören, die das Zeltschläfer-Dasein in Norwegen oder in Schweden schätzen gelernt haben.

◎ Der erste Platz, den Sie ansteuern, stellt Ihnen den **CAMPINGPASS** aus: 110 DKK pro Einzelperson oder Familie, plus Ausstellungsgebühr. **TARIFE**: Danach zahlen Erwachsene von Platz zu Platz um 85–100 DKK pro Nacht, Kinder gut die Hälfte. Einige Plätze erhöhen in der Hauptsaison die Tarife, die meisten halten sie ganzjährig stabil. Für Elektrizität sind um 35 DKK je Tag zu veranschlagen.

Wer bereits über einen Campingpass verfügt (der in ganz Skandinavien gilt), bringt ihn mit, löst die Jahresgebühr von 110 DKK und erhält die aktuelle, ein Jahr gültige Wertmarke.

◎ Verglichen mit anderen Ländern in West- und Mitteleuropa, ist Camping in Dänemark **PREISWERT**. Doch haben die Betreiber ein paar Extras eingeführt, um den Ertrag zu steigern: Einige Plätze berechnen (zumindest in der Hauptsaison) eine Gebühr je Stellplatz (um 50 DKK), andere Zuschläge für Luxusplätze, oder sog. Umweltgebühren; auch Münzautomaten in den Duschen sind keine Seltenheit.

Oben Campinghütten des Grønnehave Strand Camping, bei Nyborg, unten ein eher altgedientes Ferienhaus, das zumindest in heißen Sommerperioden ein kühlerer Rückzugsort ist als moderne, eingeschossige Objekte ohne Dachboden ▶

◎ Dänemarks Campingplätze sind **KLASSIFIZIERT**, zu erkennen an 1–5 Sternen. Ab 4 Sternen können Sie von umfangreichem **SERVICE** ausgehen. Kinderspielplätze sind obligatorisch, Schwimmbassin, Minigolf und andere Vergnügungen auf großen Plätzen üblich. Inzwischen können diese auch mit **LOGOS** um Aktivurlauber werben, falls sie bestimmte Kriterien erfüllen.

◎ Um den Raum effizient auszunutzen, weisen viele Platzbesitzer selbst nicht motorisierten Gästen **PARZELLEN** zu, dies sogar auf Zeltwiesen. In der Nebensaison sollten Zeltschläfer freundlich darauf bestehen, sich Ihren Platz selbst auszusuchen.

◎ **WOHNMOBILE** gehören auf den Campingplatz oder auf eigens ausgewiesene Abstellplätze, wenn es ums Übernachten geht. Wer auf Campingplätzen nach 20 Uhr eintrifft und vor 10 Uhr wieder abfährt, kann auf den Plätzen von »DK-Camp« (ab 2 Sternen) mit QUICK STOP preiswerter übernachten. – Ab 2 Sternen bedeutet auf allen Plätzen, dass Einrichtungen zur Entsorgung vorhanden sein müssen.

◎ Wer »richtige« vier Wände bevorzugt, findet auf fast allen Plätzen hölzerne **HÜTTEN** vor: Standard-CAMPINGHÜTTEN bestehen aus nur einem Raum, Etagenbetten mit 2–4 Schlafplätzen, Tisch und Stühlen, Kochplatte und Kühlschrank. Solche Basisausstattung ist mit 1–3 Sternen gekennzeichnet. Ab 4 Sternen darf fließend Wasser bis hin zu Bad / WC erwartet werden. Diese autarken Hütten nennen wir im Buch FERIENHÜTTEN, für die ab 600 DKK je Nacht zu bezahlen sind, während die Standardhütten ab 350 DKK kosten, meist als Komplettpreis, mancherorts nur als Grundtarif, plus die Personentarife nach Anzahl der Gäste. Dass inzwischen auf vielen Plätzen die Endrenigung der Hütten verbindlich bezahlt werden muss, ist zwar ein weiterer Kostenfaktor, aber aus der Erfahrung heraus eher zu begrüßen. Denn zu oft hinterließen Nutzer die Hütten in einem miesen Zustand. Prinzipiell sollten Sie es nicht hinnehmen, wenn Schimmelpilze im Kühlschrank eine eigene Republik gegründet haben, und an der Rezeption auf akzeptable Hygiene bestehen.

DER GRÜNE SCHLÜSSEL

Hotels und andere Unterkünfte, die bestimmte die Umwelt schonende Kriterien erfüllen, werden mit dem Grünen Schlüssel prämiert. Der Kriterienkatalog umfasst Abfallsortierung und -vermeidung, »gesunde« Mahlzeiten auf den Speisekarten der Hotelrestaurants, Energiesparmaßnahmen, die Benutzung umweltfreundlicher Reinigungsmittel, Nichtraucher-Schutz, das Anhalten des Personals zu umweltgerechtem Verhalten usw.

Dieses Label wird in derzeit 57 Ländern verwendet, 2009 waren es 13. In Dänemark sind über 200 Betriebe zertifiert, auf Fünen und Ærø 20, darunter in Odense das »Best-Western«-Hotel »Knudsengaard«, in Nyborg die Hotels »Sinatur Storebælt« und »Nyborg Strand«, in Svendborg das »Hotel Svendborg« sowie die Campingplätze in Ærøskøbing und Marstal auf Ærø.

◎ **INFORMATION**: www.green-key.dk auf Englisch.

Mit dem Wohnmobil in Dänemark unterwegs: Sofern Schilder dies nicht untersagen, darf an Rastplätzen geruht, aber draußen nichts aufgestellt werden. Zu übernachten ist, wie beschrieben, nur auf eigens dafür vorgesehenen Plätzen.

Als »Dauerlösung« empfehlen sich Hütten auf Campingplätzen nur bedingt, da sie, zum Beispiel verglichen mit B&B, relativ teuer sind. Gut eignen sie sich als Schlechtwetterlösung. An Wochenenden und in der Hochsaison sind viele Hütten allerdings vorbestellt und in der Hauptsaison gerade die Ferienhütten oft nur wochenweise zu mieten.

◎ Nur noch wenige Plätze **VERMIETEN WOHNWAGEN** oder auch FAMILIENZELTE.

◎ Die hygienischen Zustände in den **CAMPERKÜCHEN** sowie Sanitärgebäuden hängt auch von der Gästeanzahl ab; die sorgsamsten Platzeigner können es nicht verhindern, dass die Suppe überkocht und die Herdplatte vom Verursacher nicht gereinigt wird.

◎ **INFORMATION**: Optimal als Einstieg ist die Website www.daenischecampingplaetze.de, die alle Organisationen repräsentiert und ausführlich die praktischen Fragen aufgreift. Einige größere Organisationen wie »DK-Camp« leisten sich gedrucktes Hefte, die in Touristenbüros ausliegen. Diese Organisation führt nebenbei Kategorien wie »Elite Camp« für gehobene Ansprüche oder »Små Pladser« alias kleine Plätze – mit maximal 145 Stellplätzen: für alle, die auf eine persönlich geführte Anlage mit relativ wenig Rummel Wert legen. de.dk-camp.dk.

◎ Unter der Rubrik **UNTERKUNFT** in den einzelnen Kapiteln finden sich zuerst Adresse etc. Die Öffnungszeiten sind nur Richtwerte (siehe Seite 64), die Tarife Camping beziehen sich auf die aktuellen Personenpreise für Erwachsene/Kinder. Dazu folgen Angaben zu Hütten und zur Platzausstattung.

LAGERPLÄTZE IN DER NATUR

Das im »restlichen« Skandinavien geltende sogenannte Jedermannsrecht, die Übernachtung in freier Natur, wird in Dänemark strenger ausgelegt.

◎ Der Begriff **JEDERMANNSRECHT** ist im Prinzip missverständlich, denn nach den Erfahrungen in Norwegen und Schweden interpretieren ihn leider (zu) viele Outdoorer als »Jedermanns *Recht*, in der Natur zu tun und zu lassen, wozu man gerade Lust hat«. Abgesehen von den Wohnmobilisten und anderen motorisiert Reisenden, die die Kronen für den Campingplatz sparen wollen.

Das ungeschriebene Recht stammt aus einer Zeit, in der Reisende im Allgemeinen nicht zu ihrem Vergnügen unterwegs waren. Es erlaubte, über das Land anderer zu gehen, wenn keine alternativen Wege vorhanden waren. Wurden die Reisenden von der DUNKELHEIT eingeholt und/oder von schlechtem WETTER überrascht, durften sie auf dem Grund und Boden anderer übernachten. Sie durften sich von der Natur ernähren, wilde Beeren und Pilze sammeln und für den Eigenbedarf nicht geschützte Blumen pflücken. Obwohl sich die Zeiten geändert haben, wird das Jedermannsrecht in Norwegen und Schweden recht großzügig gehandhabt. Probleme bestehen besonders bei der Abfallentsorgung sogenannter Naturfreunde und beim (unbedachten) Campen auf Privatgrund. Denn hierfür gibt es Regeln, die den Verursachern unbekannt sind oder von ihnen ignoriert werden.

◎ **IN FREIER NATUR IN DÄNEMARK ZU ÜBERNACHTEN** ist zwar durchaus erlaubt, gilt allerdings NICHT IM ZELT

ÜBERNACHTEN NUR FÜR WANDERER, RADFAHRER, PADDLER

◎ Landesweit sind in Dänemarks Natur mehr als 1.000 **PRIMITIVE LAGERPLÄTZE** eingerichtet, die nicht für motorisiert Reisende gedacht sind. Es ist zu unterscheiden in kleine *(lille)* und große Lagerplätze *(stor lejrplads):* Die großen sind für GRUPPEN (wie Pfadfinder, Schulklassen, Kindergartengruppen) konzipiert, die dort auch Vorrang genießen, sofern sie reserviert haben. Kleine Lagerplätze sind nicht zu reservieren, und es dürfen maximal 5–8 Zelte dort aufgeschlagen sein. Sie liegen häufig an (Rad-)Wanderwegen, teilweise in Ufernähe. An Stränden und in Dünen aber ist das Lagern verboten. Dagegen ist in den Wäldern zum freien Zelten häufig ein Lagerplatz zu finden:

◎ In den gut 200 **WÄLDERN ZUM FREIEN ZELTEN** ist zumeist auch ein Lagerplatz eingerichtet. Dieser verfügt eventuell über Toilette und/oder Feuerstelle, Shelter und ggf. einen Hinweis, woher Trinkwasser zu beziehen ist. Gibt es keine Toilette vor Ort, sind Exkremente zu vergraben. Offenes Feuer ist nur an vorgesehenen Feuerstellen erlaubt; es dürfen keine (neuen) Feuerstellen angelegt werden. Als Outdoor-Kocher sind nur sogenannte Sturmkocher (wie »Trangia«) mit abgeschirmter Flamme erlaubt, die in der vorgesehenen Feuerstelle zu verwenden sind. Müll ist stets mitzunehmen.

◎ **INFORMATION**: Die Website de.naturstyrelsen.dk des Umweltministeriums gibt auf Deutsch Auskunft über den Aufenthalt in der Natur sowie unter »Natur Guide« speziell zum »Übernachten in der Natur«. Ein LInk leitet weiter zu einer Karte, auf der sich unter »Overnatning« die Lagerplätze und Wälder zum freien Zelten *(= Fri Teltningsområde)* ansteuern lassen. Mit dem Anklicken der einzelnen Plätze wird es anspruchsvoll, da der Text (bisher) nur auf Dänisch vorliegt. Da sich die Begriffe wiederholen, mag – unterstützt von der Wörterkladde dieses Buches – eine gewisse Routine einsetzen. Da die Online-Karte vergrößert werden kann, ist die Anfahrt zwar zu meistern, wobei kleine Smartphone-Displays dennoch eine sportliche Herausforderung darstellen.

oder auch in etwas Biwak-Ähnlichem. Konkret bedeutet das: In öffentlichen Naturgebieten darf man auf dem Boden, in einem Schlafsack, in einer Hängematte oder selbst droben in einem Baum nächtigen. Freilich ohne Pflanzen zu beschädigen – dazu zählt auch das Befestigen der Hängematte etwa an einem Baum. Das Zelten ist nur an einem ausgewiesenen Lagerplatz *(lejrplads)* erlaubt (siehe im Kasten).

◎ IN landesweit gut 200 **WÄLDERN** ist das FREIE ZELTEN ERLAUBT: Darüber gibt der Kastentext ergiebig Auskunft. Die Regeln für Lagerplätze und freies Zelten sind in den Bestimmungen zum Naturschutz verankert und oben in Auszügen erwähnt. Generell sollten die Nutzer sich es zum Ziel setzen, einen solchen Übernachtungsplatz sauberer zu hinterlassen, als sie ihn vorgefunden haben. Müll ist komplett mitnehmen und korrekt zu entsorgen. Bei anhaltender Trockenheit kann das Entfachen von offenem Feuer zeitweise untersagt sein.

Primitive Lagerplätze auf Fünen: oben an der Ostküste bei Bøsøre, nördlich von Lundeborg, am Wanderweg Klokkefrøstien, unten nördlich von Faaborg im Forst Sollerup Skov, der auch als Wald zum freien Zelten ausgewiesen ist ▶

Essen und Trinken

Typisch dänische Küche ist heute gar nicht so einfach zu kosten, wenn man nicht ortskundig ist. Die trendy Cafés und Restaurants in den Fußgängerzonen und an anderen stärker frequentierten Orten bevorzugen eine Crossover-Küche, die mediterran inspiriert und gleichzeitig offen für multikulturelle Einflüsse ist. Das entspricht den Neigungen vieler Gäste, schmeckt oft auch ganz gut, wirkt in der Masse an Lokalen aber ein wenig profillos. Daran hat sich auch wenig geändert, seit viele Gastronomen wieder 1–2 typisch dänische Gerichte in ihre Speisekarte aufgenommen haben – denn es sind allzu oft die gleichen.

Wir probieren uns an einem repräsentativen Querschnitt durch die Gastronomie: vom ambitionierten Restaurant über Szenelokale bis zu kleinen Perlen. Hauptsache, sie servieren gutes Essen. Typisch dänische Küche ist vertreten, wie Frokost zur Mittagszeit (siehe Seite 55). Nicht zu vergessen sind die Fischläden für Selbstversorger, manche auch mit Lokal.

◎ **TAGESZEIT UND PREISE**: Wessen Budget kein opulentes Diner zulässt, geht eben MITTAGS ins Restaurant. Selbst viele Speise-Tempel offerieren eine – stets relativ – preiswerte Mittagskarte. Ein gepflegter abendlicher Restaurantbesuch erreicht flugs Dimensionen von 200 DKK plus x pro Person, nur für das Tellergericht, ohne Vorspeise, Dessert, Getränke.

Zur Mittagszeit bekommen Sie vielerorts für 70 bis 130 DKK Snacks wie Tellergerichte.

◎ Eine solide Angelegenheit ist das Tagesgericht namens **DAGENS RET**. Es gibt keine Regeln, wer ein Dagens Ret offeriert oder was es kostet, aber es ist ein »Instrument« der Kundenbindung (auch von Berufstätigen), wobei sich natürlich keine Küche eine Blöße geben möchte bzw. geben sollte.

GASTRONOMIE

Sie gestatten: Würstchenbuden (obwohl sehr dänisch), Döner- und Pizza-take-aways lassen wir außen vor.

◎ **ANSPRUCHSVOLLE KUCHE**: Gerade auf Fünen gibt es einige Lokale für Feinschmecker. Sogar als Ziel von Auslandsreisen bekannt ist der »Falsled Kro« (siehe Seite 102). Auch »Rudolf Mathis« in Kerteminde (siehe Seite 177), das »Restaurant Lieffroy« bei Nyborg (siehe Seite 194), einige Hotelrestaurants sowie mehrere Küchen in Odense und Svendborg haben ihre Fangemeinde. In solch »besseren Restaurants« müssen Sie für den Abend unbedingt reservieren.

◎ TYPISCH DÄNISCH sind die Lokale, die zur (verlängerten) Mittagszeit bis etwa 16 Uhr **FROKOST**-Gerichte servieren (siehe Seite 55). Klassische Frokostrestaurants ähneln eher gewöhnlichen Gaststuben, oft mit rot-weißen Tischdecken ausgerüstet. Längst gibt es aber auch schicke Lokale, die sich auf die Frokosttradition besinnen und vor allem Berufstätige und einheimische Ausflügler ansprechen. Als Ausländer befinden Sie sich hier häufig in wohltuender Minderheit.

◎ Eine reelle ALTERNATIVE, auch im Preis, sind **CAFE-RESTAURANTS**, die vom Frühstück bis zum Mitternachtssnack den ganzen Tag über kleine Ge-

Selbst diese Deko spiegelt den Stellenwert guter Lebensmittel und Zutaten wider: auf dem ökologisch ausgerichteten Herbstmarkt in Skovsgaard auf Langeland ▶

LEBEN, UM ZU ESSEN

Den kulinarischen Streifzug läutet eine Geschichte ein, die viel über dänische ESSKULTUR aussagt, obwohl sie sich ein paar hundert Kilometer nördlich des Landes abgespielt hat: Sie beginnt damit, dass der Autor und seine Zaubermaus soeben Südnorwegens höchsten Berg erklommen hatten – kein wagemutiges Kunststück mit Seil und Haken, sondern ein zünftiger, steiler Fußmarsch über Geröll. Nun saßen die beiden oben in einer Steinhütte und speisten Fladenbrot mit Schafswurst – die nach geräuchertem Lachs roch, da es in der engen Schutzhütte nur eine Speisekammer gab. Die anderen Bergwanderer, alle Norweger, kauten bescheiden und brav ihre mitgebrachten Brote. Da tat sich plötzlich die Tür auf, und vorbei war es mit der andächtigen Stille. Herein strömte ein halbes Dutzend junger Leute, der Sprache nach Dänen. Aus prall gefüllten Rucksäcken holten sie weder Ferngläser, Karten noch Kleidung, sondern: Essen, Getränke, Besteck, Geschirr. Rasch war ein stattliches Mittagsbuffet aufgetischt, das bei munterem Geklöne verzehrt wurde.

Für Durchschnittsdänen sind Essen und Trinken kein notwendiges Übel oder gar Zeitverschwendung, sondern ein bewahrenswerter Bestandteil ihres LEBENSGEFÜHLS. Statt essen, um zu leben gilt leben, um zu essen. Kehrseite der Genussfreude: Die Lebenserwartung der Dänen ist viel niedriger ist als die der anderen Skandinavier. Experten sehen Zusammenhänge mit dem hohen Konsum von Schweinefleisch, ungesundem Fett und Zucker, Alkohol, Tabak.

richte ab etwa 70 bis 130 DKK plus x servieren, darunter Salate, Pasta, Suppen, Burger, Tapas, Sandwiches, auch typische Smørrebrød, als Mainstream zurzeit Stjerneskud (siehe Seite 55), ebenso wie Kuchen und Desserts. Einen täglichen BRUNCH leisten sich nur stark frequentierte Lokale, mehr aber am Wochenende bzw. sonntags.

In einigen Cafés BESTELLEN Sie am Tresen und bekommen das Essen an den Tisch gebracht.

◎ Noch billiger sind die **SANDWICHBARS**, wo (an besseren Adressen) für 50–80 DKK KREATIV BIS PRALL gefüllte Sandwiches zum Mitnehmen zu erstehen sind. Wobei die Auswahl der Zutaten eher international als dänisch inspiriert ist. Mancherorts gibt es ein, zwei Tische oder Tresen, wo man den Happen vor Ort (eventuell im Stehen) verzehren kann.

◎ In **MUSEEN** gibt es manchmal ein Café oder eine Cafeteria mit ambitionierter, oft mediterran geprägter Küche, die qualitativ allemal mithalten kann. Das Problem ist, dass diese Küchen ohne Abendgäste wirtschaftlich selten über die Runden kommen. Worauf wieder die gewöhnliche Cafeteria-Kost »Würstchen, Pommes & was die Mikrowelle so hergibt« dominiert.

◎ KEINE SCHEU vor **SPEISEKARTEN** in dänischer Sprache: Einiges ist leicht zu deuten; den Rest sollte die Wörterkladde ab Seite 95 erklären.

◎ Dänemarks LOKALE SIND **RAUCHFREI**, sofern sie keinen Raucherraum eingerichtet haben (oder als Kneipen ohne Speisen kleiner als 40 m^2 sind).

◎ **TRINKGELD**: ist nicht üblich, aber wer mit dem Service sehr zufrieden ist, kann dies auch darin ausdrücken.

MAHLZEIT(EN)

◎ **MORGENMAD**, das FRÜHSTÜCK, wird in Hotel, Kro sowie Danhostel als reichhaltiges BUFFET serviert. Neben Kaffee, Tee, Milch, Müsli, Obst, Orangensaft gehören Brot, Marmelade, Käse und Wurst dazu. Je billiger die Unterkunft, desto größer das Risiko, dass die Zutaten jeden Morgen gleich sind. Im Café können Sie im besten Fall dabei zuschauen, wie Ihnen ein Tablett voll leckerer Dinge gedeckt wird.

◎ **FROKOST** ist das zweite Frühstück und wird zwischen 12 und 15/16 Uhr verzehrt. Das Frokostrestaurant mag der »dänischste« aller Speise-Tempel sein (siehe Seite 52). Smørrebrød gibt es einzeln, manchmal auch zu mehreren als Frokostteller: *Frokosttallerken.*

»Normale« Restaurants und Lokale bieten zur Mittagszeit neben Smørrebrød Snacks, Tellergerichte, Buffets, letztere bereits mit warmen Speisen. Buffets zur Mittagszeit sind in der Regel preiswerter als am Abend, wobei in den Städten ein wahrer Preiskampf tobt, in dem auch Ketten-Restaurants mitmischen. Doch Vorsicht: Ambiente haben Sie dort nicht, mitunter aber ein echtes Qualitätsproblem.

◎ **MIDDAG** gibt es NICHT MITTAGS, sondern zwischen 17 und 22 Uhr. Das Buffet wird selten, Menüs oder Tellergerichte nehmen zu. Wer nun gerne FISCH speisen mag, ob mittags oder abends, kann wählen zwischen Lachs, *laks,* Steinbutt, *pighvar,* Scholle, *rødspætte,* Rotzunge, *rødtunge,* Aal, *ål,* Kabeljau und Dorsch, *torsk,* Seewolf, *havkat,* ob gebraten, gegrillt, geräuchert oder gedünstet. Den Aal mögen die Dänen gebraten oder geräuchert, die Scholle wird auch gefüllt serviert.

Frokost in moderner Ausprägung, d.h. mehr Grünzeug und weniger Fleisch ▶

UNTER FROKOST-PROFIS

Auf Deutsch bedeutet *Smørrebrød* schlicht Butterbrot. Dieses Butterbrot ist allerdings nur die Grundlage, auf der sich die verschiedensten Happen samt Salat und Kräutern, Saucen und Garnierung darbieten: Hering, Lachs, Aal, Garnelen, Fischfilet, Hacksteak, Roastbeef, Tatar, Schinken, Steak, Leberpastete, Truthahnsalat und Käse sind die gängigen, jedoch nicht alle Belagvarianten. Zum Teil wird das Brot separat gereicht.

Ab 55/60 DKK kostet eine solche Wohltat – und selbst Vielesser verspüren schon bei der zweiten Portion einen steigenden Sättigungsgrad. Zum Auftakt empfiehlt sich ein Smørrebrød mit HERING, den Sie eingelegt, mariniert, gebraten, mit Gewürzen oder mit Saucen kombiniert probieren. Welche Varianten Ihnen darüber hinaus offen stehen: Lassen Sie sich überraschen, wobei der Auswahl und der Fantasie der Köchinnen und Köche keine Grenzen gesetzt sind. In der Wörterkladde finden Sie eine größere Rubrik für Restaurantbesucher (und Selbstversorger).

Es gibt einige Klassiker, die auf der Speisekarte die traditionelle Ausrichtung verraten: *Dyrlægens natmad* (wörtlich: des Tierarzts Nachtsnack): Brot, Leberpastete auf dänische Art, Pökelfleisch, Kresse/Dill und Zwiebel. – Oder die *Stjerneskud* (= Sternschnuppe): warmes Fischfilet mit Krabben, Salat, Ei, Dill, Majonäse, Zitronenscheiben etc. garniert.

Auch FLEISCH *(kød)* gibt's in reicher Auswahl: Rind, *okse,* Schwein, *svin,* Kalb, *kalv,* Lamm, *lam,* Ente, *and,* Truthahn, *kalkun.* Rentier und Elch stehen selten auf der Speisekarte.

VEGETARISCHE RESTAURANTS sind rar. Einige Lokale (bevorzugt in Städten) pflegen eine SALATBAR, die, mit Tellergerichten kombiniert, durchaus preisgünstig sein kann.

◎ **ALKOHOL**: Dänisches Bier genießt einen guten Ruf. Die Kopenhagener Brauereien »Carlsberg« und »Tuborg« sind längst fusioniert, ohne die individuellen Noten der Biere aufgegeben zu haben. Der Wein benötigte Zeit, um sich in Skandinavien zu etablieren, doch heute sind die Weinkarten ambitionierter Lokale (wie auch die Auswahl in besseren Supermärkten) nicht zu beanstanden. – Wer zum Frokost-Hering oder nach dem Essen einen Schnaps und dabei ein einheimisches Produkt kosten mag, wähle AQUAVIT oder (zur Verdauung) den Magenbitter *Gammel Dansk.*

FÜR SELBSTVERSORGER – LEBENSMITTEL EINKAUFEN

Die Supermärkte decken den alltäglichen Bedarf. Vor allem in städtischen Gebieten gelten mitunter Kampfpreise auf Grundnahrungsmittel u.a. Das Preisniveau ist sonst eher hoch, weshalb manche Urlauber zu Hause einen Vorrat im eigenen Fahrzeug anlegen.

◎ **FRISCHFISCH**: Wo dem Autor ein Geschäft bekannt ist, steht dies in den Kapiteln ab Seite 100 jeweils am Ende der Rubrik »Essen und Trinken« vermerkt. Zum Teil kann man dort sitzen und verzehren, mitunter auf Papptellern und mit Plastikbesteck, grausig.

◎ **FLEISCH** findet sich in Zellophan verpackt; wem die Menge nicht passt, meldet sich freundlich an der Theke – falls es eine gibt – und bekommt eine individuell bemessene Portion.

◎ Das Agrarland Dänemark verfügt über VIELFÄLTIGE **MILCHPRODUKTE**: *mælk, tykmælk* (= Dickmilch) und einige schmackhafte Varianten für das Müsli. Joghurt gibt es auch in relativ preiswerten 1-l-Packungen.

An der Käsetheke helfen die Kategorien *mild, mellemlagret* (mild, aber aromatisch) und *lagret* (streng).

◎ **GEMÜSE** können Sie in ländlich geprägten Regionen häufig am Straßenrand und überall auf Märkten kaufen: Am besten fragen Sie in Ihrer Unterkunft nach den lokalen Märkten.

◎ **ÖKOLOGISCH** *(økologisk)* hergestellte Lebensmittel haben sich einen festen Marktanteil erkämpft – zuerst, weil die Nachfrage bestand, weniger weil die traditionelle Landwirtschaft, die fast das ganze Land durchpflügt, von sich aus darauf kam, abgesehen von einzelnen Vorreitern.

Heute gibt es aber eine ganze Reihe landwirtschaftlicher Betriebe, die nach ökologischen Kriterien produzieren und damit in die Offensive gehen.

◎ Dazu gehören ebenso **FESTIVALS**, die Kulinarisches entweder in ihren Mittelpunkt stellen, so wie das KIRSEBÆRFESTIVAL IN KERTEMINDE (siehe Seite 189), oder auch die verbreiteten VOLKSFESTE in Städten und Gemeinden. Bestückt nicht allein von ökologisch produzierenden Betrieben, aber mit dem werbewirksamen Schwerpunkt auf lokalen Spezialitäten sowie Zutaten aus der jeweiligen Region.

Gut für Selbstversorger: Gemüse am Straßenrand, hier in Lundeborg ▶

SPEZIALITÄTEN AUF FÜNEN

◎ Sie wollen im Urlaub etwas Landestypisches essen? Dann ist **ÆGGEKAGE** die erste Wahl, übersetzt: Eierkuchen. Wobei das Omelett als Basis fungiert und durch einen Belag akzentuiert wird: Verbreitet ist geschnetzeltes Schweinefleisch, aber auch Speck mit Tomatenwürfeln und Schnittlauch oder Lachs oder Ziegenkäse oder Gemüse finden sich in Oma Hansens Rezeptbüchern. Der Kreativität sind keine Grenzen gesetzt, das ist das Gute am Æggekage. Im Resultat häufig eine Fett-, Cholesterin- und Kalorienbombe, ist das Gericht andererseits ein repräsentativer, veritabler Baustein für das Fördern von Wohlstandskrankheiten (siehe Seite 53 im Kastentext unten), das die nur von 2011 bis 2012 gültige dänische Fettsteuer locker überstand.

◎ **RÄUCHERKÄSE** gilt als einziger dänischer Käse, der nicht von Sorten aus anderen Ländern inspiriert sein soll. Eine Molkerei, die sich dem rauchigen Genuss verschrieben hat, ist die »Gundestrup Mejeri« in Vester Skerninge, zwischen Faaborg und Svendborg. Den Weichkäse kennzeichnen – unverkennbar – vom Grillrost hinterlassene Streifen. mejeri-bryg.dk.

◎ Zum Nachtisch: Auch beim **BRUNSVIGER** kommt man nicht am üppigen Einsatz von Fett (und viel Zucker) vorbei, die Füllung und Seele dieses Hefekuchens prägen nämlich Butter und – brauner – Zucker. Dieser Kuchen wird in ganz Dänemark gegessen, aber korrekt mit Fünen verbunden, wo er auf Kindergeburtstagen gerne mit Marzipan und Konfekt dekoriert wird.

SCHLARAFFENLAND, ABTEILUNG DESSERTS IN LOKALEN

Da sich die genussfreudigen Dänen im Restaurant und vor allem am Buffet selten mit einer Hauptmahlzeit begnügen, wird dem Dessert die entsprechende Aufmerksamkeit gewidmet. Neben Waffeln, Kuchen und Eis, bunten Cremespeisen und Pudding seien zwei authentische Süßspeisen aus OMA HANSENS REZEPTBÜCHERN verraten: rote Grütze mit Sahne, als Zungenbrecher *røde grøde med fløde* ein Begriff, und *æble kage,* wörtlich übersetzt »Apfelkuchen«, jedoch eine Portion Apfelbrei oder -kompott, darüber geröstete Kekskrümel, darüber (ein Berg) Sahne, eventuell noch mit Feigen oder anderem Obst oder einem Marmeladetupfer verziert. Æble kage ist ein Magen füllendes Dessert, das nach einer üppigen Mahlzeit kaum noch Platz findet. – Wer übrigens Apfelkuchen möchte, ordert *æbletærte.* Leider sind diese dänischen Nachspeisen »out«, so dass wesentlich öfter Tiramisu und Konsorten auf den Speisekarten anzutreffen sind.

SCHLARAFFENLAND, ABTEILUNG SELBSTVERSORGER

Schaufenster und Theken von Bäckereien und Konditoreien zieren UNFASSBARE MENGEN von Kuchen, Törtchen, Plundergebäck, Plätzchen. Der unbedarfte Tourist mag sich fragen, wer das alles konsumieren soll, doch am Abend haben sich die Auslagen erkennbar geleert. Die Törtchen und Plundergebäck bedecken Schokoladen- und Zuckerguss, gefüllt mit Pudding oder Quark, Obst oder Sahne, häufig bunt und überraschend oft wohl schmeckend.

Damit nicht genug: Als Süßmäuler des Nordens leisten sich die Dänen zig Bonbonläden, wo alles, aber wirklich alles an Zahnkillern zu erstehen ist. In Deutschland erst im Kommen, da jahrzehntelang verboten – angeblich wegen der Bluthochdruck-Gefahr für Vielesser – sind SALZLAKRITZE. Das Angebot besteht aus geschätzt 20 Sorten, von der harmlosen *saltpastille* bis zu Rachenputzern (zum Beispiel in Form eines Seestserns). ERLEBEN SIE, wenn Ihnen das Salz den Gaumen zusammenzieht; nach dem ersten »schrecklichen« Augenblick schmecken die Salzlakritze nicht anders als gewöhnliche Lakritze. Wer Gefallen an dieser dänischen Eigenart findet – die holländischen Salzlakritze sind süßer – und sich mit einem Vorrat einzudecken gedenkt, verzichte auf die freie Wahl am »Süßwaren-Buffet«. Abgepackte Tüten oder die Plastikboxen für den Handel, die auch in den Süßwaren-Shops großer Kinos zu erstehen sind, helfen ein paar Kronen zu sparen.

Süßwaren, etwa eine Tortenschachtel voll sahniger Törtchen, sind übrigens eine ORIGINELLE IDEE FÜR EIN MITBRINGSEL, sofern ein ausreichend kühler Transport gesichert ist.

Praktisches A–Z

ÄRZTLICHE BEREITSCHAFT

Eine gute Krankenkasse verfügt über ein Merkblatt (PDF) zum Krankheitsfall in Dänemark. Informieren Sie sich im Voraus und schließen Sie gegebenenfalls eine Auslandsreisekrankenversicherung ab (siehe Seite 22).

◎ Mit Ihrer Europäische Krankenversicherungskarte (als Nachweis für Ihre Versicherung im Heimatland) ist die **BEHANDLUNG** bei praktischen Ärzten und Fachärzten (hier nur gegen Überweisung) **KOSTENFREI**, **FALLS** diese zu den Vertragsärzten gehören, d.h. einen Vertrag mit dem dänischen Krankenversicherungssystem haben. Bei der Arztsuche lassen Sie sich eventuell im Touristenbüro oder von den Gastgebern in der Unterkunft helfen. Legen Sie die Krankenversicherungskarte immer vor Behandlungsbeginn vor. Sie dürfen nicht davon ausgehen, dass jeder dänische Ärzt die deutsche Sprache beherrscht, Englisch schon.

◎ Ist die stationäre Aufnahme in ein **KRANKENHAUS** laut behandelndem Arzt nötig, werden Sie dort bei Vorlage des Anspruchsnachweises und einer Überweisung ebenfalls kostenfrei behandelt. Dagegen sind Zahnarztbehandlungen meistens voll selbst zu bezahlen; bei bestimmten Leistungen kann eine Kostenerstattung (v. 40 %) bei der Gemeinde beantragt werden.

◎ Benötigen Sie außerhalb der üblichen Sprechzeiten (Mo–Fr 16–8 Uhr, Sa+So rund um die Uhr) medizinische Hilfe, wenden Sie sich an die ärztliche Bereitschaft: **LÆGEVAGTEN**. Die sollte überall auf Fünen und Langeland mit der einheitlichen Rufnummer Tel. 7011 0707 zu erreichen sein; auf Ærø lautet sie Tel. 6352 3090. Die Rufnummern sind nur für akute Krankheitsfälle gedacht – bei Unfällen gilt Tel. 112.

Hält Ihr Gesprächspartner eine persönliche Konsultation für nötig, werden Sie an bestimmte Konsultationsadressen verwiesen. Diese sind in Faaborg Prices Have Centret 1; in Odense das Odense Universitetshospital, Kløvervænget 25; in Nyborg OUH Sygehusenheden, Vestergade 17; in Svendborg: Svendborg Sygehus, Valdemarsgade 53; in Rudkøbing: Sundhedshus Langeland, Havnegade 18, Ærø siehe Seite 281. Die Konsultationsadressen sind **NUR BEI BEDARF** besetzt, weshalb der vorherige Telefonkontakt unbedingte Voraussetzung ist. Zwei weitere Konsultationsadressen befinden sich in Middelfart (Westfünen) und in Ringe (Zentralfünen).

◎ **ZAHNKLINIK**: TANDLÆGEVAGTEN in Odense, Heden 7, Tel. 6541 4551. Sa+So 9/10–12 Uhr FÜR DRINGENDE FÄLLE, telefonisch anmelden! Die Behandlung ist vollständig zu bezahlen. Gehört zum Universitetshospital.

◎ **APOTHEKEN** folgen den gewöhnlichen Ladenoffnungszeiten. Im Normalfall stehen die Adressen in den Jahresheften der Touristenbüros. Welche Apotheke Bereitschaftsdienst hat, erfragen Sie zur Not bei der ärztlichen Bereitschaft. Zuzahlung siehe Seite 22.

BOTSCHAFTEN IN DÄNEMARK

◎ **DEUTSCHE BOTSCHAFT**: Göteborg Plads 1, 2100 København Nordhavn, Tel. 3545 9900, Fax 3526 7105, info@kopenhagen.diplo.de, www.kopenhagen.diplo.de.

◀ Fachleute beim Degustieren einer in Dänemark begehrten süßen Zwischenmahlzeit. Der Kastentext, Teil 2 (Abteilung Selbstversorger), ist ein Vorgriff auf unser Praktisches A–Z, Stichwort »Souvenirs«.

◎ **ÖSTERREICHISCHE BOTSCHAFT**: Sølundsvej 1, 2100 København Ø, Tel. 3929 4141, Fax 3929 2086, www.bmeia.gv.at/oeb-kopenhagen.

◎ **BOTSCHAFT DER SCHWEIZ**, Richelieus Allé 14, 2900 Hellerup, Tel. 3314 1796, Fax 3333 7551, copenhagen@eda.admin.ch, www.eda.admin.ch/copenhagen.

◎ **NIEDERLANDE**: Nederlandse Ambassade, Toldbodgade 33, 1253 København K, Tel. 3370 7200, kop@minbuza.nl, via Facebook.

◎ **LUXEMBURG**: Luxembourgs Ambassade, Fridtjof Nansens Plads 5/1, 2100 København Ø, Tel. 3526 8200, Fax 3526 8208, copenhagen.amb@mae.etat.lu, copenhagen.mae.lu/en.

EINTRITTSPREISE

Die Eintrittspreise zu Sehenswürdigkeiten etc. werden in diesem Buch so dargestellt: Eintritt für ERWACHSENE/KINDER. Für Senioren gibt es öfter im Preis ermäßigte Tickets, für Studenten seltener. In einzelnen (Kunst-)Museen kann das Entré zu besonderen Ausstellungen erhöht sein.

Die Altersgrenzen für Jugendliche und Kinder sind völlig uneinheitlich: Meistens ist der Eintritt unter 18 Jahren frei. Doch je eher der Nachwuchs zur Zielgruppe gehört, wie zum Beispiel in einem Freizeitpark, desto niedriger ist die Altersgrenze und höher das Eintrittsgeld. – Fragen Sie an der Kasse IMMER NACH FAMILIENTICKETS.

FEIERTAGE

◎ **NEUJAHRSTAG**: NYTÅRSDAG.

◎ **OSTERN**: PÅSKE von Gründonnerstag bis Ostermontag.

◎ **STORE BEDEDAG**: Großer Bettag, vergleichbar mit dem Buß- und Bettag. Am 4. Freitag nach Ostern.

◎ **CHRISTI HIMMELFAHRT**: KRISTI HIMMELFARTSDAG.

◎ **PFINGSTEN**: PINSE, Pfingstsonntag und Pfingstmontag.

◎ **5. JUNI**: GRUNDLOVSDAG ist der Verfassungstag.

◎ **WEIHNACHTEN**: JUL, am 25. und 26. Dezember.

FESTE UND FESTIVALS

◎ **ST. HANS** Die MITTSOMMERFEIER vom 23. auf den 24. Juni ist kein offizieller Feiertag! Siehe auch Seite 11 zu »Jahr für Jahr«.

◎ In den einzelnen Kapiteln ab Seite 100 finden Sie unter der Rubrik **WAS FEHLT NOCH?** eine Auswahl an Veranstaltungen notiert. Für die Kapitel der etwas lebhafteren Städte Odense und Svendborg haben wir eigens eine RUBRIK **UNTERHALTUNG** eingerichtet (siehe Seiten 162 ff. und 223 f.).

◎ Eine vollständige Übersicht sollten die **JAHRESHEFTE** und Websites der Touristenbüros enthalten: am besten, da aktuellsten sind zeitlich begrenzte Info-Seiten in der Auslage; die mögen optisch schlicht sein, dafür aber aktuell und praktisch.

HILFE

◎ **NOTRUF**: Tel. 112, von jeder Telefonzelle ohne Münzeinwurf oder Telefonkarte anzuwählen, ebenso vom Handy ohne Tarifguthaben.

◎ **POLIZEI**: Servicenummer Tel. 114 für alle nicht akuten Fälle, etwa Probleme beim Parken oder zu Umleitungen. Polizeireviere sind ohne Terminvereinbarung nur selten geöffnet.

Diplomatische Vertretungen in Dänemark: Deutschland und Österreich unterhalten auch jeweils ein Honorarkonsulat in Odense, das jedoch ohne Passbefugnis ausgestattet ist.

MIT KINDERN (BØRN) AUF FÜNEN, LANGELAND, ÆRØ

Dänemark ist ein kinderfreundliches Land; das fällt besonders all jenen auf, die aus einem Land mit »gemischteren« Erfahrungen kommen.

◎ Beeindruckend, wie viele **SPIELPLÄTZE** es gibt und wie sie ausgestattet sind. Allein was sich Fünen größte Stadt Odense für den Nachwuchs leistet, ist ehrenwert (siehe Seite 172). Steht keine Broschüre mit den kommunalen Spielplätzen zur Verfügung, lassen Sie sich welche im Touristenbüro auf einem Ortsplan eintragen. Auch die Spielplätze auf Campingplätzen und in Ferienparks sind in der Regel auf hohem Niveau. Eine gigantisch große Fläche wartet im Schlosspark von Egeskov Slot (siehe Seite 117).

◎ Landesweit sind fantastische **NATURSPIELPLÄTZE** eingerichtet, wie das TROLDELAND (auch: Gåsebjergsand) bei Faaborg (siehe Seite 116) und LUNDEN bei Ærøskøbing (siehe Seite 281). Sieben Plätze auf Fünen und einen auf Langeland verrät die Kartennavigation via naturstyrelsen.dk: einfach *Naturlegepladser* in die Suchfunktion eingeben, oder »Naturoplevelser« und anschließend »Flere aktiviteter« anklicken.

◎ In die Natur führt auch **KYS FRØEN**:Bei FRÖSCHE KÜSSEN nehmen die Kinder Vogelstimmen auf, basteln eine Angelrute, spielen Kräuterhexe, fangen Krebse, versuchen sich im Geocaching u.v.a. Programm und Anleitung für die Expeditionen variieren und sind ortsgebunden; vier Orte gibt's zum Frösche-Küssen: TRENTE MØLLE auf Fünen (siehe Seite 116), das ØHAVETS SMAKKECENTER auf Strynø (siehe Seite 232), SKOVSGAARD auf Langeland (siehe Seite 241 f.) und SØBYGAARD auf Ærø (siehe Seite 266).

◎ In ÖFFENTLICHEN **SCHWIMMBÄDERN** sind normalerweise vorhanden: Spielzeug für kleine und größere Kinder, Wickelplätze und Wannen, in denen Kleinkinder »geparkt« werden können, während die Eltern duschen, dies nicht nur im Frauen-, sondern auch im Männerbereich.

◎ Ist uns ein **STRAND** bekannt, der sich besonders für Familien mit Kindern eignet, ist dies in den Kapiteln ab Seite 100 eigens unter der Rubrik »Ferien aktiv, Baden, Schwimmen« angemerkt. – Trotzdem sollten Sie sich immer vergewissern, ob die Gegebenheiten vor Ort zu Ihrem Kind passen.

◎ Ist der Nachwuchs in fortgeschrittenem Alter und neigt gewöhnlich dazu, **AKTIVURLAUB** mit Unwillen zu begegnen, kann sich dies ändern, falls er gezielt IN DIE **VORBEREITUNG** EINBEZOGEN wird.

◎ In Skandinavien ist der Sommer kürzer als weiter südlich, dafür wird er herzlich begrüßt und zelebriert: Fest zum Programm der **SOMMERFESTE** gehören Aktivitäten für Kinder, und im besten Fall nicht nur für die kleinen. Die Sprachbarriere ist im Kindesalter weniger Grenze als bei Älteren.

FORTSETZUNG SIEHE NÄCHSTE SEITE

FORTSETZUNG: **MIT KINDERN AUF FÜNEN, LANGELAND, ÆRØ**

◎ Viele **MUSEEN UND ATTRAKTIONEN** unterhalten eigene Angebote, Ecken oder gar Abteilungen für Kinder. Der **EINTRITT** zu Museen ist für Kinder und Jugendliche bis 18 Jahre meistens **FREI**. Je eher das Kind zum Zielpublikum gehört, desto jünger muss es voll bezahlen. Wohin vor Ort kein Kinderwagen mitzunehmen ist, stehen im Normalfall Ersatzgefährte bereit.

◎ ODENSE hat H.C. Andersen, Eisenbahnmuseum, Zoo, vieles mehr (siehe Seite 172) sowie mit **FYRTØJET** (siehe Seite 156) auch ein Kinder-KULTURhaus. Wobei hier schon eher die Sprachbarriere greift; im Zweifel ist im Voraus zu klären, was ohne Dänisch geht und was eher nicht, auch anderswo.

◎ Die ALTERSGRENZE für kostenloses **ÜBERNACHTEN** oder ermäßigte Tarife im HOTEL liegt meist bei 12 Jahren, teils nur im Bett der Eltern, teils auch im Zustellbett. Lohnenswert sind geräumige FAMILIENZIMMER (siehe Seite 40). Die praktischste Unterkunft für Familien mit Kindern ohne festes Domizil dürfte die JUGENDHERBERGE sein, sowohl wegen der Tarife als auch dank der Freizeitmöglichkeiten im Haus. Dagegen ist Bed & Breakfast eher selten auf die Vorlieben von Kindern ausgerichtet.

◎ Mit KINDERTELLERN tun sich viele **LOKALE** schwer oder, andersherum, machen es sich leicht. Eine kreative Abwechslung von den gewöhnlichen Pommes, Würstchen und Spaghetti ist die Ausnahme.

INTERNET
Siehe Seite 17.

KINO
◎ Ausländische Filme laufen in der **ORIGINALFASSUNG** mit dänischen Untertiteln, weshalb ein Kino-Erlebnis in Dänemark auch für nicht-dänische Touristen in Frage kommt. Ausnahmen sind Kinderfilme.

KRIMINALITÄT
Die Schwerkriminalität liegt in Dänemark unter deutschem Standard, trotz der Schlagzeilen, für die u.a. kriminelle Rocker zuständig sind. TOURISTEN betreffen am ehesten Einbrüche in Ferienhäuser sowie Autoaufbrüche. Das plakative Schild mit der Aufschrift *Tøm bilen før tyven gør det* (»Räum' dein Auto leer, bevor es der Dieb tut«) kennzeichnet zwar die einschlägigen Parkplätze, doch ein Parkplatz / Parkhaus ohne Schild bietet keine Gewähr: Lassen Sie nichts sichtbar im Auto liegen.

MARGERITEN-ROUTE
Auto-Urlaubern wird öfter das Schild mit der Margerite auf braunem Grund auffallen, das Projekt startete 1991.

Die gesamtdänische Margeriten-Route ist mehr als 3.500 km lang und führt offiziell über landschaftlich reizvolle Straßen, meist Nebenstrecken. Unterwegs können die Benutzer gut und gern 1.000 sogenannte Sehenswürdigkeiten abklappern. Deutschen Text gibt's dazu nicht mehr, nachdem das Büchlein aufgegeben wurde und eine App sich nicht rentierte.

Als Ergänzung sei die Margeriten-Route zwar empfohlen – was heißen soll: Ist Ihnen der Weg zu Ihrem Ziel gleich, können Sie die markierte Route über die Nebenstraßen durchaus in Anspruch nehmen. Als »Touristenbibel« ist sie allerdings überfordert.

NACHRICHTEN
◎ Deutschsprachige **RADIOSENDER** empfangen Sie über die üblichen Kanäle, im Grenzgebiet sogar auf UKW.
◎ **GEDRUCKTES**: ZEITUNGEN UND ZEITSCHRIFTEN auf Deutsch gibt's in typischen Feriengebieten, sind der Internetkonkurrenz wegen aber rar geworden; der Transportaufwand lohnt sich für die Verlage zumeist nicht.
◎ **FERNSEHEN**: im Hotelzimmer ab Mittelklasse obligatorisch, in anderen Unterkünften wie Danhostels eher im Gemeinschaftsraum.

Wenn Sie ein FERIENHAUS buchen, sollte aus den Informationen hervorgehen, ob der Fernsehapparat darin ausländische Sender empängt; wobei der dänische Wetterbericht mit genügend Symbolen arbeitet, so dass auch Zuschauer ohne Dänisch-Kenntnisse damit etwas anfangen können.
◎ **WLAN** alias WIFI: kein »Neuland«, in Dänemark zum Beispiel in öffentlichen Transportmitteln üblich, in Unterkünften sowieso, dort aber mitunter zäh an Geschwindigkeit, wenn die Entfernung zum Signalgeber groß ist.

ÖFFNUNGSZEITEN
◎ **BANKEN**: Mo–Fr 10–16 Uhr, Do bis 18 Uhr. – Die Bargeldautomaten sind zum Großteil 24 Stunden zugänglich.
◎ **POST**: Da die Leistungen heute zumeist in Supermärkten versehen werden, profitieren die Kunden von deren langen (aber uneinheitlichen) Öffnungszeiten.

◀ Attraktion (nicht nur) für Kinder: Odense Zoo

ÖFFNUNGSZEITEN – EXTRA

Die Öffnungszeiten in diesem Buch können zum Teil nur RICHTZEITEN sein; nicht weil Autor und Redaktion zu bequem wären, um korrekte Daten zu sammeln oder zu überprüfen. Viele Touristenbüros, Campingplätze, Museen etc. öffnen und schließen nicht an runden Daten, sondern an einem dem runden Datum nahe liegenden Wochenende. Ein Campingplatz, der von April bis September geöffnet ist, wird am 1.4. eher nicht öffnen, wenn das Datum auf Mo/Di/Mi/Do liegt, sondern am Wochenende davor oder danach; oder möglicherweise schon um den 25.3. oder erst um den 10.4. herum, nämlich falls dann (schon/erst) Ostern sein sollte.
Darum finden Sie in diesem Buch auch Angaben wie »etwa 1.4.–30.9.« oder »von Anfang April bis Mitte September« anstatt zum Beispiel ein 6.4.–14.9., was ein Jahr später überholt bzw. nur noch Humbug wäre.

◎ **GESCHÄFTE** müssen nur an offiziellen Feiertagen geschlossen bleiben; die Regeln der Ladenöffnungszeiten sind minimal. Richtwerte für SUPERMÄRKTE (mit Lebensmitteln): Mo–Fr 8/9–18/19/20/21/22 Uhr, Sa+So 8/9/10–16/18/20 Uhr. Kioske und Bäckereien haben sonntags oft geöffnet.

POST

◎ Postämter gibt es nicht mehr; die meisten Leistungen versieht das sog. **POSTHUS**, das in der Regel in einem Supermarkt stationiert ist. Wir nennen das örtliche Posthus in den einzelnen Kapiteln ab Seite 100 unter »Was fehlt noch?«, Stichwörter »Kontakt, Hilfe«; siehe auch in unseren Stadtplänen.

◎ **PORTO**: Briefe (bis 50 g) und Postkarten nach Mitteleuropa kosten im Erscheinungsjahr dieses Buches satte 30 DKK, das entspricht rund 4 Euro. Hintergrund sind die Verluste der dänischen Post, nachdem die Regierung sämtliche Korrespondenz von und mit Behörden auf E-mail-Verkehr umstellen ließ.

RAUCHFREI

Seit 2007 gilt ein Rauchverbot in öffentlichen Gebäuden und Transportmitteln. In Hotels entscheidet die Leitung, wie viele Zimmer für Raucher / Nichtraucher ausgewiesen werden. (Gastronomie siehe Seite 54.) Im Übrigen sind die Preise üppig, da Tabakprodukte »erzieherisch« hoch besteuert werden.

SEHENSWÜRDIGKEITEN

In den einzelnen Kapiteln ab Seite 100 stehen Adresse, Telefonnummer, Öffnungszeiten, Eintrittspreise (siehe dazu auch Seite 60). Zusatzinformationen wie etwa »Textbuch« oder »Textheft« beziehen sich auf eventuell vorhandene deutschsprachige Publikationen, sofern nichts Anderes angegeben ist. Die Vermerke »Texte auch auf Deutsch« sowie »Texte auch auf Englisch« beziehen sich auf die Texttafeln vor Ort.

◎ In **ODENSE** kann für fünf Attraktionen eine gemeinsames Ticket erworben werden (siehe Seite 154).

Noch zu den Öffnungszeiten: Ist ein Campingplatz ganzjährig geöffnet, sollten Sie im Winterhalbjahr Ihr Erscheinen unbedingt ankündigen, da Sie nicht von einer besetzten Rezeption und vorbereiteten Anlagen ausgehen können.

◎ Auf Fünen, Langeland, Ærø gibt es viele ATTRAKTIVE Möglichkeiten, an (organisiertem) **SIGHTSEEING** teilzunehmen: zum Beispiel der MUSEUMSZUG von Faaborg nach Korinth (siehe Seite 108) und die RUNDFLÜGE ab Tåsinge und Ærø (siehe Seiten 218 und 281). Gleich mehrere Touristenbüros organisieren im Sommer abendliche Führungen mit einem NACHTWÄCHTER. Eine Auswahl besteht auch an Segeltörns vor allem ab Svendborg (siehe Seite 223) und an AUSFLUGSBOOTEN, im Überblick auf Seite 34.

Hoch im Kurs bei Dänemark-Urlaubern stehen die Aktivitäten in eigener Regie, ob zu Fuß, ob per Rad oder auf dem Wasser oder ... (siehe Seite 68 ff.).

SHOPPING – SOUVENIRS

Ein modernes Shopping-Paradies bilden Fünen, Langeland, Ærø nicht; dafür sind die Städte zu klein – Odense ausgenommen (siehe Seite 172).

◎ Nun gibt es auch im Kleinen nette Dinge zu **ENTDECKEN** – seien es Trödel und Antiquitäten in Städten und auf Märkten, Kunsthandwerkstätten (siehe unten), sei es am Straßenrand, in den überschaubaren Zentren und auf Wochenmärkten, deren aktuelle Termine im Touristenbüro und in dessen Jahresheft zu erfahren sind.

◎ **KUNSTHANDWERK UND KUNST**: Wie in ganz Skandinavien wird auch in Dänemark DESIGN groß geschrieben, sei es bei Textilien, Glas, Keramik, Schmuck, Möbel, Kerzen, (Holz-)Basteleien und -schnitzerei etc.

Dieses Buch könnte ohne Weiteres 10–20 Seiten dicker sein – allein nur mit präzisen Auflistungen der lokalen Kunsthandwerkstätten und Galerien. Es wäre aber unverhältnismäßig, hier alle möglichen Adressen aufzunehmen, zumal sich über Geschmack bekanntlich streiten lässt.

In den Jahresheften der Touristenbüros finden Sie Anzeigen und andere Vermerke; auch am Straßenrand ist mancher Hinweis platziert. Besonders viele Künstler sind – im Verhältnis zur Einwohnerzahl – auf Ærø, Langeland und im Raum Svendborg ansässig.

◎ Als typische oder halbwegs dänische **SOUVENIRS** gelten: Flaschenschiffe, (gedrehte) Kerzen, Schmuck sowie anderes Kunsthandwerk (s.o.), Haushaltsartikel/Kleidung mit ausgefallenem Design, so etwa Fahrradhelme und Gummistiefel. Zum Essen und Trinken sind denkbar: Schokolade aus Konnerup (siehe Seite 118 f.), Bier von der Insel Ærø (siehe Seite 269) oder ein Törtchensortiment (siehe Seite 58). – Auch Freunde von FLOHMARKT *(loppemarked)* und Trödelkram finden ein opulentes Betätigungsfeld.

Nicht gerade hochmodern, jedoch landestypisch ist Schmuck aus BERNSTEIN, der an vielen dänischen Stränden aufzuspüren ist. Wenn sich das Meer drüben an der jütischen Westküste bei Ebbe langsam zurückzieht, hinterlässt es einen Wall von Messermuscheln, Holzkohlen, Seemäusen und vielleicht auch Bernstein: unvorhersehbar in der Farbe, mal milchig weiß und undurchsichtig, selten völlig schwarz, in der Regel in goldenen Farbtönen von Buttergelb bis Kastanienbraun. Das Meer hat den Bernstein schon poliert, wenn man ihn findet, mit Geschick lässt er sich jedoch noch feiner schleifen, so dass er gleich goldenen Tropfen schimmert.

◎ **TAX FREE**: Die Rückerstattung der Mehrwertsteuer ist nur für Bürger mit Wohnsitz außerhalb der EU möglich: wie für Staatsbürger der Schweiz.

In Geschäften, die mit TAX-FREE-SYMBOL gekennzeichnet sind, erhalten Sie einen Global Refund Cheque ausgestellt. Bei der Ausreise, zum Beispiel am Flughafen, muss der Kunde Ware und Cheque vorlegen, um einen Zollstempel zu erhalten; die Ware soll originalverpackt und bis zum Verlassen des Landes nicht gebraucht worden sein. Mit Ausweis/ Pass, Ware und abgestempeltem Cheque kann die Mehrwertsteuer abzüglich Gebühren in einem REFUND OFFICE zurückerstattet werden; solche Büros befinden sich auf den Flughäfen in Billund und Kopenhagen. Wichtig: Die Rechnung muss für Tax free mindestens 300 DKK betragen.

◎ **INFORMATION**: auf Englisch via www.globalblue.com.

STROM

Steckdosen sind vielerorts mit einem SCHALTER versehen, mit dem sich die Stromzufuhr ein-/ausschalten lässt.

TELEFONIEREN

Dänemarks Landeskennzahl (bei Vorwahl aus dem Ausland) lautet: 0045.

◎ **INLAND**: In Dänemark gelten ACHTSTELLIGE TELEFONNUMMERN ohne Vorwahl. Ob Sie in Odense auf Fünen eine Rufnummer auf Ærø, Langeland oder in Odense selbst wählen, alle acht Ziffern sind notwendig.

◎ **AUSLAND**: Um mit dem Ausland zu telefonieren, wählen Sie zuerst 00, danach die Landeskennzahl, die Ortsnetzkennzahl (Vorwahl) ohne 0 sowie die gewünschte Rufnummer. Die Landeskennzahlen: Deutschland 49, Österreich 43, Schweiz 43, Niederlande 31, Luxemburg 352.

◎ Die LETZTEN **ÖFFENTLICHEN TELEFONE** wurden 2017 ABMONTIERT.

◎ **MOBIL TELEFONIEREN**: 2017 wurden die Roaminggebühren innerhalb der EU abgeschafft. Als Mobilfunkkunde zahlen EU-Bürger auch im Auslandsurlaub nicht mehr als im Heimatland. Dennoch, Sie sollten Ihren Mobilfunkvertrag studieren, was die Auslandsnutzung betrifft.

◎ **ACHTUNG**: Mit heimischer Sim-Karte müssen Sie dänische Rufnummern auch innerhalb Dänemarks mit der Auslandsvorwahl 0045 eingeben, mit dänischer Sim-Karte nur die achtstellige Rufnummer des Teilnehmers.

TOILETTEN

Halten Sie sich an Terminals, Einkaufszentren, Museen und Rathäuser bzw. Borgernes hus alias Bürgerhaus.

VERWALTUNGSSTRUKTUR

Bundesländer gibt es nicht in Dänemark. Durch eine Strukturreform 2007 wurden aus landesweit 14 »Ämtern« SECHS REGIONEN. Fünen, Langeland sowie Ærø wurden – zusammen mit dem südlichen Jütland – zur REGION SYDDANMARK (Süddänemark). Was bei den Betroffenen nicht allzu große Begeisterung auslöste – denn für Fünen ist Jütland weniger Nachbar als eine andere Welt, und umgekehrt.

Auf Touristen hat das wenige Auswirkungen: Sollten Sie auf eine Texttafel oder einen Folder von »Fyns Amt« stoßen, dann ist das gute Schriftstück jedenfalls schon einige Jahre alt.

Oben zwei der besten Aussichtspunkte, links der Turm auf Svanninge Bakker (siehe Seite 112), rechts die Bregninge Kirke (siehe Seite 216), unten zum Stichwort Shopping: Trödel ist ungemein gefragt in Dänemark, hier ein Schaufenster in Nyborg ▶

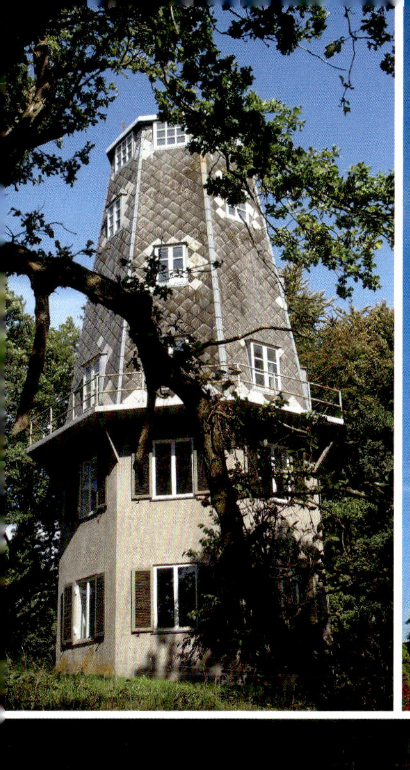

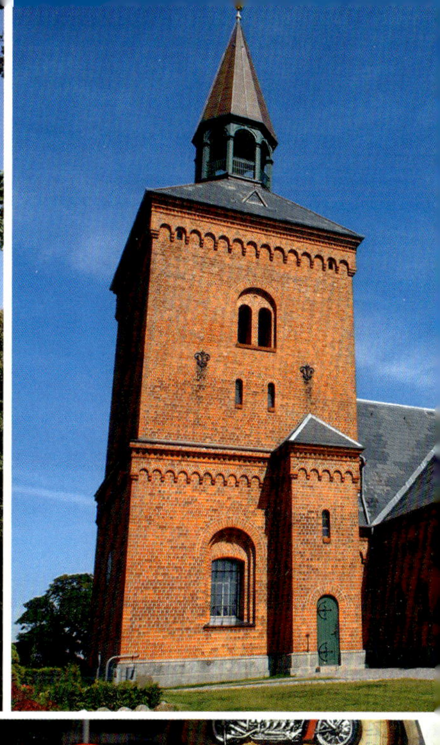

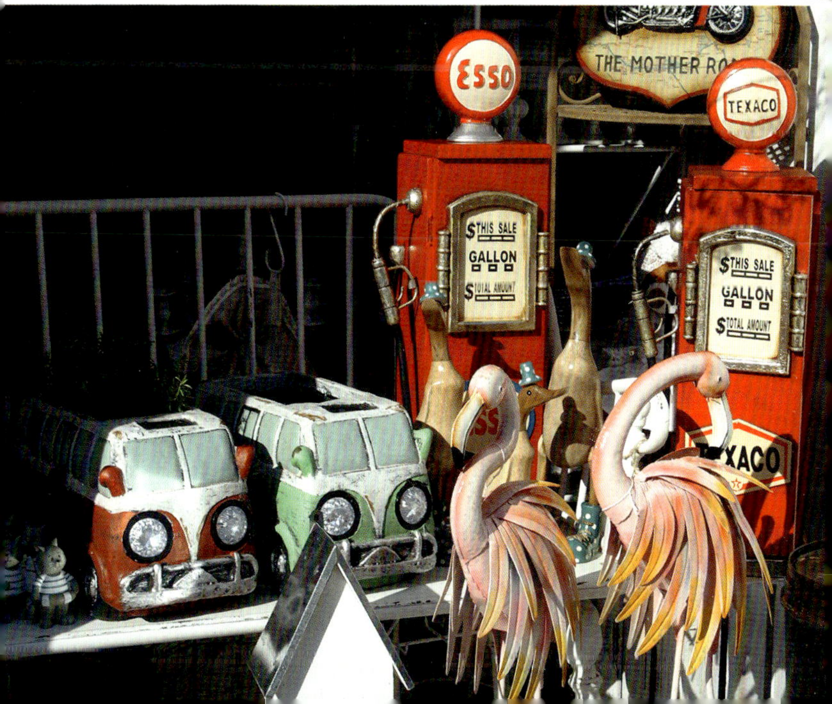
ESSO
TEXACO
$THIS SALE
GALLON
$TOTAL AMOUNT
$THIS SALE
GALLON
$TOTAL AMOUNT
TEXACO

NATUR- UND AKTIVURLAUB IN DÄNEMARK

Mancherorts hat sich Dänemarks Natur von der intensiven Bewirtschaftung durch Agrar- und Forstwesen erholt; andererseits werden empfindliche Areale heute konsequenter geschützt. Inzwischen wurden landesweit sogar fünf NATIONALPARKS ausgewiesen, vier in Jütland und einer auf Seeland. Auch das Südfünische Inselmeer ist dafür projektiert, aber das wird noch dauern.

◎ Mehrere **ATTRAKTIONEN** befassen sich direkt mit NATUR UND UMWELT: FJORD & BÆLT in Kerteminde (siehe Seite 179), NATURAMA in Svendborg (siehe Seite 211 f.) und SKOVSGAARD auf Langeland (siehe Seite 241 f.).

◎ Merklich zugenommen haben die Möglichkeiten **TIERE** zu **BEOBACHTEN**, ob Vögel, ob Seehunde oder Damwild (siehe Seite 79). Ebenso treten wieder Tiere auf, die in Dänemark als ausgestorben galten (siehe Seite 12).

◎ Es muss nicht immer ein Nationalpark sein. Als Beispiele für GELUNGENE **RENATURIERUNG** gelten u.a. SUNDET bei Faaborg (siehe Seiten 108 u. 114), KNUDSHOVED bei Nyborg (siehe Seite 198) und SKOVSGAARD (s.o.).

◎ Outdoor-Urlaub liegt im Trend. Es ist möglich, auf **WALDRASTPLÄTZEN** zu übernachten und in bestimmten Wäldern sogar **FREI** zu **ZELTEN**. Dies erfordert einen BEWUSSTEN Umgang mit der Natur (siehe Seite 49 f. und 73).

◎ Für Kinder sind einige **NATURSPIELPLÄTZE** eingerichtet (siehe Seite 61).

◎ **INFORMATION**: verteilt auf dieses Kapitel, Folder in den Touristenbüros, udinaturen.dk als Fundgrube (im Vorteil mit Dänisch-Kenntnissen).

Ferien aktiv

AKTIVURLAUB WEITER IM TREND
Unter der Rubrik »Ferien aktiv« finden Sie in den einzelnen Kapiteln ab Seite 100 Vorschläge für Aktivitäten; die Rubrik haben wir erheblich aufgewertet, um den aktuellen Vorlieben vieler Dänemark-Urlauber gerecht zu werden.

Rad fahren

Dänemark bietet ausgezeichnete Voraussetzungen sowohl für Fahrradferien als auch für Tagesausflüge auf dem Radsattel.

Zwei Aspekte sind allerdings zu beachten, bevor Sie sich einen 150 km langen Tagesausflug vornehmen: Kilometerlange Anstiege erwarten Sie zwar nicht, doch auch das vermeintlich sanfte Auf und Ab in weiten Landesteilen kann Schweiß treibend sein. Und der Wind, der ja bekanntlich immer von vorn kommt, wird zumindest auf Hin- oder Rückweg dagegen halten. Trotzdem ist der Drahtesel vor Ort ein wunderbares Transportmittel, da Sie als Radfahrer die NATUR langsam durchqueren, sie bewusster erleben und da sich einige Abstecher zu Seen, in Wälder, an Küsten einschieben lassen, die Autochaffeuren versagt sind.

RADELN IM STRASSENVERKEHR
Die Ausstattung der Räder entspricht den Bestimmungen in Deutschland, wobei die Beleuchtung (weiße oder gelbe vorn sowie rote hinten) nur bei Dunkelheit vorhanden sein (und benutzt werden) muss. Eine Helmpflicht besteht nicht.

Ist ein Radweg vorhanden, ist dieser auch zu benutzen. Die Kenntnis folgender Verkehrsregel kann lebenserhaltend sein:

◎ **LINKS ABBIEGEN**: Anders als in Deutschland ordnen sich Rad fahrende Linksabbieger an großen Kreuzungen nicht links auf einer Abbiegerspur ein, sondern bleiben auf der rechten Spur, überqueren die Kreuzung, warten auf der anderen Seite, bis der Verkehr vorbei ist, und überqueren erst dann die Straße, um ihre Fahrt fortzusetzen. Radwege sowie -ampeln sind auf diese Fahrweise ausgerichtet, DÄNISCHE AUTOFAHRER EBENSO – da diese das Linksabbiegen von Radfahrern auf der Autospur nicht erwarten, kann solch ein Verhalten eine lebensgefährliche Situation verursachen.

◎ **KINDERTRANSPORT**: Auf Kindersitzen oder (angeschnallt) im Kinderanhänger sind zwei Kinder erlaubt: Das maximale Gesamtgewicht eines Anhängers darf 60 kg betragen; das Fahrrad muss sowohl über Hinter- als auch Vorderradbremse verfügen.

RADWEGENETZ
Das Wegenetz beschränkt sich nicht auf Autostraßen begleitende Radwege, sondern führt über Nebenstraßen, durch Wälder, über Dämme (darunter auch frühere Gleisstrecken), ufernahe Wege, feste Sandstrände, manchmal

◀ Ferien (mal mehr, mal weniger) aktiv: Muße am Strand von Kerteminde

über Kies oder versandete Wege, die sich, zumindest für schwer bepackte Fahrräder, nur bedingt eignen.

Über 12.000 Kilometer lang sind die MARKIERTEN RADWEGE, deren Beschilderung verschieden gestaltet ist:

◎ **ELF NATIONALROUTEN** durchqueren das ganze Land, markiert mit weißen Ziffern in einem roten Viereck auf blauem Grund. Auf Fünen sind das Nr. 6 zwischen Middelfart und Nyborg (als West-Ost-Achse zwischen Jütland und Seeland) sowie Nr. 8, die wie eine quergelegte 8 durchs Land gezogen ist, wobei alle Stränge in der Mitte bei Svendborg zusammentreffen. Nach Osten verlässt die 8 »unser« Gebiet in Nyborg (via Zug gen Seeland) und in Langeland (mit der Fähre nach Lolland), nach Westen via Faaborg in Middelfart (gen Jütland) sowie über Ærø (mit der Fähre nach Fynshav auf Als).

◎ Die **REGIONALROUTEN** tragen landesweit die Nummern 16 bis 99, markiert mit weißen Ziffern auf blauem Grund; zum Teil sind diese Ziffern weiß umrandet. Auf der Radwegekarte nebenan sind alle Regionalrouten auf Fünen, Langeland, Ærø abgebildet; in den einzelnen Kapiteln ab Seite 106 weisen wir unter »Ferien aktiv« auf einzelne, zum Teil als RUNDFAHRTEN kombinierbare Routen hin.

◎ Die **LOKALEN ROUTEN** tragen die Nummern 100 bis 999, ebenfalls markiert mit weißen Ziffern auf blauem Grund, in der Realität aber uneinheitlich gestaltet. Weitere Lokalrouten tragen nur plakative Namen, ohne Nr.

SCHIENENFAHRRÄDER

Von 1884 bis 1984 verkehrte die Assensbanen zwischen Tommerup st., an der Hauptstrecke quer durch Fünen, und Assens, das an der Küste im Südwesten liegt. Die Gleise der 30 km langen Strecke wurden nicht demontiert und ermöglichen heute schöne Touren mit Draisinen. Siehe Seite 130.

MTB

Zurzeit verteilen sich ca. 10 Parcours über Fünen, vermerkt unter www.visitfyn.de: »Fahrradurlaub auf Fyn«. Siehe auch Seiten 116, 217 und 221.

FAHRRADWERKSTÄTTEN

Gibt's in allen größeren Orten und sind bei Bedarf über die Website www.danskecykelhandlere.dk zu ermitteln; die ist zwar auf Dänisch, ermöglicht es jedoch mit der Karte und Suchfunktion »Find en cykelhandler«, einen zertifizierten Händler (oft mit Werkstatt) herauszufinden und zu kontaktieren.

FAHRRADVERMIETER

Stehen in den einzelnen Kapiteln ab Seite 100 jeweils unter »Ferien aktiv, Rad fahren«. In Einzelfällen vermieten auch Touristenbüros, zum Beispiel das in Nyborg.

◎ **TARIFBEISPIELE**: pro Tag um 50–100, für die Woche um 250–500 DKK, E-bikes sind merklich teurer. Auch Zubehör für Kinder und Fahrradanhänger sind zu haben. Kontakt auch über: www.danskecykelhandlere.dk (siehe oben) und dortige E-mail-Adressen.

KARTEN, LITERATUR, INFO

◎ Die dreisprachige **RADWANDERKARTE FÜNEN** (2018) ist ein sehr guter Begleiter für alle, die regelmäßig im Fahrradsattel sitzen wollen. Beidseitig bedruckt, ist sie wetterfest und

Die Karte soll einen Eindruck vom (über-)regionalen Radwegenetz vermitteln. Für unterwegs ist sie allein ungeeignet, die Beschilderung gut, aber nicht lückenlos. ▶

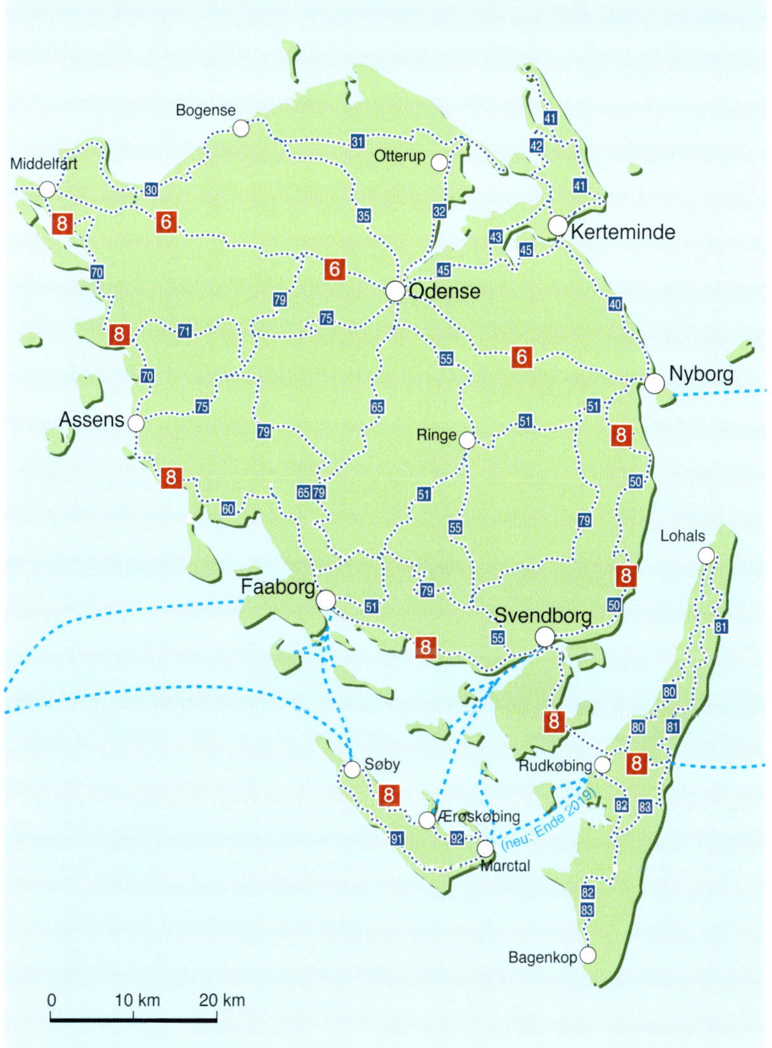

FAHRRADWEGE

Regional- und Nationalrouten

im Maßstab 1 : 100.000 angelegt, hat eine ausgezeichnete Farbgebung; sogar der Untergrund (Asphalt oder unbefestigt) ist kartiert, Lagerplätze sowie Werkstätten sind verzeichnet, die ca. 17 € in Deutschland gut angelegt. Bezugsquellen siehe Seite 23.

◎ **BIKE ISLAND FYN** ist ein Projekt, um den Radeltourismus anzukurbeln. In vielen Touristenbüros liegt die Gratis-Karte im DIN-A-2-Format aus, die die (über-)regionalen Radwege zeigt, für unterwegs jedoch zu grob ausfällt. Einige Etappen verlaufen nicht auf den offiziellen Radwegen und sind vor Ort auch nicht markiert. Die Website bikeislandfyn.dk reißt vieles rund um den Fahrradurlaub an (z.B. bed & bike, also Unterkünfte, die speziell auf Radwanderer vorbereitet sind) und bietet einen Gepäcktransport an, ist jedoch in der Praxis umständlich. – Letztendlich sollen hier Produkte verkauft werden, deklariert als Familien- oder Paarferien, Mountainbike, Racer & Events.

◎ Einige Touristenbüros bieten eine Zusammenstellung von **ROUTEN** in der Umgebung zum Kauf, auf die wir in den einzelnen Kapiteln ab Seite 100 in der Rubrik »Ferien aktiv, Rad fahren« jeweils verweisen. Sie sollten vor dem Kauf stets begutachtet werden.

◎ **APP**: Googeln Sie »Test Apps Fahrrad-Navigation«, die Bedürfnisse sind verschieden. Mir persönlich sind Tourenvorbereitung (und Gebrauch) viel zu zeitaufwändig. Die Kommunikation mit dem Gerät unterbricht das Erlebnis draußen, die Anleitung beeinträchtigt die eigene Fähigkeit sich zu orientieren. Dass die digitalen Helferlein, gezielt eingesetzt, praktisch sein können, ist unbestritten.

Wandern

Zu Fuß können Sie Naturidyllen kennen lernen, die Sie mit dem Rad nicht immer erreichen: Steilküsten, Moore, Heide, Seen und Wälder. Wer zu Fuß unterwegs ist, mag überrascht sein, dass Dänemarks Natur vielfältiger ist, als es der oberflächliche Blick durchs Fahrzeugfenster vermuten lässt.

Allerdings haben diese Naturparadiese ihre GRENZEN. Die Agrarwirtschaft hat Dänemarks Landschaft geradezu domestiziert, so dass Outdoorer mancherorts nach (viel zu) kurzer Zeit wieder zum Ausgangspunkt zurückgekehrt sind. Ebenso wie sich Alpen- oder Norwegen-Erfahrene erst an die minimalen Höhenunterschiede gewöhnen müssen: Nun misst Dänemarks höchster Hügel (drüben in Jütland) nur 173 Meter, während Fünens höchster Punkt, Bavnehøj bei VISSENBJERG, 131 Meter erreicht.

Andererseits können die dänischen Wanderwege damit punkten, dass es selten weit bis zur nächsten Küste ist. Und mit dem Fernwanderweg im Südfünischen Inselmeer wurde auch der Mangel an längeren und fordernden Pfaden behoben. – Eine längere Küstenroute im Norden ist in Planung.

Saison ist das ganze Jahr über, wobei Sie im Winter mit Schnee, Schneematsch sowie nach langen Regenfällen stellenweise mit aufgeweichtem Terrain rechnen müssen.

FERNWANDERN

◎ Der 220 km lange **ØHAVSSTIEN** auf Südfünen, Tåsinge, Langeland sowie Ærø besteht aus sieben Etappen

Über den Transport von Fahrrädern mit öffentlichen Verkehrsmitteln geben wir sozusagen an Ort und Stelle = in den Kapiteln »Anreise« und »Unterwegs in Dänemark« Auskunft.

DAS SÜDFÜNISCHE INSELMEER – DET SYDFYNSKE ØHAV

Das Südfünische Inselmeer bezeichnet die Südküste Fünens und 55 INSELN südlich und südöstlich davon. Den Namen gibt es schon länger; mittlerweile wurde er aber zum Begriff eines Marketing-Konzepts für die Region. Mit einigen Mitteln (auch aus dem EU-Topf für strukturschwache Regionen) soll der AKTIV-Tourismus gefördert werden, was gar nicht so einfach ist, da Routen, Unterkünfte und Verkehrsverbindungen nicht alle so intensiv genutzt werden, wie erhofft, und die Infrastruktur inzwischen anzupassen war.

◎ Der rund 220 km lange Wanderweg **ØHAVSSTIEN** führt von Faldsled, nahe Faaborg, über Svendborg nach Langeland; er kann in sechs strammen Tagesetappen begangen werden, die jedoch keine Rundwanderung ergeben. Eine siebte Etappe erschließt Ærø. Siehe Seite 72 nebenan.

◎ Vor Ort wird ein Büchlein verkauft, das 17 **FAHRRADTOUREN** in Südfünen umfasst, auch in deutschsprachiger Version vorliegt, wegen der geografischen Ausdehnung jedoch eher für Langzeit-Urlauber in Frage kommt. www.naturturisme.dk enthält Links zu einzelnen Touren mit GPX-Tracks.

◎ Ausgearbeitet wurden auch **SEEKAJAK-ROUTEN**: Während sich in der geschützten Bucht HELNÆS BUGT Anfänger im Paddeln üben können, sind die meisten Routen im Svendborgsund sowie rund um Ærø und Strynø für Fortgeschrittene gedacht. Die Infrastruktur aus Kajakzentren, Unterkünften, Bootstransport wurde mangels Rentabilität reduziert, aber es erschien ein profunder Seekajak-Führer für das Gebiet. Siehe Seite 78.

◎ Auf der Insel **STRYNØ**, zwischen Tåsinge, Langeland und Ærø, baut das **ØHAVETS SMAKKECENTER** landestypische Jollen in einer eigenen WERFT und bietet Gästen Unterkunft und ein Aktivitätsprogramm. Siehe Seite 232.

◎ Erkundungen im Südfünischen Inselmeer sind ohne Weiteres **IN EIGENER REGIE** möglich. Außer Ærø sind ACHT INSELN mit kleineren Fähren zu erreichen, die zum Teil keine Pkw, sondern nur FAHRRÄDER transportieren; für Radfahrer eignen sich besonders Lyø, Avernakø, Drejø und Strynø. Das Übernachten ist aber nicht überall möglich und will geplant sein.

◎ Vor Ort ist stets **AUF DIE** empfindliche **NATUR** zu **ACHTEN**. Zum Schutz der Brutvögel dürfen vom 1. März bis zum 15. Juli einige der Inseln gar nicht, andere nur in bestimmten Zonen betreten werden. Notiert auf der:

◎ **INSELMEERKARTE** mit vielen Informationen zu Region und Aktivitäten, fast jedes Jahr neu, erhältlich in den Touristenbüros oder als PDF-Download via www.detsydfynskeoehav.dk, die mit satten Fotos zum Besuch verlocken soll. Ergiebiger im Inhalt ist www.naturturisme.dk, ebenso auf Englisch.

◎ **FÄHREN**: nach BJØRNØ mit »Lillebjørn«, Bjørnø-Færgen, Tel. 2029 8050 (6–18.30 Uhr), bjoernoefaergen.dk. – Nach AVERNAKØ und LYØ (siehe auch Seite 110) mit »Ø-færgen«, Tel. 7253 1800, oefaergen.fmk.dk. – Nach SKARØ und DREJØ (siehe auch Seite 218) mit »Højestene«, Tel. 6223 3000, www.hoejestene.dk. – Nach HJORTØ (siehe auch Seite 218) mit »Hjortøboen« auf Bestellung, www.svendborg-havn.dk. – Nach BIRKHOLM per Postboot ab Ærø. Siehe Seite 272. – Nach STRYNØ (Øhavets Smakkecenter, siehe oben) mit »Strynboen«, Tel. 6251 5100 (Mo–Fr 9–10 Uhr), www.strynoe.dk.

von 20–39 km Länge. Etappe 1 führt ab FALDSLED mit Abstecher Faaborg durch das Landesinnere nach FJÆLLEBROEN an der südfünischen Küste, Etappe 2 nach SVENDBORG. Dort gilt es sich zu entscheiden: Die Etappe 3 nach LUNDEBORG ist eine Sackgasse, da die Bootsverbindung nach Langeland mangels Auslastung eingestellt wurde. Die Etappe 4 via Tåsinge nach RUDKØBING, der Hauptstadt von Langeland, ist die kürzeste. Auf Langeland verlaufen zwei Etappen: Ab LOHALS, ganz im Norden (und früher mit Lundeborg per Boot verbunden), verläuft No. 5 zum STENGADE STRAND, ab dort No. 6 über Rudkøbing bis zum Haff Henninge Nor. Wer in Rudkøbing nach Marstal übersetzt, kann Etappe 7 über ÆRØ anschließen (und mit der Fähre von Søby nach Faaborg so eine Art Rundwanderung basteln, denn ab Faaborg ist ein Quereinstieg landeinwärts zum Øhavsstien markiert).

◎ **INFORMATION**: In den Touristenbüros liegen Faltblätter zu jeder Etappe aus, auch in deutscher Sprache; alternativ sind diese via www.visitfyn.dk zu laden: siehe dort »Wandern auf Fyn«. Die Folder enthalten neben einer Karte Hinweise zu Sehenswürdigkeiten in Natur und Kultur unterwegs und praktische Angaben. Sie sind unterschiedlich aktuell, manchmal liegt vor Ort nicht unbedingt die jüngste Ausgabe aus. Kontaktieren Sie etwaige Unterkünfte besser im Voraus.

◎ **DER WANDERWEG DES INSELMEERES** ist ein engagiert gemachtes Buch für alle, die den Øhavsstien als Fernwanderweg nutzen sowie etwas über die Gegend erfahren wollen. Mit Detailkarten. In D im Versand 29,80 €.

TAGESTOUREN

Die Zielgruppe dieses Reiseführers unternimmt eherTagestouren. Als gute Hilfestellung erweisen sich die Folder, die das Umweltministerium herausgibt: Landesweit liegen über 125 vor, zu Fünen und Langeland 5. Sie liegen meistens im Touristenbüro aus, sind aber auch via Download zugänglich.

◎ Die **VANDRETURSFOLDERE** enthalten Karten, auf denen Wanderwege und Ausgangspunkte, meist Parkplätze, nebst anderen Informationen zur lokalen Infrastruktur eingezeichnet sind. Der Text gibt über die interessantesten Stationen Auskunft. Die Faltblätter sind auch ohne Dänisch-Kenntnisse eine Hilfe; dabei lagen zuletzt DREI AUCH **AUF DEUTSCH** vor: Svanninge Bakker (siehe Seite 112 f.), Nordlangeland (siehe Seite 240) und Südlangeland (siehe Seite 248 f.). Folder-Download dänischer Ausgaben: naturstyrelsen.dk via »Publikationer«.

◎ Es gibt eine ganze Reihe weiterer **INFO-FALTBLÄTTER** AUF DEUTSCH, die aus regionalen und lokalen Quellen stammen und auf die, sofern gut zu gebrauchen, in den Kapiteln ab Seite 100 konkret verwiesen wird.

◎ Sehr zu empfehlen sind die **ORGANISIERTEN WANDERUNGEN**, die zum Teil von Naturschutzvereinen arrangiert werden. Dabei erfahren Sie dank Ihrer Begleitung Einzelheiten über Flora und Fauna, die kein Buch und keine Broschüre lebendiger vermitteln könnte. Fragen Sie im Touristenbüro gezielt nach solchen Touren, die zum Großteil leider nur in dänischer Sprache angeboten werden; im Fall vermehrter Nachfrage kann sich dies durchaus ändern.

Zu Fuß unterwegs: oben zur Vogelbeobachtung am Østerø Sø bei Nyborg, unten links Kratzdistel auf Enebærodde in Nordfünen, unten rechts Küstenpfad Klokkefrøstien bei Lundeborg in Ostfünen; solche Gatter sind der Tiere wegen stets geschlossen zu halten ▶

Angeln

Angeln in Dänemark bedeutet Küstenfischerei (vor allem Meerforelle), Molenfischerei (Aal, Plattfisch u.a.) und Süßwasserfischerei (u.a. Aal, Bachforelle, Barsch, Karpfen, Rotauge, Zander, Schleie), wobei Fünen, Langeland und Ærø eher die Küstenfischer interessieren. Möglich ist auch das HOCHSEEANGELN (bevorzugt Dorsch und Plattfisch) mit erfahrenen Skippern.

◎ Petrijünger (im Alter von 18 bis 65 Jahren) erwerben den obligatorischen staatlichen **ANGELSCHEIN**, egal wo sie ihre Rute auswerfen. Die GEBÜHR ist ein Jahr gültig ab Kaufdatum, nach Jahres-, Wochen- oder Tageskarte (180/130/40 DKK) gestaffelt, und vor Ort in Touristenbüros, Unterkünften oder Angelsportgeschäften zu erwerben. Alternativ kann der Angelschein online mit Kreditkarte via www.fisketegn.dk bestellt werden – wo ein FAQ auch gängige Fragen beantwortet.

Mit diesen Gebühren kümmert sich das zuständige Ministerium um den Fischbestand. Wer ohne gültigen Angelschein erwischt wird, zahlt ordentlich oben drauf; und nehmen Sie den Personalausweis zum Angeln mit.

Für Binnengewässer benötigen Sie eine zusätzliche Angelkarte.

◎ Die **BESTIMMUNGEN** über Angelgerät, Schonzeiten, Schutzzonen und Mindestlängen sind so vielseitig, dass sie hier keinen Raum finden. Es sind aber mehrere Broschüren im Umlauf, die darüber Auskunft geben (s.u.).

Wer an der Küste fischen will, muss beachten: Im MÜNDUNGSBEREICH von Flüssen, Bächen und Auen darf in einem Umkreis von 500 m zu beiden Seiten sowie auf das Meer hinaus nicht geangelt werden.

◎ **MEERFORELLEN**: Broschüren, Angeltrips mit Guide und markierte Angelplätze organisiert HAVØRRED FYN, seatrout.dk.

◎ Für die populären FORELLENSEEN **PUT AND TAKE** wird kein staatlicher Angelschein benötigt! Info/Links u.a. via www.putandtake.info/fyn. Preise oft ab 100/50 DKK (für zwei Stunden).

◎ **INFORMATION**: Jedes Touristenbüro hat Material vor Ort sowie Tipps auf der Website. Spezielle Broschüren enthalten Angaben u.a. zu Jahreszeiten, Wetterdaten, Kursen, Adressen. Sehr informativ sind außer den bereits genannten Webseiten die miteinander verwandten www.angeln-in-daenemark.de und www.meeresangeln-in-daenemark.de.

Mit diesem Info-Material sind Angler gut vorbereitet bzw. ausgerüstet; zudem enthalten die Kapitel ab Seite 100 einzelne konkrete Tipps.

Baden, Schwimmen

Wenn Sonne und Temperaturen einen Badesommer signalisieren, klagen die Eigner von Tierparks und Museen darüber, dass weniger Touristen kämen, als gewohnt. Und wo sind die Leute? Am Strand. Bei landesweit fast 7.400 km Küstenlänge finden sich genügend Strände und Badeplätze; nur: Strand ist nicht gleich Strand, besonders Familien mit Kindern müssen auf seichtes Wasser achten.

In den Kapiteln ab Seite 100 stehen unter der Rubrik »Ferien aktiv, Baden, Schwimmen« zumindest die Strände vermerkt, wo die Blaue Flagge zuletzt wehte, aber auch Hallenbäder, die oft in den Jahresheften der Touristenbüros inserieren.

STRÄNDE UND BADEPLÄTZE

◎ Die **BLAUE FLAGGE** ist eine Erfindung der EU, mit der Strände und Marinas ausgezeichnet werden, die besondere Bedingungen an die Umwelt erfüllen: SAUBERES WASSER an erster Stelle. In Dänemark sind über 200, auf Fünen, Langeland, Ærø 25 STRÄNDE registriert. Diese Flagge gilt als zuverlässiger Hinweis auf unbedenkliches Nass sowie ein Mindestmaß an Infrastruktur zu Sicherheit und Hygiene. Kontrollen der Badegewässer liegen im eigenen Interesse der Gemeinden: Mancherorts sind DIGITALE Anzeigen zu Wasserqualität etc. montiert.

◎ Auch das Badeparadies Dänemark erfordert, wie überall, gewisse **VORSICHTSMASSNAHMEN**, speziell am Meer: NICHT ALLEINE baden soll man und die anderen Familienmitglieder im Auge behalten. Nur bis zum Nabel ins Wasser gehen. Wer SCHWIMMEN möchte, sollte dies entlang der Küste tun. Luftmatratzen und Spielzeug am Strand zurücklassen. Geraten Sie auf einer Sandbank bei ruhigem Wasser in ein Loch, lassen Sie sich mit der Strömung treiben, bis sie schwächer wird. Nicht baden sollten Sie in Häfen, in der Nähe von Wellenbrechern und Molen sowie Stellnetzpfählen der Fischer, ebenso in Mooren, kleinen Seen und Bächen mit vielen Wasserpflanzen. Kopfsprünge sollten Sie nur wagen, wenn über die Tiefe des Wassers Klarheit besteht. Ist doch klar, sagen Sie? Die Zahl solcher Unglücksfälle ist erstaunlich hoch, viele Betroffene haben sich selbst überschätzt.

Dort wo keine besetzte Rettungsstation, aber ein Rettungsposten vorhanden ist, sollten Sie in der Nähe dieses Postens ins Wasser gehen. Und es schadet nicht, sich die Instruktionen vor Ort durchzulesen...

◎ Da die dänischen Strände frei zugänglich sind, werden keine eigenen **FKK-STRÄNDE** ausgewiesen. Einige Kommunen sperren jedoch bestimmte Strandabschnitte für FKKler.

HALLENBÄDER

Wer gechlortes Wasser vorzieht: Im Sommer können die Öffnungszeiten der Schwimmhallen verkürzt sein.

◎ Viele Kommunen gönnen sich ein STATTLICHES Hallenbad oder **SPASSBAD**. Es ist BEEINDRUCKEND, wie viel Spielzeug und Service für die Kinderbetreuung zur Verfügung steht.

Golf

Mit Ausnahme Kertemindes enthält jedes Kapitel ab Seite 100 mindestens einen Golfplatz mit Kontaktdaten und Zahl der Greens bzw. Löcher je Green. Fast alle Anlagen machen Pause von November bis Anfang April. Auf Straßenkarten sind Golfplätze meist mit Kreis und Fahnenstange markiert. Einige Hotels offerieren Golfferien; die Lokale der Golfplätze gelten als Tipp für einen guten Mittagstisch.

◎ **PAY & PLAY** bedeutet, dass Gastspieler willkommen sind; das gilt etwa für die Hälfte der landesweit rund 200 Golfplätze. Wir nennen im Buch dennoch alle Plätze vor Ort, da es mitunter vorkommt, dass Pay & Play neu angeboten wird. GREEN FEE ab 150 DKK für Erwachsene und 100 DKK als JuniorInnen, wobei es samstags und sonntags teurer (und beengter) sein kann.

◎ **INFORMATION**: Da die Dänische Golfunion ihre Homepage nur noch in der Landessprache pflegt, empfiehlt es sich, bei Bedarf über die Websites der Touristenbüros zu gehen.

Paddeln

MIT DEM SEEKAJAK

Das Paddeln im Seekajak erfuhr in den letzten fünfzehn Jahren einen enormen Popularitätsschub.

◎ Für Fortgeschrittene sowie Anfänger in KUNDIGER Begleitung ist das **SÜDFÜNISCHE INSELMEER** ein ideales Areal. Im Rahmen des Aktivtourismuskonzepts (siehe Seite 73) entstand dort eine bemerkenswerte Infrastruktu, die mangels Rentabilität reduziert werden musste. KAJAKZENTREN mit Touren in Begleitung gibt es noch auf Tåsinge (siehe Seite 222) und mit dem »Øhavets Smakkecenter« auf Strynø (siehe Seite 232).

◎ **SEEKAJAKFÜHRER** für das Südfünische Inselmeer: Das Buch samt Kartenset umfasst neben allgemeinen Informationen 20 Tourenvorschläge in allen Schwierigkeitsstufen. Die Texte sind ansprechend, die Daten sorgfältig zusammengestellt und die kürzesten Routen 14 km lang; vor allem aber sind die sechs Karten unerlässlich, will man die geschützten Uferzonen verlassen. Erhältlich vor Ort und in D vorab für 39,80 €.

◎ Nicht nur der Kajakführer weist auf **VORSICHTSMASSNAHMEN** und **PFLICHTEN** hin, die bei TOUREN VOR DER KÜSTE und zwischen den Inseln gelten müssen. Brechen Sie nie allein auf, bringen Sie den Wetterbericht in Erfahrung, seien Sie rücksichtsvoll gegenüber der fragilen Natur und allen Verkehrsteilnehmern auf dem Wasser. Sonnencreme nicht vergessen!

◎ ANFÄNGER können ebenso in der BUCHT **HELNÆS BUGT** üben, östlich von Assens (siehe Seite 135).

◎ **KAJAKVERMIETUNG**: auf Tåsinge bei Svendborg »Nicus Nature«, www.nicusnature.com (siehe Seite 222), in Rudkøbing auf Langeland bei »Kajakbiksen«, kajakbiksen.dk (siehe Seite 232), in Marstal auf Ærø bei der »Ærø Kajakudlejning«, kajakudlejningen.dk (siehe Seite 280). – 2/3 Stunden ab ca. 200 DKK, Tagestarif um 350–500 DKK, zum Teil auch für auch 3/4/5/6/7 Tage möglich. Die RETTUNGSWESTEN sollten inklusive sein.

MIT DEM KANU

Die Möglichkeiten für Kanutouren auf Fünen sind spärlich, was auch mit der Popularität des Seekajaks zu tun hat.

◎ In **ODENSE** paddeln Sie auf dem Flüsschen ODENSE Å. Bootsvermietung im Hafen, auch Transportservice (siehe Seite 170).

◎ **KANUVERMIETUNG**: Stunde um 100 DKK, Tag um 350 DKK.

Oben Golfen in Skjoldnæs an Ærøs Küste, wo »Pay & Play« für Gastspieler im Angebot ist (siehe Seite 278), unten Paddeln im Südfünischen Inselmeer ▶

Reiten

Einige Reitklubs verfügen über Islandpferde und organisieren Ausritte; die wenigsten sind allerdings auf (ausländische) Touristen eingerichtet. Bevorzugte Gebiete sind Strände und Wälder, zum Teil auf eigenen Reitwegen.

◎ Die **RIDERUTE SYDFYN** besteht aus 75 km Reitwegen nordöstlich und nördlich von Faaborg, rund um Svanninge, Holsteenhus, Korinth und Brahetrolleborg. Hier gibt es auch Reiterhöfe als Kontaktstellen, zumindest für Personen mit Erfahrung im Sattel:

◎ **ØSTRUP TURRIDNING**, nördlich von Faaborg, Østrup 32, Tel. 4240 22 98, turridning.oestrup.dk detailliert auch auf Deutsch, das umfangreichste Programm für Reiterferien.

◎ **HØJRUPGAARD TURRIDNING**, südwestlich von Ringe, Højrupvej 45, Tel. 2561 5464, hoejrupgaard.dk auch auf Englisch.

◎ **PLANWAGENTOUR** für Selbstversorger bei Svendborg: siehe Seite 222.

Tierbeobachtung

DAMWILD

◎ Per Ausflugsboot ab Kerteminde zur Insel **ROMSØ** im Großen Belt. Tagestour, 1.4.–31.8. Siehe Seite 188 f.

SEEHUNDE

◎ **ØHAVETS SMAKKECENTER** auf Strynø, Tel. 5098 1306, www.smakkecenter.dk auch auf Deutsch. Fotosafari nach Absprache. Siehe Seite 232.

VÖGEL

◎ **BØJDEN NOR** in Südfünen, südwestlich von Faaborg. Siehe Seite 111.

◎ **ARRESKOV SØ** in Südfünen, nördlich von Faaborg. Siehe Seite 112.

◎ **GYLDENSTEEN STRAND** in Nordfünen, bei Bogense. Siehe Seite 140.

◎ **AGERNÆS** in Nordfünen, bei Flyvesandet. Siehe Seite 142.

◎ **ENEBÆRODDE** zwischen Odense Fjord und Kattegat. Siehe Seite 142 ff.

◎ **HINDSHOLM** mit **FYNS HOVED**, Nordostfünen. Siehe Seite 184.

◎ Insel **ROMSØ** im Großen Belt. 1.4.–31.8. als Tagestour. Siehe Seite 188 f.

◎ **ØSTERØ SØ**, Knudshoved bei Nyborg. Siehe Seiten 198/203/75 oben.

◎ **TÅSINGE VEJLE** und **MONNET** auf der Insel Tåsinge, östlich Svendborgs. Siehe Seiten 223/219.

◎ **LANGELAND**: Påø-Wiesen, Nørreballe Nor, Tryggelev Nor, Gulstav Mose, Dovns Klint. Siehe Seiten 242, 246, 249.

◎ **ÆRØ**: Næbbet, Vitsø Nor, Gråsten Nor, Nørreholm. Siehe Seite 280.

Wassersport

SEGELN

Um das dänische Inselreich mit seinen rund 350 kleinen und großen Häfen und Ankerplätzen zu erkunden, müssen Sie kein Bootseigner sein. Das Angebot an Charterbooten ist vielfältig, wobei man einen Befähigungsnachweis vorlegen muss; auf eigenem Kiel ist das Kreuzen in dänischen Gewässern führerscheinfrei und auch beim Zoll muss man sich nicht anmelden.

Nur falls das Boot aus einem Nicht-Schengen-Land kommt, müssen alle Personen an Bord der Hafenmeisterei gemeldet werden.

◎ **REGATTEN**: FYN RUNDT, zuletzt Ende Mai / Anfang Juni, fynrundt.dk. – SVENDBORG CLASSIC REGATTA, Anfang August, www.classicregatta.dk in Kurzform auch auf Deutsch.

◎ Das **MARITIMT CENTER** mit Sitz in Svendborg ist ein Tausendsassa für alles, was mit SEEFAHRT und besonders dem Segeln mit größeren Schiffen zu tun hat – und es bietet TÖRNS in der Region an. Siehe Seite 223.

◎ DANMARKS MUSEUM FOR LYSTSEJLADS – **SEGELSPORTMUSEUM** in Svendborg, Frederiksø, Tel. 3062 4623, aktuelle Öffnungszeiten siehe www.lystsejlads.dk auch auf Deutsch. Eintritt frei, Spende erbeten.

◎ JOLLEN aus eigener Werft vermietet **ØHAVETS SMAKKECENTER** auf der Insel STRYNØ. Zum Programm gehören auch Ausflüge, Kurse für Anfänger, Übernachtung. Siehe Seite 232.

◎ Die **BLAUE FLAGGE** kennzeichnet Marinas mit einem Mindeststandard an Umweltverträglichkeit u.Ä. Fünen, und Langeland verfügten zuletzt über sechs solcher Gasthäfen: auf Fünen Strib ganz im Nordwesten, Bogense, Kerteminde und Nyborg, auf Langeland Rudkøbing und Bagenkop.

◎ **INFORMATION**: Segler benötigen spezielle Literatur, die auch nautische Daten umfasst, was wir nicht leisten können; deshalb verzichten wir in diesem Buch auf Adressen und Einzelheiten zu den Gasthäfen; diese gibt es zur Vorbereitung u.a. gedruckt bei spezialisierten Verlagen.

TAUCHEN

Mögliche Ziele in den dänischen Gewässern sind neben vielen (sogar militärischen) Wracks Reste vorzeitlicher Siedlungen. Naturschutzgebiete sind tabu. Spannender als die Küsten von Fünen & Co sind die von Falster, Møn und Südseeland, weiter östlich. Rund ein Dutzend Taucherclubs gibt es auf Fünen und Ærø, nur im Südfünischen Inselmeer ist man recht gut auf ausländische Touristen vorbereitet.

◎ **INFORMATION**: Eine ausführliche Website ist www.dyk-sydfyn.dk auch auf Deutsch. Vorgestellt werden über 20 Tauchstellen rund um die Inseln, einige sogar mit Film; dazu gibt es Informationen zu Sicherheit, Tauchfüllstationen, Vermietung von Booten sowie Ausrüstung und Links zu den örtlichen Tauchclubs.

WINDSURFEN/KITESURFEN

Leidenschaftliche Wellenreiter kommen nur zum Surfen nach Dänemark und als Zielgruppe für diesen Reiseführer kaum in Frage, weshalb wir uns mit knappen Angaben bescheiden; zumal die klassischen Reviere eher an den Küsten von Jütland, Nordseeland und im Süden von Lolland, Falster, Møn zu finden sind.

◎ Für **ANFÄNGER** eignen sich vor allem windgeschützte Abschnitte an der Ostküste von Fünen, zum Beispiel bei SKARUPØRE, oder auf Ærø der ERIKSHALE STRAND, südlich von Marstal.

◎ Für **FORTGESCHRITTENE** eignen sich u.a. der SVENDBORGSUND, auf Langeland die Westküste bei HESSELBJERG/RISTINGE und die Südostküste beim Leuchtturm KELDSNOR FYR sowie auf Ærø die Südküste.

Geschichte und Gegenwart

Als die Gletscher der letzten Eiszeit um 12.000 v. Chr. geschmolzen waren, hinterließen sie eine Landschaft, die nicht viel mit dem Dänemark, wie wir es heute kennen, gemeinsam hatte. Landhebungen sowie Senkungen im Wechsel verwandelten einen gewaltigen baltischen Binnensee in die OSTSEE und schufen die großen und kleineren Inseln zwischen Schweden und Jütland. Nicht nur die Landmassen, sondern auch die erste Bevölkerung war in ihrer Existenz vom Meer abhängig: Diese Menschen lebten an den Küsten und ernährten sich von Fischen, Seevögeln, Robben und Schalentieren.

Um 4.000 v. Chr. bildeten sich Dörfer, seit man gelernt hatte, den Boden zu bestellen. Die Bauerngesellschaft war von festeren Strukturen geprägt als der bisher lose Zusammenschluss von Sammlern und Jägern. Als älteste Zeugnisse dieser Epoche gelten die MEGALITHGRÄBER (Hünengräber), die über das ganze Land verstreut liegen: Dolmen und Ganggräber, auf Seite 83 eines im Bild.

Neue Impulse kamen vor allem aus dem Süden, wie Funde aus dem Bronzezeitalter (ab 1.500 v. Chr.) bis zum Beginn des Mittelalters beweisen. Unter dem Einfluss römischer Kultur und lateinischer Schrift entwickelten die Nordeuropäer ihre Variante schriftlicher Kommunikation, das RUNENALPHABET. Die mittel- und südeuropäische Kultur wurde meistens indirekt, in abgewandelter Form aufgenommen, d.h. die »Fortschritte« waren nicht das Ergebnis einer Fremdherrschaft.

Die Feldzüge, die Kaiser Karl der Große um 800 nach Norddeutschland befahl, waren eine erste ernste Bedrohung von außen. Um sich gegen den Einfall der Franken zu schützen, befestigten die Nordländer ihre Grenze im Süden. Herrscher *Gudfred* (auch: Göttrik) ließ einen Wall über die jütische Landenge zwischen Ost- und Nordsee errichten: DANEVIRKE, das Danewerk. Bei Haithabu in Südschleswig ist diese Wallanlage erhalten.

Die Fähigkeiten in SCHIFFBAU und SEEFAHRT, die die WIKINGER mittlerweile auszeichneten, halfen dabei dem Frankenreich Paroli zu bieten. Vergrößerte Karl der Große sein Reich auf dem europäischen Festland, so begaben sich die Wikinger auf Handels- und Eroberungsfahrten in Ostsee und Nordsee, ins Mittelmeer und bis über den Atlantik. Trotz der Randlage hatten sich die Nordländer zu einem Machtfaktor in Europa entwickelt.

VON DER CHRISTIANISIERUNG BIS ZUR REFORMATION

Von einem einheitlichen DÄNEMARK spricht man erstmals seit der Zeit von König *Harald I. Blauzahn* (950–85), dem nachgesagt wird, er habe das Volk geeint und christianisiert. Auch wenn von einem Staat im modernen Sinne keine Rede sein kann, so zeugen die frei gelegten Wikingerburgen zumin-

Kann mit einer Lichtquelle kriechend inspiziert werden:
Ganggrab Hjulbjergjættestuen ganz im Süden Langelands ▶

dest von dem Vorhaben eines streng strukturierten Militärwesens. Trelleborg auf Seeland, NONNEBAKKEN auf Fünen und Fyrkat und Aggersborg in Jütland waren große, kreisrunde Wallanlagen, die Harald Blauzahn bzw. Sohn *Sven I. Gabelbart* (985–1014) zugeschrieben werden. Ob die Wikinger dort in der Tat ein martialisches Kasernenleben führten oder ob die Burgen doch eher befestigte, aber gewöhnliche Dörfer mit Familienleben, Handel und Handwerk waren, ist nicht sicher; die archäologischen Funde sprechen für die zweite These.

Unter Sven Gabelbart sammelten sich die Wikinger jedenfalls noch einmal zu einem langen Eroberungszug nach England, der 1014 seinen Höhepunkt in der Krönung von Svens Sohn, *Knud I. dem Großen* (1018–1035), zum englischen König fand.

Trotz (oder gerade wegen) Knuds Friedfertigkeit zerfiel das große Reich rund um die Nordsee bald wieder – und Machtkämpfe führten zu bürgerkriegsähnlichen Zuständen, zu deren Opfer u.a. auch König *Knud II. der Heilige* (1080–1086) gehörte, den Bauern in Odense/Fünen ermordeten. An seinem Grab sollen sich Wunder ereignet haben, weshalb er 1086 heilig gesprochen wurde; die erste Heiligsprechung eines Dänen geschah mit politischem Kalkül: Der Heilige Stuhl war an einem starken, ihm ergebenen Skandinavien interessiert, als Gegenpol zum abtrünnigen Deutschen Reich. 1104 wurde das erste skandinavische BISTUM im südschwedischen (damals dänischen) Lund gegründet, was die Macht des norddeutschen Bistums beschnitt.

König *Valdemar I. der Große* (1154-82) bediente sich der weltlichen und

der geistlichen Macht, um Dänemark zu einem starken und einheitlichen Staatsgefüge zu machen. Zusammen mit seinem Ziehbruder *Absalon*, dem Erzbischof von ROSKILDE, gründete er KOPENHAGEN (1167), besiegte die Wenden, eroberte Rügen und unternahm Feldzüge bis in das Baltikum.

Am Ende der Regentenzeit *Valdemar II.* (1202–1241) unterlag das Land dem Machtzuwachs der jungen HANSE. Die Ostsee, vorher ein Betätigungsfeld für skandinavische Eroberungszüge, kontrollierten nun komplett die Hansestädte. Dänemarks schwindende Macht sorgte für innere Querelen, worauf das Reich für acht Jahre nicht einmal einen König besaß.

Erst *Valdemar IV. Atterdag* (1340–75) brachte das Land wieder unter einen Herrscher. Er setzte – gegen das Gesetz der männlichen Erbfolge – seine Tochter als Nachfolgerin durch. Als *Margrethe I.* (1387–96) war sie Initiatorin der KALMARER UNION (1397), in der sich nach ihrem Willen die nordischen Länder gegen das Deutsche Reich vereinigten. Ihr Sohn *Erik VII. von Pommern* (1396–1439), der als König über Schweden, Norwegen und Dänemark herrschte, war von weniger Geschick und wurde abgesetzt.

Der Grenzverlauf zwischen Dänemark und Deutschland, ob nördlich von Schleswig und Holstein, südlich davon oder gar mitten hindurch, war Anlass für viele Kriege. König *Christian I.* (1448–81) gelang es, diese Streitfrage über einen längeren Zeitraum beizulegen: Ihn wählten die Ständevertreter von Schleswig und Holstein zum gemeinsamen Herzog; dabei betonten sie ausdrücklich, dass die Wahl der Person Christians galt und nicht der Institution des dänischen Königs. In Ribe, in Jütland, garantierte er1460 den Herzogtümern, dass sie »op ewig ungedelt« sein sollten. Für 400 Jahre waren sie das auch, indem sie zum Königreich Dänemark gehörten.

Nachdem sich Schweden unter Gustav Vasa 1523 seine Unabhängigkeit erkämpft hatte, litt Dänemark 1534–36 unter der sogenannten GRAFENFEHDE. Vorausgegangen war 1523 die Absetzung von *Christian II.*, der dem Katholiszismus zugeneigt war. Zunächst ging es aber nur um die Macht, als die norddeutschen Herzogtümer, Hansestädte und dänischen Adlige um Einfluss rangen. Als der Bürgerkrieg 1534 ausgebrochen sowie mit *Christian III.* ein neuer König ernannt worden war, war das Land zwar überwiegend von norddeutschen Allianzen besetzt, diese aber untereinander zerstritten. Unter dem neuen König errangen dänische Heere Vorteile, unterstützt von Schweden und Preußen. Vor den Toren Svendborgs erfuhr die Lübecker Flotte die entscheidende Niederlage; hier hatten die Bürger bereits den Bischof von Odense verjagt, der auf der riesigen, 1534 in den Wirren niedergebrannten Burg Ørkild residiert und vom Handel profitiert hatte, ohne die notwendigen königlichen Privilegien zu besitzen. 1536, mit Kriegsende, war der Katholiszismus Geschichte, wurde die Reformation eingeführt. Der König war ab sofort Oberhaupt einer LUTHERISCHEN STAATSKIRCHE. Grundbesitz und Vermögen katholischer Institutionen wurden fast völlig konfisziert, Kirchenleute auf Wunsch als Beamte in den Dienst gestellt. Der Adel

In dem Bestreben, den schwedischen Widerstand gegen die Zwangsunion mit Dänemark zu brechen, befahl Christian II. 1520 in Stockholm ein Massaker an Adligen, das als »Stockholmer Blutbad« traurige Berühmtheit erlangte.

konnte seine privilegierte Stellung behalten.

DER WEG ZUM ABSOLUTISMUS

Auf die Zeit der großen Umwälzung, die die Reformation ausgelöst hatte, folgten einige Jahrzehnte politischer und wirtschaftlicher Stabilität. Der internationale Handel über Europa hinaus verhalf Dänemark zu beträchtlichem Reichtum, den Renaissance-König *Christian IV.* (1588–1648) großzügig wieder ausgab – er investierte in Kunst sowie Wissenschaft und setzte sich durch prunkvolle Bauwerke und Städtegründungen zahlreiche Denkmäler. Auf sein Betreiben entstanden unter anderem Christiania (Oslo) und Kristiansand in Norwegen und Kristianstad im südschwedischen Schonen, das damals noch zu Dänemark gehörte, sowie Glückstadt an der Elbe.

Die Entwicklung Schwedens zu einer Großmacht empfanden viele Dänen zunehmend als Bedrohung, und dann verloren Christian und seine Berater noch den Überblick: Die Siege des schwedischen Heeres im Dreißigjährigen Krieg hielten den Monarchen nicht davon ab, in den Krieg einzutreten; dies endete jedoch mit Niederlage und Staatsbankrott. Die Finanznot war so groß, dass der prunkverwöhnte König sogar seine Krone an deutsche Kaufleute verpfänden musste.

In den Jahren nach Christians Tod wurde Dänemark immer kleiner: Waren Jämtland, Härjedalen und Gotland schon 1626 an Schweden gefallen, so mussten Skåne, Blekinge und Halland im FRIEDENSSCHLUSS VON ROSKILDE 1658 ebenso abgetreten werden. Das Kernland des Reiches bestand »nur« noch aus Jütland und den Inseln zwischen Kattegatt und Ostsee. Island, die Färöer und Grönland waren Provinzen, während Norwegen als eigenständiges Königreich durch Personalunion mit Dänemark verbunden war. Der Verlust des Staatsgebiets jenseits des Øresunds schwächte die Basis für Handel und Seefahrt.

Das war der Nährboden für die Einführung des Absolutismus unter *Frederik III.* (1648–70). Er zentralisierte die Verwaltung, indem er dem neuen Beamtenapparat die Durchführung der Staatsgeschäfte übertrug. Gleichzeitig verlor der Adel seine staatstragende Bedeutung. Es begannen Jahrzehnte, in denen die Menschen von Krieg und größter Not verschont blieben.

Das 18. Jahrhundert war eine stabile Zeit, geprägt von relativem Wohlstand und ohne umwälzende Veränderungen in der Außenpolitik. Zwar fanden hin und wieder Scharmützel mit Schweden statt; deren Ausgänge bekräftigten aber immer nur den Status quo. Kopenhagen lag exakt dort, wo die Handelsschiffe zwischen Ostsee und Atlantik pendelten. Der Überseehandel machte aus Dänemark eine kleine »Weltwirtschaftsmacht«.

Aus englischer Perspektive war das »not amusing«. England fürchtete um die monopolartigen Handelsstrukturen, die sich um den Globus spannten. Der Zwist eskalierte, als die Engländer 1801 zum ersten Mal in den Øresund segelten und Kopenhagen mit Hafen unter Beschuss nahmen. Weite Teile von Hauptstadt und Flotte waren zerstört. Als Konsequenz trat Dänemark an der Seite Napoleons in den Krieg gegen Großbritannien ein. Die engli-

Die dänische Variante des Absolutismus, die sich in vielem vom französischen unterschied, umfasste frühe Reformen, die in Frankreich erst der Umsturz 1789 einleitete. Darum war das Echo auf die Französische Revolution in DK gering.

sche BLOCKADE der Nordsee und der Verlust der Flotte machten den nordischen Staat politisch und wirtschaftlich handlungsunfähig. Die ökonomische Lage war katastrophal.

Geschwächt und auf der Seite der Verlierer, war Dänemark nicht in der Lage, sich gegen die Bestimmungen des KIELER FRIEDENS 1814 zur Wehr zu setzen. Die Sieger der Napoleonischen Kriege vereinbarten, Norwegen von Dänemark zu lösen und nun mit Schweden zu vereinen: Norwegen war »Ersatz« für Finnland, das von Schweden an Russland überging.

NATIONALISMUS UND LIBERALISMUS

Wie in anderen europäischen Staaten des 19. Jahrhunderts, kam nationalliberales Gedankengut gut an beim dänischen Bürgertum. Gleichzeitig fanden die Stimmen Gehör, die sich der Zwangsjacke des Absolutismus entledigen wollten. Im Zuge des Liberalismus konnte der Theologe und Schriftsteller *N.F.S. Grundtvig* (1783–1872) seine Idee der Volkshochschulbewegung verwirklichen: Auf seine Initiative hin entstand in Dänemark ein Netz von FOLKEHØJSKOLER (nicht direkt mit deutschen Volkshochschulen zu vergleichen), um auch Angehörigen unterprivilegierter Schichten die Aus- und Weiterbildung zu ermöglichen.

Während dieser Epoche, häufig als GOLDENES ZEITALTER gewürdigt, erlebte das Geistesleben in Dänemark eine BLÜTE, die auch im Ausland zur Kenntnis genommen werden sollte: u.a. dank der Werke des Philosophen *Søren Kierkegaard* (1813–1855), des Dramatikers *Adam Oehlenschlæger* (1779–1850), des Malers *C.W. Eckersberg* (1783–1853), der eine ganze Generation junger Maler beeinflusste, des Dichters Hans Christian Andersen (1805–1875), des Universitätsprofessors, Literaturkritikers und Essayisten *Georg Brandes* ((1842–1927), der auch in der Germanistik einen Platz gefunden hat, und des Physikers *Hans Christian Ørsted* (1777–1851), des Erfinders des Elektromagnetismus. 1849 wechselte Dänemark laut NEUER VERFASSUNG von der absoluten zur KONSTITUTIONELLEN MONARCHIE.

Die nationalstaatliche Gesinnung, die sich in halb Europa verbreitet hatte, fand auch in den Herzogtümern Schleswig und Holstein ihre Anhänger und verursachte dort nach einer vierhundertjährigen Friedenszeit Aufruhr. Die Mehrheit ihrer Bevölkerung fühlte sich dem Deutschen Reich zugehörig und forderte in den 1830er Jahren erneut die Loslösung von der dänischen Oberherrschaft. Preußische Truppen mischten sich ein. Jene Verfassung von 1849, die für Dänemark und Schleswig galt, Holstein aber ausklammerte, benutzte Preußens Ministerpräsident *Bismarck*, Dänemark offiziell den Krieg zu erklären.1864 war der uralte Grenzwall Danevirke nach Jahrhunderten wieder einmal Ziel einer militärischen Offensive. Preußische Truppen erstürmten ihn ebenso wie die (weiter nördlich gelegenen) Düppeler Schanzen bei Sønderborg; das dortige geschichtliche »Erlebniszentrum« können Sie besuchen, wenn Sie über die Str. 8 via Sønderborg anreisen.

Der Krieg war schnell zu Gunsten Preußens und der beiden Herzogtümer entschieden: Schleswig und Holstein blieben ungeteilt – diesmal bei deutscher Reichszugehörigkeit. Die Grenze zwischen Dänemark und dem Deutschen Reich verlief in den folgenden Jahren entlang des Flusses Kongeå. 1920 bestimmte die Bevölkerung per Plebiszit über ihre nationale Zugehörigkeit: Holstein und Südschleswig blieben deutsch, die vorwiegend dänischsprachige Bevölkerung in Nordschleswig (= Sønderjylland = Südjütland) bevorzugte die dänische Staatsangehörigkeit. Am Verlauf der Grenze hat sich seitdem nichts mehr geändert.

INDUSTRIALISIERUNG

Die schwierigen Begleitumstände der Industrialisierung prägten die zweite Hälfte des 19. Jahrhunderts. Der EXPORT von Agrarprodukten in Industrienationen wie Großbritannien war ein Erfolg – zumal der Aufbau des Eisenbahnnetzes einen besseren Umsatz im eigenen Land garantierte. Der bescheidene Aufschwung bestärkte die Bauern gegenüber den Gutsbesitzern – sie gründeten in den 1870er Jahren mit der »Venstre« (Linke) eine eigene Partei. Als es in den 1880er Jahren zunehmend schwerer wurde, dänisches Getreide international zu verkaufen, minderte das die Position der Gutsbesitzer. Die dänischen Bauern gründeten Genossenschaften, die sich auf den Vertrieb veredelter Produkte spezialisierten, zum Beispiel Molkereiwaren und Schlachtschweine. Die industrielle Produktion verteilte sich auf viele kleine und wenige große Betriebe: Bierbrauereien, Zuckerfabriken, Molkereien und Schlachthöfe, dazu Werften, Zementfabriken. Die Zementherstellung war einer der wenigen Industriezweige, deren Rohstoffe in Dänemark selbst gewonnen werden konnten. Molkereien und Schlachthöfe gehörten den landwirtschaftlichen Produktionsgenossenschaften.

Die ersten ARBEITSKÄMPFE in den 1870er Jahren waren unter dem Einsatz von Soldaten entschieden worden. Als linke und rechte Parteien in den 1890ern erstmals kooperierten, einigte man sich auf Ansätze von Altersversorgung, Arbeitslosengeld, Unfall- und Krankenversicherung.

Über die spezielle Entwicklung von HANDEL, SEEFAHRT und Schiffbau berichten wir ausführlich im Kapitel über Ærøs Ortschaft Marstal ab Seite 254.

UMBRÜCHE UND WELTKRIEGE

Die sozialen und politischen Unruhen zur Zeit der Industrialisierung führten in Dänemark zu Umwälzungen, die in den modernen Wohlfahrtsstaat münden sollten. Die politischen Auseinandersetzungen zwischen Konservativen, Bauernparteien und der neuen Sozialdemokratie fanden einen Wendepunkt in den Wahlen von 1901, als zum ersten Mal eine Regierung aus liberalen Parteien, ohne Beteiligung der Konservativen gegründet wurde. In der Folgezeit setzte das Parlament eine Reihe demokratische Reformen in Gang – als Höhepunkt gilt die Verfassungsrevision 1915, die das FRAUENWAHLRECHT beinhaltete. Auch darin war Skandinavien der Vorreiter.

Im ERSTEN WELTKRIEG blieb Dänemark politisch neutral, leidete jedoch unter den ökonomischen Auswirkungen des Krieges. 1924 bildete sich die erste von Sozialdemokraten geführte Regierung. Zusammen mit der Partei

Auf Kapitel über Land und Leute bzw. Kunst und Kultur verzichten wir und verteilen statt dessen Spezielles und Hintergründe über das Buch, um die Texte trotz der vielen praktischen Details aufzulockern.

»Radikale Venstre« regierten die Sozialdemokraten das Land in den folgenden dreißig Jahren (mit kurzen Unterbrechungen) und legten den Grundstein für die DEMOKRATISCHE WOHLFAHRTSGESELLSCHAFT.

Nach der Machtergreifung der Nationalsozialisten zog es *Bertolt Brecht* mit Familie nach Dänemark. Von 1933 bis 1939 lebten sie in Svendborg. Das damals gekaufte Haus bewohnen heute Stipendiaten aus Wissenschaft und Kunst.

Auch im ZWEITEN WELTKRIEG wollte Dänemark neutral bleiben, wurde aber am 9. April 1940 wie Norwegen von deutschen Truppen im Rahmen der sogenannten »Weserübung« besetzt, primär aus militärischem Grund mit dem Ziel, die norwegischen Häfen zu kontrollieren. Die Besatzer wollten sich zwar formell nicht in die innenpolitischen Angelegenheiten einmischen und beließen den Dänen eine eigene Regierung und ihren König im Amt. Als sich die Niederlage der Deutschen abzuzeichnen begann und die Besatzung zunehmend diktatorische Formen im Alltag annahm, nahm der bis dahin eher sporadische aktive Widerstand zu. Die Regierung, die öfter zwischen allen Stühlen saß, wurde abgesetzt. Ziviler Ungehorsam, Streiks und Sabotageakte auf Gleiswege und Fabriken nahmen zu, die Fronten verhärteten sich. Nach dem Krieg sollte es zu Fällen von Selbstjustiz an (vermeintlichen) Kollaborateuren kommen; insgesamt war die Zahl der mit den Nationalsozialisten sympathisierenden Einheimischen jedoch gering.

In diesem Zusammenhang ist noch die Warnung von höchster deutscher Stelle in Kopenhagen erwähnenswert, als die Deportation der dänischen Juden bevorstand; sie konnten sich fast alle in Fischerbooten über den Sund nach Schweden in Sicherheit bringen.

INTERNATIONAL VERFLOCHTEN

Auf König *Christian X.* folgte 1947 *Frederik IX.* 1953 änderte eine VOLKSABSTIMMUNG die Verfassung, indem sie das WEIBLICHE THRONFOLGERECHT bejahte. Nach Frederik IX.'s Tod 1972 konnte deshalb seine Tochter Königin werden: Margrethe II. hat ihren Hauptwohnsitz in Kopenhagen. Die königliche Familie erfreut sich großer Beliebtheit, die Monarchie steht hierzulande nicht zur Disposition (siehe Seite 13.).

Nach 1945 investierten Sozialdemokraten und Liberale weiter in das Modell WOHLFAHRTSSTAAT. Die Verbesserung von Sozialleistungen blieb DEM STAAT VORBEHALTEN, der Spielraum für die Unternehmer gleichzeitig relativ unangetastet, um die Wettbewerbsfähigkeit auf dem internationalen Markt nicht zu gefährden.

Mittlerweile hatte sich das Staatsgebiet um Island verringert, das 1944 die Gunst genutzt und sich von dem besetzten Mutterland losgesagt hatte. Den Färöer-Inseln (1948) sowie Grönland (1979) gewährte Dänemark die Selbstverwaltung und feste Mandate im dänischen Parlament, dem FOLKETING. Anders als in den skandinavischen Nachbarstaaten orientierte die dänische Außenpolitik sich ebenso an den nordeuropäischen Nachbarn wie an europäischen Ländern im Süden.

Dänemark ist Mitglied des 1952 gegründeten NORDISCHEN RATES und steht dadurch in engem Kontakt zu

◀ **Die maritime Tradition Dänemarks ist vielerorts sichtbar: seien es die Votivschiffe in den Kirchen oder Kunst wie Symbole an Hauswänden oder über Hauseingängen (wie oben in Marstal) oder Fotos von historischen Plätzen, wie die Dampfmühle in Svendborgs Hafen.**

Finnland, Schweden, Norwegen und Island. Dennoch hat diese Institution seit der Forcierung der europäischen Einigung durch die EU an Bedeutung verloren, zumal Schweden und Finnland 1995 der EU beitraten. Wie Norwegen und Island gehört Dänemark zudem seit 1949 der NATO an.

1992 und 1993 brauchte es immerhin zwei Volksabstimmungen, bis die Dänen mehrheitlich den Maastrichter EU-Verträgen zustimmten. Sorge um die Unabhängigkeit bei Währung und Außenpolitik und das rustikale Auftreten französischer und deutscher Politiker, die sich als Nabel der EU wähnten, hatten zu einer knappen Ablehnung im ersten Anlauf geführt. Und so wurde nachgebessert: die EU-Staatsbürgerschaft nur als »Ergänzung« der nationalen Staatsbürgerschaft und die Nicht-Teilnahme an der nächsten Stufe der Wirtschafts- und Währungsunion gaben den Ausschlag für ein relativ klares Ja zur Europäischen Union. Die agrarwirtschaftlich starken Regionen gehörten mehrheitlich zu den Befürwortern, nachdem man jahrzehntelang freudige Erfahrungen mit prallen europäischen Subventionstöpfen gemacht hatte. Die EU-Skeptiker saßen eher in den Städten.

Für den EURO konnten sich die Dänen 2000 nicht entscheiden, und die internationale Finanzkrise fungierte, dies ist keine Überraschung, nicht als Vertrauenswerbung für die Gemeinschaftswährung.

KONSENS IM ELCHTEST

Der Wille zum Konsens ist in der dänischen Gesellschaft relativ stark verankert. In der Politik ging es, verglichen mit der Bundesrepublik, immer relativ moderat zu – auch dadurch begünstigt, dass die absolute Mehrheit für eine Partei unmöglich ist und dass in der Regel mehr als nur ein Koalitionspartner gebraucht wird. Zuletzt waren sogar Minderheitsregierungen üblich, die eine nicht direkt an der politischen Macht beteiligte Partei tolerierte.

So war es von 2001 bis 2011, als eine liberal-konservative Regierung im Amt war, bis 2009 unter der Leitung des smarten *Anders Fogh Rasmussen* (Partei »Venstre«). Ihr größtes Plus war die pragmatische Wirtschaftspolitik, unterstützt vom Konsensmodell zwischen Gewerkschaften und Arbeitgebern (das freilich nicht ohne Auseinandersetzungen ist). Jedenfalls meisterte ein flexibler Arbeitsmarkt einige Probleme, bevor diese akut zu werden drohten: Einen Kündigungsschutz gibt es praktisch nicht, andererseits finden arbeitslos Gewordene innerhalb kurzer Zeit eine neue Beschäftigung. So wechseln die Dänen im Durchschnitt alle 3–4 Jahre ihren Job. Im Fall der Arbeitslosigkeit fällt man weich, aber nicht in eine Hängematte.

Der smarte Rasmussen (ab 2009 in neuer Funktion NATO-Generalsekretär) stand nur einer Minderheitsregierung vor, toleriert von der rechtspopulistischen »Dansk Folkeparti«. Die Dänische Volkspartei vereint in Rhetorik und Programm den dänischen Wohlfahrtsstaat mit konservativen Werten, und da werden alle Nicht-Dänen und alle Dänen mit Migrationshintergrund argwöhnisch beäugt. Wie überall taugen Einwanderungswillige (und Eingewanderte) als Bedrohung in einer komplexer gewordenen Welt; wobei die Partei nicht als rechtsextrem gilt, die politische Mitte aber gehörig nach rechts verschoben hat. Romantik à la »liberales Dänemark« ist überholt.

Die »Dansk Folkeparti« befand sich bisher in der komfortablen Situation, dass sie die liberal-konservativen Regierungen 2001–2011 und wieder seit 2015 vor sich hertreiben konnte, ohne selbst Regierungsverantwortung zu tragen. Mit dem Ergebnis, dass sie mit über 20 % an Wählerpotenzial mittlerweile zweitstärkste Partei ist. Seit 2015 (und zuvor bereits 2009–2011) heißt der Ministerpräsident *Lars Løkke Rasmussen* (wieder von der »Venstre«).

Das sozialliberale Intermezzo unter Dänemarks erster Ministerpräsidentin, *Helle Thorning-Schmidt* von den Sozialdemokraten, war ebenfalls eine Minderheitsregierung, hatte stets nur eine dünne Mehrheit (auch an tolerierenden Abgeordneten) und wurde im Jahr 2015 abgewählt.

ZUKUNFT DER LEBENSQUALITÄT

Für Beobachter aus Ländern, die eher starre politische Strukturen gewohnt sind, sind solche wechselnden Mehrheiten faszinierend, für die dänische Bevölkerung nichts Neues. Die diskutiert seit Jahren u.a. darüber, wie die errungenen sozialen Wohltaten – die heutzutage meist weniger als Wohltaten, sondern als Selbstverständlichkeiten begriffen werden –, beibehalten werden können. Denn dass hohe soziale Standards und hohe Löhne die Gesellschaft etwas kosten, ist klar. Und so beherrschen die Schlagzeilen der lokalen Redaktionen auf Fünen samt den umliegenden Inseln ein Stück weit auch immer die neuesten »kreativen« Sparmaßnahmen, die die Verantwortlichen als modern und zeitgemäß im Sinn von »alternativlos« darstellen. So sollen zum Beispiel die Bürger in Langelands größter (Klein-)Stadt Rudkøbing ihren Müll künftig zu Sammelpunkten bringen, um die Müllabfuhr effizienter zu gestalten: Da wundern sich die älteren Mitbürger mit Rollator über die neue Variante der Mobilisierung; diese haben noch mit ganz anderen Entfernungen zu kämpfen, etwa wenn sie in bestimmten medizinischen Fällen bis nach Odense müssen und dafür ein Taxi bezahlen sollen, da die sonstigen Verbindungen mühsam sind. Auch Touristenbüros haben steter Kostendruck im Hintergrund.

Viele konkrete Beispiele sind unangenehm bis ernst im Einzelfall, jedoch im Gesamten Jammern auf hohem Niveau. Wir Zaungäste aus Mitteleuropa sehen auf Spielplätzen Geräte stehen, für deren Benutzung wir zu Hause ins Fitnessstudio und bezahlen müssen. Immens ist in Dänemark das Angebot an Freizeitaktivitäten im Sommer und Flächen/Orten dafür – Lebensqualität eben. Im Allgemeinen schätzen Dänen ihr Land: Der Staat sind sie selbst und kümmert sich um die Bürger; für Lebensqualität und eine homogene Gesellschaft wurden bisher mehrheitlich relativ hohe Steuern und eine gewisse Umverteilung akzeptiert, was eine soziale Absicherung bietet – ohne Existenzangst im Hinterkopf lässt es sich entspannter leben und die legendäre *hygge* pflegen, was auf Deutsch der Gemütlichkeit nahekommt (siehe dazu Seite 12 über *lykkelig*). Nordisches Zusammenleben als Modell?

Eine Frau als Premier? Da war doch was. Wer »Borgen« alias »Gefährliche Seilschaften« noch nicht gesehen hat, hat etwas verpasst: eine spannende TV-Serie über das Erringen und Verteidigen von politischer Macht.

Wörterkladde

DÄNISCH ALS ZUNGENBRECHER

Natürlich freuen sich die Dänen darüber, wenn sich ausländische Besucher die Mühe geben, sie in ihrer Sprache anzusprechen. Nur – das Dänische hat so seine Tücken.

Da werden Buchstaben und Silben verschluckt, wird mit einem südländischen Tempo geredet, dass dem unbedarften Zuhörer die gut gemeinten Vorsätze im Hals stecken bleiben, weil sie/er nichts versteht. Spätestens nach dem fünften »What do you want?« geben viele Aspiranten auf, irgendwo zwischen frustiert und entnervt.

Die treuen Skandinavien-Urlauber, die sich etwas Schwedisch oder Norwegisch angeeignet haben, werden zwar verstanden und können auch eine Zeitung durchgehen. Schrift- und gesprochene Sprache sind aber zwei Paar Schuhe, besonders in Dänemark und wenn die Dänen Dänisch reden.

Aus den erwähnten Gründen verzichten wir darauf, jede Menge Ausspracheregeln einzustudieren.

Stattdessen haben wir ein Mini-Lexikon zusammengestellt: mit Wörtern und Redewendungen, die Ihnen während des Urlaubs am ehesten eine Hilfe sein könnten.

KOMMUNIKATION

Zum Glück beherrschen, gemessen an Deutschland, viele Dänen das Englische und nicht wenige (auch Schüler mit zweiter Fremdsprache als Wahlfach) das Deutsche.

Was nicht bedeutet, dass deutsche Feriengäste automatisch davon ausgehen dürfen, dass die angesprochene Person Deutsch versteht. Die Frage »Verstehen Sie Deutsch?« leitet ein Gespräch behutsamer ein, als die öfter zu beobachtende Annahme, die Dänen müssten Deutsch sprechen, da so viele deutsche Touristen nach Dänemark kommen. Leider spielen sich mitunter Szenen wie die folgende ab: Er betritt das Geschäft und fragt grußlos: »Haben Sie HB-Zigaretten?« Die Verkäuferin schüttelt überrascht den Kopf. Er nun wieder: »Na, dann nicht.« Und verlässt grußlos den Laden.

◎ Seien Sie nicht überrascht, wenn Ihr Gegenüber Sie **DUZT**. – Das ist in Dänemark üblich, auch zwischen den Generationen, sofern nicht gerade radikalkonservative Gemüter an einem Gespräch beteiligt sind. Mitglieder des Königshauses sollten Sie freilich nicht duzen, falls Sie denn in die Verlegenheit geraten.

SPEZIALITÄTEN

◎ Drei **SONDERBUCHSTABEN** werden Ihnen auffallen: Æ und æ (= ä), Ø und ø (= ö), Å und å (= offenes o). Die drei Buchstaben stehen am Ende des Alphabets. Außerdem: Das »a« spricht sich meistens »ä«, »af«/»av« wie »au« und »eg«/»ej« wie »ei«. Wer nun Danmark korrekt – dänmark – ausspricht, mag ein bisschen Lob ernten.

◎ Bis auf Eigennamen gilt die KLEINSCHREIBUNG. Auf Karten sowie Hinweisschildern ist gelegentlich ein »et« oder »en« dem Namen angefügt. Es

Die drei skandinavischen Sonderbuchstaben gibt es übrigens auch im Norwegischen, während das Schwedische nur das Å / å kennt. Das Isländische und das Färöische umfassen weitere altnordische Buchstaben.

handelt sich um die beiden **DIREKTEN ARTIKEL**, die, anders als im Deutschen, AN DAS SUBSTANTIV gehängt werden: *torv* bedeutet »Markt«, *torvet* »der Markt«. Bei Eigennamen hängt der bestimmte Artikel manchmal an, manchmal nicht.

Mini-Lexikon

WOCHENTAGE

mandag – Montag
tirsdag – Dienstag
onsdag – Mittwoch
torsdag – Donnerstag
fredag – Freitag
lørdag – Samstag
søndag – Sonntag

GRUNDZAHLEN

en – eins
to – zwei
tre – drei
fire – vier
fem – fünf
seks – sechs
syv – sieben
otte – acht
ni – neun
ti – zehn
elleve – elf
tolv – zwölf
tyve – zwanzig
hundrede – hundert
tusen – tausend

TOURISTENALLTAG

affald – Abfall
afgang – Abfahrt
afstribning mangler – kein Seitenstreifen vorhanden
ankomst – Ankunft
banegård – Bahnhof
barn – Kind (Mehrzahl: *børn*)
beløb – Betrag
blindvej – Sackgasse
bindingsværk – Fachwerk
bondegård – Bauernhof
bord – Tisch
bredbånd – Breitband (= DSL)
brev – Brief
by – Stadt
børn – Kinder
bådudlejning – Bootsvermietung
bålplads – Feuerstelle
cykel – Fahrrad
cykelrute – Radweg
cykeludlejning – Fahrradvermietung
dag – Tag
dobbeltværelse – Doppelzimmer
dysse – Hünengrab, Dolmen
døgn – Tag und Nacht (24 Stunden)
dør – Tür
efterår – Herbst
enkeltværelse – Einzelzimmer
ensrettet – Einbahnverkehr
farvel – tschüss, auf Wiedersehen
flere – mehrere
flyveplads – kleiner Flughafen
forbudt – verboten
forår – Frühjahr
fri – frei
frilandsmuseum – Freilichtmuseum
friluftsbad – Freibad
forbudt – verboten
færge – Fähre

gade – Straße
genstående må ikke berøres – nicht berühren
god dag – guten Tag (sprich: godä)
græsplæne – Rasen
gæstekøkken – Gästeküche
gågade – Fußgängerzone
gård – Hof (Bauernhof bis Herrensitz)
hav – Meer
havn – Hafen
helligdag – Feiertag
hus – Haus
hverdag – Werktag
hytte – Hütte
højre – rechts
håndværk – Handwerk
jeg – ich
jernbane – Eisenbahn
jættestue – Ganggrab
kirke – Kirche
kong – König
kø – Stau
købmand – Kaufmann
køkken – Küche
afgang – Abfahrt
landskab – Landschaft
lejrplads – Lagerplatz
lokaltrafik – Nahverkehr
loppemarked – Flohmarkt
lufthavn – Flughafen
lys – Licht
lystbådehavn – Yachthafen, Marina
læge – Arzt
lægevagten – Ärztliche Bereitschaft
mange – viele
med venlig hilsen – mit freundlichem Gruß
middag – (frühes Abendessen)
morgenmad – Frühstück
mursten, munkesten – Backstein
må ikke – darf nicht
nej – nein
nærtrafik – Nahverkehr
omkørsel – Umleitung
område – Gebiet
overnatning – Übernachtung
plads – Platz
politi – Polizei
regn – Regen
rutebilstation – Busbahnhof
skole – Schule
skyet – bewölkt
slot – Schloss
slå farten ned – runter mit dem Tempo
sol – Sonne
spejder – Pfadfinder
stadig – (immer) noch, weiterhin
sted – Ort
sten – Stein
stor – groß
stræde – Gasse, Straße
strøm – Strom
svømmehal – Hallenbad
sygehus – Krankenhaus
tak – danke
tandlæge – Zahnarzt
telt – Zelt
tid – Zeit
tilbage – zurück
tilladt – erlaubt
time – Stunde
toilet – Toilette
told – Zoll
torv – Markt
trafik – Verkehr
tysk – deutsch
tåge – Nebel
uden – ohne
uge – Woche
vand – Wasser
vandrerhjem – Jugendherberge
vej – Weg, Straße
vejr – Wetter
vejrmelding – Wetterbericht
venlig – freundlich
venstre – links

Die drei nordischen Sonderbuchstaben Æ (æ), Ø (ø) und Å (å) stehen am Ende des dänischen Alphabets und sind dementsprechend eingereiht.

ventesal – Wartesaal
veteranjernbane – Museumszug
vind – Wind
værelse – Zimmer
åben, åbne – offen, öffnen
år – Jahr

NATUR, TIERE, PFLANZEN

ask – Esche
bakke – Hügel
blishøne – Blässhuhn
blåbær – Heidelbeere
brombær – Brombeere
busk – Busch
bøg – Buche
dal – Tal
drikkevand – Trinkwasser
ebbe – Ebbe
eg – Eiche
elm – Ulme
enebær – Wacholder
falk – Falke
fisk – Fisch
fiskehejre – Fischreiher
fiskeørn – Fischadler
flow – Flut
fjord – Fjord, Förde
fugl – Vogel
fugletårn – Vogelbeobachtungsturm
guldblomme – Arnika
gås – Gans
grågås – Graugans
hassel – Hasel
hav – Meer
hav – Meer
havoverflade – Meeresoberfläche
hede – Heide
hest – Pferd
hyben – Hagebutte
hættemåge – Lachmöwe
klint – Steilufer
klit – Düne
knopsvane – Höckerschwan
kongeørn – Steinadler
krat – Reisigwald
krikand – Krickente
kyst – Küste
kæruld – Wollgras
lappedyrker – Lappentaucher
lyng – Heide
løn – (Spitz-)Ahorn
musvåge – Bussard
måge – Möwe
odde – Landzunge
pibeand – Pfeifenente
revling – Krähenbeere
ribs – Rote Johannisbeere
rørhøg – Rohrweih
rørsanger – Teichrohrsänger
rørspurv – Rohrammer, Rohrspatz
shelter – (Wetter-)Schutz, Unterstand
skallesluger – Sägetaucher
skarv – Kormoran
skeand – Löffelente
skov – Wald
solbær – Schwarze Johannisbeere
soldug – Sonnentau
sommerfugl – Schmetterling
spidsløn – Spitzahorn
spurv – Spatz
svampe – Pilz
svane – Schwan
sø – See
troldand – Haubenente
træ – Baum, Holz
tyttebær – Preiselbeere
ulvefod – Bärlapp
vadfugl – Watvogel
vandfugl – Wasservogel
vandretur – Wanderung
vibe – Kiebitz
ø – Insel
ørn – Adler
ørred – Forelle
å – Bach, Fluss

IN RESTAURANTS UND CAFÉS...

agurke – Gurke
and – Ente
asparges – Spargel
bacon – Speck
benfri – ohne Knochen, Gräten
biksemad = Restepfanne
bløde – weich
bolle – Brötchen
bryst – Brust
brød – Brot
bøf – mal Steak, mal Beefsteak
dild – Dill
drikkevarer – Getränke
engelsk bøf – Beefsteak
fadøl – Leichtbier
fersk – frisch
flutes – Stangenweißbrot, Baguette
fløde – Sahne
flødeskum – Schlagsahne
franskbrød – Weißbrot (auch Toast)
frokost – 2. Frühstück, Lunch
fisk – Fisch
flæskesteg – Schweinebraten
friturestegt – fritiert
fyldt – gefüllt
gammel – alt
gravad – gebeizt
grillet – gegrillt
grøn – grün
grøntsager – Gemüse
hakkebøf – Hacksteak
hjemmebagt – selbst gebacken
hjemmelavet – selbst gemacht
husmandskost – Hausmannskost
hvidtbrød – Weißbrot
hønsesalat – Hühnerfleischsalat
is – Eis
jomfruhummer – Kaiserhummer
jordbær – Erdbeere
kage – Kuchen

...UND KNEIPEN SOWIE BEIM...

kalv – Kalb
karry – Curry
kirsebær – Kirsche
koke – kochen
krydderi – Gewürz, Würze
kryddersild – Salzhering
kylling – Hähnchen
kød – Fleisch
køkken – Küche
kølet – gekühlt
laks – Lachs
lammelår – Lammkeule
let – leicht
leverpostej – Leberpastete
lun – warm
løg – Zwiebel
marineret – mariniert
mælk – Milch
okse – Rind
oksemørbrad – Rinderbraten
omelet – Omelett
ost – Käse
ovn – Ofen
pandekage – Pfannkuchen
pariserbøf – Hacksteak
peberød – Meerrettich
perlehøne – Perlhuhn
purløg – Schnittlauch
pølse – Wurst
pære – Birne
rejer – Garnelen
ribbensteg – Rippenstück, gemeint: Schweinerippchen
ribs – Rote Johannisbeere
ris – Reis
ristet – geröstet
rugbrød – Schwarzbrot
rødbeder – Rote Beete
rødkål – Rotkraut, Rotkohl
rødløg – rote Zwiebel

Die drei nordischen Sonderbuchstaben Æ (æ), Ø (ø) und Å (å) stehen am Ende des dänischen Alphabets und sind dementsprechend eingereiht.

...LEBENSMITTELEINKAUF

rødspætte – Scholle
røget – geräuchert
røræg – Rührei
sild – Hering
skinke – Schinken
skive – Scheibe
sky – Würzgelee, Fleischgallert
slags – Art
smør – Butter
snaps – Schnaps
sprød – knusprig
solbær – Schwarze Johannisbeere
spegepølse – Mettwurst
spejlæg – Spiegelei
sprængt – gepökelt
stegt – gebraten
surt – Senfgurken
svampe – Pilz
sylte – Sülze
syltede – eingemacht, eingekocht
tallerken – Teller
torsk – Dorsch
trøffel – Trüffel
tun – Tunfisch
tyttebær – Preiselbeere
tærte – Torte, Kuchen
udvalg – Auswahl
unghane – junger Hahn
urte – Kräuter
vaffel – Waffel
vand – Wasser
vin – Wein
youghurt – Joghut
æble – Apfel
æg – Ei
æggeblomme – Eigelb
ærte – Erbse
øl – Bier
ørred – Forelle
ål – Aal

GRUNDWORTSCHATZ D–DK

Arzt – *læge* (sprich: läe)
Auf Wiedersehen – *farvel*
Auto – *bil*
Bahnhof – *banegård* (sprich: *bänegor)*
bitte sehr – *vær så god* (sprich: wärso go)
Busbahnhof – *busterminal, rutebilstation*
danke – *tak*
deutsch – *tysk*
du – *du*
Doppelzimmer – *dobbeltværelse*
Einzelzimmer – *enkeltværelse*
freundlich – *venlig* (sprich: *wennli)*
groß – *stor*
guten Abend – *god aften*
guten Morgen – *god morgen*
Hilfe – *hjælpe* (sprich: *hjälpe)*
ich – *jeg* (sprich: *jei)*
ich brauche – *jeg trenger*
klein – *lille*
Krankenhaus – *hospital, sygehus*
mit – *med*
nein – *nej*
ohne – *uden*
Rad fahren – *cykle*
rechts – *højre*
Rettungsweste – *redningsvest*
sehr – *meget* (sprich: *maie)*
Stadt – *by*
Straße – *gade* (sprich: *gäde)*
Stunde – *time*
Tag – *dag* (sprich: *dä)*
Tankstelle – *tankstation*
Toilette – *toilet*
viele – *mange*
wandern – *vandre*
wann kommt...? – *når kommer...?* (sprich: *nor kommer?)*
Wohnmobil – *bobil*
Zahnarzt – *tandlæge* (sprich: tänläe)
Zelt – *telt*

Der Grundwortschatz Deutsch – Dänisch oben ist für Standard-Situationen ausgewählt. Wird es knifflig, kommen Sie zu 99 % mit dem Englischen weiter.

MISS

Fünen

INSEL DER ABWECHSLUNG

Nein, wer sich vorrangig am Strand aufhalten will, braucht diesen Reiseführer nicht und muss auch nicht nach Fünen, sondern fährt gleich an die Nordseeküste von Jütland. Es sei denn, man hat kleine Kinder dabei, für die die vielen flachen Strände auf Fünen die bessere Wahl sein mögen. Wer allerdings die Abwechslung in den Ferien sucht, trifft mit Fünen eine gute Wahl. Mit knapp 2.985 km² Fläche und einer Ausdehnung von weniger als 70 Kilometern zwischen Süden und Norden sowie weniger als 85 Kilometern zwischen Westen und Osten sind die Wege hier kürzer als auf Jütland oder auf Seeland. Dennoch sollte, wer ein Ferienhaus buchen will, »strategisch« vorgehen und Seite 44 f. berücksichtigen.

Vom allgemeinen Hohelied der Abwechslung nun zum Konkreten: Bei einer Küstenlänge von rund 1.100 Kilometern herrscht an Stränden und Badeplätzen an Fünens KÜSTE kein Mangel, das gilt ebenso für Angler und Wassersportler: Im Seekajak GEPADDELT wird entlang der Ost- und Südküste, wobei Anfänger die ersten Schläge in den Kajakzentren probieren sollten. Zum WANDERN (und Spazieren) gibt es Tages- und kürzere Ziele und mit dem ØHAVSSTIEN sogar einen Fernwanderweg. Das Nonplusultra für Aktivurlauber in Dänemark mag das RADWEGENETZ sein, dieser eigene Rhythmus des Radfahrens, der langsamer, intensiver ist, als wenn man motorisiert durchs Land kutschiert (wird). Eine seltene Variante ermöglicht die DRAISINE zwischen Assens und Tommerup St.

Um schöne Natur zu erleben, muss man freilich nicht im Fahrradsattel unterwegs sein: FYNS HOVED ganz im Norden, KNUDSHOVED im Osten, der SVENDBORGSUND im Südosten, SVANNINGE BAKKER im Süden oder HELNÆS im Südwesten sind exponierte Ausflugsziele, die auch mit wenig eigener Muskelkraft zu würdigen sind. Erlebniszentren wie FJORD & BÆLT in Kerteminde und NATURAMA in Svendborg holen Natur und Umwelt sogar auf ihr Terrain.

Seit Jahren ist der Aktivurlaub im Trend, worunter traditionelle Sehenswürdigkeiten wie Museen gelitten haben. Dabei gibt es auf Fünen sogar einige, die in Dänemark einzigartig sind: zum Beispiel das im Ex-Gefängnis von Faaborg, das im Ex-Armenhaus von Svendborg, das Wikingerschiff Ladbyskibet als Grabschmuck. Fünens größte Stadt ODENSE bewahrt die Erinnerung an Märchendichter H.C. Andersen, hat weitere Museen sowie eine lebhafte KULTURSZENE. Interessante KIRCHEN sind über die Insel verstreut und auch einige Schlösser: Das EGESKOV SLOT bezaubert jährlich tausende Besucher mit seiner Mischung aus Spiel, Unterhaltung, Vergnügen und Landschaftspark.

◀ **Oben die Natur und das Licht auf Fyns Hoved, unten Odense urban und der Hafen im Umbruch**

5 EMPFEHLUNGEN FAABORG:

- **OLDTIMERZUG**: Seite 108 ff.
- **FÜNENMALER**: Seite 107.
- **SVANNINGE BAKKER**: Seite 111 ff.
- **HORNE KIRKE**: Seite 111.
- **ARRESTMUSEUM**: Seite 106.

Faaborg

FÜNENS TOR IM SÜDEN

Das Hafenstädtchen Faaborg (sprich: Fóbor, 7.050 Einwohner) liegt an der Südküste Fünens. Es bestehen Fährverbindungen mit Søby auf ÆRØ sowie mit den vorgelagerten Inseln BJØRNØ, LYØ und AVERNAKØ. Die Deutschland-Fähre nach Gelting wurde 1999 eingestellt; wer Anreisekilometer sparen will, fährt nördlich der Flensburg-Grenze über eine Brücke zur Insel Als und nimmt die Fähre ab Fynshav nach BØJDEN, westlich von Faaborg.

Rund um den Fähranleger hat sich Faaborgs HAFENZEILE in den letzten Jahren stark verändert, haben Büro-, Wohn- und Grünflächen verwaiste Industrieareale ersetzt. Für ein eigenes Viertel ist dieser Streifen südlich der Hauptstraße aber zu schmal und durch die Parkflächen für Innenstadtbesucher sowie Fährpassagiere zu zerteilt. Freilich ist im Sommer hier einiges los, denn Faaborg besitzt einen guten Ruf unter Seglern. In der NEUEN, modernen MARINA machen immerhin mehr Boote fest als auf Ærø. Vom Ufer hat man es nicht weit in eines der schönsten ALTSTADTVIERTEL auf Fünen, das zahlreiche gut erhaltene FACHWERKHÄUSER prägen – die ältesten dieser Gebäude stammen »nur« aus dem 17. und 18. Jahrhundert, da gleich mehrere vernichtende Brände das Städtchen heimsuchten.

1250 gegründet, erlebte Faaborg seinen Aufschwung im 17. Jh., als der Hafen sich zum Ausgangspunkt für Handelsfahrten in die Ferne entwickelte. Die Seeleute brachten von ihren Reisen bisher unbekannte Waren sowie spannende Geschichten in die Heimat mit. Die Verwaltungsreform 2007 legte die Gemeinden Faaborg, Broby, Ringe, Ryslinge und Årslev zur Groß-Kommune Faaborg-Midtfyn (rund 51.500 Einwohner) zusammen. Der Gemeindesitz ging dabei an das kleinere Ringe im Nordosten.

Urlauber sind im Süden Fünens jedoch nicht auf Faaborg allein angewiesen. Nördlich der Stadt »erheben« sich SVANNINGE BAKKER, die überschwänglich auch als »Fünens Alpen« betitelt werden; sie sind ebenso Hinterlassenschaften der letzten Eiszeit wie die nahen Seen Arreskov Sø, Nørre Sø und Brændegård Sø, allesamt im Rahmen von Wander- und/oder Radtouren zu erkunden. Das bekannteste Ausflugsziel ist das Schloss EGESKOV SLOT (siehe Seite 117)

INFORMATION

◎ **FAABORG TURISTBUREAU (1)**, Torvet 19, DK-5600 Faaborg, Tel. 7253 1818, visitfaaborg@fmk.dk, www.visitfaaborg.dk. 1.7.–31.8. Mo–Fr 9–17, Sa 10–15 Uhr, sonst Mo–Fr 10–16 Uhr. Separater Raum mit Info-Material täglich 9–21 Uhr.

ORIENTIERUNG

Sie halten sich Richtung Zentrum und Fähranleger **(2)** – dort befinden sich Parkplätze, von denen es nicht weit hinauf zur Altstadt ist. Der Busbahnhof **(3)** liegt 350 m weiter östlich.

◀ **Oben Havnebad, das Hafenbad, ein Aushängeschild für Faaborg, selbstverständlich ohne Eintrittsgeld zu benutzen, unten unterwegs in der Altstadt, beim Glockenturm**

Unterkunft

NOBEL AN DER KÜSTE

◎ **FALSLED KRO (5)**, Faldsled (westlich Faaborgs, Str. 329), Tel. 6268 1111, www.falsledkro.dk. DZ ab 2.175 DKK, Suiten 3.695 DKK. Frühstück 285 DKK. Übernachten Fr / Sa nur mit Reservierung fürs Abendessen.

Gourmet-Tempel mit reichlich Auszeichnungen, französisch inspirierte Küche mit saisonal wechselnder Karte. Wer hier speist, zählt 100-Kronen-Scheine nicht; dafür erwartet die Gäste, von denen viele keinen Fünen-Urlaub machen, sondern einzig und allein wegen des Falsled Kro kommen, ein besonderes Erlebnis. Die Wurzeln des Gasthauses liegen im 16. Jh. Fahrräder zur freien Benutzung. Anbei befindet sich der westliche Auftakt zum Fernwanderweg Øhavsstien.

HOTEL- UND ANDERE ZIMMER

◎ **HOTEL FAABORG FJORD (6)** am Svendborgvej 175, Telefon 6261 1010, hotelfaaborgfjord.dk. EZ ab 695/895 DKK, DZ ab 895/1.095 DKK, eigene Sommer- und Weekendtarife.

Konferenzhotel am östlichen Stadtrand, NAHE ZUM MEER, Hausstrand, Steg, Fahrradvermietung sowie Vermittlung weiterer Freizeitaktivitäten. Hunde sind willkommen, sollten aber angemeldet werden.

◎ **HOTEL FÆRGEGAARDEN (7)**, Chr. IX's Vej 31, Tel. 6261 1115, hotelfg.dk. EZ 845 DKK, DZ in verschiedenen Größen mit und ohne Meerblick ab 995 DKK, auch mit Halb- und Vollpension sowie eigene Angebote für Wanderer, Angler u.a.

ZENTRAL GELEGENES Eckhaus zwischen Hafen und Altstadt. Die Hoteltradition reicht stolze 150 Jahre zurück. Eigenes Restaurant mit sehr guter Küche, die auch selten gewordene Klassiker zubereitet. Schlemmen und Wohnen im selben Haus. Urige Bar.

◎ **FAABORG BYFERIE (8)**, Torvegade 10, Tel. 2213 0651, www.faaborg-byferie.dk. Zimmer sowie kleine Ferienwohnungen in zentraler Lage, Preise abhängig von Saison und Aufenthaltsdauer, 2 Nächte 795 DKK pro Person in der Neben-, 930 DKK in der Hauptsaison. Auch EZ 595, DZ ab 750 DKK, Frühstück 75 DKK. Weekendofferten inklusive Mahlzeiten in kooperierenden Restaurants. Mitten in der Stadt, eigener Parkplatz im Hof. Besser im Voraus anfragen.

◎ **BED & BREAKFAST** wie Privatzimmer ohne Frühstück sind im Jahresheft des Touristenbüros sowie online gelistet. Pro Person im DZ ab 200 DKK. Sehr beliebt ist LUNDSGAARD, Søren Lundsvej 20 (via Str. 8 Richtung Bøjden), Tel. 2044 8082, www.lundsgaard.dk. DZ mit u. ohne Bad in der Neben-/Hauptsaison ab 450/550 DKK, Familienzimmer ab 650/950 DKK, Apartments ab 550/795 DKK, Frühstück 70 DKK. – B & B im Umland auch bei der GRUBBE-MØLLE (Seite 110), grubbemoelle.dk. DZ 400 DKK, Frühstück 60 DKK. – BIRKELYGAARD, Faldsled, Assensvej 521, Tel. 2990 2240, www.birkelygaard.com. DZ ohne/mit Bad 650/750, Familienzimmer mit Bad 1.000 DKK. Frühstück inklusive. Umfunktionierter Bauernhof, 9 km westlich von Faaborg, küstennah in Faldsled bei Millinge. Bushalt 100 m. **(5)**

Abkürzungen: EZ = Einzelzimmer, DZ = Doppelzimmer. Beachten Sie die allgemeinen Erläuterungen zu »Unterwegs in Dänemark, Unterkunft« (ab Seite 38).

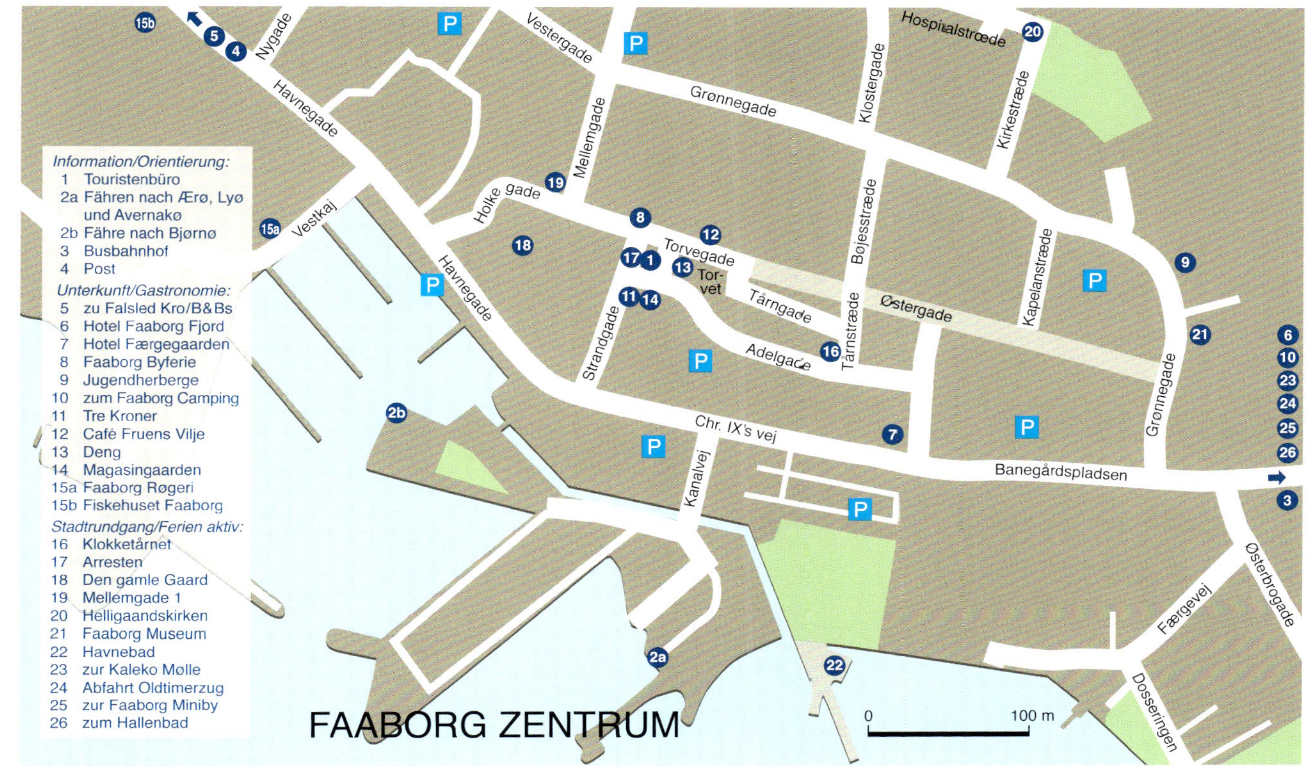
FAABORG ZENTRUM
Information/Orientierung:
1 Touristenbüro
2a Fähren nach Ærø, Lyø und Avernakø
2b Fähre nach Bjørnø
3 Busbahnhof
4 Post
Unterkunft/Gastronomie:
5 zu Falsled Kro/B&Bs
6 Hotel Faaborg Fjord
7 Hotel Færgegaarden
8 Faaborg Byferie
9 Jugendherberge
10 zum Faaborg Camping
11 Tre Kroner
12 Café Fruens Vilje
13 Deng
14 Magasingaarden
15a Faaborg Røgeri
15b Fiskehuset Faaborg
Stadtrundgang/Ferien aktiv:
16 Klokketårnet
17 Arresten
18 Den gamle Gaard
19 Mellemgade 1
20 Helligaandskirken
21 Faaborg Museum
22 Havnebad
23 zur Kaleko Mølle
24 Abfahrt Oldtimerzug
25 zur Faaborg Miniby
26 zum Hallenbad
Nygade
Havnegade
Vestergade
Hospitalstræde
Grønnegade
Klostergade
Kirkestræde
Mellemgade
Holke gade
Vestkaj
Bøjesstræde
Torvegade
Torvet
Tårngade
Østergade
Kapelanstræde
Strandgade
Adelgade
Tårnstræde
Chr. IX's vej
Kanalvej
Banegårdspladsen
Færgevej
Østerbrogade
Dosseringen
0
100 m

DANHOSTEL

◎ **DANHOSTEL FAABORG (9)**, Grønnegade 71–73, Tel. 3127 0980, www.danhostelfaaborg.dk. Geöffnet Ende März bis 22.12. 21 Zimmer ohne Bad. Preis pro Bett ab 200 DKK, als EZ ab 375 DKK, als DZ ab 450 DKK, 3–5-Bett-Zimmer 550 – 850 DKK.

Zentrale Lage, unweit Busbahnhof und Fähranleger, auf zwei altehrwürdige Häuser verteilt, ursprünglich zum Teil als Armenhaus errichtet. Gleich links vom Eingang zum Faaborg Museum. Eigene Parkplätze.

CAMPING

◎ **FAABORG CAMPING (10)**, Odensevej 140, Tel. 6261 7794. Geöffnet von Ende März bis etwa 20.10. Camping 82/55 DKK. 5 Campinghütten (2–4 Personen) ab 495 DKK, 5 Ferienhütten (6 Personen) 700–975 DKK.

Der Platz liegt an der Str.43 nach Odense, kurz vor Svanninge Bakker. Er gehört zu einem Bauernhof und wurde in den letzten 10 Jahren wesentlich verbessert, mit vielen Möglichkeiten zum Spielen für Kinder – ganz in der Nähe befindet sich zudem der ABENTEUERSPIELPLATZ Troldeland.

◎ Um Faaborg verteilen sich VIER KÜSTENNAHE **CAMPINGPLÄTZE**, die normalerweise frühestens an Ostern öffnen und spätestens Ende September schließen. Derjenige mit der umfassendsten Infrastruktur findet sich in Bøjden, dort wo die Fähre aus/nach Fynshav auf Als anlegt, während die Plätze in Faldsled (westlich Faaborgs) sowie Nab (östlich der Stadt) gemütlicher sind und mit ihrer Lage am sowie Aussicht aufs Meer punkten.

Essen und Trinken

Das Spitzen-Restaurant »Falsled Kro« wird bereits auf Seite 102 erwähnt. Reservierung dringend empfohlen.

◎ Mehr als anderswo auf der Insel finden Sie in Faaborgs Lokalen die Gelegenheit, Fünens kulinarische Spezialität **ÆGGEKAGE** (siehe Seite 57) zu kosten, mancherorts als Mittagstisch zur Frokostzeit, bis etwa 15/16 Uhr.

◎ **HOTEL FÆRGEGAARDEN (7)**, Chr. IX's Vej 31, Tel. 6261 1115, hotelfg.dk. Im Juli täglich 12–22 Uhr, sonst Mo–Fr 18–22 Uhr, Sa 12–22 Uhr.

Ambitionierte Speisen im stilvollen Hotelrestaurant, als hauseigene Spezialität gilt *æggekage med bacon, groft brød & hjemmelavet sennep* (Eierkuchen mit Speck, Brot sowie selbst gemachtem Senf, 150 DKK). Zur Frokost auch viel Fisch und Meeresfrüchte für 75–125 DKK, während die Hauptgerichte auf der Abendkarte um 185 bis 235 DKK liegen; oder man fragt nach den aktuellen Menüvorschlägen. Hin und wieder wird das typisch dänische Dessert *røde grøde med fløde* (siehe Seite 58) zubereitet.

◎ **RESTAURANT TRE KRONER (11)**, Strandgade 1, Tel. 2144 0050, via Facebook. Im Sommer 12–21, sonst Mo–Sa 12–21 Uhr, So 12–15.30 Uhr.

Ebenfalls Schwerpunkt DÄNISCHE KÜCHE, etwas zünftiger dargeboten als im Hotelrestaurant. Zur Mittagszeit gibt's fünischen *æggekage* schon ab 89 DKK, hin und wieder auch am Abend, in Verbindung mit Aktionen oder Konzerten. Auch die Smørrebrød zur Frokostzeit sowie das abendliche Dagens Menu sind nicht zu verachten, die Gaststube wurde in Wohnzimmeratmosphäre aufpoliert.

◎ Populär bei jungen Leuten sowie mittleren Semestern sind am MARKTPLATZ: **CAFÉ FRUENS VILJE (12)**, Nr. 2, Tel. 6360 0063, cafefruensvilje.dk. Mo–Sa 10–17, im Sommer bis 21 Uhr. Preiswerte Smørrebrød und warme Sandwiches 45/65 DKK, alternativ Tapas und Salate. – **DANG (13)**, Torvet 5, Tel. 6261 1135. Di–So 17–21 Uhr. Die Einheimischen sind zurzeit ganz verrückt nach dieser spicy Thai-Küche.

Wem der Marktplatz zu quirlig ist, sitzt im Sommer nett im Innenhof des **MAGASINGAARDEN (14)**, Torvet 13–15, Tel. 6261 0245, hotelfaaborg.dk. Das Hotel bietet sowohl Restaurant- als auch Cafébetrieb, die Tagesangebote stehen auf einer Tafel. Oder man kommt einfach nur für Kaffee und Kuchen oder auf ein Glas Wein.

◎ **FRISCHFISCH**: FAABORG RØGERI CAFÉ **(15 a)**, Vestkaj 3, Tel. 6261 4232. Ca. 20.6.–20.8. täglich 11–21 Uhr, ab ca. 20.4. und bis Ende September (Do–So) 11–16/19 Uhr. Natürlich frische Ware, relativ preiswert sind auch die Tellergerichte zum Verzehren vor Ort (bis knapp 90 DKK für ein warmes Gericht); ferner wird in der Hochsaison zeitweise ein Fischbuffet offeriert. – FISKEHUSET FAABORG **(15 b)**, Havnegade 13, Tel. 6261 0180. Lokalbetrieb Ende Juni bis Mitte August 12–15 und 18–21 Uhr, sonst nur Verkauf Mo–Fr 10–17.30 Uhr, Sa 10–14 Uhr, 25.6.–1.8. Sa bis 16 Uhr, im Juli auch So 10–16 Uhr. Im Ambiente ähnlich, aber hier wird vor Ort geräuchert; im Sommer Fischbuffet im Restaurant, und mitunter wird das Räuchern demonstriert.

◀ Außergewöhnliche kulinarische Freuden: links im ambitionierten »Falsled Kro«, rechts ein süßes Produkt von Chocolatier »Konnerup« (siehe auch Seiten 118/119)

Stadtrundgang

MALERISCHE ALTSTADT

◎ GLOCKENTURM **KLOKKETÅRNET (16)**, Tårnstræde. 15.6. bis etwa 10.8. täglich 11–16, bis Anfang September 11–13.30 Uhr, an einzelnen Tagen in den Osterferien sowie in den Herbstferien 11–13 Uhr. Eintritt 20/0 DKK. Um 8.05, 12.05, 16.05 und 22.05 Uhr ertönt ein **GLOCKENSPIEL**.

Den Turm baute man im 15. Jh. an die bereits bestehende älteste Kirche Faaborgs, die im Lauf der Reformation abgerissen und später durch die Heiliggeist-Kirche ersetzt wurde. Als Landmarke für die Seefahrt blieb der Turm stehen: 2012 restauriert und in markantem Gelb erstrahlend, verwalten ihn heute Ehrenamtliche.

◎ EMPFEHLUNG: **ARRESTEN (17)**, Torvet 19, ohavsmuseet.dk. 1.7.–31.8. täglich 10–16 Uhr, ab ca. 10.2. und bis 20.10. Di–So 11–15 Uhr. Eintritt 50/0 DKK. Texte auch auf Englisch.

Einzigartig in Dänemark: Bis 1989 in Funktion, ist das frühere Gefängnis der Stadt heute zu besichtigen. Der Rundgang ist kurzweilig, die Texte erzählen viel über Insassen, Personal – das bis 1982 samt Familie hier wohnte –, den Alltag im Knast und die Veränderungen im Strafvollzug. Die Besucher folgen den Insassen bis zum Gerichtssaal, der 2012 ins Museum integriert wurde. Es blieb einiges an originalen Gegenständen erhalten. Ein selten öffentlich gemachtes, AUTHENTISCHES Stück Geschichte.

◎ GESCHICHTLICHES MUSEUM **DEN GAMLE GAARD (18)**, Holkegade 3. Im Juli täglich 11–15 Uhr, ab Anfang Juni sowie bis Mitte Oktober Sa+So 11–15 Uhr. Eintritt frei.

1725 für einen vermögenden Kaufmann erbaut, ging der Fachwerkhof durch gut 30 Hände, bis er 1932 als stadthistorisches Museum hergerichtet wurde. Im Vorderhaus ging es BESONDERS VORNEHM her: Teile der Wandgemälde wurden in Frankreich hergestellt und hierher transportiert. Von dem Erker-ähnlichen Zimmer zur Straße entging der Dame des Hauses nichts. Das Haus ist gut in Schuss, und die nachträglich eingezogenen Dielen wippen munter. Im Hinterhof wohnten Bedienstete und Händler von den vorgelagerten Inseln, falls sie wegen Schlechtwetter nicht mit der Fähre nach Hause konnten. Der Teepavillon zum Ufer hin war jedoch den hohen Herrschaften vorbehalten.

In der Tenne steht ein RUNENSTEIN, der aus der Gegend stammt.

◎ Vom Marktplatz aus am Touristenbüro vorbei, gelangt man via MELLEMGADE in die weniger frequentierten Gassen nördlich der Fußgängerzone Torvegade/Østergade. Zuvor gilt es an der Ecke Holkesgade/Mellemgade die Fassade der **MELLEMGADE 1 (19)** zu würdigen; die durch den Schriftzug unter dem Giebel versprochene Apotheke war hier seit 1737 ansässig und heißt seit 1940 sogar »Faaborg Løve Apotek«, zog aber inzwischen ins Herregårdscenteret im Odensevej um.

2008 eindrucksvoll restauriert und dafür auch ausgezeichnet, dient der Schuhladen in **1 C** als Beispiel, dessen Firmenname draußen der Fassadengestaltung angepasst wurde.

Über Grønnegade, Klostergade sowie Hospitalstræde gelangt man zur:

Die unterhaltsamste Art, Faaborgs Altstadt kennen zu lernen, ist der Rundgang mit dem Nachtwächter, von Ende Juni bis ca. 20. August ab 21 Uhr am Glockenturm. Die Teilnahme ist kostenlos.

◎ **HELLIGAANDSKIRKEN (20)**, Kirkestræde 11. Täglich 8–17 Uhr.

Ab 1477 als Klosterkirche für den Heiliggeist-Orden gebaut, nachdem die erste Kirche am Glockenturm abgerissen worden war; auch das Kloster besteht nicht mehr. Auffallend die Altartafel, ein Gemälde von *Vilhelm Marstrand* (1855); die ursprüngliche Altartafel ist als Zeitzeugnis (1511) so wertvoll, dass sie ins Kopenhagener Nationalmuseum überführt wurde.

Strahlend GELB GEKALKT, passt sich das Gotteshaus seiner Umgebung im Viertel an – inzwischen am nördlichen Ortsrand neben der Umgehungsstraße gelegen, ist der Friedhof allerdings kein Ort der Ruhe.

Zurück auf der Grønnegade, die in ihrem östlichen Verlauf einen Bogen Richtung Hafen unternimmt:

◎ EMPFEHLUNG: **FAABORG MUSEUM (21)**, Grønnegade 75, Tel. 6261 0645, www.faaborgmuseum.dk auch auf Deutsch. 1.7.–31.08. Di–So 10–17 Uhr, sonst Di–So 11–16 Uhr. Eintritt 90/0 DKK. Eingang links vom einladenden Tordurchgang, nicht im Hof.

Dieses 1915 eingeweihte Museum zeigt Werke fünischer Maler und Bildhauer aus einer glorreichen Ära. Vertreten sind die Maler *Johannes Larsen, Fritz* u. *Anna Syberg, Peter Hansen, Jens Birkholm, Harald Giersing, Karl Schou, Christine Swane* u.a. Viele Motive der sogenannten FünenmalerInnen widmen sich Landschaft und Natur, auch der Jagd, aber es sind auch Szenen aus Kopenhagen zu sehen. Die Sammlung ist umfangreicher als die des Johannes Larsen Museet in Kerteminde.

Dem Gebäude ist anzumerken, dass sein Unterhalt keine leichte Übung ist; trotzdem kam 1997 ein Anbau als Podium für zeitgenössische Kunst hinzu. Zur Einrichtung gehören auch einige originale Möbel, darunter FAABORG-STOLEN, der Faaborg-Stuhl, den 1914 die DESIGN-Ikone *Kaare Klint* zusammen mit Architekt *Carl Petersen* entwarf. Petersen entwarf auch die »nordisch klassizistische« Fassade des Museums.

HAFENPROMENADE

◎ Wer gut zu Fuß ist, kann die Stadtwanderung **AM UFER** auf dem teilweise umgestalteten Hafenareal fortsetzen. Nach Osten ist es nicht weit ins VIERTEL ØSTERBRO: In der SCT. HANS GADE, zu erreichen über die Østerbrogade oder Dosseringen reizvoll an der Küste entlang, wohnten früher die Fischer und Seeleute. 500 m zurück auf der Uferpromenade, vorbei an einem mit dunkelbraunem Holz verkleideten Reihenhaus mit neun Einheiten – das zwar hübsch und des Meerblicks wegen womöglich mit Neid anzusehen ist, jedoch etwas isoliert und verloren wirkt –, dahinter der frühere Bahnhof. Nun ist das **HAVNEBAD (22)** erreicht, das Hafenbad als Schmuckstück des Hafens für die Bürger und Musterbeispiel für Lebensqualität. Es gibt eine Kajakstation (leider nicht für Individualtouristen), eine Sauna und ein Servicehaus, wo Gäste selbst eine Küche anmieten können.

Man steht hier überall auf Neuland, d.h. auf aufgeschüttetem Terrain – die Küste reichte im 18. Jh. gerade mal bis zur Durchgangsstraße. Zwei Fähranleger verbinden Faaborg mit Søby auf Ærø, Avernakø und Lyø **(2 a)** sowie mit Bjornø **(2 b)**. Zeitweise liegt das statt-

Was die sog. Fünenmaler kennzeichnet, finden Sie auf Seite 181 erläutert. Der dort erwähnte Fabrikant *Mads Rasmussen* war Initiator und Mäzen des Faaborg Museum, weshalb er als Skulptur darin eine kleine Ruhmeshalle ziert.

liche Marine-Versorgungsschiff »Blue Antares« im Hafen vor Anker.

Die Lokale landeinwärts sind zwar im Sommer populär, haben es sonst aber schwer, da ihnen die Laufkundschaft fehlt wie oben in der Altstadt. Ein großer Wurf wie in Nyborg ist der neue Hafen (noch) nicht, im Sommer dennoch den Spaziergang wert. Vom ersten Bootshafen sind es weitere gut 500 m zur neuen MARINA (2006). Zwischen beiden entsteht auf früherem Gewerbeareal ein ganz neues Viertel, das Freizeit und Tourismus bedienen soll, maritimes Gewerbe inbegriffen.

SUNDET UND KALEKO MØLLE

Der See Sundet, nordöstlich des Stadtzentrums hinter der Umgehungsstraße, hat eine bewegte Geschichte hinter sich: Ursprünglich ein Teil des Faaborgfjords mit Hafenanlagen, versandete die Zufahrt schon im 15. Jh. und wurde in Form eines Kanals erhalten. Später errichtete man hier eine Mühle, entwässerte das Areal, um Weideland zu gewinnen, und legte Sundet 1946 schließlich ganz trocken. Erst als Natur und Umwelt wieder mehr galten, gelang es einer Stiftung und Naturschützern, Sundet zu renaturieren. Man kann dort Rad fahren, wandern, walken, joggen (siehe Seite 114).

◎ WASSERMÜHLE **KALEKO MØLLE** **(23)**, Prices Havevej 38. Ende Juni bis etwa 25.8. täglich 10–15 Uhr, sonst ist zumindest das Gelände frei zugänglich. Ab Hafen ostwärts, im Kreisel geradeaus. Nur wenige Parkplätze.

Die Kaleko Mühle bildet einen Kontrast zu Den gamle Gaard, die Wohnstube der Müllerfamilie (um 1875) ist längst nicht so opulent eingerichtet. Die 1912 aufgegebene Wassermühle wurde so gut wie möglich wieder instandgesetzt. Dach, Balken und Decken des rot-weißen Fachwerkhauses biegen sich, als wolle es nicht mehr. Die ältesten Bauteile stammen aus der Zeit um 1600. Neuerdings ist die Mühle im Sommer wieder zu besichtigen, das Anwesen mit den Bäumen und dem Mühlteich nebenbei ein idyllisches Fleckchen Erde, das sich wunderbar zum Picknicken eignet. Der Besuch ist auch denkbar im Rahmen der Weiterfahrt oder Anreise.

Ausflüge

MIT DER MUSEUMSEISENBAHN

◎ EMPFEHLUNG: Die **SYDFYNSKE VETERANJERNBANE** fährt im Sommer an ausgewählten Tagen von Faaborg NACH KORINTH und zurück. Der Ort der Abfahrt ist eher von bescheidener Schönheit, die sich anschließende Strecke mit ihren Steigungen, der Fahrt durchs Grüne inklusive Meeresblick dafür umso attraktiver.

◎ **FAHRPLAN**: So von Ende Juni bis Anfang August, Do Juli und August, Di 3 x im Juli sowie in den Herbstferien an einzelnen Tagen. Aktuelle Daten unter www.sfvj.dk auch auf Deutsch. Ticket retour 90/45 DKK. An den Sonntagen ist mitunter eine Dampflokomotive im Einsatz.

Abfahrt in Faaborg rechts der Ausfallstraße ab Hafen **(24)**, gleich hinter dem Supermarkt, schräg gegenüber eine Tankstelle, dort und in der Nähe auch Parkplätze.

Oben die Horne Kirke (siehe Seite 111), unten die Museumseisenbahn Sydfynske Veteranjernbane bei ihrer Ankunft in Korinth (siehe Seite 110) ▶

◎ **KORINTH** liegt 8 km nordöstlich Faaborgs nahe dem See Arreskov Sø. Ihren eigenwilligen Namen verdankt die rund 1.100 Einwohner zählende Ortschaft dem früheren Korinth Kro: Dieser ging 1801 aus dem Haus eines Anwesens hervor, das der Autor *Jens Baggesen* im Auftrag der Gräfin *Sybille Reventlow* 1788 so betitelt hatte, und dies bewusst nach dem Vorbild der griechischen Stadt. Der Kro wurde bis in die 2000er Jahre bewirtschaftet sollte 2016 abgerissen werden – worauf sich ein Verein bildete, der das Gebäude instandsetzen und daraus ein Outdoor Hostel machen will, zum Teil mit sozialer Komponente.

Der Bahnhof Korinth war von 1882 bis 1956 im regulären Betrieb; das Gelände wurde 2012 umgebaut und der Gegenwart angepasst.

MIT DER FÄHRE ...

... erreichen Sie die Inseln AVERNAKØ, LYØ, BJØRNØ sowie ÆRØ.

◎ Als Tagesziele seien **AVERNAKØ** und **LYØ** empfohlen: mit Kirchdorf, Stränden, Uferwegen, Vogelschutzgebiet sowie »typisch dänisch« kultiviertem Land, sehr gut mit einem (mitgebrachten) Fahrrad zu erkunden. Faltblätter, auch auf Deutsch, im Touristenbüro. (REEDEREI Ø-FÆRGEN siehe Seite 73, Fähranleger **2 a)**

WESTSCHLEIFE BIS FALDSLED UND BØJDEN

Die kleine Schleife besucht die Wasser- und Windmühle Grubbe Mølle, Faldsled mit Kleinhafen und Gourmetküche, die Kirche in Horne sowie das Vogelschutzgebiet Bøjden draußen an der Küste der Halbinsel Hornelandet.

◎ **GRUBBE MØLLE**: 1.6.–31.8. Führungen Di–So um 11 Uhr. Ticket 50/0 DKK, sonst tel. Absprache 6261 9108. 2,5 km nordwestlich von Faaborg, Str. 329 nach Millinge bzw. 1 km nördlich der Str. 8 nach Bøjden. Beschildert, als Adresse Grubbemøllegyden 2.

Einst speisten die Wasserläufe von Svanninge Bakker zwei Wassermühlen, von denen die obere im Freilichtmuseum Århus steht. Grubbe Mølle, die zweite, erklärt der Eigentümer im Rahmen einer persönlich gehaltenen Führung, die auch die benachbarte Windmühle umfasst. Wenn etwas in Gang gesetzt werden kann, wird dies der Chef demonstrieren. Die Wassermühle kann sowohl Tierfutter als auch Mehl feinerer Qualität herstellen.

Die Windmühle, 1892 von Seeland hieher versetzt, kann auch ein Dieselmotor betreiben. Ein 1999 durch einen Sturm abgerissener Flügel konnte 2006 restauriert werden.

◎ Keine 2 Kilometer westlich Millinges, an der Str. 329 Richtung Assens, liegt das gut 500 Einwohner zählende **FALDSLED** an der Küste. Bekannt ist das Dorf vor allem dank des exklusiven Restaurants FALSLED KRO (siehe Seite 102); wer hier zu speisen gedenkt, sollte telefonisch reservieren. Um einiges profaner ist die Verpflegung im nahen Hafenkiosk, der im Sommer Erfrischungen und Snacks feilbietet. Der beschauliche Hafen ist ein schöner Ort für eine Rast unterwegs, als alleiniges Ausflugsziel aber dann doch zu wenig Ereignis. Ein Mini-Parkplatz markiert den westlichen Startpunkt zum FERNWANDERWEG ØHAVSSTIEN. Hafenzufahrt via Fiskerstræde, direkt am weiß gekalkten, reetgedeckten Kro.

◎ EMPFEHLUNG **HORNE KIRKE**: täglich 8–16 Uhr, 1.5.–30.9. mitunter bis 20 Uhr. Textheft 20 DKK. 5 km westlich von Faaborg, Str. 8; ab Faldsled zurück auf der Str. 329, verkürzt die nach Bøjden ausgeschilderte Nebenstraße die Wegstrecke; sie mündet direkt in Horne in die Str. 8.

Horne Kirke ist eine der sieben erhaltenen RUNDKIRCHEN Dänemarks – und die einzige auf Fünen. Um 1100 als FESTUNGSKIRCHE zum Schutz gegen die Wenden gebaut, sind ihre Mauern 2 m dick und die Schießscharten unübersehbar. Im Laufe der Zeit hat Horne Kirke durch An- und Umbauten aber ihr Aussehen verändert. Die Rundung geht in der Gesamtansicht heute ziemlich verloren. Im Inneren sind das Taufbecken (von *Berthel Thorvaldsen),* das Altarbild (1812, C.W. Eckersberg) und die an einer Säule hängende Kanzel im Empirestil nur drei von mehreren Kostbarkeiten. Die Loge war früher der auf Schloss Hvedholm ansässigen Grafenfamilie vorbehalten, von denen einige in dem abgeblätterten MAUSOLEUM am Rande des Friedhofs liegen. Im Sommer finden gelegentlich KONZERTE in Horne Kirke statt; fragen Sie im Touristenbüro Faaborg nach. Das Gotteshaus war auch Schauplatz in der schwarzen Komödie »Adams Äpfel« (2005).

Die Kirche thront auf einem Hügel, der vor allem landeinwärts Richtung Grubbe Mølle und Svanninge Bakker eine weite Aussicht ermöglicht.

◎ In **BØJDEN** legt die Fähre aus Als an. Der Anleger befindet sich am Rand einer Halbinsel und ist an sich keinen Abstecher wert, trotz des populären Bøjden Strand.

VOGELKUNDLER aber können sich im Naturschutzgebiet **BØJDEN NOR** auf die Lauer legen. Vom (ausgewiesenen) Parkplatz sind es ein paar Meter zurück zu einem Wäldchen sowie 500 m bis zum (zweiten) Vogelbeobachtungsstand. Das 114 ha große Gebiet besteht aus Haff und Strandwiesen, deren Vegetation durch weidende Kühe niedrig gehalten wird. Neben Lurchen und Kriechtieren sollen hier rund 45 Vogelarten (zeitweise) vertreten sein, darunter Fischreiher, Kormoran, Kornweih, Goldregenpfeifer, Möwen- und Entenarten. Ein zweiter Pfad beginnt am Parkplatz des Fähranlegers, verzeichnet auf einem Faltblatt, das das Touristenbüro Faaborg bereit hält und das auch in englischer Fassung vorliegt.

Ferien aktiv

RAD FAHREN

◎ EMPFEHLUNG: Eine schöne Tour führt ab Faaborg-Hafen über die Nationalroute 8 bzw. Regionalroute 60 nach Svanninge, ab dort auf den Regionalrouten 65/79 via **SVANNINGE BAKKER** und Sollerup Skov nach Korinth, von wo aus der regionale Radweg 51 zurück nach Faaborg führt. Hügeliges Profil, längere Abschnitte durch Wälder sowie die Gelegenheit zum Wandern. Länge rund 22 km.

Ab Sollerup Skov besteht die Möglichkeit zu einem Abstecher zum Vogelbeobachtungspodest am Arreskov Sø (siehe Seite 112); es liegen gleich zwei Waldrastplätze an der Strecke.

Die Horne Kirke ist bereits auf Seite 109 im Bild. Leider funktioniert es nicht immer, dass Text und Bild nebeneinander stehen können...

◎ Ab Faaborg-West können Sie küstennah mit einer Schleife über Dyreborg nach **HORNE** radeln, die Str. 8 überqueren sowie ab Millinge via Regionalroute 60 nach Faaborg zurückkehren. Länge variabel, 22–30 km.

◎ Wer das eigene Fahrrad mit nach **LYØ** oder **AVERNAKØ** nimmt, wird im Rahmen eines Tagesausflugs mehr sehen, als zu Fuß unterwegs.

◎ **FAHRRADVERMIETUNG**: Tagestarife ab 100 DKK bei Faaborg Cykeludlejning, Svendborgvej 270, Tel. 2513 0660, faaborgcykeludlejning.dk. Im Osten vor der Stadt, Str. 44. – Mx-Strik, Telemarken 4, Tel. 5134 4854. Im Industriegebiet südlich der Str. 8.

WANDERN, WALKEN, JOGGEN

◎ EMPFEHLUNG **SVANNINGE BAKKER**: Im Touristenbüro gibt's das Faltblatt »Svanninge Bakker og Svanninge Bjerge« mit Karte; darin Pfade und Parkplätze. Die markierten Pfade sind teilweise zu kombinieren. Bus 141.

Die Hügel Svanninge Bakker werden überschwänglich als FÜNENS ALPEN gefeiert. Der höchste Punkt erreicht 128 m ü.d.M. Dort steht ein Aussichtsturm, der einen netten Blick erlaubt – seit die umstehenden Bäume Richtung Bakker gerodet wurden. Die vier Zwischenetagen nutz man für Informationen zu Geschichte, Flora und Fauna der Region, zwar auf Dänisch, aber mit historischen Fotografien bereichert, die Svanninge Bakker an der Schwelle zum 20. Jahrhundert zeigen, als der Wald noch lichter stand.

Svanninge Bakker ist ein Relikt der letzten Eiszeit, als die Gletscher sich in verschiedene Richtungen bewegten und das gelockerte Erdreich und Gestein vor sich herschoben. Svanninge Bakker bildet eine Grenze, an der die Eiszungen aus Nordwesten halt machten. Schmelz- und Regenwasser schnitten tiefe Kluften zwischen die Kuppen. Erst im 19. Jh. wurde das zuvor teils mit Heide bewachsene, teils als Weideland genutzte Areal aufgeforstet und später auf 463,9 ha unter Naturschutz gestellt.

Ein paar Meter westlich vom Aussichtsturm, auf dem kahlen Hügel, beginnen zwei RUNDWEGE, die rot (kürzer) und gelb (länger) markiert sowie sehr zu empfehlen sind.

Unterhalb des Aussichtsturms bedient das Restaurant Skovlyst vor allem Gesellschaften mit Reservierung, während auf der anderen Straßenseite ein Kiosk die »Outdoorer« versorgt.

◎ Ein wenig anders ist die Tour durch den nahen FORST **SOLLERUP SKOV**, der bis an Fünens größten See heranreicht: ARRESKOV SØ (317 ha). Von einem Podest aus ist das VOGELLEBEN auf und an dem See zu beobachten, dessen Ufer mit Schilfrohr bewachsen sind; diese Tour ist aber weniger reizvoll und eignet sich besser als Station einer Radtour. Karte auf dem Faltblatt »Svanninge Bakker og Svanninge Bjerge« (siehe oben). **SVANNINGE BJERGE** erstrecken sich östlich der Landstraße und südlich vom Sollerup Skov. Hier sind zwei weitere Routen in Rot markiert, eine davon führt auf den 126 m hohen Lerbjerg, die höchste Erhebung in dem Gebiet. Parkplätze siehe Faltblatt »Svanninge Bakker«.

◎ Eine weitere Verlängerung bietet die still gelegte Bahntrasse **VON KORINTH NACH RINGE** über 16 km. Der sog. Natursti verläuft auf befestigten

Oben unterwegs zwischen Svanninge Bakker alias Fünens Alpen, unten eine abendliche Schnorcheltour, arrangiert vom Øhavsmuseet ▶

Wegen, auch auf Asphalt. Unterwegs sind über zehn Rastplätze eingerichte. Ab Faaborg (via Øhavsstien, Svanninge Bjerge, Sollerup Skov, Arreskov Sø) eine fordernde Tagestour, Bus 920 ermöglicht die Rückfahrt von Ringe nach Faaborg, oder die Hinfahrt. Faltblatt mit Karte im Touristenbüro.

◎ Das Wäldchen **PIPSTORN SKOV** erstreckt sich östlich der Stadt. Hier verteilen sich mehrere Grabfelder und -plätze, die auf den Zeitraum zwische n 3.600 v. Chr. und 1.000 n. Chr. datiert werden. Dazu gibt es Rastplätze und einen Naturspielplatz. Länge je nach Routenwahl 3–5 km. Faltblatt mit Karte im Touristenbüro. – Anfahrt Str. 44 Richtung Svendborg, Abzweig links Richtung Katterød, Parkplatz bereits nach 400 m. Zweiter Ausgangspunkt mit Parkplatz vorbei an Kaleko Mølle, ausgeschildert.

◎ **SUNDSØEN/KALEKO MOTIONSRUTE**: (im Stadtplan des Touristenbüros blau) MARKIERTE Route in schöner Natur, 4,4 km. Sie verläuft an dem See SUNDET und an einem Bach entlang, durch Wald und auf einen Hügel mit Blick auf Faaborg und die vorgelagerte Inseln. Wer nur am See spazieren gehen will, sollte dies an dessen nordöstlichem und östlichem Ufer: Diese Uferzonen sind weit weniger verschilft als die im Westen und Süden, so dass sich die VOGELWELT, vor allem Enten sowie Lappentaucher, auf dem Wasser besser beobachten lässt; ferner ist der Lärm der Umgehungsstraße hier weniger stark und gibt es einen Quereinstieg zum Fernwanderweg ØHAVSSTIEN. – Anfahrt via Nordkreisel Umgehungsstraße 43, Ausfahrt Gymnasium, Parkplatz links.

ANGELN

◎ Auf der Halbinsel **HORNELANDET** westlich von Faaborg stehen zahlreiche Orte in gutem Ruf: Sønderhjørne und Knæet weit draußen oder Kalvøre nördlich vom Fähranleger Bøjden gelten als prima Reviere, um – jahreszeitabhängig – Meerforelle, Hornhecht, Plattfische sowie, im Winterhalbjahr, Dorsch zu angeln.

◎ Populär sind die Put & Take-Seen von **HØJRUPGAARD**, beim Dorf Højrup und nördlich von Korinth (Abzweigung von der Str. 8: östlich Korinths, dort wo die Str. 8 einen Bogen um das Gut Brahetrolleborg macht).

6 Stunden am See kosten 220 DKK, worin neun Fische enthalten sind, die man freilich selbst fangen muss. Auch an fließendem Gewässer darf die Rute gegen Aufpreis ausgeworfen werden.

BADEN, SCHNORCHELN

◎ **HAVNEBAD**: Faaborgs Hafenbad ist der Stolz der städtischen Küstenlinie: Mehrere Stege, Sprungrampen, Outdoor-Dusche und Toiletten sowie die BLAUE FLAGGE. Eintritt frei, allein die zugehörige Sauna und ein weiteres Servicehaus sind kostenpflichtig.

◎ **STRÄNDE**: Die Blaue Flagge weht auch am KLINTEN STRAND, im östlichen Stadtgebiet beim gleichnamigen Ferienzentrum (Straße 44 nach Svendborg) und am BØJDEN STRAND, südlich des Fähranlegers. Weitere Badeplätze rund um die Halbinsel HORNELANDET, u.a. in Dyreborg und in Sinebjerg sowie in Faldsled.

◎ **HALLENBAD** FAABORG SVØMMEHALL, Sundvænget 4, Tel. 6261 0062. Vom Hafen via Chr. IX's vej ostwärts, an der Tanke links, Sundvænget. **(26)**

◎ **SCHNORCHELN**: Das Øhavsmuseet arrangiert Touren mit Einweisung. Der Ort ist abhängig von der Wetterprognose, soll aber maximal 15 Autominuten von Faaborg entfernt liegen. Die genaue Ortsangabe erfolgt am Vorabend via E-mail/SMS. www.visitfaaborg.de (siehe unter Buchung).

GOLF

◎ **FAABORG GOLFKLUB**, Dalkildegaards Allé 1, Tel. 6261 7743, www.faaborggolfklub.dk. 18-Loch-Platz nördlich von Svanninge Bakker in traumhafter Lage. Abzweigung von der Str. 43. Bisher kein Pay & Play.

PADDELN (SEEKAJAK)

Die Infrastruktur wurde mangels Interesse leider zusammengestrichen. Es gibt in Faaborg weder Kurse noch geführte Touren für Individualtouristen und auch keine Vermietung mehr. Der beim Hafenbad beheimatete Veranstalter »Øhavsporten« nimmt lediglich Gruppen an.

◎ **ZIELE**: ab Faaborg die Inseln Lyø, Avernakø, Skarø, Bjørnø; auf Lyø stehen normalerweise Trailer am Anleger bereit. Nur für ERFAHRENE Paddler geeignet (siehe Seiten 78/73).

Anfänger üben besser in der Bucht HELNÆS BUGT, zwischen Faaborg und Assens, möglicher Einstieg in Helnæs (siehe Seite 135) und Faldsled.

REITEN

Die hügelige Gegend um Svanninge Bakker ist ein schönes Areal für Touren auf dem Pferderücken. Mehrere Landbesitzer haben sich verständigt, einen längeren Reitwanderweg namens RIDERUTE SYDFYN zur Verfügung zu stellen, der stolze 75 km auf markierten Wegen lang ist: riderutesydfyn.dk auch auf Deutsch. Eine kompetente Anlaufstelle ist:

◎ **ØSTRUP TURRIDNING**, Østrup 32, Tel. 4240 2298, turridning.oestrup.dk ausführlich auch auf Deutsch. Touren auf Islandpferden, breites Angebot.

Was fehlt noch?

SIGHTSEEING

◎ Im Juli und bis etwa 20.8. dreht ein **NACHTWÄCHTER** nach alter Sitte seine Runde durch Faaborg, intoniert das Wächterlied und erzählt (in der Regel nur auf Dänisch) unterhaltsame Geschichten. Treff um 21 Uhr am Glockenturm **(16)**. Teilnahme gratis.

◎ Originell mit dem **FAHRRADTAXI**: Faaborg Cykel Taxi, Tel. 609 3044.

◎ Der **SKULPTURGUIDE** ermöglicht eine lange Stadtwanderung vorbei an zig Stationen. Leider nur auf Dänisch, trotzdem dank der Karte ein Gewinn. Als Faltblatt und alle Werke vorab im Bild via www.skulptur-faaborg.dk.

◎ **FAABORG MINIBY**: Miniaturdorf FAABORG 1890 im Maßstab 1 : 10. Str. 8 nach Nyborg, gleich rechts hinter dem Kreisel. www.faaborgminiby.dk. **(25)**

FESTE, VERANSTALTUNGEN

Einige Events haben sich nicht halten können; es ist schwer in Zeiten eines Überangebots für die Freizeit. – Dafür ersteht eine Attraktion wieder auf:

◎ **MIDTFYNS FESTIVAL**: 2019 startet das Revival des Rockfestivals, das von 1976 bis 2003 die familiäre Alter-

Das Jahresheft des Touristenbüros enthält im Mittelteil einen ausführlichen Veranstaltungskalender. Bei Führungen sollten Sie besser im Voraus über das Touristenbüro abklären, ob auch Englisch und/oder Deutsch gesprochen wird.

native zum berühmten Roskilde Festival war. www.midtfynsfestival.dk.

◎ **OUTDOOR SYDFYN**: Breites Programm von Yoga über Paddeln und Orientierungslauf bis zu MTB-Rennen und Wettschwimmen im Hafen. An einem verlängerten Wochenende Ende August. Teils als Wettkampf, teils zum Ausprobieren (für Familien).

KINDER

◎ **TROLDELAND**: Abenteuerspielplätze für vier Altersstufen, SVANNINGE BAKKER, Gåsebjergsand. Zufahrt zum »Naturlegepladsen« Str. 43 (Richtung Odense, rechts abzweigen) oder Str. 8 Richtung Nyborg.

◎ Es lohnt sich, das Jahresprogramm des **ØHAVSMUSEET** im Auge zu behalten, das einige Touren speziell für Familien mit Kindern anbietet: ohavs museet.dk.

KONTAKT, HILFE

◎ **ÄRZTLICHE BEREITSCHAFT**: Tel. 7011 0707. Falls Konsultation vor Ort (siehe Seite 59): Prices Have Centret 1, ab Hafen ostwärts, im Kreisel geradeaus Richtung Nyborg, 3. Straße links.

◎ **POLIZEI**: Fyns Politi, Tel. 114.

◎ **POST**: Brønnersvej 1 (Supermarkt »Føtex«). **(4)**

TRANSPORT

◎ **BUS** – LOKALE ZIELE: Korinth und Øster Hæsinge (Linie 310/311), Horne (Linien 300 sowie 863 U nach Bøjden), Svanninge, Millinge, Faldsled (Linie 305). Svanninge Bakker (Linie 141). Teletaxi: Tel. 6311 2255.

◎ **TAXI**: Faaborg Taxa, Tel. 6261 8800. – FAHRRADTAXI Faaborg Cykeltaxi, Tel. 6091 3044, faaborgcykeltaxi.dk.

Weiterreise

◎ **FÄHRE** NACH ÆRØ/SØBY: legt 2–6 x täglich ab. An den Wochenenden Reservierung empfohlen. aeroe-ferry.dk. Fähranleger: **(2 a)**

◎ **BUS**: RUTEBILSTATION (Busbahnhof) siehe Stadtplan. FÜNEN-ROUTEN: nach Assens (Linie 111 bis Vøjstrup, umsteigen in Linie 110), nach Odense (Linien 111 u. 141), nach Nyborg (flotter via Egeskov Linie 920, via Svendborg 931), nach Svendborg (Linie 931), nach Bøjden (Linien 300 und 863 U).

◎ **AUTO**: **NACH ASSENS**. Bis Faldsled entweder schnell die Str. 329 mit möglichem Besuch der Grubbe Mølle (siehe Seite 110). Oder, landschaftlich attraktiver, auf der Margeriten-Route (siehe Seite 63) via Str. 43/335, hinter Ny Stenderup links ab: TRENTE MØLLE inmitten grüner Natur, früher Wassermühle, heute Schullandheim; hier können Kinder Frösche küssen (siehe Seite 61, Ostern bis etwa 20.10. täglich 10–22 Uhr). – Wie durch eine verwunschene Landschaft, durchquert die schmale Nebenstraße ein Wäldchen, gerät zwischen hohe Hecken sowie Bäume; hinter einer Kuppe empfiehlt sich der Parkplatz zur Rechten, von wo es wenige Meter zum 110 m hohen Hügel DRONNINGEUDSIGTEN mit toller Aussicht zur Küste sind; südöstlich erhebt sich der TREBJERG auf 128 m, Fünens dritthöchster Punkt. Nun hinab nach Faldsled (siehe Seite 110), geht es auf der Str. 329 weiter bis Haarby (und bis nach Assens); oder ab Haarby Str. 323 via Ebberup, mit Abstechern zur Küste und nach HELNÆS (siehe Seite 135).

Das Egeskov Slot finden Sie bereits im »ABC Dänische Inseln« gewürdigt: auf Seite 9 im Bild und auf Seite 10 im Text.

EGESKOV SLOT

Das noble Wasserschloss ist mit seinem Park und weiteren Attraktionen ein dankbares Ziel für einen Tagesausflug und als Station auf der Weiterreise von Faaborg nach Nyborg, aber auch Odense oder Svendborg geeignet.

◎ **GESCHICHTE**: Das Schloss wurde 1554 fertig gestellt. Obwohl wegen der damals unruhigen Zeiten als wehrhafte Burg konzipiert, ist es dank seiner nicht sonderlich exponierten Lage im Inland nie in kriegerische Auseinandersetzungen verwickelt worden. Der NAME EGESKOV, auf Deutsch Eichenwald, kam zustande, da das Fundament aus eingerammten Eichenpfählen besteht. Unter der Familie des heutigen Grafen Ahlefeldt-Laurvig-Bille, die das Anwesen 1784 übernahm, entwickelte sich Egeskov zu einem (nicht nur landwirtschaftlichen) Unternehmen; wobei die touristische Nutzung ein bedeutender Faktor geworden ist. Schloss und Park belegen 20 ha, das gesamte Gut 1.100 ha. Seit 1959 wurden mehrere Umbauten, Restaurierungen und Neugestaltungen (vor allem im Park) vorgenommen.

◎ Der **SCHLOSSRUNDGANG** führt durch Stuben und Säle verschiedener Stilrichtungen, so die KLUNKESTUE voller Plüschmöbel. Ein schriftlicher Führer macht Sie mit dem Inventar vertraut. Von einem TURMZIMMER und vom Dachboden, der ebenfalls betreten werden kann, haben Sie den besten Blick auf den Renaissancegarten. In dem 1975 restaurierten RITTERSAAL finden im Sommer eine Reihe anspruchsvoller Konzerte statt.

◎ Seit 1967 wächst und wächst das ortsansässige **AUTOMOBILMUSEUM**, das inzwischen mehrere Remisen und Wirtschaftsgebäude belegt. Bis unter die Dachböden sind die langen Gebäude mit Oldtimern vollgestopft – ob Limousinen oder Gogomobil, absolut nostalgisch. Ergänzend ein Motorrad- und ein Falck-Museum (Falck ist ein Automobilclub) mit Bergungsfahrzeugen, Rettungswagen etc., zudem Fahrräder, Mode und Kaufmannsmuseum.

◎ Der elegante **SCHLOSSPARK** unterteilt sich in mehrere Areale: in einen englischen Park, Renaissancegarten mit Springbrunnen, Fuchsiagarten, Duft- und Kräutergarten, Wildgehege, Vogelvoliere, mehrere grüne LABYRINTHE.

◎ **KINDER**: Eine große Attraktion ist TREE TOP WALKING, eine Hängekonstruktion, bis zu 10 m hoch zwischen Buchen gespannt. Des Weiteren gibt es eine Dracula Krypta, Kutschfahrten und vor allem einen riesigen Spielplatz.

◎ **KULTUR**: Eine Galerie zeigt Werke des Schlossherren. Im Sommer finden hin und wieder Konzerte und andere Veranstaltungen statt, bevorzugt mittwochs abends; dann kann Egeskov Slot auch länger geöffnet sein.

◎ **INFORMATION**: Egeskov Slot, Kværndrup (Str.8), Tel. 6227 1016, www.egeskov.dk auch auf Deutsch. Ende Juni bis ca. 10.8. täglich 10–19 Uhr, Rest August 10/11 –18 Uhr, ab Ende April sowie 1.9. bis etwa 20.10. 10/11–17 Uhr. Eintritt 195/115 DKK, Hauptsaison mit Schlossbesichtigung 225/135 DKK. An der Kasse Literatur und Lageplan mit Tourenvorschlägen. Adventure-/Kombi-Ticket mit Odense Zoo, jeweils 25 % Rabatt.

◎ Für **VERPFLEGUNG** ist in Café-Restaurant und an Kiosken gesorg – Sie können aber auch vielerorts ihr Mitgebrachtes verzehren.

◎ Kostenloser, simpler **ZELTPLATZ** NUR FÜR NICHT MOTORISIERTE GÄSTE im Bereich des Parkplatzes. Info beim Häuschen mit dem Pflanzenverkauf.

NACH ODENSE. Str. 43. Kurz hinter der Querung der Str. 8 erstreckt sich rechts hinter der nächsten Kreuzung der Natur-/Abenteuerspielplatz Troldeland. Auf der Weiterfahrt geht es an Svanninge Bakker sowie Arreskov Sø (siehe Seite 112) vorbei. Möglicher Abstecher via Margeriten-Route / Str. 335 nach NØRRE BROBY zu den JAPANISCHEN GÄRTEN (siehe Seite 128).

NACH NYBORG. Str. 8, besser aber zunächst die Nebenstraße via Kaleko Mølle; bis hinter KORINTH, dort wo die Str. 8 fast ehrfürchtig das Gut BRAHETROLLEBORG umkurvt, geht es durch eine schöne Landschaft mit viel Wald; hinter den Schienen in Korinth führt die Straße SPANGET rechts zum (zugänglichen) RHODODENDRONGARTEN des Hofgutes, hinter dem Bach. – Später folgt rechter Hand die prächtige Windmühle **EGESKOV MØLLE**: Sie ist die zweite Mühle vor Ort; die erste (1768–1830), die weiter südlich neben einer (bereits im 19. Jh.) abgerissenen Wassermühle stand, hatte ein Sturm zerstört. Von 1848 bis 1949 in Betrieb, fegte ein Sturm 1956 Flügel und Haube fort. 1960 wurde sie wieder aufgebaut und gut in Schuss gehalten; die funktionstüchtige Mühle ist nur an den letzten Sonntagen von Januar bis November sowie anlässlich besonderer Ereignisse zu besichtigen: 13–16 Uhr, Eintritt frei. Bei Kværndrup, Grønnebjergvej 1 A. – Kurz darauf folgt das EGESKOV SLOT (Seite 117).

NACH SVENDBORG. Str. 44 überwiegend unspektakulär durchs Landesinnere. In VESTER AABY garantiert **CHOCOLATIER »KONNERUP** & Co « ein wahrlich süßes Vergnügen und die Gelegenheit zum Souvenirkauf, wer's ausreichend kühl halten kann. Vester Aaby, Svendborgvej 399 (nicht zu verfehlen dank schokoladenbrauner Fassade), Tel. 6229 2725. Mo–Fr 10–17.30, Sa 10–14 Uhr. – In Vester Skerninge sollten Sie unbedingt auf die Margeriten-Route rechts abzweigen, um die Nebenstraßen-Schleife über die pittoresk an der Küste gelegenen Ortschaften LEHNSKOV und RANTZAUSMINDE zu genießen, beide mit Stränden und Wegen für Uferspaziergänge. Noch eindrucksvoller, da ziemlich einzigartig auf Fünen, ist die kurze Rundwanderung durch das naturgeschützte **SYLTEMADE ÅDAL**. Der Bach Syltemade Å schlängelt sich durch ein Tal, das die letzte Eiszeit als Schmelzwasserablauf schuf. Stellenweise durch hohe Böschungen flankiert, fanden in dem FEUCHTEN Talboden Kriechtiere, Insekten und andere Fauna ideale Bedingungen; zu deren Fortbestand wird das Tal an einigen Stellen kontrolliert beweidet. Vom PARKPLATZ (leicht zu übersehen, aus Norden gut 2 km südlich Vester Skerninges linker Hand, zwischen einem knallroten und einem weißen Bauernhof) geht's steil hinab und im Tal streckenweise über Bohlen sowie durch hoch wachsendes SCHILF. Man sieht etwas huschen, hört etwas ins Wasser springen, VÖGEL und GRILLEN intonieren. Auch der Øhavsstien führt hier vorbei. Ab Parkplatz ist ein Rundweg nach Norden (3,5 km) und einer nach Süden (1,5 km) MARKIERT. Gummistiefel oder wasserfeste Wanderschuhe sind kein Muss, jedoch von Vorteil. Folder mit Karte in gut sortierten Touristenbüros, gezielt nachfragen.

Zwischen Faaborg und Svendborg: oben Winterdeko von Chocolatier »Konnerup«, unten das Syltemade Ådal, Schmelzwasser-Relikt der Eiszeit, Refugium für Vögel, Schmetterlinge, Kriechtiere, seltene Pflanzen; als schönste Blütezeit gilt das Frühjahr ▶

5 EMPFEHLUNGEN ASSENS

- **DRAISINENTOUR**: Seite 130 f
- **ASSENS HAFEN**: Seite 124.
- **THORØ**: Seite 131 f.
- **AUSFLUG HELNÆS**: Seite 13
- **TOLDBODHUS**: Seite 126.

Assens

SIGHTSEEING AUF GLEISEN

Assens liegt im Südwesten Fünens sozusagen am Rande der touristischen Höhepunkte der Insel. Man kann hier (oder landeinwärts) Quartier nehmen, man kann die Region ebenso im Rahmen von Tagesausflügen besuchen: Vom Raum Odense oder Faaborg aus ist die Anreise mit dem eigenen Fahrzeug ziemlich flott zu bewältigen; von Odense nach Assens sind es via Str. 168 rund 40 Straßenkilometer, ab Faaborg via Str. 329/323 rund 36 km. Ein Mittelweg mag es sein, ohne Ferienhaus mit Wochenbindung drei, vier oder fünf Nächte in der Gegend zu verbringen, je nach Interessen.

Einmalig für Fünen, Langeland, Ærø ist die Möglichkeit, eine längere Tour mit der DRAISINE zurückzulegen: Assens ist einer der Ausgangspunkte. Eine schöne Tagesfahrt durch das recht HÜGELIGE SÜDWESTLICHE FÜNEN erschließt u.a. Aussichtspunkte, Terrarium und Vogelpark, Wanderwege und ein paar typisch dänische, nette Orte wie die bewahrte Ziegelei LILLESKOV bei Tommerup St. Reizvolle Ziele sind auch zwei (Halb-)Inseln: THORØ verbindet heute eine sandige Landzunge mit dem Festland, HELNÆS ein künstlicher Damm. Im Inland sind die Fahrradwege wegen der an Hügeln sowie Steigungen reichen Landschaft von – relativ – anspruchsvollem Profil.

1231 gegründet, war Assens seit dem späten Mittelalter von großer Bedeutung, als die Fähren zwischen Fünen und Schleswig hier verkehrten; damit war die Stadt ein wichtiger Ort auf der Handelsroute zwischen Hamburg und Kopenhagen. Die ganz großen Zeiten sind vorbei, spätestens seit die Brücken über den Kleinen Belt den Verkehr neu regel(te)n. Dafür arbeitet in dem großen Hafen noch eine Werft, während dieser Industriezweig sonst in Dänemark vielerorts verschwunden ist. 2007 wurden die zuvor eigenständigen Kommunen Aarup, Vissenbjerg, Tommerup, Glamsbjerg und Haarby eingemeindet. Die Stadt hat gut 6.000 Einwohner, die Großgemeinde mehr als 41.000. Assens berühmtester Sohn ist der Offizier zur See *Peter Willemoes* (1783–1808, siehe Seite 126).

INFORMATION

◎ **ASSENS TURISTBUREAU** (1), Tobaksgaarden 7 , DK–5610 Assens, Tel. 2337 8466, info@visitassens.dk, www.visitassens.dk. Etwa 10.6.–15.8. Mo–Fr 10–16 Uhr, Sa 10–14 Uhr, ab 1.3. sowie bis Mitte November Mo+Di+Fr 11–14 Uhr, sonst über Telefon/E-mail.

Ganzjährig Auslage von Broschuren im Vorraum. Untergebracht im Komplex des Kulturzentrums, Hinterhof ab Hauptstraße Østergade. Buchung von City-Sightseeing.

ORIENTIERUNG

Direkt zum Hafen fährt es sich besser ab Kreisel Str. 307 / 168 (aus Odense) oder Str. 307 / 323 (aus Faaborg) über die Südumgehung, in Richtung Centrum sind rund um den zweiten Kreisel Parkplätze ausgeschildert.

◂ **Oben mit der Draisine auf den Gleisen der 1966 still gelegten Assensbahn unterwegs, hier zwischen Glamsbjerg und Assens, unten am früheren Mühlensee, an der Damgade**

Unterkunft

◎ **MARCUSSENS HOTEL (5)**, Strandgade 22, Tel. 6471 1089, www.marcussens.dk. EZ 895 DKK, DZ ab 1.095 DKK, Hafenblick Aufschlag 200 DKK. Angebote für Weekend, Kurz-, Golfferien sowie andere Arrangements.

Zentrale Lage, dort wo die Hauptstraße Østergade auf den Hafen trifft. Das Restaurant öffnet zu allen Tageszeiten. – Assens' einziges Hotel verwaltet auch die Ferienhäuser auf der Landzunge Næs:

◎ Die **FERIENHÄUSER (6)** draußen auf der Landzunge vor dem Hafen liegen wunderschön, sind bei mehreren Ferienhausvermittlern und via »Marcussens Hotel« vertreten. Die Wochenmiete ab 420 € in der Nebensaison bis über 1.300 € in der Hauptsaison, geeignet auch für zwei Familien (da drei Schlafzimmer). Firmieren teilweise als »Ferienhäuser Assens Strand«, Strand Næs (Blaue Flagge) anbei, sonst wenig Infrastruktur in der unmittelbaren Umgebung, zum Einkaufen 10–15 Minuten Fußweg. Baujahr 2005.

◎ **BED & BREAKFAST** und weitere Privatunterkünfte via Touristenbüro bzw. Website, ebenso weitere Ferienhäuser, -apartments, -wohnungen.

◎ **CAMP ONE ASSENS STRAND (7)**, Næsvej 15, Tel. 6360 6362, www.assensstrand.dk. Mitte April bis ca. 20.10. Camping 65/35 DKK, Platzgebühr je nach Saison 20–110 DKK. 8 Campinghütten ab 395 DKK, Ferienhütten ab 650 DKK.

Riesige, professionell geführte Anlage, durch den Næsvej in zwei Hälften getrennt: die Westhälfte strandnah und schattiger, die Osthälfte offener und zum Yachthafen ausgerichtet. Vor allem ist der Platz für die südliche Endstation der DRAISINEN-Route nach Tommerup zuständig. Extras für Angler und Radfahrer.

◎ **CAMPINGPLÄTZE** auch in SANDAGER mit Strand (www.sandagernaes.dk), nördlich von Assens, außerdem auf Helnæs (siehe Seite 135) u.a.

UMLAND

Wer die Rundfahrt zu den Ausflugszielen (ab Seite 128) über Nacht verlängern will, findet in Vissenbjerg sowie Aarup (6 Straßenkilometer auseinander) Unterkünfte samt Gastronomie, Supermärkte, Geldautomaten und eine gute Anbindung mit Bus und Bahn.

◎ **HOTEL VISSENBJERG STORKRO**, Vissenbjerg, Søndersøvej 30, Telefon 6447 3880, www.vissenbjergstorkro.dk auch auf Deutsch. EZ 695 DKK, DZ 895 DKK, 3 Juniorsuiten mit zusätzlichem Raum als EZ 795, DZ 1.095 DKK, für Familien geeignet. Angebote für weekend, Mini- und Golfferien.

Hotel-Alternative in ländlicher Umgebung. Aufenthaltsraum mit diversen Freizeitangeboten.

◎ HOSTELZIMMER VIA **HOTEL AARUP KRO**, Aarup, Skolegade 3, Tel. 6443 1328, www.hotelaarupkro.dk. Als EZ und DZ 300 DKK, 3-6-Bett-Zimmer 390–660 DKK. Bad auf dem Flur.

Einfache Zimmer, Gemeinschaftsküche für Selbstverpfleger. Trotz ruhiger Nebenstraße sind Regionalbahn, Bus und Supermarkt in kurzer Entfernung. Der Aarup Kro – Küche Di–Sa – liegt unweit an der Hauptstraße Bredgade 10, auch Regionalzug-Bahnhof und Bushalt sind in der Nähe.

Abkürzungen: EZ = Einzelzimmer, DZ = Doppelzimmer. Beachten Sie die allgemeinen Erläuterungen zu »Unterwegs in Dänemark, Unterkunft« (ab Seite 38).

Essen und Trinken

Rund um die Østergade finden Sie die größte Auswahl an Lokalen: Populär war zuletzt das »Pet Pet Thai« (Østergade 13, petpetthai.dk).

Während der Fahrt über Land eignen sich auch »Aarup Kro« (siehe Seite 122), »Helnæs Kro« (siehe Seite 135) sowie auf dem Weg nach Helnæs das anspruchsvolle »Gl. Brydegaard Restaurant« samt schmucker Gartenterrasse in HAARBY (www.gammelbrydegaard.dk).

◎ **CAFÉ BANKEN (8)**, Østergade 14–16, Tel. 6471 5151, wwwcafebanken.dk. So–Do 12–20 Uhr, Fr+Sa bis 21 Uhr.

Angesagter Treff am alten Marktplatz Torvet. Salate, Sandwiches, Burger und ein paar typisch dänische Gerichte um 119/129 DKK, günstiger die Heringsplatte für 75 DKK. Historischer, schöner Gastraum, dazu Innenhof sowie Außenterrasse an der Østergade.

◎ **CAFE TOBAKSGAARDEN (9)**, Østergade 35, Tel. 6371 2031, tobaksgaarden.dk. Mo–Sa 11–21 Uhr.

Relaxte Atmosphäre im gleichnamigen Lokal des Kulturzentrums, große FENSTERFRONT zum INNENHOF, wo bei Schönwetter ebenfalls Platz genommen wird. Breite Auswahl um 79–139 DKK, die Smørrebrød werden frisch zubereitet. Auch Frühstück und Brunch. Ein beliebter Treffpunkt für alle Altersklassen. – Während der Öffnungszeiten gilt BURGER & BIO (Kino) für 189 DKK, Mi vormittags 179 DKK.

◎ **FRISCHFISCH** vom Kutter, Anleger links der Willemoes-Statue **(11)**, Tel. 2727 0300, Facebook: »FiskAssens«.

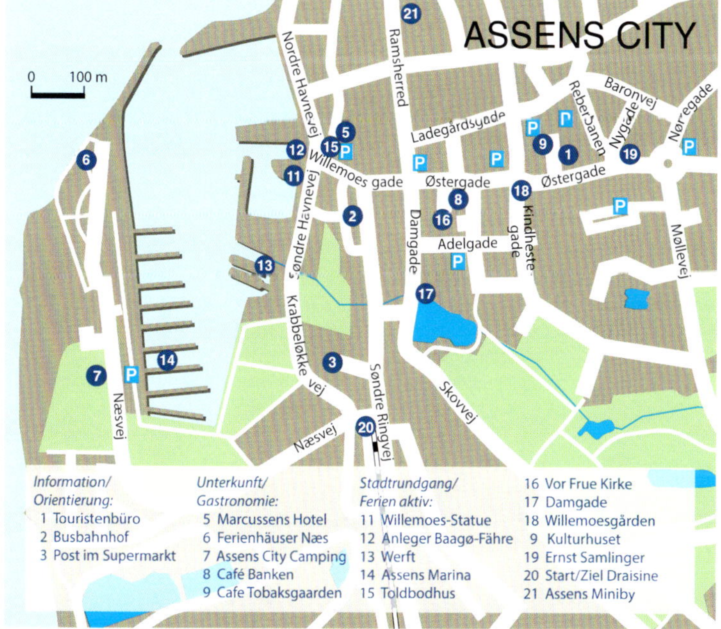

Stadtrundgang

Tagesgäste fahren via Umgehung entweder direkt zum Hafen oder parken im oberen Bereich der City-Hauptgasse Østergade, so wie auf Seite 121 beschrieben. Wer dann abwärts schlendert – 200 m vor dem Hafen wird die Østergade zur Willemoesgade.

IM HAFEN

◎ EMPFEHLUNG: Assens Hafen lebt, ob Fähre, Kutter, Werft, Handel, Verladung, ob Strand, Marina, Unterkünfte an Land – hier finden Sie dies alles noch an einem Ort. Da das Umgehen des mehrere hundert Meter langen Hafenbeckens einige Zeit benötigt, sei der Ausflug zur Landzunge Næs mit dem Fahrrad empfohlen.

◎ Wer von der Willemoesgade, wie die City-Hauptgasse in ihrem unteren Abschnitt heißt, an das Ufer gelangt, läuft direkt auf das **DENKMAL** zu Ehren des Peter **WILLEMOES** zu (1902, *Christian Carl Peters)*. In Seeheld Willemoes' Geburtshaus ist ein Museum eingerichtet, nach ihm eine Straße benannt, ebenso im Laufe der Zeit mehrere Marineschiffe sowie (zumindest zeitweise) einige Betriebe der Region, ob Brauerei, Busunternehmen, Campingplatz oder Tabakfabrik. Seine Popularität verdankte er seinen Qualitäten als mutiger Anführer, dessen Tod seinen Landsleuten als Symbol diente, unbeugsam einer unvermeidlichen Niederlage getrotzt zu haben. Dass er von gutem Aussehen und einnehmendem Wesen mit Schlag bei Frauen gewesen sein soll, war der Verehrung sicher nicht abträglich. **(11)**

◎ Rechts der Statue befindet sich, etwas unscheinbar, der **ANLEGER** der kleinen **BAAGØ-FÄHRE (12**, Ausflug siehe Seite 127).

◎ Vorbei an der Werft, industriellem Brachland, einer Kleingartenkolonie, der östlichen Hälfte des City Campings geht es an der Marina entlang hinaus auf die Landzunge Næs. Die 1850 gegründete **WERFT** ASSENS SKIBSVÆRFT **(13)** repariert nicht nur und baut um; anders als viele kleinere Werften stellt sie auch NEUE SCHIFFE her: Trawler, Fähren, selbst Expeditions- und andere Spezialschiffe. Die Werft arbeitet in mehreren Docks, auch überdacht.

◎ **ASSENS MARINA (14)** verfügt über 600 Liegeplätze und eine demgemäß umfangreiche Infrastruktur, zum Beispiel einen Schwenkkran, um Boote ins Wasser zu befördern oder an Land zu hieven. Sogar ganzjährig geöffnet ist ein Restaurant namens »Maagen«, die Möwe; für den kleinen Geldbeutel ohne Ansprüche gibt es einen Kiosk-Grill. Die industrielle Tätigkeit auf der anderen Hafenseite mag auf manche Segler wenig idyllisch wirken – heutzutage ist sie eher eine Abwechslung vom Gewöhnlichen. Zum Lebensmitteleinkauf müssen die Freizeitkapitäne nicht mal in die Stadt: Auf halbem Weg wartet ein Supermarkt.

Im großen Hafenbecken ist genügend Platz für Regatten und maritime Großereignisse, an der Landspitze das Bootshaus eines Ruderclubs platziert.

◎ Wie schon gesagt, besitzt der Hafen mit seinen unterschiedlichen Anrainern ein besonderes **FLAIR**, selbst zur Stadt hin, wo Segelboote vor der Holzverladung kreuzen sowie Container auf ihren Abtransport warten.

Oben viel Betrieb in Assens' Hafen, unten Ferienhäuser auf der Landzunge Næs ▶

SERENO
WERKENDAM

Beeindruckender und je nach Wetter und Tageszeit bisweilen romantisch ist die Sicht auf die Ostsee hinaus und zur Insel Als. Fast schon ein wenig neidisch mag man auf die Reihe der groß proportionierten Ferienhäuser blicken, die die Meeresszene von morgens bis abends gewähren. Dazu einige Stege und vor allem der breite Næs STRAND, ein Sommervergnügen und trefflicher Ort für SONNENUNTERGÄNGE.

Angrenzend das RUHIG GELEGENE Assens Strand Camping mit direktem Strandzugang, ebenfalls gleich einer Oase für sich.

VOM HAFEN ZUR ØSTERGADE

Für alle lokalen Abteilungen des MUSEUM VESTFYN gil: Mi Eintritt frei, ansonsten Ticket für alle 60/0 DKK, ein Jahr lang gültig. museumsvestfyn.dk.

◎ EMPFEHLUNG: Gegenüber vom Anleger der Baagø-Fähre steht das restaurierte Zollamt: Das **TOLDBODHUS (15)** ist ein würdiger Rahmen für die Dauerausstellung MENNESKET OG HAVNEN: Der Mensch und der Hafen. Nordre Havnevej 19. Etwa 25.6.–1.9. täglich 11–15 Uhr, ab Mitte Apri sowie bis ca. 20.10. (Ende Herbstferien) Mi+Sa+So 11–14 Uhr. Eintritt s.o.

Gelungen die Präsentation in Licht, Ton und Schrift – nicht überfrachtet, jedoch effektvoll: Die historische Ausstellung widmet sich Handelsrouten (u.a. Assens zwischen Hamburg und Kopenhagen), Hafenerweiterungen, Industriesparten und Werftenbetrieb, Fährverbindungen und dem Aufkommen der Eisenbahn, was die Seeleute an exotischen Souvenirs mitbrachten und wie die Bürger früher ihre Freizeit hier an der Küste verbrachten.

◎ Die Straßenzüge südlich der Østergade sind merklich BESCHAULICHER als die City-Hauptgasse selbst. Nur ein paar Schritte in die Damgade hinein, erhebt sich auch die **VOR FRUE KIRKE (16)**, gebaut 1488. Dass sie die zweitgrößte Kirche auf Fünen ist, verweist auf die Bedeutung, die Assens damals auf der Insel besaß. Das Inventar ist wertvoll, aber nicht außergewöhnlich; Kanzel und Altartafel, schöne Schnitzarbeiten, stammen aus dem 17. Jh.

Zum 500. Geburtstag 1988 wurde im 48 m hohen KIRCHTURM ein GLOCKENSPIEL installiert, das um 10, 13, 16 und 18 Uhr erklingt, von Juni bis August auch um 20 Uhr.

Vor Frue Kirke, Damgade 17. Geöffnet 1.6.–31.8. täglich 9–20 Uhr, sonst 9–16 Uhr. Info-Blatt auch auf Deutsch im Vorraum.

◎ Die **DAMGADE** nur ein paar Meter weiter stadtauswärts, grenzt die Bebauung an einen See, der früher zum Betrieb einer Mühle gestaut wurde – hier gibt's einige idyllische Kleinstadtimpressionen **(17)**, und hinter See und nächster Querstraße beginnt ein Wegenetz ins Grüne (siehe Seite 132).

◎ **WILLEMOES** – HISTORIER OM HELTE **(18)**, Østergade 36. Geöffnet wie Toldbodhus. Eintritt Mi frei, sonst 60/0 DKK für alle Museen in Assens.

Das in auffälligem Rot leuchtende Fachwerkhaus Willemoesgården stellt den hier geborenen Peter Willemoes (1783–1808) vor, der seinen Heldenruf in mehreren Schlachten zur See erwarb, als die Engländer zu Beginn des 19. Jhs. in feindlicher Absicht an Dänemarks Küste vorstellig wurden.

Das Museum kennt noch mehr lokale Helden, aus beiden Weltkriegen.

Links vom Willemoesgården lohnt sich ein Blick in den nostalgischen Innenhof mit Fachwerkensemble und Kopfsteinpflaster.

Im Erdgeschoss werden wechselnde Ausstellungen arrangiert.

◎ Schräg gegenüber befindet sich im TOBAKSGAARDEN, Østergade 35, das **KULTURHUSET (10)**, gleich beim Touristenbüro.

Bis ins späte 17. Jh. reichen die Wurzeln des Anwesens zurück. Der Name stammt von der Tabakproduktion, die hier von 1883 mehr als 100 Jahre lang stattfand. Nach einer Weile des Leerstands wurde das Gelände saniert, um im Hinterhof Platz für das Kulturzentrum mit Bühne, Kino, Café etc. zu gewinnen. Die Zuschüsse der Kommune garantieren ein buntes Programm für ein relativ großes Einzugsgebiet. Assens' Kulturhuset genießt jedenfalls einen guten Ruf: Fast jeden Tag steht etwas auf dem Programm, bis hin zum Weihnachtsmarkt.

◎ **ERNSTS SAMLINGER (19)**, Østergade 57. Geöffnet wie Toldbodhus, s.o. Eintritt Mi frei, sonst 60/0 DKK für alle Museen in Assens, s.o. – FÜHRUNGEN Ende Juni bis 1.9. um 11.30 Uhr. Extra-Ticket 60/60 DKK.

Frederik Ernst (1892–1976) war gelernter Silberschmied und führte die Schmiede des Vaters Johan Niels fort. Er kam viel in der Welt herum und nutzte seine Geschäftsreisen als Silberwarenfabrikant, um Kunstwerke und Antiquitäten zusammenzutragen – über 400.000 Einzelstücke umfasst Ernst's Sammlung: Silber bereits aus dem 18. Jahrhundert, Gemälde, Zinn, Uhren, Schnupftabakdosen, Gläser und Geschirr, darunter Meissner, Flora Danica ebenso wie chinesisches Porzellan. Natürlich kann die Ausstellung hier in dem historischen Firmengebäude lediglich einen Ausschnitt präsentieren.

◎ **FREDERIK ERNSTS HAVE (19)**, Østergade 57. Ca. 25.6. – 1.9. täglich 11–15 Uhr, ab Mitte März sowie bis etwa 20.10. Mi+Fr 11–14 Uhr. Eintritt s.o.

2016 legte man den Garten wieder an, den Silberschmied Ernst im Innenhof des Anwesens hatte kreieren lassen, mit deutlichen Bezügen zum Rom der Renaissance.

An der Willemoes-Statue in Assens startet die kleine Fähre zur Insel **BAAGØ** im KLEINEN BELT, nordwestlich der Stadt. 6,23 km^2 groß, ziemlich flach und von nur wenigen Wegen durchzogen, ist das Eiland vor allem für Segler, Ruhesuchende und (Hobby-)Ornithologen interessant. 18 Menschen leben auf der Insel, 2012 waren es noch 30, 1916 gar 220; die Siedlung ist mittelfristig vom Aussterben bedroht.

Am Hafen sind auf Vertrauensbasis Fahrräder zu mieten – das Geld wird dort hinterlegt. Der Leuchtturm Baagø Fyr (1816) ist leider nicht zugänglich. Beim Hafen gibt es einen schlichten Campingplatz (1.3.–31.10.) und von Juni bis August öffnet ein KIOSK. Die Fähre verkehrt ab 4x täglich und braucht 35 Minuten. Tel. 6471 4145. Ticket retour 90/45 DKK, Fahrrad 25 DKK.

◎ **INFORMATION**: Touristenbüro Assens. www.baagoe.info teilweise auch auf Deutsch, jetzt auch mit Ferienhausofferten.

Ausflüge

Die Stationen eignen sich ebenso im Rahmen der Weiterreise nach Odense. Mit öffentlichen Verkehrsmitteln sind die einzelnen Ausflugsziele z.T. umständlich oder überhaupt nicht zu erreichen. Beschreibung der Anfahrt jeweils amTextende.

NØRRE BROBY

◎ **DE JAPANSKE HAVER**, Nr. Broby, Vøjstrupvej 43, Tel. 6363 0015, dejapanskehaver.dk. 1.5.–30.9. täglich 10–18 Uhr. Eintritt 75/40–0 DKK.

Fünf JAPANISCH INSPIRIERTE GÄRTEN: Meditations-, Lebens-, Aussichts-, Wander- und der neue Tempelgarten. Mit Gewässern, Gebäuden (u.a. einem Teehaus) und Steinen alles fundiert und fachgerecht angelegt. Die Betreiber haben ihre Japan-Bindung durch mehrere Reisen vertieft. Und so wird im Lokal fernöstliches Essen serviert. Ein schönes Fleckchen Erde inmitten landwirtschaftlicher Parzellen.

Anfahrt: Str. 168 Richtung Odense, in Glamsbjerg Str. 329 rechts ab Richtung Faaborg, nach wenigen Kilometern links ab in die Nebenstraße Højrupvej in Richtung Nr. Broby – hinter Højrup wird dieser zum Vøjstrupvej.

KRENGERUP

Beide Ausflugsziele befinden sich in direkter Nachbarschaft.

Anfahrt: Str. 168 Richtung Odense, noch vor Glamsbjerg links ab Nebenstraße via Dærup, dann immer geradeaus, an der Glamsbjerg-Kirche vorbei die Str. 329 überqueren, Richtung Krengerup.

KRENGERUP/SKOVVEJ

◎ **SKODA MUSEUM DANMARK**, in Krengerup (Hofgut Krengerup Gods), Nårupvej 32, Tel. 6472 3460, www.skodamuseum.dk. 1.6.–31.8. Di–So 13–17 Uhr, Mai und September Sa+So 13–17 Uhr. Eintritt 50/0 DKK.

Mit dem aktuell großen Erfolg der Automarke in Deutschland (und Dänemark) gewinnt auch diese Oldtimer-Scheune an Popularität. Es sind mittlerweile rund 30 Fahrzeuge zu begutachten, das älteste Baujahr 1937, und ein ganz besonderer Superb, den niemand Geringeres als das Königshaus beisteuerte.

◎ **LEINENWEBMUSEUM**, Nårupvej 30, Tel. 6472 2885, hoervaevsmuseet.dk auch auf Deutsch. 1.6.–31.8. Di–So 13–17 Uhr, ab 1.5. sowie bis 30.9. Sa+So 13–17 Uhr. Eintritt 60/0 DKK.

Als »arbeitendes Museum« wird im HØRVÆVSMUSEET alte Handwerkstradition aktiv bewahrt. Gewebt wird vor Besuchern aber nicht, da dies einigen Lärm verursacht.

Außer den Webstühlen sind weitere Geräte zu begutachten, etwa solche zur Flachsbearbeitung.

BEI TOMMERUP

◎ **DANMARKS FUGLE ZOO** (FRYDENLUND FUGLEPARK), Skovvej 50, Tel. 6476 1322, www. danmarksfuglezoo.dk. 1.6.–31.8. täglich 10–18 Uhr, ab Ostern und bis 30.9. 10–16 Uhr. Eintritt 100/50 DKK.

Die kleine grüne Oase Frydenlund VOGELPARK liegt am Waldrand unter Birken und Weiden, umfasst neben den Volieren Ententeich, Holzstege, Landgarten und mehr. Ein friedlicher Ort, wo jedoch die rund 800 Gefieder-

Die Gemeinde hat im Zusammenhang mit Sparmaßnahmen die Zuschüsse für mehrere Attraktionen im Umland erheblich gekürzt. Betroffen waren u.a. der Fugle Zoo und das Terrarium, die nun neu planen müssen...

ten ausgiebig ihre Meinung kundtun: Papagei, Sittich, Eule, Turmfalke, Pfau, Strauß, Storch, Fasan, Truthahn, Ente und Gans, Huhn, Kleinvögel u.a. Farbige Tupfer bilden nicht nur die Exoten aus anderen Kontinenten.

Anfahrt: ab Krengerup ostwärts bis Nårup, wo der Skovvej links nach Norden abbiegt. / Der Vogelpark ist auch ausgeschildert ab Str. 335 durch Tommerup, diese mit Verbindung zur Str. 168 zwischen Assens und Odense.

TOMMERUP ST.

Tommerup liegt an der Str. 335, nördlich der Str. 168 zwischen Assens und Odense, und ist in zwei Ortshälften geteilt: Die südliche heißt Tommerup und ist nicht weiter erwähnenswert; die nördliche Ortshälfte ist Tommerup St. = Stationsby, d.h. dass sich hier ein Bahnhof befindet, wo immerhin die Regionalzüge zwischen Odense und Fredericia auf Jütland halten.

◎ Auf der früheren Bahn-Nebenroute ab Tommerup St. nach Assens, von 1884 bis 1966 in Betrieb, verkehren heute im Sommer **DRAISINEN**. Mehr ab Seite 130 unter »Ferien aktiv«.

◎ ZIEGELEI **LILLESKOV TEGLVÆRK**, Tommerup St., Lilleskovvej 69. Geöffnet unregelmäßig So 14–17 Uhr, siehe www.lilleskov.dk unter »Arrangementer/Kalender«; dann Führung um 14.30 Uhr, meistens nur auf Dänisch.

Der Rundgang führt durch eine still gelegte ZIEGELEI bis an den Ringofen. In einem Seitentrakt arbeitet ab und zu ein Schmied. In den Sommermonaten können Sie 400 Meter mit einer KIPPLORENBAHN fahren, und im Café gibt es Kaffee und Kuchen im Rahmen dänischer Gemütlichkeit. Eine Ziegelei konnte hier entstehen, da es in der Region Vorkommen an steinfreiem Lehm gibt. Von 1905 bis 1983 in Betrieb, ist die Anlage in einem guten Zustand, der dahinter stehende Freundeskreis dementsprechend emsig.

An den Kaffee-Nachmittagen sind Besucher ausdrücklich willkommen und kommen (auf Englisch) schnell in den Plausch.

Anfahrt: von der Str. 335 als Hauptstraße durch Tommerup St. Abzweig in Fahrtrichtung Norden/Vissenbjerg nach links, die Anlage befindet sich am westlichen Ortsausgang, beschildert.

VISSENBJERG

In dieser Ortschaft besteht auch die Möglichkeit zum Übernachten (siehe Seite 122).

◎ **TERRARIET REPTILE ZOO**, Vissenbjerg, Kirkehelle 5, Tel. 6447 1850, terrariet.dk. Etwa 10.6.–20.8. täglich 10–17 Uhr, sonst 10–16 Uhr. Eintritt 1.4.–31.10. 100/65–0, sonst 90/55–0 DKK.

Angeblich eines der größten Terrarien Skandinaviens. Zu den Protagonisten gehören u.a. Schlangen (dabei Cobras, Pythons und Klapperschlangen), Nilkrokodile, Leguane, Warane und andere Echsen, Schildkröten und Lurche, wie Salamander in leuchtenden Farbe, Frösche und Kriechtiere.

Die ARTENVIELFALT ist beeindruckend. Im Sommer sind auch die Grottenbiotope IM FREIEN mit Leben erfüllt. Wenn Sie dem Schild »Udsigten« draußen am Parkplatz folgen, blicken Sie am Endpunkt – klare Sicht vorausgesetzt – auf die höchsten Hügel Fünens. Siehe auch »Rundwanderung«.

Anfahrt: Str. 335 ab Tommerup St., Terrarium im Ort beschildert.

◎ Südlich Vissenbjergs zweigt rechts (von der Str. 335 nach Tommerup St.) eine Straße ab, die zusätzlich mit dem Hinweisschild **AFGRUNDEN** markiert ist. Nach kurzer Fahrt erreichen Sie einen Parkplatz am See Møllesøen. Auf der anderen Straßenseite geht es in den »Abgrund« – gemeint ist eine sogenannte Erosionsschlucht. In dieser Gegend gibt es mehrere Toteislöcher, also Vertiefungen, in denen Gletschereis der letzten Eiszeit liegen blieb sowie mit Ablagerungen verdeckt wurde. Nachdem dieses Eis geschmolzen war, stürzten die »Decken« ein. Mitunter sind hier (für dänische Verhältnisse) steile Anstiege zu meistern.

◎ **RUNDWANDERUNG**: Südlich des Terrariums verläuft eine 4,2 km lange, gelb markierte Wandertour durch viel Grün und auch durch den »Abgrund«.

Es gibt drei Parkplätze als günstige Ausgangspunkte: am Terrarium, am See Møllesøen (ab Terrarium Str. 335 südwärts und rechts ab) inmitten des Wäldchens sowie (noch einmal 250 m weiter) auf freier Fläche, dort wo auch eine Feuerstelle am Parkplatz eingerichtet ist. Die Übersichtskarte an den Parkplätzen zeigt weitere Pfade, auf denen die Runde verlängert werden kann; diese sind zwar nicht markiert, aber verirren können Sie sich nicht.

Ferien aktiv

DRAISINE

◎ EMPFEHLUNG: Von Ostern bis zum Ende der Herbstferien etwa am 20.10. können die Gleise der 1966 still gelegten Assensbahn mit Schienenfahrrädern genutzt werden. Immerhin rund 30 km lang, führt die Strecke teilweise durch eine reizvolle Landschaft: Die Schienenfahrräder bieten 3–4 Personen samt Ausrüstung Platz.

Die Draisinen sind am Ausgangspunkt zurückzugeben, von denen es drei gibt. Die komplette Strecke hin und zurück ist nur etwas für sportliche Naturen. Für die halbe Strecke empfiehlt sich Glamsbjerg–Assens, wegen der Etappe hinunter ans Meer.

◎ **AUSGANGSPUNKTE**: In ASSENS befindet sich die südliche Endstation **(20)** ein paar hundert Meter entfernt vom Campingplatz **(7)**, wo auch übernachten kann, wer in Tommerup St. gestartet ist. An der Rezeption des Campingplatzes können Sie bezahlen und sich einweisen lassen. Da es von hier aus zunächst landeinwärts sowie später zurück geht, sind Start/Ziel in Assens von der »Dramaturgie« her die bessere Wahl.

Die nördliche Endstation in TOMMERUP St. liegt östlich des Bahnhofs, am Ende des brach liegenden Geländes, das an den Parkplatz grenzt; einige Ausflügler parken direkt hinten am Waldrand. Bezahlt wird im Supermarkt Superbrugsen, Tallerupvej 15 (Durchgangsstraße), Tel. 6476 1418, geöffnet 9–19 Uhr; wenige Meter nördlich davon zweigt der Stationsvej rechts zum Bahnhof ab.

Etwa auf halber Strecke in GLAMSBJERG ist die dritte Draisinen-Station. Als Kontakt fungiert die Tankstelle auf der Ost-West-Hauptstraße 168 (zwischen Assens und Odense), das Circle K. Servicecenter, Odensevej 14, Tel. 6472 2202. Bis zum Abstellgleis mit den geparkten Draisinen sind ab hier noch fast 1,5 km; im zweiten Kreisel ab Tankstelle zweigt die Str. 329 ab und überquert später die Gleise.

◎ **INFORMATION**: Einweisung in den Kontaktstellen vor Ort. – Vorab-Info auch auf Deutsch via www.lilleskov.dk/schienenradfahren.html. – Tarife: 4 Stunden 200 DKK, Tag 300 DKK, plus 350 DKK Depositum, Mindestalter der mietenden Person 18 Jahre. Von Ende Juni bis Anfang August sowie an den Wochenenden ist es vorteilhaft zu reservieren, den Wetterbericht im Blick.

RAD FAHREN

Das Hinterland von Assens ist wellig und viele Nebenstraßen sind schmal, so dass bevorzugt auf die markierten Radwege verwiesen sei. Das Touristenbüro hat ein Heft mit 5 Touren von 26,5–47 km Länge plus BAAGØ-Karte erstellt, gratis: »Fahrradabenteuer«.

◎ Eine anspruchsvolle **RUNDFAHRT** ist die Kombination der Regionalrouten 75 landeinwärts bis Frøbjerg, zurück auf der 71 bis Emtekær und nach Süden auf der 70 bis Assens. Rund 55 km. Unterwegs Skoda-Museum (siehe Seite 128), die Wassermühle BRENDE MØLLE bei Håre. Übernachten ist möglich in AARUP (siehe Seite 122).

◎ Ein feiner Ausflug ab Assens ist die Tour zur Halbinsel **HELNÆS**. Radweg 60 über 13 km bis Brydegård, dann ca. 4 km bis Helnæs, streckenweise über den Damm. Wer ganz Helnæs an einem Tag erkunden und zurück nach Assens will, erlegt sich allerdings ein strammes Programm auf. Übernachten möglich bei »Helnæs Camping«.

◎ **FAHRRADVERMIETUNG**: beim Fri Bikeshop Assens, Vagtelvænget 1, Tel. 6471 4510 und 2328 5022, www.fribikeshop.dk. Mo–Sa 10–17.30 Uhr. Ferner auf Baagø (siehe Seite 127).

WANDERN, WALKEN, JOGGEN

◎ EMPFEHLUNG: Südöstlich von Assens liegt die 65 ha kleine Insel **THORØ** vor der Küste. Durch Sandablagerungen ist sie heute über eine Landzunge mit dem Festland verbunden, die ab der Siedlung THORØHUSE wiederum über eine Brücke zu erreichen ist. Auf der Insel gibt es relativ viel ungestörte Natur und damit auch seltene Pflanzen. Ferner sind Seevögel gut zu beobachten, u.a. Kormorane.

Dem WIND ausgesetzt, sind Flora und Gestalt Thorøs je nach Himmelsrichtung recht verschieden. Am Ende der Landzunge angekommen, ist die Dramaturgie der Tour schöner, indem man nach rechts auf den RUNDWEG abbiegt: Durch bewaldetes Terrain in Richtung Küste hält sich der Pfad darauf oberhalb, wie eine schmale Allee auf einem Deich, tritt unvermittelt aus dem Wäldchen heraus, um sich an der windzersausten Küste fortzusetzen.

Bildeten zunächst markante Orte in Assens sowie Eilande mit weidenden Schafen den Hintergrund, rücken im Norden allmählich Helnæs und die Düne Sønderby Klint ins Bild, deren Sand (der Meeresströmung sei Dank) maßgeblich für die Landzunge nach Thorø ist. Nach der Kurve tauchen die Häuser von Thorøhuse wieder auf, überraschend nahe.

Die Insel (samt Mini-Siedlung) gehört heute dem Kopenhagener Lehrerverband, ist aber auf den offiziellen Wegen zu erkunden. Die Umrundung misst 3 km, der markierte Fußweg zwi-

Der *Jacob Gade* Vej in Thorøhuse ist nach einem Komponisten (geb. 1879) benannt, der von 1943 bis zu seinem Tod 1963 in dieser Dorfhauptstraße wohnte. Als sein berühmtestes und einträglichstes Werk gilt der Tango »Jalousie«.

schen Assens und Thorøhuse ebenso. Am Parkplatz DREJET bei der Brücke stehen Tische, Bänke zum Picknicken mit Aussicht, auf Thorø warten weitere Rastbänke entlang der Küste.

ANFAHRT: Angekommen in Thorøhuse, folgen Sie dem Linksknick der Einfallstraße, biegen rechts in den Jacob Gade Vej und darauf die 3. rechts: Drejet hinunter zum Parkplatz.

◎ **KÆRUM-AU WANDERWEG**: Das gleichnamige Faltblatt beschreibt ein Wegenetz entlang des Baches Kærum Å, das als Naherholungsgebiet mit einigen Stationen eingerichtet wurde und auf einem Weg zwischen Feldern bis zum Wäldchen Melbyskoven verlängert werden kann.

Die komplette Strecke retour misst gut 10 km, Auftakt via Damgade (siehe Seite 126) am See Strandmølledam, das Faltblatt gibt's im Touristenbüro.

◎ Bei Vissenbjerg führen mehrere Pfade durch die abwechslungsreiche Hügel-Landschaft der **VISSENBJERG BAKKERNE**. Anfahrt bzw. Ausgangspunkte siehe Seite 128 ff., auf Parkplätzen sind auch Info-Faltblätter mit Karte zu entnehmen, zu empfehlen der Parkplatz am idyllischen Møllesøen, dem Mühlensee; von hier aus kann man sich am besten eine Rundwanderung zusammenbasteln.

◎ Auf **HELNÆS** verlaufen zwei markierte Rundwege: Bobakkerne gleich hinter dem Damm und Maden im flachen Westen. Siehe Seite 135.

ANGELN

◎ Meerforellen u.a. werden entlang der Bucht **HELNÆS BUGT** gefischt.

◎ Forellen u.a. angelt man Put & Take in den **AGERNÆS SALTVANDSSØER** bei Ebberup, Helnæsvej 15, Tel. 2944 1056. Die Seen liegen küstennah und werden von Salzwasser durchströmt. 2 Stunden Minimum kosten 100 DKK, Infrastruktur und Basis-Verpflegung anbei. www.fyn-putandtake.dk. Auf der Landzunge Agernæs kurz vor der Dammstraße nach Helnæs. Agernæs war vor Jahrhunderten eine Insel.

BADEN, SCHWIMMEN

◎ **STRÄNDE**: Die Blaue Flagge weht am NÆS STRAND auf der Landzunge in Assens vor dem Hafenbecken. Weitere Strände nördlich Assens' in Sandager, das »Sandager Næs Camping« anbei , und südlich der Stadt in Ebberup beim »Aa Strand Camping«.

GOLF

◎ **BARLØSEBORG GOLFKLUB**, Assens, Skovvangsvej 47, Tel. 6479 1224, www.bbgolf.dk auf Dänisch. 18-Loch-Platz sowie 9-Loch-Platz (Pay & Play) knapp 10 km nordöstlich von Assens. Auf dem Grün eines Herrenhofs.

◎ **SUNSET GOLF**, Glamsbjerg, Holtevej 2, Tel. 6472 1212, www.sunsetgolf.dk. Hier gilt weniger Etikette. Für Anfänger steht ein 6-Loch-Platz zur Verfügung (140/70 DKK mit oberflächlicher Einweisung sowie Ausrüstung). Zudem ein 9-Loch-Platz für Fortgeschrittene. Kurios: Der Landwirt eines umgebenden Ackers mag die ständigen Golfbälle auf seinem Acker nicht: Dorthin geschlagene Bälle sind verlorene Bälle. Etwa Ostern bis Ende Oktober mit Service, sonst Selbstbedienung ohne Einweisung. Str. 168, kurz hinter Glamsbjerg Abzweigung links, Holtevej. Bushalt Linie 151.

Oben unterwegs auf Thorø, unten der Blick von Bobakkerne auf Helnæs landeinwärts; weitere Helnæs-Fotos: auf dem Buchcover der Leuchtturm Helnæs Fyr als Hauptmotiv, unten rechts der Blick von Bobakkerne nach Norden auf die Dammstraße zum Festland ▶

PADDELN

◎ **HELNÆS MØLLE**, Helnæs Byvej 21, Tel. 6472 3217, www.helnaesmoelle.dk sowie via Facebook. Bootsvermietung und Anleger an der Ostseite der Insel, Paddeln in der Helnæs Bugt: Unerfahrene Kanuten sollten unbedingt auf den WIND achten – informieren! Vermietung auch am Campingplatz.

Was fehlt noch?

SIGHTSEEING

◎ **KUTSCHFAHRTEN** mit Imbiss: Øbjerggaard, Ebberup, Gudøgyden 12. Anmeldung via Touristenbüro in Assens möglich. Je Person 125 DKK.

ASSENS IM KLEINFORMAT

◎ **ASSENS MINIBY**: Die MINIATURstadt stellt Assens in der Zeit von 1890 bis 1920 im Maßstab 1 : 10 dar. Ramsherred 52, Tel. 2622 1253, via Facebook sowie www.assensminibyen.dk. 1.4.–31.10. täglich 9–18 Uhr, sonst Mo–Mi 8–11 Uhr. Eintritt 20 DKK. **(21)**

KINDER

◎ **VESTFYNS-FODBOLDGOLF**, Ebberup, Fåborgvej 143 (Str. 323), Tel. 4091 3216. Im Sommer täglich 9–21 Uhr. Fußballgolf-Park mit 18 Bahnen, Eintritt 100/50 DKK. Auch Minigolf u.a.

KONTAKT, HILFE

◎ **ÄRZTLICHE BEREITSCHAFT**: Tel. 7011 0707. Falls Konsultation vor Ort (siehe Seite 59): die nächste Station in Faaborg (siehe Seite 116).

◎ **POLIZEI**: Fyns Politi, Tel. 114.

◎ **POST**: Posthus (Supermarkt) SuperBrugsen, Søndre Ringvej 10. **(3)**

TRANSPORT

◎ **BUS** – lokale Ziele: Helnæs via Ebberup (Linie 260). Die Ortschaften Aarup, Vissenbjerg sowie Tommerup werden von Regionalrouten angefahren, siehe anschließend unter »Weiterreise«. Teletaxi 6311 2255.

◎ **TAXI**: Taxa Fyn, Tel. 6474 7508 als zentrale Rufnummer.

Weiterreise

◎ **BUS**: Busbahnhof ASSENS BUSTERMINAL siehe Stadtplan.

FÜNEN-ROUTEN: nach Odense (Linie 130 via Aarup und Vissenbjerg, Linie 110 via Haarby und Nr. Broby, 811 U via Glamsbjerg sowie 151–153, s.u.), nach Kerteminde (Linien 151–153 via Odense, einige dieser Verbindungen halten auch in Glamsbjerg und Tommerup) sowie nach Faaborg (Linien 110/111, Umstieg in Vøjstrup).

◎ **AUTO**: **NACH ODENSE**. Flott über die Str. 168; mögliche Schleife(n) zu den Ausflugszielen von Nørre Broby bis Vissenbjerg/Aarup (siehe Seiten 128– 130). Wer nur Vissenbjerg besuchen will, nimmt ab Assens zunächst die Str. 313 (nach Norden) und die 307.

NACH FAABORG. Str. 323 bis Haarby, unterwegs empfehlenswerter Abstecher nach HELNÆS (siehe Kasten). Ab Haarby Str. 329, weitere mögliche Abstecher siehe Seite 116 unter »Faaborg, Weiterreise nach Assens«.

Die flügellose Windmühle Helnæs Mølle kann mit den zugehörigen Gebäuden z.B. von Schulklassen belegt werden, fungiert aber auch als Outdoor-Station, wo Kanus gemietet und weitere Aktivitäten organisiert/vermittelt werden.

EMPFEHLUNG: **HELNÆS**

Die 14 km^2 große Halbinsel ist durch einen etwa 2 km langen Damm mit dem Festland verbunden. Die knapp 250 Bewohner leben fast alle im Dorf HELNÆS BY, das entlang der Hauptstraße liegt. Noch im Dorf teilt sich die Straße und führt nach Westen zum Leuchtturm und nach Osten zum Helnæs Strand, anbei Campingplatz und Ferienhäuser. Der Damm namens LANGØRE entstand übrigens als Folge von strömungsbedingten Steinablagerungen und wurde später als Fahrweg verbreitert und befestigt. Helnæs besitzt eine spezielle Natur und ist bei SONNENUNTERGANG ein stimmungsvoller Ort.

◎ Der 28 m hohe LEUCHTTURM **HELNÆS FYR** (1901) markiert den westlichsten Punkt der Halbinsel, zusammen mit den umliegenden, bewohnten Gebäuden eine wunderschöne Parzelle zwischen Meer und Landwirtschaft. Gewürdigt als Hauptmotiv auf dem Cover dieses Reiseführers. Leider derzeit nicht zu besteigen, aber dank Parkplatz immer ein tolles Ausflugsziel.

◎ Helnæs gilt als schon in der Steinzeit bewohnt. Der jüngeren Steinzeit werden einige **DOLMEN** zugerechnet, so beim Leuchtturm auf LINDE HOVED sowie weitere landeinwärts nördlich der Straße zum Leuchtturm.

◎ **WANDERN IN DER NATUR**: Die Bo-Hügel, BOBAKKERNE, liegen ganz im Norden von Helnæs, gleich im Anschluss an den Damm (Parkplatz). Ein kurzer, aber aussichtsreicher Rundweg führt über Weidewiesen und an der Abbruchküste entlang. – Bei MADEN im mittleren Westen handelt es sich um verlandetes Terrain, nachdem angespültes Gestein das Inland vom Meer getrennt hatte; der renaturierte See ÅLEDYBET ist sozusagen eine Erinnerung an die verschwundene Bucht. Das Wiesengebiet wird nach einem präzisen Plan renaturiert, ein 2,7 km langer Rundweg (vorbei an der alten Pumpstation zur Entwässerung des Areals) kann ab Parkplatz oder Strand begonnen werden. Beschilderter Abzweig von der Hauptstraße nahe der Inselkirche.

◎ **FERIEN AKTIV**: siehe Campingplatz sowie HELNÆS MØLLE (Seite 134).

◎ **HELNÆS CAMPING**, Strandbakken 21, Tel. 6477 1339, www.helnaes-camping.com. 1.4.–1.10. Camping 88/52 DKK. 10 Campinghütten, teilweise mit Bad (2–6 Personen) 250–950 DKK. Überschaubarer, strandnaher Platz an der Ostseite der Halbinsel, im Sommer besondere Aktivitäten für Kinder sowie für Angler und Paddler. Während der Hochsaison sollten motorisierte Gäste besser im Voraus anfragen.

◎ **HELNÆS KRO**, Strandbakken 2, Tel. 6477 1341. Beschränkt sich (erfolgreich) auf den Restaurantbetrieb, im Inneren aparter als von außen, im Sommer öffnet der Garten. Angemessenes Preis-/Leistungsverhältnis. Überwiegend Traditionelles zur Frokostzeit: viel Fisch, je nach Gericht stets passendes Brot dazu. 45–120 DKK plus 1–2 umfangreichere, teurere Speisen von der Abendkarte, diese noch unter 200 DKK. Tagesmenü um 175–245 DKK für 1–3 Gänge. Im »Helnæs Kro« stehen Pasta, Waldorfsalat und Creme Brulee ebenso zur Wahl wie Hering, mitunter Aal und das Nostalgie-Dessert æblekage.

◎ **INFORMATION**: Info-Faltblatt »Helnæs« in Ausgaben auf Deutsch (alt) und Dänisch (2014), erhältlich in den Touristenbüros der Region, mit Informationen über Geschichte, Flora und Fauna, das Straßendorf Helnæs By und einer guten Karte mit den Wanderwegen sowie Angaben zur Infrastruktur.

5 EMPFEHLUNGEN NORDFYN:

- **ENEBÆRODDE**: Seite 142 ff.
- **ÆBELØ**: Seite 141.
- **BOGENSE**: Seite 139 f.
- **GYLDENSTEEN STR.**: Seite 140.
- **FLYVESANDET**: Seite 141 f.

Nordfünen

ES TUT SICH WAS IM NORDEN

Jahrelang galt: Wer an der Nordküste Fünens ein Ferienhaus bucht, muss sich auf weite Wege einrichten, sollen die wirklichen Attraktionen der Insel besucht werden. Außer Strandspaziergängen und ein paar Ausflugszielen in der Natur ist da oben nicht viel. Seit ein paar Jahren steuert die Gemeinde Nordfyn/Nordfünen dagegen und investiert in den Tourismus. Der schicke Hafen im Gemeindezentrum BOGENSE (3.900 Einwohner, in der Kommune 29.500) war der vielversprechende Anfang, die angrenzende MARINA ist mit 760 Liegeplätzen heute die größte auf der ganzen Insel!

Die beiden anderen »Großdörfer« in der Gemeinde sind Søndersø und Otterup. SØNDERSØ liegt im Süden, das Ausflugsziel Nr. 1 dort ist der friedliche See LANGESØ, der unter Odense vorgestellt wird, da ein reizvoller Radweg die Stadt mit dem See verbindet. Otterup im Nordosten der Kommune ist keine touristische Hochburg, das Umland gen Bogense flach und stark landwirtschaftlich genutzt, nachdem es genau deshalb einst aus dem Watt gewonnen wurde. An der Küste aber gibt es spannendere Ziele, sei es das Naturschutzareal am GYLDENSTEEN STRAND, die Wattwanderung zur Insel ÆBELØ oder die spezielle Landzunge ENEBÆRODDE, die den Odense Fjord vom Kattegat trennt. Last not least sind die STRÄNDE im östlichen Gemeindegebiet nicht zu verachten – vom Hofmansgave Strand über den HASMARK STRAND sowie Fuglsang am Tørresø Strand bis FLYVESANDET weht vier Mal die begehrte Blaue Flagge, ebenso wie am Bogense Søbad.

Der ganz große Wurf wird in diesen Tagen projektiert: ein Küstenweg über das gesamte Gemeindegbiet, so gut wie möglich für Radfahrer, Wanderer und Reitpferde zugänglich und dazu mit den Attraktionen im Inland vernetzt. Bis 2021 soll es sich geklärt haben, ob Nordfünen in absehbarer Zeit ein Pendant zum viel beachteten Øhavsstien in den südlichen Inselgefilden aufbieten kann.

Trotz alledem gilt weiter: Als Quartier eignet sich Nordfünen besonders für diejenigen, die etwas mit Ruhe anzufangen wissen. Wem ganz Fünen in 7 Tagen vorschwebt, buche woanders.

INFORMATION

◎ **VISIT NORDFYN**, Bogense, Vestre Havnevej 9 B, Tel. 6481 2011, www.visitnordfyn.de. Mitte April bis 31.10. täglich 8–22 Uhr, sonst 8–16.30 Uhr, bedient Mo–Fr 9.30–16.30 Uhr. Relativ viel Material in deutscher Sprache. – In Otterup können Broschüren entnommen werden: Søndergade 2, täglich 8–16 Uhr.

◎ **NORDFYN PÅ CYKEL** schlägt dreisprachig 12 Radtouren vor, fast alle als Rundfahrten konzipiert. Gratis.

ORIENTIERUNG

Von der Str. 162 zwischen Bogense und Odense können Sie alle weiteren Ausflugsziele des Kapitels erreichen.

◄ **Etwas Besonderes ist die Wanderung durchs Watt zur Insel Æbelø, ansprechend gestaltet der neue, längliche Hafen von Bogense**

Unterkunft

◎ **LUNDS HOTEL** in Bogense, Østre Havnevej 24, Tel. 7630 1601, lundshotel.dk. Je nach Saison EZ ab 850 DKK, DZ ab 995 DKK. Café ab 15 Uhr.

Neueres Hotel attraktiv auf der östlichen, als Promenade hergerichteten Mole: Frühstücken mit Hafenblick sowie Relaxen auf der Rückseite.

◎ **BOGENSE HOTEL**, Adelgade 56, Tel. 6481 1108, www.bogensehotel.dk. EZ ab 590 DKK, DZ 820 DKK, Halb- oder Vollpension möglich. Auch Zimmer ohne Bad EZ 420, DZ 550 DKK.

Traditionsreiches Gasthaus in Bogenses Zentrum, als Plus das Restaurant mit dänischer Hausmannskost.

◎ **B & B**: Die Website des Touristenbüros kennt über 15 Adressen in der ganzen Gemeinde, von klassisch-einfachen Zimmern bis zur Ferienwohnung im Schloss Harridslevgaard.

◎ **CAMPING**: Kyst Camping Bogense, Østre Havnevej 1, Tel. 6481 1443, www.kystcamping.dk. Mitte April bis Mitte September. Zentrumsnah, Bogenses kleinerer Platz, sehr gepflegt, top. – Bogense Strand Camping, Vestre Engvej 11, Tel. 6481 3508, www.bogensecamping.dk. Ca. 20.3.–20.9. Weitläufige 5-Sterne-Anlage, Hallenbad, Rädervermietung. – Flyvesandet Strand Camp, Agernæs, Flyvesandsvej 37, Tel. 6487 1320, www.dcu.dk. Etwa 20.3.–20.9. An Fünens Nordspitze, relativ weit abgelegen. – Hasmark Strand Camping, Hasmark, Strandvejen 205, Tel. 6486 6206, www.hasmark.de. Etwa 10.4.– 20.9. Platz des Jahres 2018: mit Badeland, mehreren Spielplätzen und Restaurant »Freja«.

Essen und Trinken

◎ **CAFÉ SOLO**, Bogense, Adelgade 89, Tel. 2277 5364, via Facebook. Mo–Sa 11–20 Uhr, in der Hauptsaison ggf. auch So.

Recht populär, nettes Sommerflair mit Innenhof. Sandwiches 69 DKK, diverse Burger um 150 DKK, weitere Tellergerichte, öfter wechselnde Kuchen und vor allem Brunch.

◎ **CAFÉ ONKEL**, Adelgade 75, Tel. 61 69 0218, via Facebook. Mo–Do 11–17 Uhr, Fr–So 11–20 Uhr.

Wer nicht im »Solo« landet, kann ein paar Häuser weiter Platz nehmen. Die Speisekarte ist ähnlich, und einen Innenhof hat es ebenso.

◎ **BOGENSE HAFEN**: Im Sommer ist die Auswahl an Lokalen groß, außerhalb der Feriensaison umso dürftiger. FISCH zu kaufen sowie (bevorzugt als Buffet) zu essen gibt's im FISKEHUSET BOGENSE, Vestre Havnevej 19, Tel. 64 81 1072, fiskehuset-bogense.dk. Das nahe Restaurant RØGERIET stand bei Redaktionsschluss zum Verkauf. Auch ein Fisch-Verkaufswagen steht an einzelnen Tagen am inneren Hafen.

◎ **SMØRREBRØD** klassisch können Sie im Restaurant des »Bogense Hotel« in der Altstadt bestellen (siehe oben).

◎ **FREJA**, Hasmark, Strandvejen 205, Tel. 3173 7072, restaurantfreja.dk. Ca. 25.6.–15.8. täglich 11–21 Uhr, sonst Do+Fr 17–20 Uhr, Sa+So 11–20 Uhr.

Gehört zum Campingplatz in Hasmark (s.o.). Haupt-Attraktion am Wochenende und zur Sommerferienzeit ist das Wikingerbuffet (169/84 DKK). Insgesamt ist die Auswahl fleisch- und fischlastig.

Es ist ähnlich wie auf Ærø, auf Langeland oder in anderen relativ abgelegenen Gegenden: Außerhalb der Feriensaison ist es relativ schwierig, ein Restaurant mit Anspruch übers Jahr zu bringen.

Bogense

EIN HAFEN MIT CHIQUE

Obwohl Zentrum sowie größte Siedlung der Gemeinde Nordfyn, ist Bogense mit nicht mal 4.000 Einwohnern eher ein großes Dorf. Der Name begründete sich darin, dass es vor Ort einst weite Buchenwälder gab. 1288 wurden Bogense erstmals Marktrechte zugesprochen; der Hafen entstand erst ab 1830 und wurde im Rahmen der Industrialisierung vergrößert. Mit dem Wechsel zur Dienstleistungsgesellschaft ist er heute in erster Linie für den Fremdenverkehr von Bedeutung.

◎ EMPFEHLUNG: Der modernisierte **HAFEN** ist originell und schmal zwischen zwei Molen angelegt, an denen sich Hotel, Lokale, Läden u.a. aneinanderreihen, an der Østre Mole neu und vornehmlich schick, an der Westseite ungeordneter und auch noch mit Gewerbe ohne Tourismusbezug. Daneben wurde der große Yachthafen mitsamt einem üppigen Freizeitangebot für den Sommer angelegt. Im Hafen ankern auch Fischkutter und der MOTORSEGLER »M/S Castor«.

◎ Holen Sie sich im Touristenbüro (s. Seite 137) die deutsche Ausgabe der **STADTWANDERUNG BOGENSE**, die beim KENNENLERNEN der ALTSTADT behilflich ist und vor allem die Besonderheiten aufzuspüren weiß: den unverbauten Stadtbach zwischen Adelgade und Skovvej, die Skt. Annagade als älteste Straße, die hölzerne, handbetriebene WASSERPUMPE auf dem Marktplatz Torvet oder die Kopie des Manneken Pis aus Brüssel. Aber auch das repräsentative Rathaus (1921), der ERIK MENVEDS KRO mit seinem Fachwerk (1543) und eines der LOKALE in der Adelgade kommen als Station in Frage. Der Wasserturm (1910) ist leider nicht zugänglich, die Sct. Nikolai Kirke liegt sehr schön nahe Torvet und Küste, und das Heimatmuseum Nordfyns Museum belegt heute den früheren Bahnhof, Vestergade 16. 1.6.–31.8. Di–Fr 10–16 Uhr, So (nur Juli/August) 13–16, sonst Di+Mi 10–16 Uhr. Eintritt 20/0 DKK.

◎ Wer gut zu Fuß ist, kann küstennah bis zum Naturschutzgebiet Glydensteen Strand pilgern (siehe Seite 140). Kürzer ist es von der Marina aus landeinwärts zum TEICH **BARFODS DAM**. Den Aushub des künstlich geschaffenen Sees benötigte man im 19. Jh. u.a. für den Deichbau. Im Teich kann (mit Lizenz) geangelt werden, daneben erstrecken sich ein Naturspielplatz und ein Ferienpark von »Danland«, dahinter einer der zwei Campingplätze.

FESTE, VERANSTALTUNGEN

◎ **ART FAIR BOGENSE**: Kunstmesse an einem langen Wochenende Mitte April. Auf dem Golfplatz-Gelände. eventyrligkunst.dk. Ticket 50/0 DKK.

◎ **NORDFYNS ROSENFESTIVAL** am ersten Augustwochenende: Mehr als 100.000 Rosen schmücken die Stadt anlässlich ihres Volksfestes mit Kunst und Kultur, von Chor und Volksmusik über Jazz und Tanz bis HipHop. www.rosenfestival.dk.

◎ **NORDFYNS VIKINGEMARKED**: Wikingermarkt mit Spielen und nachgestellten Kämpfen wochenends Ende August/Anfang September. Ort ist das Wäldchen Glavendruplunden, das kurz im Rahmen der Weiterreise be-

Apropos Heimatmuseum im ehemaligen Bahnhofsgebäude: Die Eisenbahnverbindung mit Odense bestand von 1882 bis 1966.

schrieben wird (siehe Seite 145). Festival-Ticket 40/0 DKK.

AUSFLÜGE

◎ **HARRIDSLEVGAARD SLOT**: Das gleichnamige Gut ist als Besitz Königs Valdemar II. (1170–1241) noch vor Bogense dokumentiert. Das Schloss mit seinem Rittersaal öffnet Ende Juni bis Ende August. Mo–Fr 11–17, So 13–17 Uhr. Eintritt 70/35 DKK. Assensvej 3.

◎ **HUMLEMAGASINET**: Privates Anwesen mit schönen Gärten, kulturhistorischer Ausstellung, Puppensammlung, Café. Harndrup, Rugårdsvej 51, Tel. 6488 1190. Anfang April bis Anfang Oktober Di–So 11–17 Uhr. Eintritt 110/0 DKK. Flyer im Touristenbüro.

FERIEN AKTIV

◎ **RAD FAHREN**: Bogense liegt am Ostseeradweg, Regionalroute 31 führt nach Osten, 30 zunächst UFERNAH nach Westen, 35 nach Odense. »Nordfyn på Cykel« (siehe Seite 137) enthält drei Rundfahrten, mit Distanzen zwischen 26,6 und 35,5 km.

FAHRRADVERMIETUNG: Bogense Strand Camping (siehe Seite 138).

◎ Am **BOGENSE SØBAD** weht eine Blaue Flagge: Østre Havnevej 30. – Das Hallenbad des »Bogense Strand Camping« öffnet auch außerhalb der Campingsaison, aktuelle Zeiten: www.bogensecamping.dk.

◎ Ausflüge und Segeltörns mit **M/S CASTOR** : Daten im Touristenbüro.

◎ **H.C. ANDERSEN GOLF**, Kristianlundsvej 15, Tel. 6343 3030, www.hcagolf.dk. 18-Loch-Platz vom Stadtrand bis fast an die Küste. Pay & Play.

◎ **VOGELBEOBACHTUNG**: Gyldensteen Strand, s.u.

Gyldensteen Strand

RENATURIERUNG LIVE

◎ EMPFEHLUNG: Der Name ist missverständlich – das Gebiet bezeichnet einen im 19. Jh. entwässerten Fjord, wo die NATUR seit 2011 zurückkehrt, indem u.a. Deiche entfernt wurden. Das Besondere daran ist, dass ein neu gezogener Damm das Gebiet in einen Süßwassersee (Engsøen) und in eine Salzwasserlagune (Kystlagunen) teilt.

Ein Küstenweg führt ab Bogense an die Lagune heran.

◎ Vor dem Eindeichen gab es im Gyldensteen Fjord einige Inseln und Inselchen. Lindholm ist heute wieder eins, während **LANGØ** im Osten mit dem Festland verbunden blieb, da sich das Areal als Reservat anbot. Der DAMM fungiert als ZUFAHRT nach Langø, wo das Naturzentrum ERIKSHOLM vor allem für Schulklassen etabliert wurde. Hier beginnen auch PFADE zu Reservaten und Beobachtungsposten.

◎ **VOGELBEOBACHTUNG**: An mehreren Stellen sind Beobachtungsposten eingerichtet – spektakulär ist die entkernte Windmühle LANGØ MØLLE draußen an der Küste. Zwei Posten stehen nahe der Str. 162, jeweils mit Parkplatz: im Südwesten der Lagune sowie am See in der Egense Plantage, 9 km östlich von Bogense.

◎ **INFORMATION**: Flyer »Gyldensteen Strand« auf Deutsch, mit Karte/ Luftfoto und Auskunft zur Renaturierung. Erhältlich im Touristenbüro.

◎ Die **ANFAHRT** ist von der Str. 162 ausgeschildert; es gibt vier Parkplätze: einer vor dem Damm, ein weiterer dahinter auf Langø, plus die zwei s.o..

Æbelø

WATEND ZUR APFELINSEL

◎ EMPFEHLUNG: Die Insel Æbelø liegt auf halbem Weg zwischen Bogense im Westen und Fünens Nordspitze bei Agernæs im Osten. Das Besondere an der Apfelinsel ist, dass sie, abhängig von den Gezeiten, stets nur zu bestimmten Zeiten WATEND VOM FESTLAND ZU ERREICHEN ist.

Die 2,32 km² große Insel gehört seit 1968 zu einem Naturschutz- und Renaturierungsprojekt, das u.a. natürlich gewachsenen Wald begünstigen soll, nachdem die Insel über die Jahrhunderte mehrfach gerodet worden war, um Holz zum Befeuern sowie für den Schiffbau zu erhalten oder Platz für weidende Tiere zu schaffen; heute leben hier Eulen, Damwild, Mufflons.

Im 14. Jh. in einem Dokument aus der Regentenzeit von König Valdemar IV. erstmals als »Apfelinsel« erwähnt (vermutlich dank des milden Klimas), war das Eiland immer wieder zeitweilig bewohnt, zuletzt bis in die 1960er Jahre; sogar eine Schule gab es. Außerdem diente Æbelø als Jagdrevier. Die meisten Gebäude hat man abgetragen. Auf dem Eiland DRÆET, links der Route durch das Watt, hat ein verlassener Hof die Jahre überdauert.

An der Ostküste bei Østerhoved legen STEILE ABBRÜCHE an der Küste mehrere Bodenschichten frei; dabei handelt es sich um Ton, der als Folge eines langfristigen Verwitterungsprozesses in unregelmäßigen Abständen abrutscht – vergleichbar mit Voderup Klint auf Ærø, wo der geologische Prozess (auf Seite 271) erläutert wird.

◎ **WANDERUNG**: Auf Æbelø ist ein 4 km langer RUNDWEG markiert – mit Abstechern kommen aber rasch 7 km zusammen, plus jeweils 4 km für Hin- sowie Rückweg durch das flache Wasser, über die Sandbänke bei Dræet sowie über den Æbelø Holm. Jedenfalls sind bei Ebbe mindestens 1,5 km im Watt zu meistern, zu den günstigsten Zeiten steht das Wasser niedriger als 30 cm, der Weg ist mit langen Stöcken markiert. Die GEZEITENTABELLE finden Sie im jährlichen Guide des Touristenbüros und auf dessen Website.

◎ Das **ÜBERNACHTEN** auf Æbelø ist NUR MIT ERLAUBNIS gestattet. Erkundigen Sie sich im Touristenbüro.

◎ **INFORMATION**: Faltblatt »Æbelø« auf Deutsch, mit Karte/Luftfoto sowie vielen Informationen zu Historie, Flora und Fauna. Erhältich im Touristenbüro, zuletzt 2018 aktualisiert. Es enthält auch die Zeiträume, in denen bestimmte Gebiete zum Schutz brütender Vögel nicht betreten werden dürfen. Auf Æbelø dürfen die Wege nicht verlassen werden. Schließlich finden IM SOMMER mehrfach FÜHRUNGEN ZUR APFELINSEL statt.

◎ Die **ANFAHRT** ist von der Str. 162 zwischen Odense und Bogense ausgeschildert. Parkplatz und Tourenauftakt befinden sich am Lindø hoved.

Flyvesandet

IN DEN DÜNEN NORDFÜNENS

◎ EMPFEHLUNG: In die Ostsee ragend, kennzeichnet Fünens Nordspitze vor allem ihre Dünenlandschaft, die der Wind durch den Transport von FLUGSAND gebildet hat. Die spezielle Konstellation hilft seltenen Pflanzen zu gedeihen, u.a. der Wiesen-Küchenschelle, auch Wiesen-Kuhschelle.

◎ Eigentlich trägt die Halbinsel den Namen **AGERNÆS**, das plakative Flyvesandet bezieht sich auf das küstennahe Dünengebiet. Landeinwärts erstreckt sich der Wald Storskoven, den Stürme und Holzeinschlag zuletzt ein wenig gelichtet haben. Eine Siedlung gibt es hier draußen nicht, wohl aber einen Campingplatz, dessen Sommergäste den seichten, familienfreundlichen STRAND schätzen.

◎ **AGERNÆS FLAK** vor Flyvesandet ist Fünens größtes WATT und schützt den Strand vor allzu kräftigen Wellen. Gen Süden schirmt die Nehrung Nørreby Hals im Westen zudem den Fjord Nærå Strand ab, der zusammen mit Agernæs Flak ein ideales Gebiet für die **VOGELWELT** darstellt, die von einem BEOBACHTUNGSTURM aus verfolgt werden kann; ebenso ergibt sich hier ein guter Blick auf die Delta-ähnliche Nehrungslandschaft, der Sand- sowie Muschelbänke vorgelagert sind. Das gesamte Gebiet steht seit 1998 unter Naturschutz. Der FJORD Nærå Strand ist das Überbleibsel einer gewaltigen Förde, die einst bis zum Odense Fjord reichte. In seinen Strandwiesen brütet u.a. die seltene Zwergseeschwalbe.

◎ **FERIEN AKTIV**: ANGLER schätzen die Küste von Flyvesandet besonders in ihrer Hoffnung auf Meerforellen. – Am Waldparkplatz landeinwärts lässt sich eine nette RADTOUR starten, die zunächst zum Dorf Agernæs führt, um dort eine Rundfahrt über Nebenstraßen fortzusetzen und zum Ausgangspunkt zurückzukehren. Distanz etwa 24 km, abgebildet im Heft »Nordfünen per Rad« (siehe Seite 137). – Der Wind vor Ort schafft ausgezeichnete Bedingungen zum KITESURFEN.

◎ **INFORMATION**: Im Touristenbüro erhalten Sie das Doppelblatt »Flyvesandet« in vier Sprachen, darunter Deutsch, das Weiteres zum angrenzenden Wald zu berichten weiß. www.visitnordfyn.de: Am besten geben Sie »Flyvesandet« ins Suchfeld ein, dann erhalten Sie die ergiebigste Auskunft. Zum Naturschutz gibt es leider keine deutschsprachige Information.

◎ Die **ANFAHRT** ist von der Str. 162 (zwischen Odense und Bogense) ausgeschildert. Wer einigermaßen gut zu Fuß ist, nehme den Waldparkplatz, anstatt hinaus an die Küste zu fahren.

Enebærodde

EINZIGARTIGES BIOTOP

Der Auslauf des Odense Fjords ist nur wenige hundert Meter breit, begrenzt im Osten durch Lodshuse/Hindsholm sowie im Westen durch Enebærodde, übersetzt die Wacholder-Landzunge. Die lediglich 20–750 m schmale sowie gut 6 km lange NEHRUNG ist ein Produkt der Meeresströmung und ihrer Ablagerungen. Seit 1980 unter Naturschutz, hat sich hier ein einmaliges Biotop entwickelt, besonders Fünens größte HEIDELANDSCHAFT – die gezielt beweidet wird, damit sich keine Bäume und höhere Büsche durchsetzen können. Lebensraum fanden ferner seltene Pflanzen wie Strandflieder

Enebærodde bei Sonnenuntergang: oben der Blick auf Drejet als Zufahrtsweg, unten der Leuchtturm; in dem Häuschen wohnte bis 1960 der Leuchtturmwärter, im Hintergrund ist die Küste von Hindsholm bei Lodshuse zu sehen, zum Greifen nahe ▶

und Glockenheide, Kreuzottern, viele Schmetterlingsarten, Insekten und natürlich die Vogelwelt – Seeadler und Falken ziehen ihre Kreise, während in Frühjahr und Herbst Zugvögel wie Regenpfeifer und Austernfischer Station machen sowie verschiedene Entenarten vor Ort überwintern.

◎ EMPFEHLUNG: Für Naturverbundene ist Enebærodde bei **SONNENUNTERGANG** ein wunderbares Ziel. Der unbefestigte FAHRWEG IST RADFAHRERN UND FUSSGÄNGERN VORBEHALTEN. Es gibt einige Rastplätze, und die Landschaft ist mit Wald, Heide und Strandzonen aus Sand, Kies und Wiesen abwechslungsreich; nicht zu vergessen die erwähnten Protagonisten aus der Tierwelt.

◎ Der Fahrweg auf Enebærodde endet an dem LEUCHTTURM (1869), der die schmale Fahrrinne **GABET** fjordeinwärts markiert – es ist ein Schauspiel, wenn sich große Industrieschiffe behutsam durch Gabet tasten, auf ihrem Weg von oder zum Odense Hafen im Fjord bei Lindø oder am Odense Kanal. Noch eindrucksvoller war es bis 2009, als riesige Containerschiffe, die auf der inzwischen geschlossenen Lindø-Werft im Fjord gebaut worden waren, durch die enge Fahrrinne geschleppt werden mussten.

An Gabet werden Sie so gut wie immer ANGLER antreffen, da die Meerenge die Strömung beschleunigt und so für günstige Bedingungen sorgt.

◎ Ein besonderer Ort ist ebenso die schmale Landbrücke **DREJET**, die die Enebærodde mit dem Festland verbindet. Auf der Meerseite ist das Wasser gewöhnlich viel unruhiger als im Fjord.

◎ **INFORMATION**: In den Touristenbüros von Bogense und Odense erhalten Sie das deutschsprachige Faltlatt »Enebærodde« mit Karte, tollen Fotos und Informationen. Im Umlauf ist auch die Friluftskort Odense Fjord, die aber veraltet ist.

◎ **ANFAHRT**: U.a. in Otterup zweigt man von der Str. 162 (zwischen Odense und Bogense) NACH HASMARK ab. Der Parkplatz bei Hasmark Strand ist ausgeschildert.

HASMARK STRAND ...

... ist ein typisches Ferienhausgebiet, das einen schönen Strandabschnitt an Fünens Nordküste begleitet. Der östliche Ausläufer des Strands heißt Hofmansgave Strand, dort wo Enebærodde/Drejet beginnt sowie Fünen landeinwärts an den Odense Fjord grenzt. Es gibt drei Besucherparkplätze, zwei im Osten vor Enebærodde und einen im Westen an der aus Otterup eintreffenden Hauptstraße, dort wo der Campingplatz mit dem Restaurant »Freja« ansässig ist (siehe Seite 138).

◎ Wer sich oberhalb vom küstennahen Parkplatz vor Drejet / Enebærodde (im Osten) nach Westen wendet, hat zur Linken eine attraktiv gelegene Reihe Ferienhäuser vor sich, mit Meer- und Strandblick und breiter **PROMENADE**. Ein paar hundert Meter weiter westlich erhöht sich die Promenade, wird schmal und tabu für Radfahrer, die nun unterhalb fortsetzen müssen. An besagter Hauptstraße aus Otterup liegt der ausgedehnte Campingplatz und an der Promenade das neue Freizeitgelände Hasmark STRANDOASE.

◎ **FERIEN AKTIV**: Am kilometerlangen, flachen HASMARK STRAND und am HOFMANSGAVE STRAND wehen Blaue Flaggen. – Die Hasmark Route ist eine etwa 25 km lange RADTOUR an Strand und Fjord entlang und über Nebenstraßen nach Otterup und zurück; abgebildet im Heft »Nordfünen per Rad« (siehe Seite 137). Die Etappe längs zum Fjord führt über die Regionalroute 32 Richtung ODENSE, das ab Hofmansgave Strand gut als Ziel eines Tagesausflugs mit dem Fahrrad in Betracht kommt (retour um 45 km). Südlich vom Hofmansgave Strand durchquert der Radweg 32 auf Kopfsteinpflaster das Hofgut HOFMANSGAVE, mit Park und – bescheidenem – Kartoffelmuseum; im Touristenbüro Bogense gibt es ein Info-Heft über Hofmansgave und vor Ort eine Texttafel.

Was fehlt noch?

KONTAKT, HILFE

◎ **ÄRZTLICHE BEREITSCHAFT**: Tel. 7011 0707. Falls Konsultation vor Ort (siehe Seite 59): die nächsten Stationen sind in Odense (siehe Seite 172) und in Middelfart am Kleinen Belt, Sygehus Lillebælt, Østre Hougvej 55..

◎ **POLIZEI**: Fyns Politi, Tel. 114.

◎ **POST**: in Bogense Vestre Engvej 2 (im Supermarkt »Meny«). – In Otterup Nørregade 2 (im »Superbrugsen«).

TRANSPORT

◎ **BUS**: Die Lokalbuslinien versorgen die abgelegenen Ausflugsziele an der Küste so gut wie nicht, Ausnahme: Linie 551 verkehrt ab Otterup zum Hasmark Strand.

◎ **TAXI**: Bogense, Tel. 6481 1990 und 6481 1169. – Otterup, Tel. 6482 1166. – Søndersø, Tel. 6489 1308.

Weiterreise

◎ **BUS**: Das Busterminal in Bogense befindet sich an der Vestergade, etwa 250 m vom Hafen zentral gelegen.

Bus 191 verkehrt ab Bogense über Harritslev/ Søndersø nach Odense.

◎ **AUTO**: **NACH ODENSE**. Ab Bogense entweder kürzer auf der Str. 311, vorbei an Søndersø – nördlich dieser Ortschaft erstreckt sich das Wäldchen **GRAVENDRUPLUNDEN**, ein historischer Ort mit einer 60 m langen, gut erhaltenenSchiffssetzung, zu der der RUNENSTEIN Gravendrupstenen gehört; angeblich enthält der imposante Stein die längste Runeninschrift, die in Dänemark bisher gefunden wurde; versorgen Sie sich im Touristenbüro mit dem Mini-Heft zum Gravendruplunden, das über den Text sowie weitere Denkmäler im Wäldchen berichtet; hier findet der Nordfyns Vikingemarked statt (siehe Seite 139 f.). – Etwas länger ist die Weiterreise über die Str. 162 via Otterup, unterwegs mögliche Abstecher nach Æbelø, Flyvesandet, Enebærodde, Hasmark Strand.

NACH ASSENS. Entweder schnell über die Str. 311, 329 via Aarup sowie Str. 307. – Oder Str. 311 bis Søndersø, ab dort Str. 335 vorbei am LANGESØ (siehe Seiten 166 f. und 169) bis nach Vissenbjerg (siehe Seite 129), ab dort Str. 307 nach Assens.

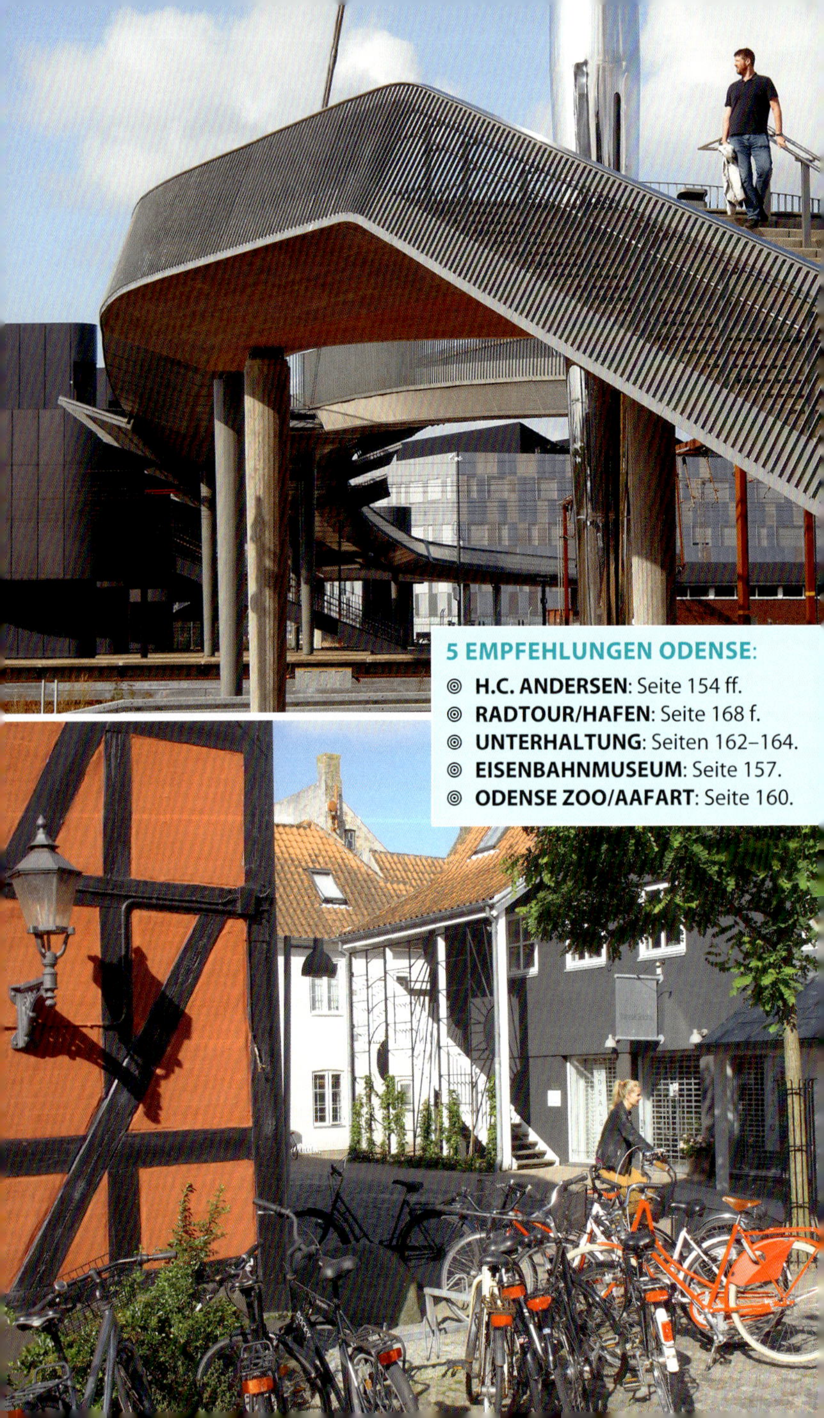

5 EMPFEHLUNGEN ODENSE:

- ◎ **H.C. ANDERSEN**: Seite 154 ff.
- ◎ **RADTOUR/HAFEN**: Seite 168 f.
- ◎ **UNTERHALTUNG**: Seiten 162–164.
- ◎ **EISENBAHNMUSEUM**: Seite 157.
- ◎ **ODENSE ZOO/AAFART**: Seite 160.

Odense

URBAN, GRÜN, IM UMBRUCH

Dass Odense gerne als Märchenstadt beschrieben wird, verdankt sie ihrem BERÜHMTESTEN Sohn: Hans Christian Andersen (1805–1875). Seine Märchen sind, gemeinsam mit denen der Brüder Grimm, die meist gelesenen überhaupt. Erst 1867, als Andersen endlich ein anerkannter Schriftsteller war, ernannte ihn die Stadt zum Ehrenbürger. Das H.C. ANDERSEN HAUS ist eine gefragte Touristenattraktion in einem kleinen, malerischen Altstadtviertel.

Abgesehen vom zugehörigen Geburtshaus Andersens, wird die Touristenattraktion (bis 2020) völlig neu errichtet. Überhaupt verändert sich die Stadt an vielen Ecken: Die breite Straße, die Altstadtviertel und City trennte, wurde geschlossen, erhielt große unterirdische Parkflächen und wird oben Station der LETBANEN: Odense erhält bis 2021 für gut 3 Mrd. DKK eine 14,5 km lange Straßenbahn, Teil eines zeitgemäßen Verkehrskonzepts. 2015 stellte BYENS BRO als Brücke über den Bahnhofsgleisen eine attraktive Verbindung für Radfahrer (und Fußgänger) zwischen City und Hafen her.

Im HAFEN Odense Havn ersetzen mehr und mehr (zum Teil eng gesetzte) Neubauten mit Wohnungen und Büros die gewichene Industrie – Platz für Freizeit und Kultur ist gewahrt, der Weg ins Grüne und aufs Blaue kurz.

Apropos Kultur: Auf dem Areal einer aufgegeben Fabrik haben sich mit BRANDTS sowie KULTURMASKINEN zwei Zentren für Kunst und Kultur etabliert und bedienen ein breites Spektrum an Aktivitäten, drumherum City und Gassen mit Shopping und Lokalen. Weitere Ziele für Gäste der Stadt sind der ODENSE ZOO und das Freilichtmuseum DAS FÜNISCHE DORF, die per Rad oder auch zu Fuß am idyllischen Flüsschen ODENSE Å entlang zu erreichen sind, wobei im Sommerhalbjahr flussaufwärts Ausflugsboote verkehren. Den Fluss begleitet ein grüner Gürtel, und auch in den umliegenden Vierteln gibt es einige PARKS.

EINST DÄNEMARKS, HEUTE FÜNENS HAUPTSTADT

Odense zählt über 1.000 Jahre, das älteste verbürgte Dokument ist ein Brief des deutschen Kaisers *Otto III.* an den hiesigen Bischof. 1086 lynchten aufgebrachte Bauern den dänischen König Knud II. in der Odenser Sct. Albani Kirke, als sie gegen erhöhte Abgaben protestierten. Knud wurde vom Papst heilig gesprochen – und Odense zum Wallfahrtsort mit Klöstern, Kirchen; so entstand auch der Dom. Die offizielle Stadtgründung erfolgte 1355.

Bereits im Mittelalter genoss Odense eine privilegierte Stellung als Handelsplatz, war von 1654 bis 1658 sogar Landeshauptstadt. Als Hafen fungierte zunächste Kerteminde, bis 1804 der ODENSE KANAL eine direkte Verbindung zum Meer herstellte. Daraufhin entwickelte sich die Stadt zum Handels- und Industriezentrum, doch der Industriehafen zog inzwischen in den Odense Fjord um, bei Munkebo.

◀ **Oben Byens Bro, die elegante Radfahrer- und Fußgängerbrücke westlich vom Bahnhof, unten Fahrradparkplatz in Brandts Passage**

Heute stützt sich die Ökonomie auf viele Pfeiler. Gut 178.000 Einwohner leben in Fünens Hauptstadt, die Sitz der großen Süddänischen Universität, von weiteren Bildungsstätten, Behörden, Medien und Institutionen ist.

INFORMATION

Weniger Information zu Gunsten von noch mehr Marketing, das Betreuen der »Kunden« auf »Datenkraken« wie Facebook & Co – und das alles selbstverständlich nicht der Kosten wegen, wie ein städtischer Stratege in verantwortlicher Position versichert. Jedenfalls musste das Touristenbüro nach 64 Jahren schließen, kompetente Beratung gibt's jetzt (mit Glück) nur noch am Telefon und via E-mail. Während der Hauptsaison tingeln dynamische Angelernte mit Lastenrädern zu den Hotspots der Touristen, verteilen Broschüren und beantworten Standards. Etwa 25.6.–25.8.

◎ **VISIT ODENSE**, Tel. 6375 7520 (Mo –Do 10–15.30, Fr 10–13.30 Uhr), otb@visitodense.com, www.visitodense.com (Neustart angekündigt).

◎ **BORGERNES HUS (1)**, Østre Stationsvej 15 (am Bahnhof). Bürgerhaus mit Bibliothek, wo Info-Material erhältlich und Gängiges zu erfahren ist.

ORIENTIERUNG

Bahnhof **(2)** und Busbahnhöfe **(3)** befinden sich am Nordand der Innenstadt. Verteiler für den motorisierten Individualverkehr ist der City-Ring O2, auf den alle stoßen, die stadteinwärts wollen und auf die Parkflächen verteilt werden. Im Norden hat die neue Brücke Odins Bro über den Odense Kanal den Ring geschlossen.

Unterkunft

HOTELS

◎ **HOTEL KNUDSENS GAARD (5)** (gehört zu »Best Western«), Hunderupgade 2, Tel. 6311 4311, www.bestwestern.dk. Dynamische Tarife je nach Buchungslage, EZ ab ca. 1.195, DZ ab ca. 1.295, weekend DZ ab 845 DKK.

Verteilt auf das Fachwerk-Ensemble eines früheren Bauernhofs direkt am City-Ring 02, nahe Hjallesvej (siehe oben unter »Orientierung«). Freies Parken, gut 20 Minuten Fußweg in die City, alternativ Gratis-Fahrräder. Empfehlung für das obere Preissegment.

◎ **HOTEL ODEON (6)**, Odeons Kvarter 11, Tel. 6642 0500, hotelodeon.dk. EZ ab 825 DKK, DZ ab 925 DKK, Angebote für weekend und Sonntage mit freiem Parken in der Nebensaison.

Nagelneues Hotel in neuem Quartier in zentraler Lage, kurzer Fußweg zu (Bus-)Bahnhof sowie vielen Attraktionen. Mit 1,40 m aber schmale Betten im Standard-DZ, keine Seltenheit.

◎ **CITY HOTEL (7)**, Hans Mules Gade 5, Tel. 6612 1258, www.city-hotel-odense.dk. EZ ab 795 DKK, DZ je nach Bettenbreite ab 845/1.045 DKK, weekend 650 und 745/950 DKK, Apartments ab 1.350 DKK/Tag, 6.750 DKK/Woche.

Ordentliches Mittelklasse-Hotel am Altstadtrand und nahe Bahnhof, dazu fünf APARTMENTS andernorts in der City. Dachterrasse, 20 Gratis-Parkplätze. Fahrradvermietung.

◎ **ANSGARHUS MOTEL (8)**, Kirkegårds Allé 17–21, Telefon 6612 8800, www.ansgarhus.dk. EZ 625 DKK, DZ 825 DKK, 3/4-Bett-Zimmer 945/1.045 DKK. Alle Zimmer mit Bad.

Eine gute Info-Quelle (auch) für junge Leute ist www.thisisodense.dk (Seite 17).

ODENSE ZENTRUM
Straßenbahn im Bau (geplanter Start: 2021)
Dannebrogsgade
Thomas B. Thriges Gade
Skibhusvej
Kochsgade
Enggade
Østre Stationsvej
Vestre Stationsvej
Hans Mules G.
Østergade
Kongens Have
Jernbanegade
Hans Tausens Gade
Rosengade
Sortebrødre Str.
H. Jensens Str.
Nørregade
Vindegade
Klostervej
Bergs Gade
Montestræde
Bangs Boder
Kongensgade
Jernbane-gade
Slotsgade
Overgade
Nedergade
Stålstræde
Fiske-torvet
Torvegade
Gertruds Stræde
Albani Torv
Skt. Knuds Plads
Vestergade
Vinlappersstræde
Gråbrødre Passagen
Brandts Passage
Pantheonsgade
Klare-gade
Pogestr.
Skt. Anne G.
Mageløs
Kloster haven
Klaregade
Klosterbakken
Ansgargade
Filosofgangen
Munke Mose
Odense Å
Odense Å Sti
0 100 m
Information/Orientierung:
1 Info-Material für Touristen
2 Bahnhof
3a/b Busterminals
4 Post
Unterkunft/Gastronomie:
5 Hotel Knudsens Gaard
6 Hotel Odeon
7 City Hotel
8 zum Ansgarhus Motel
9 Cab Inn Odense
10 Danhostel Odense City
11 zum Engholm B & B
12 zum Campingplatz
13 Restaurant Fynboen
14 Gastroteket
15 Kong Volmer
16 Olivia Brasserie
17 Café Biografen
18 Soup Stone Café
19 Arkaden Food Market
20 Storms Pakhus
21 Fischladen
Sehenswertes:
22 H.C. Andersens Hus
23 ab 2020 C. Nielsen Museet bis 2020 H.C. And. Museet
24 Montergården
25 Eisenbahnmuseum
26 Brandts
27 Tidens Samling
28 Odenses Domkirke
29 Sct. Albani Kirke
30 Eventyrhaven
31 Kunst Filosoffen
32 Odense Aafart
33 zu Odense Zoo und Freilichtmuseum mit Boot und zu Fuß
33a zu Zoo und Freilichtmuseum mit eigenem Fahrzeug
34 Odeon
35 Den Fynske Opera
36 zum Hafen
37 Kaufhaus Magasin
38 Bazar Fyn

Tadellose Unterkunft am südlichen Cityrand; wer gut zu Fuß ist, kann die Innenstadt von hier leicht erkunden, der Park mit Bootsanleger von Odense Aafart ist nicht weit. Grüner Innenhof und eigene Parkplätze.

◎ **CAB INN ODENSE (9)**, Østre Stationsvej 7, Tel. 6314 5700, www.cabinn.com. Economy ab 499 DKK, EZ ab 595, DZ ab 745 DKK. Frühstück 90 DKK.

Das Konzept war in Kopenhagen erfolgreich, der Name ist zutreffend, da die Zimmer Kabinen auf FÄHREN gleichen – zum Beispiel mit Etagenbetten und nur wenig Abstellplatz. Viel Service oder gar Annehmlichkeiten dürfen die Gäste nicht erwarten, jedoch einen lichten Frühstückssaal oben im Gebäude, mit dementsprechend flotter Aussicht auf Odense. Zentrale Lage nahe Bahnhof, Parkplätze bei frühzeitiger Anmeldung gegen Aufpreis.

JUGENDHERBERGEN

◎ **DANHOSTEL ODENSE CITY (10)**, Østre Stationsvej 31, Tel. 6311 0425, danhostelodensecity.dk. Geöffnet ca. 2.1.–15.12. 39 Zimmer mit Bad. Preis pro Bett 250 DKK, als EZ 430 DKK, als DZ 530 DKK, 3/4-Bett-Zimmer 630/730 DKK. Frühstück 69/35 DKK.

Zentral am Bahnhof, stolze 5 Sterne. Hoteltradition seit fast 100 Jahren. Diverse kostenpflichtig Parkplätze in der Umgebung.

◎ **DANHOSTEL ODENSE KRAGSBJERGGAARD**, Kragsbjergvej 121, Tel. 4241 5230, www.danhosteloden se.dk. Geöffnet etwa 20.1.–20.12. 32 Zimmer ohne Bad. Preis pro Bett 200, EZ ab 395 DKK, DZ ab 495 DKK sowie 3–6-Bett-Zimmer 595–895 DKK.

Der Kragsbjerggård ist ein riesiger, altehrwürdiger Herrenhof, ein Fachwerkbau mit Ziegeldach. 2 km südwestlich der City, schlichter und ruhiger als das andere Danhostel. Bus 61 ab Bahnhof (Richtung Tornbjerg).

BED & BREAKFAST

Die Website des Touristenbüros hat zurzeit rund 15 Adressen in Stadt und Umland parat. Die DZ-Preise liegen mehrheitlich bei 450–700 DKK, mal mit, mal ohne Frühstück (um 65 DKK). Während der Recherche in Ordnung:

◎ **ENGHOLM B & B (11)**, Lumbyvej 68, Tel. 9393 1945, www.engholm.dk. EZ je nach Zimmergröße 400/490, DZ 450/540 DKK, Preisnachlass bei längerem Aufenthalt. Frühstück 50 DKK.

Nördlich der City in ruhiger Lage, nahe Hafen. Die Zimmer verteilen sich auf einen zweckmäßigen Bungalow. Es gibt genügend Parkplätze im Hof und vor dem Grundstück. Optimal zur Fortbewegung ab hier ist ein Fahrrad, das auch gemietet werden kann.

CAMPING

◎ **ODENSE CITY CAMP (12)**, Odensevej 102, Tel. 6611 4702, www.dcu.dk. Ganzjährig geöffnet. Camping je nach Saison ab 92/43 DKK. Campinghütten (4 Personen) 460/560 DKK, Ferienhütten (4–6 Pers.) 710/815 DKK.

Schöner Platz mit verschieden gestalteten Stellflächen: mal offen, mal zwischen Hecken und unter Bäumen. Fahrrad- und Kanuvermietung, ebenso nicht motorisierte Gokarts für Kinder. Viele Möglichkeiten zur Freizeitgestaltung, gepflegte Anlage, nette Gastgeber. Bus 61/62 (Richtung Højby) ab Bahnhof-Südseite.

Durch diverse Neubauten vor allem im Billig-Sektor ist das Angebot an Hotelbetten gewachsen, die Konkurrenz auch und das Preisniveau stabil – der Druck untereinander geht allerdings zu Lasten von Pflege und nötiger Investitionen.

Essen und Trinken

DINER UND FROKOST

Es hat sich viel getan: In allen Preissegmenten sind die Lokale VIELFÄLTIGER geworden, dazu hat der Trend Streetfood Odense voll erfasst. Altgediente Gourmet-Restaurants wie »Under Lindetræet (Ramsherred 2) sowie »Oluf Bagers Gård« (Nørregade 29, Eingang 27) halten die Stellung.

◎ **FYNBOEN (13)**, Nørregade 17, Tel. 9290 5000, www.restaurantfynboen.dk. Di–Sa 17.30–22 Uhr. Brunch Sa+So 10–14 Uhr. Besser reservieren!

Als Referenz sei die Auszeichnung »Schiøtzprisen 2018« erwähnt, die die kreative Küche unter Verwendung fünischer Zutaten preist. Tatsächlich ist das Lokal trotz starkem heimatlichen Bezug kein Ort für den Seniorennachmittag, sondern KOMBINIERT das Bewährte aus der kulinarischen Tradition mit neuen Ideen. Auch der Gastraum ist eine Mixtur aus Gemütlichkeit und spleenigen Elementen. Zu essen gibt es abends ein festes monatliches Menü (500 DKK mit Snacks und Getränkekontingent, Di–Do 300 DKK ohne). Für besondere Anlässe oder einfach einen charmanten Abend. Alternativ Brunch für 200 DKK (reservieren).

◎ **GASTROTEKET (14)**, Nørregade 39, Tel. 2818 0111, www.gastroteket.dk. Di–Do ab 17 Uhr, Fr+Sa ab 10 Uhr.

Eine weitere Adresse für gehobene Gaumenfreuden bei überaus einfallsreichem Interieur. Die offene Einrichtung schafft eine familiäre Atmosphäre, die illuminierten Flaschen setzen Akzente. Das Konzept ist anders als im »Fynboen«: regionale Zutaten ja, aber mit mehr Variation, d.h. es kann nach dem TAPAS-Prinzip gekostet werden, entweder gemeinsam (»Socialisten«, 350 DKK/Person) oder individuell (»Liberalisten«, 99 DKK je Gericht, wobei 3–5 das Übliche sind). Zur Frokostzeit liegen die Preise bei 109–179 DKK.

◎ **KONG VOLMER (15)**, Brandts Passage 13, Tel. 6614 1128, kongvolmer.com. Mo–Fr 10–15 Uhr, Sa 11.30–16 Uhr, So 12–15 Uhr.

Die Öffnungszeiten deuten es an – ein typisch dänisches Frokostlokal. Unter Holzbalken-NOSTALGIE trifft man auf einem SMØRREBRØD-ZETTEL die Wahl (65–138 DKK) und lässt sich gegebenenfalls beraten, zum Beispiel was das passende Brot betrifft. Als Übersetzungshilfe diene zudem Seite 96 f. Sehr gut: Von vielen Smørrebrød lässt sich EIN HAPS (auf Dänisch ebenfalls: *haps, hapsere* in der Mehrzahl) ordern, wodurch mehr probiert werden kann. Des Weiteren gibt's Tellergerichte für diejenigen, die genau wissen, was sie wollen, und Mo–Fr 10–12 Uhr ein paar rustikale Einsteiger in den Tag. Nicht zu vergessen die SCHNÄPSE, die Eingeschworene zur Frokost-Tradition zählen. – Draußen sitzen geht auch, ist aber wegen des Geschiebes in der engen Passage nur bedingt anzuraten.

CAFÉKULTUR & NEUE KÜCHEN

◎ **OLIVIA BRASSERIE (16)**, Vintapperstræde 37, Tel. 6617 8744, oliviabrasserie.dk. Mo–Sa 10–23 Uhr, So 10–15 Uhr (auch Brunch).

In der benachbarten Fußgängerzone eines von Odenses altgedienten Café-Restaurants, nach wie vor populär und recht gut, im Preis überdurchschnittlich. Pariser Brasserien als Vor-

Die Website www.odensespiseguide.dk liegt zwar nur auf Dänisch vor, ist aber dank ihrer Kategorisierung unter »Spisesteder« ebenso für Fremdsprachige als Orientierung zu gebrauchen.

bild, drinnen gemütliches Flair, MEDITERRAN inspirierte Speisen, auch zur Frokostzeit (um 80–145 DKK); abends wählen die Gäste 2–4 Gänge (255–310 DKK) oder Tellergerichte (ab 155 DKK). Die Speisen sind ebenso vielfältig wie das Publikum: Hier treffen sich Generationen und fühlen sich wohl.

◎ **CAFE BIOGRAFEN (17)**, Amfipladsen 13, Tel. 6613 1616, cafebio.dk. Mo–Sa 10–23, So 10–22.30 Uhr.

Gut frequentiert, unprätentiös, unverwüstlich, stets einen Besuch wert: stilvoll der hohe SAAL, hohe Fenster, Holzdielen, die Tische nicht zu eng gestellt, dennoch kommt man hier ins Gespräch. Wer im Sommer draußen sitzt, hat weder Gedränge noch Straßenverkehr. Das Essen ist international, wie so oft Burger, Sandwiches, Salate, auch Brunch, für den kleinen wie großen Hunger 69–179 DKK. Lecker ist der *gedeost* (Ziegenkäse) mit Honig gratiniert sowie einfallsreich veredelt. Die Bestellung erfolgt am Tresen. Das Programmkino ist der Namensgeber.

◎ **SOUP STONE CAFÉ (18)**, Store Gråbrødrestræde 11, Tel. 2851 0928, soupstonecafe.dk. Mo–Fr 11–19.30 Uhr, Sa 11 bis mindestens 16 Uhr.

Die Küche asiatisch geprägt, Chef Amerikaner, das Konzept ein Erfolg: Es gibt rund 10 Gerichte, keineswegs nur Suppen, wie es der Lokalname nahelegt, sondern auch Currys u.a. Serviert in Schalen, die Gäste können sich zwischen drei Portionensgrößen entscheiden und (gegen Aufpreis) Brot sowie andere Zutaten hinzubestellen. Als SPEZIALITÄT des Hauses gilt Pad Thai. Alles wird frisch zubereitet, mit 45–75 DKK preiswert. Der kleine Gastraum ist zweckmäßig, aber dennoch freundlich eingerichtet; es gibt einige nette Plätze, auch am Fenster.

◎ **ARKADEN FOOD MARKET (19)**, Vestergade 68, Tel. 3176 7352, arkadenfoodmarket.dk. So–Do 11.30–21, Fr +Sa 11.30 bis mindestens 22 Uhr.

Über 20 internationale Küchen verteilen sich über zwei Etagen in einer offenen Halle mit umlaufenden Galerien. 500 Plätze für Besucher soll es geben, die Dimensionen sind großzügig und die Gerüche anregend. Zuvor waren hier Bars und Discos versammelt und sorgten für Partys, an ihrer Stelle wird STREETFOOD WETTERFEST.

Nach dem heißen Sommer 2018 soll die Halle klimatisiert werden, weil damals eher die Konkurrenz profitierte:

◎ **STORMS PAKHUS (20)**, Seebladsgade 21, Tel. 3397 0760, stormspakhus.dk. Di–Do 11 bis maximal 23, Fr+Sa bis maximal 2 Uhr.

In einem früheren Lagerhaus nördlich der Bahnlinie im vernachlässigten Quartier Nørrebro schlug 2017 die Eröffnung des Odense Street Food ein. Das lichte Innere mit Stützbalken und Dachkonstruktion aus Holz füllen Buden und Stände, außer Kulinarischem gibt's hier auch einen Frisör u.a. Vieles wirkt flippig, einiges improvisert und erinnert an den Freistaat Christiania in Kopenhagen. Die Speisen sind unter 100 DKK zu haben. Manche Gäste erscheinen nur auf einen Cocktail.

◎ Mit schmalem Budget ist das Café im Kulturzentrum **KULTURMASKINEN** eine gute Idee: Kaffee 15, Smørrebrød 22, Salat nach Gewicht, lun frokostret (warmer Snack) 60 DKK, auch Süßes. Mo–Do ab 11 Uhr, s.S. 159. **(27)**

◎ **FRISCHFISCH (21)**: Hilbert Christiansen, Klaregade 20 (Ecke Mageløs).

Odense Streetfood in- und outdoor: oben zünftig vor und in »Storms Pakhus«, unten schicker im »Arkaden Food Market« ▶

ERIC STORM A/S
SÆKKE- & PAKHUSFORRETNING
PLASTFOLIE - PLASTPOSER
Faste Events
Hver tirsdag:
Yoga kaffeklub kl. 15-16
Quiz kl. 19-21
Hver onsdag:
Happy Moves kl. 17-19
Hver fredag:
DJ kl. 15-19
Live Musik kl. 19
Hver lørdag:
DJ kl. 15-23
CHIPS
PASTEL BRASIL
OTTOS
ADAMSEN'S FISK

H.C. ANDERSEN (1805–1875) ...

... ist vor allem als großer Schriftsteller bekannt (wie es dieses Buch bereits auf Seite 8 erläutert), er war jedoch auch ein SKURRILER Zeitgenosse mit einigen Eigenheiten: So führte er auf Reisen jahrelang stets ein Tau mit sich (das das Andersen Hus besitzt), um sich im Fall eines Hotelbrands abseilen zu können. Ebenso fuhr er bevorzugt in der 1. Klasse Eisenbahn, da er hier weniger damit rechnete, dass ihm sein Koffer gestohlen werden könne. Wenn er auf der Straße willkürlich ein paar Kinder fragte, ob sie den Märchendichter Andersen kennen würden, und diese verneinten, soll er bitter enttäuscht gewesen sein.

H.C. ANDERSENS ODENSE

Das NAGELNEUE 5-IN-1-TICKET gilt im H.C. Andersen Museum, im H.C. Andersens Hus (Haus), im H.C. Andersens Barndomshjem (im Geburtshaus des Dichters), ferner im Stadtmuseum Møntergården und im Kinderkulturhaus Fyrtøjet. Das Ticket kostet 110/0 DKK, vom 15.6. bis 15.9. 135/0 DKK. Tel. 6551 4601, hcandersensodense.dk.
H.C. Andersen Museum und Fyrtøjet sind zurzeit an anderen Orten untergebracht, bis 2020 das neue, moderne und zum Teil unterirdische Erlebniszentrum »Det ny H.C. Andersen Hus« (»Das neue H.C. Andersen Haus«) seine Pforten in der Hans Jensen Stræde öffnet.

▲ Statue des Märchendichters vor der Claus Bergs gade 7

Stadtrundgänge

IM ALTSTADTVIERTEL

◎ **H.C. ANDERSENS MUSEUM**, bis 2020 Claus Bergs gade 11 **(23)**. Di–So 10–16 Uhr. 5-in-1-Ticket 110/0 DKK. Ab 2020 Hans Jensens Stræde 45 **(22)**.

Die Institution verfügt über zahlreiche WERTVOLLE Dokumente, Zeichnungen, Fotografien, persönliche Gegenstände u.a., die die Biografie des Meisters nachvollziehen. Die Präsentation vor Ort ist ansprechend, sofern man Interesse mitbringt.

Da zurzeit ein Neubau entsteht und die Ausstellung in einem Provisorium im bisherigen Konzerthaus untergebracht ist, werden wir ab 2020 online über das NEUE H.C. Andersen Hus berichten, das Museum inbegriffen.

◎ **H.C. ANDERSENS HUS (22)**, Hans Jensens Stræde 45, in 2019 Di–So 11–12, 13–14, 15–16 Uhr, ab 2020 erweitert. Mit 5-in-1-Ticket 110/0 DKK.

In diesem Häuschen kam der Dichter einst zur Welt, zu besichtigen sind u.a. der vermutliche Raum des Ereignisses und einige Memorabilien. Zugänglich ist ebenso die runde MINDEHALLE (Gedächtnishalle aus 1929), die der Maler *Niels Larsen Stevns* mit Fresken ausschmückte; diese stellen Episoden aus Andersens Leben dar.

Mit Eröffnung des neuen Andersen Hus nebenan (siehe »H.C. Andersens Odense«) werden sich Öffnungszeiten und Zugang ändern.

◎ **CARL NIELSEN MUSEET**, ab 2020 wieder im Concerthuset **(23)**, Claus Bergs Gade 11. (Bis dahin ist eine Ausstellung im Geburtshaus des Musikers zu sehen, in Ny Lindelse, Odensevej 2 A. 1.5.–30.9. Di–Do 11– 15 Uhr. Eintritt 30/0 DKK.) museum.odense.dk

Mit Rückkehr ins Konzerthaus 2020 wird das Museum eine modernisierte Ausstellung präsentieren; wobei das Thema selbstredend gleich bleibt – es schildert das Leben des Komponisten *Carl Nielsen* (1865–1931) und seiner Frau *Anne Marie* (1863–1945), die sich als Bildhauerin etablierte. Ihre Werke werden zu sehen und seine Musik zu hören sein, ebenso wie das gemeinsame Wohnzimmer, ihr Atelier sowie sein Musikzimmer zum Museumsfundus gehören.

◎ Das verhalten futuristische Aussehen des **KONCERTHUSET** wirft einen lebhaften Funken in die verträumte Altstadtarchitektur. Schön anzusehen ist es, 1988 eröffnet, als die Stadt ihren 1.000. Geburtstag feierte. **(23)**

CARL NIELSEN (1865–1931)

Nielsens Lebenslauf ist ein Paradebeispiel für den talentierten Knaben aus der Unterschicht, der fleißig und beharrlich seinen Weg verfolgte, um sich einen Traum zu verwirklichen. Schützenhilfe bot die Anstellung beim Militärorchester in Odense, die ihm ein gewonnener Talentwettbewerb einbrachte. Der Ausbildung zum Violinisten und Komponisten am Kopenhagener Musikkonservatorium (1884–88) folgten Stipendien sowie Auslandsaufenthalte. In Paris traf Nielsen 1890 die Bildhauerin *Anne Marie Brodersen*, die zwar aus wohlhabendem Haus stammte, jedoch – ebenso gegen den Widerstand ihrer Familie – die Künstlerlaufbahn eingeschlagen hatte. Es soll Liebe auf den ersten Blick gewesen sein. Für die beiden war Paris mit seiner großen Künstlerkolonie (Renoir, Monet, Gauguin, Rodin, Willumsen) ein Ort ständiger Inspiration. Nach nur sporadischen Erfolgen erhielt Nielsen 1903 ein festes Arrangement bei einem Musikverlag. Außer klassischen Werken komponierte er Volks-, Kinder- und Kirchenlieder, gab jedoch nur selten Solokonzerte.

In den letzten 16 Jahren seines Lebens arbeitete er als Lehrer am Musikkonservatorium. In dieser Zeit wurde der bekannte Künstler von einer Ordensverleihung zur nächsten Ehrung gereicht.

◎ STADTMUSEUM **MØNTERGÅRDEN (24)**, Møntestræde 1, Tel. 6651 4601, museum.odense.dk. 15.6.–15.9. täglich 10–17 Uhr, sonst Di–So 10–16 Uhr. Mit 5-in-1-Ticket 110–135/0 DKK (siehe H.C. Andersens Odense, Seite 154). Ticket nur für den Møntergården 85/0 DKK. Texte auch auf Englisch.

Die schmale Gasse MØNTESTRÆDE verband im Mittelalter die Hauptstraße mit der Münzwerkstatt des Dominikanerklosters. Zur historischen Bebauung fügte man 2013 Neubauten hinzu, so dass ein richtiges Museumsviertel (auch mit Kinderabteilungen) entstand. Die älteste genutzte Gebäude (1646) ist prächtig restauriert – allein die Holzfenster sind eine Zierde.

Die Ausstellungen des Museumsviertels widmen sich Fünen wie Odense, das von seiner Lage auf den Routen zwischen Großem und Kleinem Belt profitierte. Südlich der heutigen Stadt lag eine der fünf großen dänischen Wikingerburgen, von denen man heute weiß, NONNEBAKKEN. Archäologische Ausgrabungen haben auch auf Fünen viel über diese Zeit zu Tage gefördert.

Nach der Reformation übernahmen Wissenschaftler wie Ärzte und Apotheker Funktionen, die zuvor die Geistlichen ausgeübt hatten, löste die Forschung langsam den Glauben an übernatürliche Dinge ab. Doch ab 1660 verlor Odense Privilegien und an Bedeutung, als sich die Macht beim Königssitz in Kopenhagen konzentrierte. Die Stadt Odense war nur noch Provinz.

◎ BØRNEKULTURHUSET **FYRTØJET (24)**, zumindest bis 2020 im Møntergården, ab 2020 noch offen. Bis dahin 15.6.–15.9. täglich 10 –17 Uhr, sonst Sa+So 10 –16 Uhr. Mit 5-in-1-Ticket 110–135/0 DKK (siehe H.C. Andersens Odense, Seite 154).

Im FEUERZEUG (Fyrtøjet), treffend auch Kinder-Kulturhaus, werden die Märchen des H.C. Andersen wieder lebendig, und die Kinder sind mit Kostümen und Requisiten mittendrin.

◎ **MEDIEMUSEET**: ab (Herbst) 2019 im Møntergården. Nach 34 Jahren im Kulturpalast Brandts (siehe Seite 158) zieht das MEDIENMUSEUM um. Sein Auftrag ist es, die Geschichte der gedruckten und elektronischen Medien Dänemarks aufzubereiten. Eine Ausstellung zum Auftakt wird »Die Medien zwischen Aufklärung und Unterhaltung« zum Thema haben. Aktuelle Information: museum.odense.dk.

Für die historischen Druckmaschinen und vor allem für die Freiwilligen, die die Maschinen bedienten und erklärten, ist im neuen Domizil und Konzept kein Platz mehr. Sie werden leider in den – endgültigen – Ruhestand geschickt: bedauerlich, bedenkt man, dass ausgerechnet das Engagement Freiwilliger und mit diesem ein lebendes Museum entsorgt wurden.

RUND UM KONGENS HAVE

◎ Auf dem Bahnhofsvorplatz wurde 2005 aus Anlass von H.C. Andersens 200. Geburtstag die 8 m hohe **SKULPTUR** »Skyggen, Rejsekammeraten og improvisatoren« errichtet (Der Schatten, der Reisegefährte und der Improvisator). Beauftragt war kein Geringerer als *Bjørn Nørgaard,* einer der meist gefragten dänischen Künstler. Die beeindruckenden Bronzeskulpturen stehen auf Granitsockeln und haben dem überdimensionierten Platz endlich einen Blickfang beschert.

Zum Museumsviertel Møntergården gehört auch Odenses ältestes bewahrtes Gebäude, der Kaufmannshof Ejler Rønnows Gård (1547). Ursprünglich in der Nørregade errichtet, wurde das rote Fachwerkhaus 1939 hierher versetzt.

EMPFEHLUNG: **DÄNEMARKS EISENBAHNMUSEUM** (25)

◎ Das Eisenbahnmuseum ist im alten **DEPOT** nördlich vom Bahnhof untergebracht. Blickfang sind zum Beispiel die gigantischen Dampflokomotiven, wobei der technische Fortschritt recht anschaulich dokumentiert ist, zum Beispiel von einem der ältesten Schätze vor Ort, der B 45 aus dem Jahr 1869, zur Schnellzuglok P 931 (1916), die bis 1958 in Betrieb war. Insgesamt sind die Texte, die überwiegend auch auf Deutsch vorliegen, sehr präzise und stillen auch den Wissensdurst von Eisenbahn-Insidern. An einer Diesellok hat man die Verkleidung entfernt, um Einblick in die Technik zu ermöglichen. Mehrere Führerstände sowie Waggons sind zu begehen. Über das Museum verteilt, laufen Führerstandsfahrten, Reiseberichte u.a. auf Bildschirmen.

◎ Die beeindruckende **AUSSTELLUNG** wird beständig vergrößert: Vor Jahren erfuhr man von einem Speisewagen aus Rumänien, der sein Dasein inzwischen auf einem Abstellgleis im belgischen Ostende fristete; schon bald gelang es, das seltene Stück nach Odense zu überführen, wo es nun von innen inspiziert werden kann. Die Heizung des in den 1940er Jahren gebauten Waggons funktionierte mit Kohlenbefeuerung.

Im Jahr 2001 ausrangiert wurde ein königlicher SALONWAGEN, der seit 1937 seinen Dienst versehen hatte. – Einen besonderen Bezug zum Alltag verrät der kuriose Doppelstockwagen, der bis Mitte der 30er Jahre in Kopenhagen unterwegs war, indem er die Hauptstädter zu ihrem populären Ausflugsziel Dyrehaven hinaus ins Grüne beförderte. 60 Stück waren damals im Einsatz, allerdings wegen der beengten Verhältnisse nicht populär und – typisch dänischer Humor – in »Bismarck« umgetauft.

Zum Fundus gehören neben Loks und Waggons eine stationäre Dampfmaschine aus der eisernen Pionierzeit, alte Stellwerke und Signale, ein hölzerner SCHNEEPFLUG (1869), Wartungsfahrzeuge, Schienentraktor, Uniformen, Lochzangen und Tickets, Busse und Modelle von Fähren aus der Zeit, als die Dänischen Staatsbahnen (DSB) für diesen Transport zuständig waren.

Fotos dokumentieren die Besatzungszeit 1940–45, als die Eisenbahn beim Transport von Truppen und Material eine wichtige Rolle für die Wehrmacht spielte und Widerstandskämpfer Sabotageakte auf Gleisanlagen verübten. 2006 eröffnete Kronprinz Frederik die Ausstellung zur dänischen Eisenbahngeschichte, die Entwicklung des Gleisnetzes seit 1848 samt den Verbindungen zwischen den Inseln, mit Modellen im Maßstab 1 : 20 bis hin zu Eisenbahnspielzeug aus den 1950er Jahren. Hier, unter dem Dach, werden auch Sonderausstellungen arrangiert.

◎ **DANMARKS JERNBANEMUSEUM**, Dannebrogsgade 24, Tel. 6613 6630, www.jernbanemuseet.dk ausgiebig auf Deutsch und mit Museumsapp. Täglich 10–16 Uhr. Eintritt 80/0 DKK, in den Ferien mit Sonderveranstaltungen 110/50–0 DKK.

◎ Das Eisenbahnmuseum hat für **KINDER** einiges zu bieten: Eine Mini-Bahn zuckelt über das Gelände, der neue Außenbereich zum Spielen wird bestens angenommen, und es warten weitere Attraktionen.

Vom Eisenbahnmuseum ist es gar nicht mehr weit zum **HAFEN**. Da die spannende Entwicklung dort aber ein großes Areal betrifft, raten wir die ERKUNDUNG AUF EINEM FAHRRAD an (siehe Seite 168 f.).

◎ Nahe der Skulptur findet sich das Hauptgebäude von Fünens größter Regionalzeitung: Fyens Stifstidende.

Nebenan erstreckt sich **KONGENS HAVE**, der Garten = Park des Königs. Das weiße »Schloss« ODENSE SLOT ist eher profan (1723), im Besitz der Kommune und nicht zu besichtigen; der Parkrasen gilt im Sommer als populärer Treffpunkt.

◎ Das südliche Parkende an der Jernbanegade markieren Alt- und Neubau des **ODENSE TEATER**, das über einen modernen Theatersaal in dem neuen »Odeon« verfügt, seinen Stammsitz aber hier in Hausnr. 21 beibehält.

Bald folgt auf derselben Straßenseite ein KLASSIZISTISCHER BAU MIT SÄULEN. Hier residierte von 1885 bis 2018 das Fyns Kunstmuseum, dessen Werke 2019 in das vergrößerte Kulturzentrum Brandts umzogen und dort nun als Brandts Collection firmieren:

BRANDTS

Für den Besuch bei Brandts empfiehlt es sich, im Voraus via brandts.dk die aktuellen Ausstellungen und Veranstaltungen zu begutachten. Seit 1987 befindet sich die Kulturinstitution in Teilen der früheren Tuchfabrik, deren Produktion 1977 eingestellt worden war. 2019 wurde ein völlig neu strukturiertes Kunstmuseum etabliert:

◎ **BRANDTS** (26), Brandts Torv 1, Tel. 66520 7000, brandts.dk. Sa+So+Di 10–17 Uhr, Mi–Fr 10–21 Uhr. Eintritt Do 17–21 Uhr frei, sonst 90/0 DKK. Do 17 Uhr Führung auf Englisch gratis.

Mit der Neustrukturierung wurden die Kunsthalle Brandts, das Museum für Fotokunst und Fünens Kunstmuseum vereint. Das alles firmiert fortan unter »The Brandts Collection – Painting, Sculpture and Photography«.

Während zeitgenössische und Fotokunst vorwiegend als Wechselausstellungen präsentiert werden, kann die gewaltige Sammlung des Kunstmuseums stets nur zu einem Teil permanent sowie in Themenausstellungen zur Geltung kommen. Die Werke reichen bis ins Jahr 1750 zurück und stammen in der älteren Abteilung bevorzugt von fünischen Malern. Einen anderen Schwerpunkt bildet geometrisch-abstrakte Kunst, zum Beispiel aus der CoBrA-Gruppe, 1948 gegründet von Künstlern aus Kopenhagen, Brüssel, Amsterdam. Jedenfalls ist das Who is who dänischer Malerei vertreten. Zum Fundus gehören Werke u.a. von *Wilhelm Bendz,* Jens Birkholm, *Dankvart Dreyer,* Harald Giersing, *Wilhelm Hammershøi, Svend Wiig Hansen, Asger Jorn, P.S. Krøyer, Christen Købke,* Johannes Larsen, *Vilhelm Lundstrøm, J.F. Willumsen, Kristian Zahrtmann.*

KULTURMASKINEN

Ebenfalls auf dem früheren Areal der Tuchfabrik entstand das KULTURZENTRUM mit mehreren Bühnen, Kunsthandwerkstätten, Räumen für Bürger und Veranstaltungen, einem Lokal für Budgetreisende (siehe Seite 152) und:

◎ **TIDENS SAMLING (27)**, Kulturmaskinen, Farvergården 7, Tel. 6591 1942, tidenssamling.dk. Mo–Sa 10–16 Uhr. Eintritt 50/30–0 DKK.

Eine ZEITREISE zwischen 1900 und 1980 ermöglichen neun original eingerichtete Zimmer aus ganz verschiedenen bürgerlichen Haushalten, so als wären die Bewohner gerade mal kurz zum Einkaufen. Wer vor 1980 geboren ist, wird manchen Stil, manche Stücke wieder erkennen, ob von zu Hause oder vom Besuch bei den Großeltern. Für viel Jüngere ein Ausflug in die unfassbare Zeit, als nicht fortwährend Bildschirme flimmerten, Musik aus unhandlichen Truhen kam und Telefone noch Wählscheiben hatten. Passend zum Themenkreis werden auch Sonderausstellungen arrangiert.

◎ Zur Brandts Passage hin steht noch ein von außen weitgehend erhaltenes Haus aus der Zeit der Tuchfabrik, von 1869 bis 1977 in Funktion: die Färberei (1930), **FARVERIET**, das Gebäude mit den vier schwarzen, heute verkleideten Schornsteinen.

AM FLUSS ODENSE Å ENTLANG

Gegenüber vom Rathaus erhebt sich gen Süden, zum Fluss hin, die mächtige Sct. Knuds Kirche, Odenses Dom:

◎ **ODENSE DOMKIRKE (28)**, Klosterbakken 2, www.odense-domkirke.dk. So+Mo 12–16, Di–Sa 10–16 Uhr, 1.4.–31.10. evtl. verlängert. Eintritt frei.

Die größte Kirche Fünens wurde im 13. Jahrhundert nach rund 200-jähriger Bauzeit fertig gestellt. Häufig wird sie als Dänemarks bedeutendste gotische Kirche bezeichnet – nur warum, erfährt der Wissbegierige nicht. Der Heilige Knud, dem sie geweiht wurde, fiel 1086 im Vorläufer der benachbarten Sct. Albani Kirke einem Mordanschlag zum Opfer. Der Heiligenschrein mit seinen sterblichen Resten steht in der mittelalterlichen Krypta. Den Chor des hohen, stilreinen Innenraums dominiert die 5 m hohe, geschnitzte und vergoldete Altarwand, eine Arbeit des Lübecker Künstlers *Claus Berg* (16. Jh.), nach dem auch eine Straße in Odenses Altstadtviertel benannt ist.

◎ Der Dom ist nicht zu verwechseln mit der KATHOLISCHEN **SCT. ALBANI-KIRKE (29)**, Adelgade 1 (Ecke Torvegade). Eingang rechts vom Hauptportal. Täglich 8–17 Uhr.

1908 wurde die Kirche im weitgehend gotischen Stil eingeweiht. Die wunderschönen Schnitzereien schufen Südtiroler Künstler, die Glasmalereien stammen aus Deutschland.

◎ An Rathaus und Dom vorbei geht es hinunter zum Fluss Odense Å, wo der PARK **EVENTYRHAVEN (30)** auf einem Inselchen angelegt ist. Früher hieß der Park H.C. Andersen Haven, passend zur Statue des Dichters (siehe Seite 154). Die Anlage ist die neue Heimat der populären H.C. Andersen PARADEN (siehe Seiten 163 und 165), die zum Touristenmagnet avancierte.

Über eine weitere Brücke gelangt man nahe ans Flussufer; keine 200 m weiter wechselt der Fußweg die Flussseite und setzt sich drüben fort, ufernah und die Klaregade kreuzend.

◎ Am Filosofgangen (!), dort wo die Straße Ny Vestergade den Odense Å überquert (siehe Stadtplan Seite 149, links unten), ist ein auffälliges Gebäude platziert: KUNSTBYGNINGEN **FILOSOFFEN (31)**, Filosofgangen 30, Tel. 6375 0890, www.filosoffen-odense.dk. Di–So 11–17 Uhr. Eintritt frei.

Früher sah das lichte Gebäude von außen einer Pagode ähnlich (1994); inzwischen erhielt es einen nicht minder ansehnlichen, verglasten Vorbau. Verantwortlich für den Betrieb ist das Kulturzentrum Kulturmaskinen. Präsentiert werden wechselnde Ausstellungen primär an Kunst und Design.

◎ Auf der anderen Flussseite, direkt an der viel befahrenen Straße Filosofgangen, fallen FASSADENMALEREIEN ins Auge. Dort ist der Komplex der Fünischen Oper, **DEN FYNSKE OPERA**, beheimatet (siehe Seiten 164/165).

◎ Die Ecke an der Flussbiegung heißt **MUNKE MOSE** und ist Startpunkt für viele Ausflüge ins Grüne. Fluss und Ufer sind mit neuer Freitreppe, Wasserfällchen, Forellentreppen und Bootsvermietung verschönert worden.

◎ EMPFEHLUNG: **ODENSE AAFART (32)**: Bei Munke Mose starten offene AUSFLUGSBOOTE Richtung Zoo und Fünisches Dorf; das Freilichtmuseum liegt 15 Minuten zu Fuß ab der grünen Lunge FRUENS BØGE, der Endhaltestelle der Ausflugsboote. Fruens Bøge ist seit der zweiten Hälfte des 19. Jhs. ein beliebtes Ausflugsziel der Stadtbevölkerung; ab Anleger Munke Mose bei der Kunsthalle sind es knapp 3 km zu Fuß bis Fruens Bøge bzw. fast 2 km bis zum Zoo; das Boot benötigt 35 bzw. 25 Minuten, hält jedoch auf der Rückfahrt nicht mehr (!) am Zoo. Ende April bis etwa 20.10., in Vor- und Nachsaison nur tageweise, Mai bis Ende August täglich 10/12–17/18 Uhr stündlich ab Munke Mose. Ticket retour 95/65 DKK. Telefon 6610 7080, www.aafart.dk auch auf Deutsch.

Am Anleger Munke Mose sind ferner Ruder- und Tretboote zu mieten.

◎ EMPFEHLUNG: **ODENSE ZOO (33)**, Søndre Boulevard 306, Tel. 6611 1360, www.odensezoo.dk. Ende Juni bis 31.8. täglich 9–19/18 Uhr, ab 1.4. und September Mo–Fr 9–17, Sa+So 9–18 Uhr, sonst 9 –16/17 Uhr. Eintritt saisonabhängig 180–220/100–110 DKK, Familien (2+2) 500–590 DKK. Busse 141/151 (Richtung Faaborg/Assens).

Schöne Landschaftsarrangements prägen den Zoo von Odense. Die Tiere stammen aus einheimischen Gefilden ebenso wie aus fernen Ländern, so die Sibirischen Tiger, die an Austauschprogrammen teilnehmen – die Nachkommen werden auf andere Zoos verteilt, um Inzest vorzubeugen. Der Zoo wirkt gepflegt und ist vom Staat zertifiziert, manche Gehege erscheinen dem Laien dennoch beengt.

Zu den neueren Anlagen zählen das Ozeanium (mit stimmungsvoller Pinguinlandschaft), Afrika- und Schimpansenhaus, das Terrain für die Riesenschildkröten und der südliche Teil mit der weiten Savannenlandschaft.

Es lohnt sich, im Voraus die AKTUELLEN FÜTTERUNGSZEITEN ONLINE abzufragen. Das ganze Jahr über finden spezielle Veranstaltungen statt: Der Vinter Zoo (1.12.–28.2.) hat ein der Jahreszeit angemessenes Programm gegen Dunkelheit und raues Wetter. 2019 öffneten Plateaus und hängende Stege in den Baumwipfeln.

Oben Odense Aafart an der südlichen Endstation Fruens Bøge, von wo aus man zu Fuß zum Freilichtmuseum Fünisches Dorf (siehe Seite 162) gelangt; bereits vor Fruen Bøge liegt der Odense Zoo an der Route der Ausflugsboote ▶

◎ FREILICHTMUSEUM **DEN FYNSKE LANDSBY**, Sejerskovvej 20, Tel. 6551 4601. 1.7.–31.8. täglich 10–17/18 Uhr, Juni Di–So 10–17 Uhr, ab April sowie bis ca. 20.10. Di–Fr 10–16 Uhr, Sa+So 10–17 Uhr. Eintritt Hochsaison 110/0 DKK, sonst 75/0 DKK. Busse 110/111 (Richtung Assens/Faaborg). **(33)**

Mehr als 25 historische Gebäude bilden Das FÜNISCHE DORF, die meisten aus dem 18. und 19. Jahrhundert. Herrschaftliche wie bescheidene Bauernhöfe, Wind- sowie Wassermühle, Schmiede und Ziegelei, Korbflechterei und andere Werkstätten, Pfarrhof, Schulstube, Armenhaus u.a. wurden aus ganz Fünen hier versetzt.

In der Hauptsaison kehrt Leben ein, sind die Gebäude bewohnt, verrichten Landwirte sowie Handwerker im Beisein der Besucher ihre Arbeit in traditioneller Weise. In dieser Zeit lohnt es sich, im Fünischen Dorf vorbeizuschauen. Wer es außerhalb der Hochsaison besucht, findet das Gelände weitgehend verlassen und ein wenig trist vor, wenn kaum Werkstätten besetzt sind. Auf dem Areal sind nur wenige Texttafeln aufgestellt, einige u.a. auf Englisch auch in den Gebäuden; wer sich näher interessiert, muss eine Broschüre kaufen. Geld lassen besonders Familien mit Kindern auch beim KUTSCHER, der eine Runde durch das Gelände dreht. Wer alle Wege selbst erkunden will, muss gut zu Fuß sein. Achten Sie IM SOMMER auf angekündigte Veranstaltungen. Das Gartencafé hat Kuchen, Snacks, Erfrischungen.

Sehr gut sind die Kurzfilme zum Leben mit der Landwirtschaft in früheren Zeiten, die das Kino im Eingangsgebäude präsentiert.

Unterhaltung

SIGHTSEEING

◎ **GRATIS CITY BUS 10**: Die beiden Linien 10 C (Citybus) und 10 H (Havnebus alias Hafenbus) verkehren Mo–Sa im 10-Minuten-Takt (10 C) und 40-Minuten-Takt (10 H), wobei sich der Hafenbus eher als Zubringer und weniger als Sightseeing-Route eignet. Mo –Fr etwa 9–17 Uhr, Sa und 1. Sonntag im Monat etwa 11–16 Uhr. Beide Linien starten und enden am Busbahnhof OBC Syd Plads **(3a)**, 10 C ferner u.a. am Filosofgangen.

◎ **ODENSE AAFART (32)**: siehe Seite 160. Für die Abfahrten mit Jazzkapelle an Bord (Sa Hochsaison) müssen die Tickets weit im Voraus abgeholt werden. Solche Sonderfahrten sind auch teurer: 120 DKK. www.aafart.dk.

◎ **STADTWANDERUNG**: 13 mit Granitsteinen markierte Stationen **AUF DEN SPUREN VON H.C. ANDERSEN**: darunter auch das H.C. ANDERSENS BARNDOMSHJEM in der Munkemøllestræde 3–5, wo der Dichter seine Kindheit und frühe Jugend verbrachte. Das Heft »H.C. Andersens Odense« begleitet Sie u.a. auf Deutsch, Herausgeber sind Odenses Bys Museer, mehr Information: andersensodense.dk.

FESTE, VERANSTALTUNGEN

◎ AKTUELLE **INFORMATION**: Unter www.visitodense.com gibt die Rubrik »Aktuell« Auskunft über jährlich wiederkehrende Events, die Orte des Geschehens und vor allem den aktuellen Veranstaltungskalender von Ausstellungen über Markttage bis hin zu DJ- und Club-Empfehlungen.

In den städtischen Museen (und das sind außer »Brandts« alle von Bedeutung) liegt im Normalfall ein separates Programmheft aus, das die Veranstaltungen dieser Institutionen zusammenfasst, wenn auch (bisher) nur auf Dänisch.

◎ HAFENFEST **ODENSE HAVNEKULTURFESTIVAL**: an einem verlängerten Wochenende Ende Mai / Anfang Juni ein buntes Programm mit Kunst, Musik und Tanz, sportlichen Aktivitäten an Land und zu Wasser, natürlich Essensständen u.v.a. Es gibt eine ganze Reihe an Angeboten für Kinder, Jugendliche und junge Leute. Das Hafenfest ist seit 2006 ein fester Bestandteil im Jahreskalender und wurde seit Belebung des Hafens noch populärer. Rund um Byens Ø, am Finlandkaj nördlich der City. Fr ab ca. 16, Sa +So ab 10 Uhr. www.havnekulturfestival.dk.

◎ **H.C. ANDERSEN PARADEN**: KINDER und Erwachsene spielen für Kinder und Erwachsene THEATER sowie die Märchen des großen Schriftstellers in Erinnerung, keine holprige Laienaufführung, sondern vielmehr eine lebhafte Show, die landesweit und sogar im Ausland gebucht wird. Mit den Bauarbieten am neuen Andersen Hus bezog die Paraden ihr neues Domizil im kleinen Park Eventyrhaven **(30)**; eigentlich als Provisorium gedacht, kam dieser Ort so gut an und stellten sich dermaßen viele Besucher ein, dass es durchaus über 2020 hinaus dabei bleiben könnte. Juli bis etwa 10.8. Mo–Sa um 11 und 13 Uhr. Eintritt frei. Bereits um 12.45 Uhr findet sich das Ensemble am Rathaus ein, gibt eine kleine Kostprobe und läuft anschließend gemeinsam mit dem Publikum hinunter zum Eventyrhaven. Siehe Seite 165.

◎ **H.C. ANDERSEN FESTSPILLENE** I ODENSE: etwa 20.7. bis 10.8. auf der Freilichtbühne im FÜNISCHEN DORF. Aufführungen von Märchen, auch als Kindermusical, aber nicht zu vergessen: auf Dänisch. Die Tickets sind in der Regel mit Vorverkaufsbeginn (am 1.4.) begehrt. Tickets sowie Eindrücke vermittelt www.hcandersenfestspillene.dk.

◎ **ODENSE MIDDELALDERDAGE** am Wäldchen Tusindårskoven am Elsemindevej, im Südwesten der Stadt: Ritterturnier, Gaukler, Musik sowie die unvermeidlichen Stände schaffen ein wenig Mittelalter-Flair. Mi–So Ende Juli /Anfang August. www.o-md.dk.

◎ **BLOMSTERFESTIVAL**: Eine ganz große Nummer ist das BLUMENFEST in der Innenstadt, vor allem rund ums RATHAUS in der Vestergade sowie im EVENTYRHAVEN, zwischen Dom und Flussufer. Plötzlich Blumen allerorten, und die Gärtnereien laufen zur Hochform auf. An rund vier Tagen Mitte August, extra Angebote für Familien mit Kindern. Das Festival ist ein Aushängeschild für die Stadt, nicht ohne Grund fungiert Kronprinzessin Mary inzwischen als Schirmherrin. www.blomsterfestival.dk mit Kurzversion auf Englisch.

◎ ODENSE **INTERNATIONAL FILM FESTIVAL**: Kurz- und Dokumentarfilme, in Kinos und Lokalen. Mitte/Ende August an sieben Tagen. Eintritt frei. filmfestival.dk auch auf Englisch.

◎ **H.C. ANDERSEN MARATHON** an einem Sonntag in der zweiten Septemberhälfte: im Programm auch ein Halbmarathon sowie ein Mini-Marathon für Kinder. Zuletzt mit mehr als 5.400 Teilnehmern. www.hcamarathon.dk auch auf Deutsch.

◎ **H.C. ANDERSEN JULEMARKED**: Weihnachtsmarkt am ersten und zweiten Adventswochenende, Ved Sortebrødre Torv mitten in der Altstadt; es gibt weitere weihnachtliche Arrangements im Fünischen Dorf und in der Stadt selbst (Flakhaven). www.hcajulemarkedet.dk.

MUSIK UND SZENETREFFS

◎ **ODEON**, Odeons Kvarter 1, Tel. 6614 7800, odeonodense.dk. Im neuen, zentral gelegenen Konzert-, Theater- sowie Konferenzhaus treten die großen Namen auf Tour auf, ob Klassik, Musical oder Chippendales. Zwar bleibt genug Platz im Kalender auch für Talente – nur die nicht-kommerzielle Kleinkunst ist außen vor, das war ursprünglich anders angekündigt.

◎ **ODENSE SYMFONI**, Claus Bergs Gade 9, Tel. 6375 0050, odensesymfoni.dk. Das arrivierte Sinfonieorchester versteht es, einerseits die Traditionen von Maestro Carl Nielsen hochzuhalten, ist aber bei Bedarf auch für Pop meets Classic zu haben. Hauptspielort ist das Odense Koncerthuset **(23)**, jedoch finden einige Konzerte im neuen Odeon ganz in der Nähe statt. Für manche gilt Eintritt frei (siehe auf der Website unter »Koncerter«), zum Beispiel auch während der:

◎ **CARL NIELSEN INTERNATIONAL MUSIC COMPETITION**: Künftig Ende März messen sich für 10 Tage Musiker an Klarinette, Flöte und Geige oder an Tasteninstrumenten. Der Wettbewerb findet an mehreren Orten statt, abgesehen von den Finals ist der Eintritt frei. Musikalische Website carlnielsencompetition.com.

◎ Das ganze Jahr über finden in den Kirchen, besonders im Dom, **KLASSISCHE KONZERTE** statt, teils bei freiem Eintritt, teils gegen ein überschaubares Eintrittsgeld. Siehe odensedomkirke.dk unter »Musik«.

◎ OPER: **DEN FYNSKE OPERA**, Filosofgangen 19, Tel. 6311 7830, www.denfynskeopera.dk zwar nur auf Dänisch, aber für Repertoire und Ticketorder bzw. Vorverkaufsstellen reicht's. Keine Provinzbühne, bekannt für ihre Qualität bis hin zum Bühnenbild.

◎ **FREILICHTBÜHNE**: Im Juli finden donnerstags Rock- und Popkonzerte in KONGENS HAVE statt, Eintritt frei. – Im August wird für einige Tage eine Bühne auf dem Platz vor Brandts aufgebaut: AMFISCENEN.

◎ **JAMDAYS**: Jazz-, Blues- und Folkfestival. Drei Tage, zuletzt ein verlängertes Wochenende Anfang August. An verschiedenen Orten, u.a. im Musikhuset Posten (s.u.) sowie auf Amfiscenen, die Bühne auf dem Platz vor Brandts (s.o.). jamdays.dk.

◎ **DEXTER**, Vindegade 65 (City): Hier ertönt JAZZ junger Prägung, spielen Künstler aus ganz Dänemark; zum Repertoire gehören auch JAM SESSIONS, Rock, Blues, Folk. Wird renoviert und öffnet wieder im August 2019. www.dexter.dk.

◎ **MUSIKHUSET POSTEN**, Østre Stationsvej 35, am Bahnhof: Rock, mehr oder weniger heavy, auch Schrilles sowie Underground in einem umgebauten Lagerhaus. Tickets ab 100 DKK, ab und zu Eintritt frei. Telefon 6613 6020, www.postenlive.dk.

◎ **NACHTSCHWÄRMER**: Junge Leute treffen sich in der AUSTRALIAN BAR, Brandts Passage 10 (Innenstadt), Tel. 3173 7316. Do–Sa 21/22–04/05 Uhr, www.abar.dk. Weitere angesagte Ort verrät www.thisisodense.dk. Beachten Sie, dass in einigen Clubs ein Mindestalter von 20 oder 21 Jahren gilt.

Oben H.C. Andersen Paraden im neuen Domizil Eventyrhaven, unten Fassadenmalerei am Opernhaus von »De Fynskle Opera« ▶

HANS CHRISTIAN ANDERSEN

Ausflüge

IM NORDEN

◎ Der **ODENSE KANAL** führt nordwärts ab Hafen zum See Vigelsø sowie weiter zum Odense Fjord, die Wasserstraße hinaus Richtung Ostsee. Odenses nördlichsten Ausläufer zu Land bildet die renaturierte INSEL **STIGE Ø**, einst eine Müllhalde. Hier ist jede Menge Platz für Spaziergänger, Jogger, Skater, Mountainbiker, Naturfreunde, Kinder und Jugendliche, die sich (auf kreativ gestalteten Spielflächen) austoben wollen. Von den Hügeln blickt man in die Ferne. Es gibt Rast- und Lagerfeuer-Plätze, Trinkwasser, Toiletten und beim zentralen Platz den Kiosk Søpavillonen mit Sommerbetrieb.

Per Auto via Stadtring O2, Abzweigung östlich von Odins Bro. Mit dem Fahrrad siehe Seite 168 f.

◎ FJORD-BOOTSFAHRTEN zur Insel **VIGELSØ** mit 2,5-km-Pfad und Vogelbeobachtung: www.fjordensdag.dk. 10–12 x jährlich, Ticket 40/20 DKK.

◎ **ODINS ODENSE** in Næsby, Store Klaus 40, Tel. 2310 0632, www.jernalderlandsbyen.dk. Ende Juni bis Anfang September Sa–Do 10–16 Uhr, ab etwa 10.5. sowie Rest September Sa+So 10–16 Uhr, ferner täglich in den Schulferien. Eintritt je nach Saison 60–40/30–20 DKK. Str. 311 in Richtung Bogense. Bus 92 oder 191 ab Bahnhof.

Das Eisenzeitdorf fungiert als historische Werkstatt; die in erster Linie auf den Besuch von Schulklassen eingerichtet ist, denen das vorzeitliche Leben in EISEN- UND WIKINGERZEIT vermittelt werden soll, ebenso wie historische Zusammenhänge und nordische Mythologie. Die Gebäude rekonstruktierte man nach Vorbildern und Erkenntnissen aus Fünen und Jütland.

◎ Zumindest einen Tagesausflug ist **NORDFÜNEN** MIT BOGENSE, der Insel ÆBELØ im Watt und der Landzunge ENEBÆRODDE wert, letztere auch per Rad (siehe Seiten 142 ff. und 169).

IM WESTEN

◎ Ein toller Ausflug ohne lange Fahrzeit ist der Trip per Auto oder Fahrrad zum SEE **LANGESØ**, der idyllisch von einer leicht kupierten Waldlandschaft umgeben ist. Mehr unter »Ferien aktiv« auf Seite 169. Anfahrt motorisiert: ab Stadt-Ring 02 Str. 303 in Richtung Korup, 5 km hinter Korup ausgeschildert links ab. Zum Parken am See vorbei und nach etwa 70 m zur Rechten.

IM SÜDWESTEN

◎ Auf den ersten Blick sieht die **BELLINGE KIRKE** (um 1300) aus wie viele dänische Kirchen: außen geweißt, der Turm markant im (spät)gotischen Stil. Innen wird es jedoch interessant, wo über 500 Jahre alte Kalkmalerien das Gewölbe der Kirchenschiffs verzieren: Nach der Reformation mit Weißkalk überzogen, wurden sie 1886 wiederentdeckt und freigelegt sowie 1992–94 zuletzt umfassend restauriert. Die Malereien erzählen aus der biblischen Geschichte. Zum wertvollen Inventar zählen auch der Flügelaltar (um 1525), die Kanzel mit Schnitzwerk (1626) sowie das schlichte Taufbecken aus Granit, das einer noch älteren Holzkirche zugerechnet wird.

Bellinge liegt an der Str. 168 nach Assens und ist gut via Radweg Odense Å-sti zu erreichen (siehe Seite 169).

Ferien aktiv

RAD FAHREN

◎ In Odenses Innenstadt treffen die **NATIONALRADROUTE** 6 und sechs regionale **REGIONALRADWEGE** (32, 35, 45, 55, 65, 75) zusammen, die sich sternförmig über ganz Fünen fortsetzen (siehe Karten-Seite 71).

◎ **ODENSE RUNDT – PÅ CYKEL** ist eine Faltkarte, die viele Radwege und -routen im Stadtgebiet darstellt und weitere Hinweise (auf Dänisch) gibt. Erhältlich im Touristenbüro oder als Download via www.visitodense.com unter »Fahrradwege in Odense«. Die Website www.cyklisternesby.dk (Stadt der Radfahrer) richtet sich zwar vor allem an die Bürger der Stadt, ist jedoch für Fremdsprachige an eine automatisierte Übersetzung gekoppelt.

◎ EMPFEHLUNG: **RADRUNDFAHRT** ODENSE Å – STIGE Ø – ODENSE HAFEN: Länge ohne Abstecher ca. 22 km meist auf markierten Radwegen.

Start Munke Mose **(32)**: nach Osten über den Odense Å-sti am Fluss entlang, wechselnd auf beiden Seiten des Ufers. An der Brücke der Brogade muss man hinauf, die Brogade ein Stück nach links, dann wieder rechts und in Flussnähe zurück; nun beginnt am anderen Ufer eine Reihe attraktiver Grundstücke, die Gärten direkt an den Fluss grenzend; wer will, hat einen eigenen Bootsanleger. Die (lokale) Radroute hält sich, so gut es geht, an die Uferwege, passiert das Klärwerk, unterquert Eisenbahn sowie Umgehung O2. Dort wo der Radweg im rechten Winkel landeinwärts abknickt, lohnt es sich, das kurze Stück am Ufer zu bleiben und die rote Brücke für Radfahrer und Fußgänger zum KULTURBOTANISCHEN GARTEN zu nehmen; dort lässt sich gut eine Rast machen.

Zurück am Nordufer, begleitet der Radweg bald wieder den Odense Å nach Osten, mal mehr, mal weniger nah, bis beide scharf nach Norden abknicken. Der Radweg verläuft am Rande eines Wohngebiets, der Fluss östlich zwischen Wiesen und Weiden. Ca. 9 km unterwegs, wird der Radweg 33 gekreuzt, der ebenso zum Fjord führt, allerdings zwischen den hohen Wohnblöcken einer Sozialbau-Trabantenstadt hindurch, wo er dürftig markiert und leicht zu verlieren ist. Besser man bleibt auf dem Odense Å-sti bis hinauf zum breiten KERTEMINDEVEJ, der auf der Radspur ein paar hundert Meter stadteinwärts nach Westen begleitet wird, bis die Route nach rechts in eine adrette Siedlung abzweigt, nun endgültig mit dem ausgeschilderten Radweg 33 vereint. Aus dem Wohngebiet heraus, bildet ein kleiner Rastplatz mit (Kraftwerk ausgenommen) feiner Aussicht den Auftakt zu einem gut 500 m langen Feldweg-Abschnitt bis zu der nächsten Siedlung; dort geht es über die erste Straße geradeaus zum Skibhusvej, dem 33 folgend rechts und auf einer kurzen Brücke über ein Stück Kanal, an dem ein paar idyllische Bootshäuser liegen. Industrie zur Linken sowie Kanal zur Rechten, der sich weiter nördlich mit dem Odense Å verbindet, wobei es auch nicht mehr weit zur Mündung des Flusses in den Fjord ist. Der Radweg knickt schon vorher links ab, zur Linken weiterhin das Industrieareal, zur Rechten eine Kleingartenkolonie. Dann, nach insgesamt rund

14 km, ist der ODENSE KANAL erreicht; früher pendelte hier eine putzig kleine Fähre über den Wasserarm. Es besteht die Möglichkeit zum Abstecher auf die renaturierte Insel STIGE Ø (siehe Seite 166); dazu hält man sich am Kanal entlang an Østre Dæmning und Østre Kanalvej.

Ohne Abstecher geht's zurück und auf dem Havnevej unter ODINS BRO hindurch. Dann knickt die Havnegade rechts von der Hauptstraße ab und eröffnet die Möglichkeit, die alten und neuen Plätze und Winkel im HAFEN aus der Nähe zu begutachten, Hafenbad und Byens Ø (siehe Seite 170) einbezogen. Lassen Sie sich Zeit; für eine Pause gibt es auf Byens Øs Nordseite oder entlang der Promenade, die im Süden gegenüber verläuft, jede Menge Rastbänke. Markierte Radwege führen zurück in die Innenstadt.

◎ AB MUNKE MOSE (32) kann man den **ODENSE Å-STI** ebenso südwärts NACH BELLINGE (siehe Seite 167) folgen, vorbei an Zoo / Fünischem Dorf. Nach der Überquerung der Autobahn geht es landschaftlich schön durch eine Aue. Auf dem Rückweg empfiehlt sich eine Rast am See Skovsøen an der Skovalléen (hier geradeaus statt links nach Fruens Bøge). Retour um 20 km.

◎ Eine herrliche Tagestour fast ständig entlang der KÜSTE führt über die Regionalroute 32 westlich am Odense Kanal vorbei nach Norden zur **ENEBÆRODDE** (siehe Seite 142 f.). Teils ist der Radweg aspahltiert, teils führt er über unbefestigte Wege. 1,2 km vor Fünens Nordküste durchquert er das Hofgut Hofmansgave mit PARK sowie – bescheidenem – Kartoffelmuseum. Retour um 45 km plus Enebærodde.

◎ Eine Perle der Natur versteckt sich rund 15 km westlich von Odense, der in einem Waldstück verborgene See **LANGESØ**. Am Wochenende treffen hier viele einheimische Ausflügler zu einem Rundgang um den See ein; in der Woche ist die abgelegene Kante fast verwaist. Auf der westlichen Seite des Sees steht eine WALDKAPELLE, wo gerne geheiratet wird und hin und wieder Orgelkonzerte ertönen. – Lassen Sie das Rad stehen, um eine Seeumrundung zu Fuß zu unternehmen.

Anfahrt: mit dem Fahrrad 13,5 km ab Innenstadt über die Nationalroute 6 gen Westen.

◎ **CITY BIKES**: kostenlos für 24 Stunden mit dem Handy/SMS auszuleihen – Anleitung: cibi.dk auf Englisch.

◎ **FAHRRADVERMIETUNG**: Odense Cykeludlejning, Døckerslundsvej 186, Tel. 2929 2589, www.odensecykler.dk. – Nørregade Cykler, Nørregade 75 B, Tel. 2926 4696.

WANDERN, WALKEN, JOGGEN

◎ Die schönste Tour ermöglicht der **ODENSE Å-STI** ab Munke Mose (32) nach Süden: entweder bis Zoo oder Fruens Bøge (Anleger Odense Aafart, ab hier Rückfahrt möglich) oder Freilichtmuseum oder bis nach Bellinge, wie oben als Radeltour kurz beschrieben. Da Hin- und Rückweg identisch sind, haben Sie die Distanz sowie den Zeitpunkt der Rückkehr bestens unter Kontrolle. Ebenso können Sie ab Bellinge mit Bus 151 oder 52 zurückkehren, oder ab Fruens Bøge.

◎ Im NEUEN **ODENSE HAFEN** können Sie ausgiebig umherstreifen, um die vielen Neubauten sowie Byens Ø (siehe Seite 170) in Augenschein zu nehmen. Das erste neue Gebäude war dort 2013 die kulturelle Begegnungsstätte NORDATLANTISK HUS.

◎ EMPFEHLUNG: Ein Ausflugsziel für Naturfreunde ist der SEE **LANGESØ**, westlich Odenses. Die Umrundung erschließt einige romantische Orte für Verliebte und zum Picknicken. Anfahrt über Rad-Nationalroute 6 (siehe Seite 169) oder motorisiert (siehe Seite 166, inklusive bester Parkplatz). Nahe Ostufer liegt übrigens ein Golfplatz (s.u.).

◎ Der **H.C. ANDERSEN MARATHON** findet seit dem Jahr 2000 statt (siehe Seite 163).

BADEN, SCHWIMMEN

◎ **ODENSE HAVNEBAD**: Ein Knüller ist das ganzjährig geöffnete HAFENBAD bei freiem Eintritt, inklusive Sauna. Da die Wasserqualität des Hafens (noch) kein Baden zulässt, ist das Becken sozusagen aufgedockt. Aktuelle Öffnungszeiten via odense-idraetspark.dk unter »Faciliteter«, wo auch das Freibad (Friluftsbad, ebenfalls bei freiem Eintritt, Elsesmindevej 50, Kartendarstellung) und alle Schwimmhallen aufgelistet sind.

BYENS Ø (IM HAFEN)

◎ **LEBENSQUALITÄT FÜR AKTIVE**: Die Stadtinsel im neu bebauten Hafen ist ein Refugium zum Aktivsein sowie zum Erholen: Neben Kreativwerkstätten, großzügigen Spielflächen, Kulturellem und Lokalen sind viele sportlicher Aktivitäten möglich: ob Fitnessparcours, Beachvolleyball, Petanque, Tennisplatz, Multifunktionsfeld sowie -halle für Ballspiele, Skateranlage, Kanalzugang für Boote oder künstlicher Strand (nur zum Relaxen).

GOLF

◎ **ODENSE EVENTYR GOLF CENTER**, Falen 227, Tel. 6565 2020, www.eventyrgolf.dk. 18- und 9-Loch-Platz sowie 6-Loch-Anlage für Anfänger. Im Südwesten, ab City-Ring O2 zwischen Str. 161 und 168. Pay & Play.

◎ **ODENSE GOLFKLUB** an Hollufgårds Allé 21, Tel. 6595 9000, www.odensegolfklub.dk. 18- und 9-Loch-Platz am südöstlichen Stadtrand. Bisher kein Pay & Play.

◎ **LANGESØ GOLF**, Morud, Langesøvej 139, Tel. 6596 4082, langesoegolf.dk. Zwei 9-Loch-Plätze westlich der Stadt (siehe Seite 166). Pay & Play.

◎ **BLOMMENSLYST GOLFKLUB**, Vejruplundvej 20, Telefon 6596 7120, www.blommenslyst-golf.dk auch auf Deutsch. 18- und 9-Loch-Platz (Pay & play) westlich der Stadt: E-20-Abfahrt Blommenslyst, oder via Str. 161 (Middelfartvej) ab City-Ring O2 gen Falen.

PADDELN

◎ Es ist ganzjährig möglich, das Flüsschen **ODENSE Å** mit Kanu, Kajak oder Ruderboot zwischen seiner Einmündung in den Kanal im Norden sowie Bellinge im Süden zu befahren. Da unterwegs auch ein Höhenausgleich (Munke Mose) liegt, den es zu umtragen gilt, sollte man sich vor Ort beraten lassen, etwa bei der Bootsvermietung »Kaj'ens« im Odense Hafen, Tel. 2248 4411, Gl. Havnekaj 13, kajens.dk. Von hier gelangt man über den Kanal zum Odense Å. Stundentarif 100 DKK, Tag 350 DKK. »Kajèns« beschreibt auf seiner Website drei mögliche Routen von 3,2 bis 28,1 km. Es gibt mehrere Stellen, wo man sich sogar wieder aufnehmen lassen kann.

Abendstimmung im Odense Hafen, links das Nordatlantisk Hus, im Bild unten ein Sonnenuntergang am Langesø, westlich von Odense an der Fahrrad-Nationalroute 6 gelegen ▶

Was fehlt noch?

Die an dieser Stelle üblichen Rubriken »Sightseeing« sowie »Feste, Veranstaltungen« finden sich im Kapitel »Unterhaltung« (siehe Seite 162 ff.), das sich Fünens Hauptstadt und ihr Kulturprogramm wahrlich verdienen. An dieser Stelle folgt nun ein weiteres Extra:

SHOPPING

Vor allem rund um die VESTERGADE sowie den nordwärts abzweigenden PASSAGEN gibt es viel zu entdecken.

◎ NOBELKAUFHAUS **MAGASIN** (34), Vestergade 20. Mo–Fr 10–19, Sa 10–18 Uhr, So 11–18 Uhr. Die Kaufhauskette mit sieben repräsentativen Filialen im Land gehört mittlerweile »Debenhams« aus Old England.

◎ Etwas Außergewöhnliches ist das Shoppingcenter **BAZAR FYN** (35) am Thriges Plads, nördlich vom Bahnhof; darin versammelt mehr als 40 Läden mit Lebensmitteln und anderen Waren aus vielen (auch fernen) Ländern. Stimmung (und Musik) exotisch. Und gleichzeitig auch wieder europäisch, wenn bereits eine Stunde vor Ladenschluss aufgeräumt und gefegt wird, die festen Zeiten gelten! Di–So 10–18 Uhr, Gastronomie bis 21 Uhr.

◎ **ODENSE GLASVÆRK**, Havnegade 13 (im Hafen), Tel. 3412 0192, odenseglasvaerk.dk. Di–Fr 10–17 Uhr, Sa+So 10–15 Uhr. Glasbläserei mit breitem Sortiment.

◎ **ROSENGARDCENTRET**: Ørbækvej 75. Im Südosten, an der Str. 9, liegt dies Mega-Shoppingcenter mit mehr als 130 Shops, Kino, Fitnesscenter etc. Mo–Fr 10–19 Uhr, Sa+So 10–17 Uhr.

MIKRO-BRAUEREI

◎ Der alteingesessene, nahe der City beheimatete Bierbrauer **ALBANI** hat eine Mikro-Brauerei eröffnet, die sich auf Craftbeer konzentriert und im Pub ANARKIST (mit Restaurant) dankbare Verkoster findet: Albanigade 20, Tel. 6038 7208, theodorschiotzbrewing.co. Di–Do 15–23, Fr–So 12–24 Uhr.

KINDER

◎ Fragen Sie in Borgernes Hus (siehe Seite 148) nach der Broschüre mit den **SPIELPLÄTZEN**: »Legepladser i Odense« (auf Dänisch) enthält eine Karte, die die Spielplätze u.a. nach Alter unterscheidet – so dass die geeigneten gezielt anzusteuern sind. Beliebt sind südlich der Innenstadt MUNKE MOSE (wo Skulpturen mit Motiven aus Andersen-Märchen aus den Gewässern ragen), in der Nähe EVENTYRHAVEN und natürlich STIGE Ø, draußen an Kanal und Fjord, wo der Nachwuchs ungestört und ausdauernd umhertoben kann (siehe Seite 166).

KONTAKT, HILFE

◎ **DEUTSCHES HONORARKONSULAT**: Tysk Konsulat i Odense, Englandsgade 25 (Hafen), 5100 Odense C, Tel. 2019 7447, odense@hk-diplo.de/

◎ **ÄRZTLICHE BEREITSCHAFT**: Tel. 7011 0707. Falls Konsultation vor Ort (siehe Seite 59): Odense Universitetshospital, Kløvervænget 25.

◎ **POLIZEI**: Tel. 114.

◎ **POST**: Skibhusvej 74 (Supermarkt »Kvickly«), Vesterbro 39 (»Føtex«). (4)

TRANSPORT

◎ **BUS**: Der lokale Busbahnhof OBC SYD PLADS (3a) liegt südlich vor dem

Bahnhof; mit dem regionalen verbindet ihn ein Tunnel unter den Gleisen.

Einzeltickets (zuletzt 24/ 12/0 DKK) können bar mit Kleingeld bezahlt werden. Tagesticket 50/25 DKK. Gratis-Linien 10 C und 10 H siehe Seite 162.

Die Fahrpläne gibt's in der Regel im Bus selbst und unter www.fynbus.dk.

◎ **TAXI**: Odense Taxa, Tel. 6615 4415.

Weiterreise

◎ **BAHN**: OBC – ODENSE BANEGÅRD CENTER **(2)**, mit Shopping, Kino u.a. Østre Stationsvej, Tel. 7013 1418.

Innerhalb FÜNENS fährt die Bahn nur nach Svendborg (im Nahverkehr) und nach Nyborg (Fernverkehr). Die Regionalzüge nach Jütland halten in Tommerup St. (siehe Seite 129).

NACH OSTEN / SEELAND: Nyborg, Korsør, Roskilde u.a. bis Kopenhagen.

NACH WESTEN / JÜTLAND: Middelfart, Eisenbahnknotenpunkt Fredericia (und weiter nach Deutschland).

◎ **BUS**: Regionaler Busbahnhof OBC NORD PLADS, Dannebrogsgade **(3b)**, nördlich vom Bahnhof; ein Tunnel unter den Gleisen führt zum lokalen Busbahnhof auf dem südlichen Bahnhofsvorplatz (s.o. unter »Transport«).

NACH LANGELAND: Regionalbahn nach Svendborg, Umstieg in Bus 930 (nach Rudkøbing). Aktuelle Alternativen unter www.rejseplanen.dk.

AUF FÜNEN: nach Kerteminde (Linien 151/152/885), Nyborg (195), Faaborg (111/141), Assens (110/151/152) und Svendborg (nur Pendlerbus 810, weil Regionalbahn, siehe oben).

◎ **AUTO**: **NACH KERTEMINDE**. Vom Stadtring O2 aus Str. 165 über Munkebo am Haff Kertinge Nor vorbei; zu empfehlen ist der Abstecher zum restaurierten Wikingerschiff Ladbyskibet (siehe Seite 183).

NACH NYBORG. Flott über Autobahn E 20 sowie Str. 160. – Alternativ kann die gesamte Strecke auf der Str. 160 zurückgelegt werden, womit sich in LANGESKOV der Besuch des **LANGESKOV PLANTESKOLE BLOMSTER- OG HAVECENTER** aufdrängt: Auf 125 ha ist hier (seit 1928) ein grünes Paradies vom gewöhnlichen Blumen- und Gesteckverkauf bis zu Themengärten und Treibhäusern entstanden, das zu jeder Jahreszeit den Besuch wert sein soll. Mo+Do 9–17.30, Fr 9–18, Sa+So 9–16 Uhr. Nyborgvej 39 (Str. 160 ortsauswärts zur Rechten; auch erreichbar via Autobahnabfahrt Langeskov).

NACH SVENDBORG. Str. 9 als Autobahn ausgebaut. Mögliche Abstecher in umgekehrter Reihenfolge siehe Seite 225.

NACH FAABORG. In umgekehrter Richtung beschrieben auf Seite 116 ff. – Alternativroute in einem Bogen via Str. 9 und Str. 8 mit dem Besuch von EGESKOV SLOT (siehe Seite 117).

NACH ASSENS. Ab Stadtring O2 flott via Str. 168. Mögliche Abstecher siehe unter »Assens, Ausflüge« (siehe Seite 136).

NACH NORDFÜNEN. Ab Stadtring O2 entweder Str. 311 nach Bogense oder Str. 162 via Otterup, dort Abzweigung nach Hasmark und Enebærodde oder weiter Richtung Bogense mit möglichen Abstechern nach Agernæs (siehe Seite 142) und nach Æbelø (siehe Seite 141).

5 EMPFEHLUNGEN KERTEMINDE:

- **AUSFLUG FYNS HOVED**: Seite 184.
- **FJORD & BÆLT**: Seite 179.
- **JOHANNES LARSEN**: Seite 181.
- **LADBYSKIBET**: Seiten 182/183.
- **RADTOUR HINDSHOLM**: Seite 186 f.

Kerteminde

WIKINGER, AMANDA UND SCHWEINSWALE

Das Hafenstädtchen Kerteminde, das im Jahr 1413 gegründet wurde, liegt im Nordosten Fünens, 19 Kilometer von der nächsten größeren Stadt Nyborg (an der Ostküste) entfernt. Bis Odense durch einen Kanal seinen Zugang zum Meer erhielt und einen eigenen Hafen anlegen konnte, genoss Kerteminde als Odenses Hafen vor allem im 17. und 18. Jahrhundert eine privilegierte Stellung. War es doch die Drehscheibe für fünische Exportgüter wie Getreide und zwischenzeitlich sogar Holz; die Waren gingen bevorzugt auf die Britischen Inseln, aber auch ins (damals dänisch regierte) Norwegen.

Kerteminde führte im Anschluss an diese bedeutende Zeit lange ein unscheinbares Dasein als kleiner Fischereihafen; nachdem dessen Aus schon besiegelt schien, liegen heute wieder ein paar Kutter vor Anker und ist sogar ein Exporteur vertreten. 2007 wurde die Kleinstadt (5.915 Einwohner) mit MUNKEBO und LANGESKOV als Kommune Kerteminde vereint: Einwohnerzahl 23.750, Tendenz steigend.

Natürlich ist es hier an der Peripherie schwierig, Wirtschaft und Arbeitsplätze zu erhalten und fördern. Da jedoch die Anlagen des boomenden Odense-Hafens auf dem Areal der früheren Lindø-Werft zum Gemeindegebiet gehören, sind die Perspektiven verhalten günstig. Auch der Hafen in Kerteminde ist belebt, viele Sommergäste kommen per Boot. Wichtig ist der Tourismus, und da punktet die Region mit der Natur auf FYNS HOVED, mit LADBYSKIBET, einem konservierten Wikingerschiff, oder mit dem Erlebniszentrum FJORD & BÆLT, wo die erste »Schweinswalgeburt in Gefangenschaft« glückte.

Während das Zentrum Kerteminde zweckmäßig und nur vereinzelt nett anzusehen ist, finden Sie aus Nyborg (Str. 165) kommend hinter der Brücke LANGEBRO gleich links rund um Fiskergade sowie Reberbanen (!) einige hübsche Straßenzüge vor. Südlich der Brücke steht das Wahrzeichen Kertemindes, die Skulptur Amanda. Als Vorlage diente die lebenslustige *Sophie Krag* (1871–1910) aus Kerteminde, die es früh nach Kopenhagen zog, wo sie Schauspielerin wurde, und 1893 Vorlage des populären Revuesongs »Min Amanda var fra Kerteminde«.

INFORMATION

◎ **KERTEMINDE TURISTBUREAU**, Strandvejen 6, DK–5300 Kerteminde, Tel. 6532 1121, turist@visitkerteminde.dk, www.visitkerteminde.dk. 1.6.–31.8. Mo–Fr 10–16 Uhr, Sa 10–15 Uhr, sonst Mo–Fr 11–16 Uhr. Vorraum mit Prospektmaterial, geöffnet täglich 8–22 Uhr. **(1)**

ORIENTIERUNG

Von Odense aus trifft man aus Westen ein: Touristenbüro, Fjord & Bælt, City-Parkplätze sind ausgeschildert; ab Nyborg geht's hinter der Brücke rechts, geradeaus die zentrale Langegade.

◀ Oben unterwegs an der Ostküste der Halbinsel Hindsholm (siehe Seite 184), unten publikumswirksames Zähne-Putzen bei »Fjord & Bælt« (siehe Seite 179)

Unterkunft

KERTEMINDE UND UMGEBUNG

◎ **TORNØES HOTEL**, Strandgade 2, Tel. 6532 1605, tornoeshotel.dk. Dynamische Tarife je nach Buchungslage, EZ ab 895 DKK, DZ ab 1.075 DKK, in der Hochsaison Zuschläge. Angebote für weekend, Kurz-, Golfferien. **(5)**

Schickes Backsteinhaus, früher ein Kaufmannshof, in zentraler Lage an der Brücke, zum Wasser hin eine schöne Aussicht. Das Restaurant verfügt über BIER AUS EIGENER BRAUEREI.

◎ JUGENDHERBERGE **DANHOSTEL KERTEMINDE**, Skovvej 46, Tel. 6532 3929, www.dkhostel.dk. Ganzjährig geöffnet. 30 Zimmer mit Bad. Tarif pro Bett 275 DKK, als EZ ab 475–650 DKK, DZ ab 500–850 DKK, 3–5-Bett-Zimmer ab 550–1.175 DKK, abhängig von Saison und Nachfrage. 5 Sterne. **(6)**

Schöne Lage AM WALDRAND, etwa 500 m südlich der Langebro, 400 m zu Beltufer mit Strand. Bushalt ca. 200 m. Zufahrt sowohl via Str. 315 (aus Odense) als auch 165 (aus Nyborg). Die Zimmer mit relativ hohem Standard.

◎ **KØBMANDSGÅRDENS B & B**, Andresens Købmandsgård 4, Tel. 2628 4651, www.bnb-kerteminde.dk. EZ 450, DZ 600. Frühstück 75/40 DKK. **(7)**

4 schöne Zimmer in historischem Lagerhauskomplex, frei liegende Balken. Bad auf dem Flur, Gemeinschaftsraum mit Küchenecke. Im Hinterhof.

◎ **KERTEMINDE BED & BREAKFAST**, Strandvejen 2, Tel. 2020 7843, kertemindebedbreakfast.dk. EZ ab 449, DZ ab 499, Familienzimmer ab 648 DKK. Bad auf dem Flur. Frühstück 75 DKK, Mini-Küche. Kurzferien-Angebote. **(8)**

Gepflegte, ordentliche, zum Teil jedoch kleine Zimmer im Backsteinbau des früheren Seemannsheims. An der Hauptstraße, von Parkplätzen umgeben, gut für einen kurzen Aufenthalt ohne lange Fußwege, da zentral.

◎ Das Touristenbüro vermittelt FERIENHÄUSER, **BED & BREAKFAST** auch im Umland sowie Privatunterkünfte. Eine nettes B & B ist ENEBJERGGAARD, Dalby, Blæsenborgvej 131, Tel. 6534 1195, www.enebjerggaard.dk. Fachwerkhof mit Garten.

◎ **KERTEMINDE CAMPING**, Hindsholmvej 80, Tel. 6532 1971, kertemindecamping.dk. Von Ende März bis Ende September. Camping 92/52 DKK. Campinghütten (für 2–4 Personen) ab 399, Ferienhütten und -wohnungen (4–6 Personen) ab 598 DKK. Im Norden Kertemindes: Platz, Straße, Strand. **(9)**

◎ **CAMP HVERRINGE** BØGEBJERG STRAND, Dalby, Blæsenborgvej 200, Tel. 6534 1052, www.camphverringe.dk. Mitte März bis etwa 20.10. Camping 96/70 DKK. Hütten/Wohnwagen in 4 Kategorien 300–980 DKK, Hochsaison nur wochenweise. Am Romsø Sund, viele Aktivitäten, Fahrrad- und Bootsvermietung. 5 Sterne.

◎ **FYNS HOVED CAMPING**, Martofte, Fynshovedvej 748, Tel. 6534 1014, www.fynshovedcamping.dk. Ganzjährig geöffnet. Camping je nach Saison 82/52 DKK. Campinghütten (2–4 Personen) ab 350, Ferienhütten 650 DKK, in der Hochsaison nur wochenweise. Weit draußen auf der Halbinsel HINDSHOLM, geeignet für einige Tage zum Ausspannen; sonst wäre die tägliche Fahrt zu den Ausflugszielen zu lang. Strände gibt's genug. Boots- und Fahrradvermietung, Angeln.

Abkürzungen: EZ = Einzelzimmer, DZ = Doppelzimmer. Beachten Sie die allgemeinen Erläuterungen zu »Unterwegs in Dänemark, Unterkunft« (ab Seite 38).

Essen und Trinken

◎ **RESTAURANT RUDOLF MATHIS**, Dosseringen 13, Tel. 6532 3233, www.rudolf-mathis.dk. 1.3.–31.12. täglich 12–13.45 und 18– 21.30 Uhr, Vor- und Nachsaison nur Di–Sa. Abends sollten Sie unbedingt reservieren. **(10)**

EXKLUSIVES Fischrestaurant, selbst in französischen Gastronomieführern aufgeführt. Der Pavillon-ähnliche Bau mit den zwei geweißten Schornsteintürmchen, wie man sie von Fischräuchereien kennt, liegt direkt am Ufer, und die Holzplanken der Terrasse reichen ans Wasser. Der Gastraum wirkt trotz offen liegender Balkenkonstruktion sowie Steinfußboden wegen der Einrichtung eher APART als fischerman's derb. Zur FROKOSTZEIT stehen Gängemenüs und Tellergerichte zur Wahl, 170–595 DKK für 4 Gänge. Am Abend kommen 3–6 Gänge auf 445–745 DKK, mit passenden Weinen auf knapp das Doppelte. Über 150 Weine begleiten Edelfisch, Krebs oder Hummer an feinen Saucen, mit Trüffeln sogar oder – der Fisch – auch vom Grill.

Rudolf Mathis betrieb einst eine Fischräucherei und einiges mehr vor Ort; Inhaber und Chefkoch des heutigen Restaurants ist sein Urgroßenkel *Puk Lyskjær Larsen.*

◎ **VARMESTUEN (11)**, Dosseringen 8, Tel. 6532 3430. Unweit Rudolf Mathis' findet sich die volkstümliche Variante für Touristen ohne Berührungsängste, bevorzugt bei Räucherfisch und Bier. Täglich 9–19 Uhr. – BORIS' FISK stellt im Sommer Tische für Lokalgäste ins Freie (siehe Seite 178).

◎ **RESTAURANT ANOMIA (12)**, Langegade 2G, Tel. 5370 5363. Täglich 11.30– 23 Uhr.

Das Lokal sorgt für aparten Chique in Kertemindes Hauptgasse und ist vor allem Sommer populär, wenn zusätzlich die Terrasse nach vorne und der entzückende HINTERHOF geöffnet sind. Die Mittagskarte vereint die häufige Mixtur aus klassischen sowie Crossover-Gerichten, über 100 DKK je Gericht, auch Brunch. Abends werden Menüs serviert, die Gänge sind frei zu wählen. Die feste Menüempfehlung aus der Küche kostet 325 DKK für drei Gänge. Hier kommen dann auch kreative, mutige Speisen auf den Tisch.

◎ **LULU'S CAFÉ & BOUTIQUE (13)**, Langegade 2 A, Tel. 2573 4488, lulus cafe.dk. Mo+Mi–Fr 10–17.30, Sa+So 10–17 Uhr.

Das einladende, helle Lokal mit seinen hohen Fenstern gleicht einem – aufgeräumten – Trödelladen; bestellt wird am Tresen. Die Snacks und Speisen liegen mit Ausnahme des Tapastellers zum Teil klar unter 100 DKK und sind in der Regel sorgsam angerichtet. Kuchen gibt es ebenfalls.

◎ **VAFFELHUSET (14)**, Trollegade 2 D, Tel. 6532 3413. Von Ostern bis Oktober. In dieser Rubrik eine Eisdiele – eine Ausnahme, da mehrfach als die beste auf Fünen gekürt.

◎ **FRISCHFISCH**: BORIS' FISK **(15)**, Jollehavnens hus 15 og 16, Tel. 2712 2656. Ca. 1.7.–10.8. täglich 11–20, ab Ostern und bis 30.9. Sa+So 11–18 Uhr.

Am neuen Bootshafen draußen bei der Hafeneinfahrt, Südseite. Ein ehemaliger Fischer hat hier Räucherei, Lokal und Verkaufsladen etabliert. Kalte und warme Gerichte ab 65 DKK.

Stadtrundgang

VIEL LOKALKOLORIT

Wer sich nur einen Tag für Kerteminde gönnt, mag am ehesten Stationen im Ortszentrum auslassen, rund um die Einkaufsstraße Langegade (Orientierung siehe Seite 175). Unser Rundgang beginnt an der Brücke Langebro.

◎ Südlich der Brücke, am Odensevej (Str. 165) steht die Skulptur **AMANDA** (1954, *Robert Lund Jensen)*. Die Erinnerung an das Revuegirl (siehe Seite 175) wird gepflegt, sei es als Songtitel, als Zweitname eines Schweinswalbabys (siehe Seite 179) oder ... **(16)**

◎ Wer auf der Südseite die Ufergasse Dosseringen und den Søndre Havnekaj entlang schlendert, ist im HAFEN angekommen, dort wo auch der Fisch angelandet wird; die Betriebe sind erwartunsgemäß nicht sonderlich malerisch. Dahinter aber wurde der Bereich der MOLE, die die Hafeneinfahrt nach Süden schützt, aufgefrischt. Die schwarzen (ehemaligen) Fischerhüttchen am Jollenhafen versprühen maritimes Flair, gen Süden erstreckt sich ein STRAND, und als Höhepunkt fungiert das **HAFENBAD** an der Mole, wo sich die Badegäste in einem Pavillon umziehen und anbei direkt ins Wasser können. – Im Südosten zeichnet sich die Beltbrücke am Horizont ab. **(17)**

◎ Nördlich der Brücke lohnt ein kurzer Abstecher in die **FISKERGADE** mit einigen hübschen, bunten Holztüren und kreativ gestalteten Namensschildern. Hier wohnten früher Fischer sowie Seeleute mit ihren Familien, auch viele Witwen von denen, die auf See verschollen blieben.

Zu Kapitelbeginn auf Seite 174 sehen Sie einen Seehund bei »Fjord & Bælt« in Aktion.

EMPFEHLUNG: **FJORD & BÆLT** (FJORD UND BELT)

Das naturkundliche Erlebniszentrum »Fjord & Bælt« gibt seinen Gästen einen ebenso fundierten wie attraktiv gestalteten Überblick, was in und mit der Ostsee und besonders den Kerteminde umliegenden Gewässern los ist.

◎ **AUSSTELLUNGEN**: Welche Pflanzen und Tiere leben in der Ostsee, welchen Einfluss nehmen Wind und Wetter oder menschliches Handeln, ob Fischerei, Tierschutz oder Verunreinigungen? Moderner Wissensvermittlung folgend, gibt es bei »Fjord & Bælt« nicht nur vieles zu sehen und zu lesen, sondern auch zu hören, zu riechen, zu fühlen, ertasten. Kurzweilig werden Themen wie Geografie, Klima, Evolutionstheorie, Fischerei (auch historisch), wird das Ökosystem Meer aufbereitet, nicht zuletzt auch unter regionalen Aspekten.

◎ **FORSCHUNG**: Im Mittelpunkt stehen die **SCHWEINSWALE**, die einzige in der Ostsee beheimatete Walart. Wegen des Forschungsauftrags haben die Biologen vor Ort die Ausnahmegenehmigung vom Umweltministerium, maximal vier Schweinswale in Gefangenschaft zu halten: In der Regel sind das Tiere, die zuvor aus Fischernetzen befreit wurden, in die sie sich verheddert hatten. 2008 machte eine Sensation die Runde, als sich beim Paar Eigil und Freia Nachwuchs einstellte und mit Frigg Amanda das erste Schweinswalbaby »in Gefangenschaft« auf die Welt kam, der Zweitname als Reminiszenz an Kerteminde.

Freja lebt weiterhin bei Fjord & Bælt. Die Forschung befasst sich u.a. mit der Biologie der Tiere im Allgemeinen und ihrer Ortungstechnik im Besonderen und wie sie von Fischernetzen fern gehalten werden können.

◎ **TIERE IN AKTION**: In einem eigenen Hafenbassin leben Seehunde und Schweinswale, die primär zu Forschungszwecken TRAINIERT werden und für die Besucher zum Besten geben, was sie gelernt haben. Ein Feuerwerk an Zirkuskunststücken sollten Sie nicht erwarten, es geht vor allem um die Kommunikation zwischen Trainer und Tieren. Vergnügliches wird allemal geboten, etwa falls der Seehund sich die Zähne putzen lässt (siehe Seite 174) oder clever-putzig demonstriert, wie er an den begehrten Fisch zu kommen versteht. – Populär sind auch die FISCHFÜTTERUNGEN: wenn zum Beispiel die Plattfische zielsicher zuschnappen oder die Rochen sich auf dem Rücken treiben lassen und man in ein fast menschlich anmutendes Gesicht schaut. Hier geht auch (unter Anleitung) ANFASSEN, ebenso beim KREBSFANGEN.

◎ **BESUCHER IN AKTION**: Es sollen immer Mitarbeiter bereit stehen, die gerade für Kinder da sind (zeitweise auch deutschsprachige Praktikanten). Im Sommer werden zudem BOOTS- und SCHNORCHELTOUREN angeboten.

◎ **INFORMATION**: Fjord & Bælt, Margrethes Plads 1 **(18)**, Tel. 6532 4200, www.fjord-baelt.dk auch auf Deutsch, ebenso die Texte vor Ort. 1.7.– 31.8. täglich 10 –17 Uhr, ab Februar sowie bis November Di–So 10 –16 Uhr, Dezember / Januar geschlossen. Eintritt je nach Saison 110–140/50–60 DKK.

◎ Die Büste nördlich der Brücke stellt *Frederik Paludan-Müller* (1809–1876) dar, Schriftsteller und Sohn eines Kerteminder Pfarrers. Touristisch interessanter mögen die schön restaurierten Lager- und Fachwerkhäuser rundum sein. Auch der Backsteinbau des »Tornøes Hotel« ist eine Zier, wenn jemand zum ersten Mal über die Brücke nach Kerteminde kommt.

Ansehnlich restauriert ist auch die alte Zollstelle **TOLDBODEN** (1735, bis 1970 in Funktion), vor dem Hotel links in die Strandgade hinein, linker Hand. Hier werden sowohl KUNST- als auch KULTURHISTORISCHE AUSSTELLUNGEN arrangiert. Strandgade 3. Di–So 12–16 Uhr. Eintritt frei. **(19)**

◎ Direkt hinter dem Toldboden folgt der Grund der langen, dreischiffigen **KERTEMINDE KIRKE**. 1476 errichtet, wurde sie im 17. Jh. umgebaut, erweitert und mit neuem Inventar versehen. Im südlichen Chor befindet sich die Grabkapelle der adligen FAMILIE JUEL, die in der dänischen Geschichte mehrfach eine – mehr oder weniger – große Rolle spielte, deren wichtigstes Mitglied jedoch *(Niels Juel,* siehe Seite 217) in Kopenhagen begraben liegt. Langegade 4. 1.5.–31.8. täglich 8–17, sonst Mo–Sa 8–17 Uhr. **(20)**

◎ Gleich nördlich der Kirche (Nordre Kirkerist) wurde 2006 die **DOPPELSKULPTUR** zu Ehren der bedeutenden Fünenmaler JOHANNES LARSEN und FRITZ SYBERG platziert, die eine Spendenakion engagierter Bürger ermöglichte. Der Auftrag ging an den (in Kerteminde wohnhaften) Bildhauer *Bjørn Nordahl* (geb. 1939). **(21)**

Gegenüber ein ANSEHNLICH zum Wohnen sanierter Gebäudekomplex.

◎ **FARVERGÅRDEN**, Langegade 8, Tel. 6532 3727. 1.3. bis ca. 20.10. Di–So 10–16 Uhr, Adventszeit Di–Fr 11–17, Sa+So 11–16 Uhr. Eintritt frei. **(22)**

Typisches STADTMUSEUM, untergebracht in einem SCHMUCKEN Kaufmannshof, der 1630 jedoch als Färberei errichtet sowie 2010 umfangreich restauriert wurde.

Der Schwerpunkt liegt auf Kertemindes Geschichte seit 1750, besonders von 1850 und 1950. Themen sind vor allem Handwerk (mit sieben Werkstätten) und Fischerei. Etwas Besonderes ist die Ausstellung zum Rechtswesen, die Originalinventar aus dem letzten lokalen GEFÄNGNIS umfasst, das 1970 aufgegeben wurde.

Den hübschen Innenhof-GARTEN prägen Stauden und Buchsbaumhecken. Das Hauptgebäude ist dank des PRÄCHTIGEN schwarz-roten FACHWERKS eigentlich nicht zu übersehen.

◎ **HØKEREN**, Trollegade, Tel. 6532 1391, via Facebook. 1.6.–31.8. Mo–Fr 10–17.30 Uhr, Sa 11–16 Uhr, Juli und August auch So 10–16 Uhr, Herbstferien Mo–Fr 11–17.30, Sa 11–16 Uhr, Adventszeit Di–Fr 11–17 Uhr, Sa+So 11–16 Uhr. Eintritt frei. **(23)**

In einem Häuschen aus dem 18. Jh. hat man ORIGINALES Interieur diverser Krämerläden aus der Umgebung zusammengetragen und einen Tante-Emma-Laden für Touristen daraus gemacht, bis unter die Dachluke mit Lebensmitteln, Zierrat, Gebrauchsgegenständen vollgestopft: alles auf Alt gemacht, selbst wenn neu produziert.

◎ Nördlich der Innenstadt liegen das Johannes Larsen Museet und der Kerteminde Nordstrand. Am besten gehen Sie die Langegade bis zum Ende.

Es ist geplant, von der Uferstraße einen Zugangsweg direkt den Hügel hinauf zum Kaffehuset des Johannes Larsen Museet anzulegen; die Behörden haben aber noch nicht entschieden...

JOHANNES LARSEN (1867–1961)

Johannes Larsen gehörte mit Fritz Syberg, Peter Hansen, *Alfred Larsen* und Christine Swane zu den Protagonisten der FÜNENMALER, die ihre größten Erfolge zu Beginn des 20. Jhs. sowie – ganz wichtig – zu Lebzeiten feierten. Als 11-Jähriger malte Larsen erste Ölbilder. Natur und Jagd galt sein Interesse, das er gegen die Bedenken des Vaters zu verteidigen verstand. 1885 ging er in die Kopenhagener Malerschule zu Kristian Zahrtmann, der ihm den entscheidenden Schliff beibrachte.

1898 heiratete Larsen *Alhed Warberg,* die selbst malte und aus einer künstlerisch veranlagten Familie stammte. In Kopenhagen, wo die Werke ausländischer Meister großes Aufsehen erregten, traf er Syberg und Hansen. Ihre Landschaftsbilder, in »gehobenen Kreisen« als Bauernmalerei abgewertet, setzten sich allmählich durch; die Stiftung des Faaborg Museums durch den Fabrikanten Mads Rasmussen bedeutete den Durchbruch (siehe Seite 107).

Bereits 1901 hatte Larsen auf dem Hügel MØLLEBAKKEN in Kerteminde nach eigenen Skizzen ein Haus mit herrlichem Garten bauen lassen. Vermögend, wie er inzwischen war, konnte er seine Kinder durch Schriftsteller unterrichten lassen, und das Anwesen entwickelte sich zum Künstlertreffpunkt. Larsen reiste nach Grönland und Island und illustrierte literarische Standardwerke, zum Beispiel isländische Sagas. Er malte bis zu seinem Tod.

◎ EMPFEHLUNG **JOHANNES LARSEN MUSEET (24)**, Møllebakken 14, Tel. 6532 1177, www.johanneslarsenmuseet.dk auf Englisch. 1.6.–31.8. täglich 10–17, sonst Fr–So 10 –16. Eintritt 90/0 DKK. Lageplan auch auf Deutsch. Das (ausgeschilderte) Anwesen liegt nördlich des Zentrums: ab ausgeschildertem Parkplatz an der Uferstraße den verkehrsberuhigten Weg hinauf.

Das Museum verteilt sich auf Larsens Grundstück auf dem Hügel Møllebakken, das sich heute im Besitz einer Stiftung befindet. Der Rundgang führt Sie durch Wohnhaus, Atelier und den fast feudalen Wintergarten, durch den schönen Garten zur Ausstellungshalle (1900), die man damals nachträglich baute, um dem Publikum mehr als nur einen Ausschnitt präsentieren zu können. In den original erhaltenen Privaträumen gibt es Fotos, Briefe, Dokumente und persönliche Gegenstände zu betrachten. In der Halle sind insgesamt 50 Künstler vertreten, dabei andere bekannte FünenmalerInnen wie Fritz Syberg, Alfred Larsen und Christine Swane.

Inzwischen ermöglicht ein lichter Anbau mehrere Sonderausstellungen im Jahr. Zudem werden KLASSISCHE KONZERTE arrangiert, aber es ist für Urlauber praktisch unmöglich, kurzentschlossen an Tickets zu gelangen.

Das Anwesen wirkt NOSTALGISCH, wie der Gegenwart entrückt. Im KAFFEHUSET mit Gartentischen werden außer Kaffee und Omas Kuchen von 11 bis 15 Uhr Snacks sowie zwei Tagesgerichte (um 100–150 DKK) serviert.

◎ Zum Grundstück gehört auch die WINDMÜHLE **SVANEMØLLEN** (1853), die Larsen damals gleichzeitig erwarb. Die 1937 elektrifizierte Mühle hat die Arbeit in den 1950er Jahren eingestellt, die Haube und Teile der Innenkonstruktion wurden vor einigen Jahren sorgfältig restauriert.

Ausflüge

Die Ziele 1+2 führen ans Kertinge Nor und sind gut mit der An- oder Weiterreise aus/nach Odense zu kombinieren oder als Tagestour mit dem Fahrrad aufzusuchen. Das dritte Ziel führt »hoch in den Norden« Fünens.

◎ EMPFEHLUNG WIKINGERMUSEUM **VIKINGEMUSEET LADBY**, Ladby, Vikingevej 123, Tel. 6532 1667, www.vikingemuseetladby.dk auch auf Englisch. 1.6.–31.8. täglich 10–17, sonst Di–So 10–16 Uhr. Eintritt 80/0 DKK. Texte auch auf Deutsch.

Über den Fund des Wikingerschiffs berichtet unser Kastentext zur Rechten. Was von dem Schiff zu retten war, ist in einem rekonstruierten Grabhügel anzuschauen – hinter Glas, wie in einem Mausoleum. Einige Details wie Verbindungsstücke wurden zusätzlich angefertigt, um die ursprüngliche Konstruktion zu verdeutlichen. Das Resultat ist beeindruckend, zeigt mehr als nur faules Holz, verrostete Nägel oder den zerschlissenen Anker.

In das vergrößerte Hauptgebäude kehrten viele der Beigaben zurück, die im Nationalmuseum in Kopenhagen konserviert und gelagert worden waren. Ein MODELL (1 : 10) des Schiffs stellt die Szene dar, wie Schiff, Toter und Beigaben beerdigt worden sein dürften; diese letzte Reise ist zudem in einem guten Kurzfilm nachgestellt. Dazu erzählt eine anspruchsvolle Ausstellung Auskunft von jener Wikinger-Gesellschaft am Kertinge Nor, von Begräbnisritualen und wie sich die Schiffe auf dem Meer behaupteten. Beeindruckend das WANDGEMÄLDE, wie es damals am Kertinge Nor ausgesehen haben dürfte. Die Gesichtszüge der DAME IN TRACHT (hinter dem Einlass) errechneten Computer anhand eines Knochenfunds in der Region.

◎ **MUNKEBO** (ca. 5.550 Bürger) liegt zwischen Kertinge Nor im Süden und dem Odense Fjord im Norden. Es gibt dort den MULITIPARK (siehe Seite 189) und den MUNKEBO-PFAD (siehe Seite 188), der u.a. die neuen Hafenanlagen auf dem Areal der alten Lindø-Werft tangiert. Wer sich als Zaungast für den Hafenausbau interessiert, kann auch mit dem Auto dorthin.

◎ EMPFEHLUNG: Nördlich von Kerteminde erstreckt sich die HALBINSEL **HINDSHOLM**, eine vielerorts wellige Moränenlandschaft; und Randgebiet, daher dünn besiedelt und, trotz Wind und welliger Landschaft, bestens für eine Radtour geeignet: aber weniger über die Hauptstraße 315 nach Norden, sondern auf vielen Neben- sowie beschilderten RADWEGEN. Stichstraßen führen zur Küste bei LODSHUSE, LANGØ HOVED (beide im Westen) sowie **FYNS HOVED**, der nördlichste Punkt auf Hindsholm und landschaftlich einer der spannendsten, faszinierendsten Orte auf Fünen (siehe Seite 184). Über die Str. 315 sind es ab Kerteminde 19 Kilometer bis zum Parkplatz vor Fyns Hoved. Vor Lodshuse verläuft die Fahrrinne Gabet hinein in den Odense Fjord, im Westen gegenüber Enebærodde (siehe Seite 142 ff.).

Wer Gefallen an Hindsholm findet. kann auf dem »Fyns Hoved Camping« Quartier nehmen (siehe Seite 178). Ferienhäuser vermittelt das Touristenbüro in Kerteminde, das auch über ordentliches Info-Material verfügt.

Auf dem Vorplatz des Wikingermuseums Ladby sind im Sommer mitunter Handwerker aktiv, die zum Beispiel Wikingerschiffe nachbauen ▶

LADBYSKIBET – EIN WIKINGERSCHIFF ALS GRABSCHMUCK

1934 förderte Bauer Eriksen beim Umpflügen vergammelte Holzplanken zu Tage. Ein herbeigerufener Hobby-Archäologe veranlasste eine behutsame Bergung, die mehr als ein Jahr dauern sollte. Das Nationalmuseum, das die richtigen Fachleute an der Hand hat(te), ließ die Erde vorsichtig abtragen; das Grundstück hatte zuvor ein Apotheker aus Odense gekauft, um die Ausgrabungsarbeiten sicherzustellen.

Es stellte sich heraus, dass die Planken zu einem Schiff gehörten, das einem verstorbenen Wikingerhäuptlings als Beigabe ins Grab gepackt worden war, wofür auch die vorgefundenen Pferdeknochen und -geschirr sprachen. Da aber weder menschliche Skelettteile noch Waffen und andere wertvolle persönliche Gebrauchsgegenstände vorhanden waren, gingen die Archäologen davon aus, dass Grabräuber die Stätte heimgesucht haben mussten. Dennoch gab die Erde mehr als 600 Einzelteile frei, darunter ein Silberteller und Pfeilspitzen, während die üblichen Waffen von den Grabräubern entwendet worden sein müssen. Das Ladbyskibet dürfte fast 1.100 Jahre alt sein. Der FUNDORT liegt westlich Kertemindes, am südlichen Ufer des HAFFS KERTINGE NOR, dort wo heute Schiff, Beigaben und mehr zu besichtigen sind.

16 km nördlich der Fundstelle entdeckte man den RUNENSTEIN Rønningestenen, der aus derselben Zeit wie das Ladbyskibet stammt und als weiteres Zeugnis des hiesigen Wikinger-Clans interpretiert wird.

EMPFEHLUNG: **FYNS HOVED – HINDSHOLM**

Fyns Hoved ist die nördliche Spitze der 91 km^2 großen Halbinsel Hindsholm und die Scheide zwischen Kattegat im Westen und Großem Belt im Osten. Sie besteht aus einigen Hügeln auf einer welligen Moränenlandschaft; diesen unteren Teil schufen die ersten Gletscher der jüngsten Eiszeit (aus Nordost), die Hügel dagegen die Eiskappe, die sich später von Süden über das Land schob. Noch in der Steinzeit, vor mehreren 10.000 Jahren, hatte das Meer die flach liegenden Flächen überspült und in mehrere Inseln zerteilt. Nach dem Abschmelzen des Eises hob sich das Land um rund 1,5 m und lag Hindsholm etwas höher als heute. Die Landhebung gab Hindsholm allmählich den heutigen Küstenverlauf und verband die meisten der Inseln miteinander.

◎ Seit dem späten Mittelalter versuchten die Menschen, **LAND** zu **GEWINNEN**, indem sie flaches Terrain eindeichten. Die Versuche schlugen zunächst fehl, doch die Erweiterung Kertemindes im 19. Jahrhundert gelang in trocken gelegtem Sund. Der Boden eignet sich gut für die Landwirtschaft, und sogar eine Eisenbahn fuhr über Kerteminde hinaus nach MARTOFTE / Hindsholm.

◎ Die Eisenbahn wurde 1966 still gelegt, die Einwohnerzahl fiel inzwischen auf den Stand von 1850 zurück: Hindsholm ist ein **AUSSENPOSTEN** und für junge Leute nicht gerade attraktiv; die Meisten mit Job müssen pendeln.

◎ Umso wichtiger ist heute der TOURISMUS, zumal große Flächen Hindsholms unter **NATURSCHUTZ** stehen. Laufen Sie am Strand von Fyns Hoved entlang: Die Hänge, an die die Brandung klatscht, brechen Stück für Stück ab und lassen die Struktur der Moränen erkennen. Das **WANDERN** über die bis zu 25 m hohen Hügel von Fyns Hoved ist noch imposanter (siehe unter dem Kastentext). Bei klarer Sicht reicht der Blick nach Seeland, Jütland, Samsø und in den Odense Fjord hinein. Die durchschnittliche Niederschlagsmenge ist mit 450 mm/Jahr rund 35 % geringer als die durchschnittliche in Dänemark. VOGELKUNDLER observieren Austernfischer, Rotschenkel, Greifvögel u.a.

◎ **KULTURHISTORIE**: Die MARHØJ JÆTTESTUE bei Martofte ist mit 10 m eines der längeren Ganggräber im Land. – Die Sammlung eines Landarbeiters bildet das HINDSHOLM EGNMUSEUM in Martofte. – Einen Besuch wert ist zumindest eine der drei mittelalterlichen KIRCHEN in MESINGE (siehe Seite 185), DALBY und STUBBERUP (siehe Seiten 186/187 im Bild).

◎ EMPFEHLUNG: Die **WANDERUNG** über Fyns Hoved ist ein HÖHEPUNKT auf Fünen, besonders bei Abendsonne – wobei Johannes Larsen und die Fünenmaler dieses Licht auch tagsüber schätzten.

Im Touristenbüro gibt es das gehaltvolle INFO-FALTBLATT »Fyns Hoved« mit KARTE, die u.a. die empfohlenen Wege und Naturschutzareale aufzeigt. Die Schleife über Fyns Hoved misst 2,6 km, landeinwärts führen Treppen auf Dünen hinauf. Es ist fast berührend, so IN DIE FERNE ZU BLICKEN, inmitten einer Landschaft, die sich UNGESTÖRT entwickeln kann. Wer an der Küste entlang geht, passiert angespülte Strandwälle, Strandwiesen und Abbruchkanten, die Moränenschichten preisgeben.

Oben zu Fuß unterwegs auf Fyns Hoved, unten der Blick landeinwärts ▶

Ferien aktiv

RAD FAHREN

◎ EMPFEHLUNG: **RUNDFAHRT** über die regionalen Radwege 41, 42 und 32 via Kerteminde, Ost- und Westküste sowie Abstecher nach Lodshuse. Ein guter Startpunkt außerhalb von Kerteminde ist Mesinge, 7,5 Straßenkilometer weiter nördlich an der Str. 315. Länge ca. 45 km, eine tolle Tagestour.

Ab Kerteminde begleitet man die Beltküste im Osten; Startpunkt ist die Kreuzung der Regionalradwege 41+42 im Norden der Stadt. Nr. 41 begleitet zunächst noch die Str. 315, passiert bunte, pittoreske Strandhütten beidseits, führt leicht bergan und bleibt in Küstennähe, während die Inselhauptstraße links nach Norden abknickt. Es folgt ein landschaftlich reizvoller Abschnitt durch kaum besiedeltes Areal: Landwirtschaft, etwas Wald und vom Wind gebeugte Hecken und einzelne Bäume, streckenweise nur über losen Belag, vereinzelt Höfe wie Stavre oder das bildhübsche, rot-weiße Gåsehuset. Mal geht es direkt auf das leuchtende Blaugrün des Meeres zu, draußen die Brücke nach Seeland und die Insel Romsø, ab Bilderbuchdorf Måle wieder landeinwärts, Steigungen und Abfahrten im Wechsel.

Vor Viby rechts ab und vorbei am Enebjerggaard (B & B) führt die Route direkt zum BØGEBJERG STRAND mit Camping Hverring und einem langen Band von Strandhütten und Ferienhäuschen mit Badestegen und Bootsanlegern, Sommeridylle auf Dänisch.

Ab Bøgebjerg, an einem größeren Hofgut vorbei, geht es landeinwärts zur STUBBERUP KIRKE, eine von drei Kirchen auf Hindsholm, die im 12. Jh. im romanischen Stil errichtet und in den folgenden Jahrhunderten mehrfach umgebaut und in zeitgemäßem Stil erweitert wurden. Ist das Gotteshaus geöffnet, lohnt sich ein Besuch u.a. wegen der (erst 1985) wieder frei gelegten Gewölbemalereien, die der Zeit um 1500 zugerechnet werden.

In Martofte gibt es einen Kaufladen an der Hauptstraße; man kann bereits auf den Langøvej nach links abbiegen oder 100 m weiter den offiziellen Radweg 42 nehmen (während Nr. 41 nun nach Fyns Hoved führt, jedoch immer an der Str. 315 entlang und deswegen nur bedingt zu empfehlen). km 20.

Ab Martofte herrliche Abfahrt, aufgepasst: links Richtung Bogensø abbiegen, an dieser Stelle ist der Radweg schlecht markiert (und wer geradeaus fährt, kann zwar bis Langø Hoved radeln, muss aber wieder zurück; so interessant ist dieser Abstecher nicht). Die Route tastet sich immer näher an die Küste heran, passiert einen knorrigen Wald, Ferienhäuser am flachen Bogensø Strand, einen Reiterhof mit neuem Feldstein-Hauptgebäude, der im Umfeld auch vieler aufgegebener Felder und Höfe einen vielversprechenden Akzent setzt, dass hier außer der Landwirtschaft doch etwas geht, wie sich sonst ein Auskommen erzielen lässt, mit Tourismus eben.

Dann zweigt der Radweg 32 Richtung Lodshuse rechts ab: Flaskevejen, Nordre Skovgyde, Søndre Skovgyde, kupiertes Terrain, Felder, dann hinab zum Bootsanleger in Lodshuse, wo im Sommer das Fjordboot »Svanen« an einigen Tagen anlegt und für Fußgän-

Hinter wogenden Feldern: Stubberub Kirke ▶

ger und Radfahrer den Transfer hinüber nach Enebærodde ermöglicht. Die Meerenge heißt GABET: Ein Schaupiel wird geboten, wenn sich hin und wieder ein »Ozeanriese« in den Odense Fjord tastet, oder heraus. Der Blick auf Enebærodde sowie die Hafenanlagen auf dem Gebiet der früheren Lindø-Werft landeinwärts ist allein den Abstecher wert. Ansonsten: außer Strand und Badestegen herrscht tote Hose in LODSHUSE, Busse fahren hier nur an Schultagen. km 33.

Zurück stets via Søndre Skovgyde, ist die Rückfahrt auch südlich an Midskov vorbei möglich. Hinter MIDSKOV gerät man automatisch wieder auf den Radweg 42, es folgt der einzige eintönige Abschnitt der Rundfahrt. In MESINGE empiehlt sich an der Kirche eine Rast im urigen CAFÉ KIRKELADEN unter dem Reetdach bzw. in dem von Grün gesäumten Vorgarten. Gute, relativ preiswerte Auswahl bis 17 Uhr. Mesinge Bygade 57, Tel. 6015 5058. 1.6.–31.8. täglich 12–21 Uhr, 1.3.–31.5. Mo–Fr 17–21, Sa+ So 12–21 Uhr, 1.9. bis Mitte Dezember Mo–Mi geschlossen. Wer lieber Proviant einkaufen will, findet unweit, an der Str. 315, einen Supermarkt. Für eine Dorfkirche hat die Mesinge Kirke schon enorme Maße: Sie erhielt ihr heutiges Aussehen im 18. Jh., geht aber bis aufs Jahr 1160 zurück. Das Lokal befindet sich übrigens im ehemaligen Pferdestall.

Zum Teil auf dem früheren Bahndamm führt und windet sich der Radweg nach Kerteminde. Eher plötzlich, nach Erreichen des ersten Wohngebiets hinter einer Kuppe, hält die Route direkt auf das Meer zu.

◎ Nebenstraßen und eine Kombination der REGIONALRADWEGE 43 sowie 45 ermöglichen die Umrundung des **KERTINGE NOR**, wobei sich als Stopps das Ladbyskibet (im Rahmen eines kurzen Abstechers) und in Munkebo der Multipark (siehe unten) anbieten. Länge rund 25 km.

◎ Das Touristenbüro hat zurzeit leider keine Karte oder anderes Material für lokale Routen, nur eine grobe Abbildung von **FÜNF TOUREN** im Jahresheft sowie eine Karte zum Radfahren auf ganz Fünen für 125 DKK.

◎ **FAHRRADVERMIETUNG**: Cykelgården, Kerteminde, Langegade 38, Tel. 6532 3618. Mit Werkstatt. – Auch im Touristenbüro (siehe Seite 177).

WANDERN, WALKEN, JOGGEN

◎ **FYNS HOVED**: siehe Seite 186.

◎ Der **MUNKEBO-WANDERWEG** verläuft durch und rund um die gleichnamige Ortschaft zwischen Kertinge Nor und Odense Fjord und passiert dabei auch die neuen Hafenanlagen am Fjord. Informatives Faltblatt (mit ausreichender Karte) auf Deutsch im Touristenbüro. Länge 20 km, mit Aufenthalt im Multipark eine Tagestour.

ANGELN

Gute Angelplätze für Meerforellen sowie im Winter Dorsch:

◎ **AN DER OSTKÜSTE HINDSHOLM**: Stavreshoved (auch Plattfische), Måle Strand, Bøgebjerg Strand sowie nördlich davon zwischen Digerbanke und Snave. Bootsvermietung: Camp Hverringe (siehe Seite 178).

◎ **WESTKÜSTE HINDSHOLM**: Bucht Dalby Bugt bei Midskov, Gabet bei Lodshuse (auch Plattfische) sowie im Odense Fjord zwischen Kerteminde und Munkebo Bregnør (auch Plattfische und Aal, aber schwierige lokale Verhältnisse, deshalb vor Ort bzw. im Voraus informieren).

BADEN, SCHWIMMEN

◎ **BALUE FLAGGEN** wehen südlich von Kerteminde am Sydstranden (der relativ schnell tief wird) und nördlich des Ortszentrums am Nordstranden, nahe Parkplatz Larsen Museet, mit einem Beachvolleyballfeld. – Rund um Hindsholm, etwa im Osten am Bøgebjerg Strand (dort Campingplatz), bei Fyns Hoved (dort Campingplatz), an der Westküste bei Langø und bei Bogensø in der Bucht Dalby Bugt.

◎ Der Nordstrand war schon eine Inspirationsquelle für Johannes Larsen und Fritz Syberg, wo sie sich manches Motiv holten. 1935 richtete man hier das **STRANDBADET** ein, mit Umkleideräumen und Büro für die Badeaufsicht. Das lang gezogene Gebäude mit schwarzen Holzplanken ist der Nachfolger, beherbergt aber Gastronomie, wobei Stadt und Pächter sich zuletzt über die Zukunft uneinig waren...

Was fehlt noch?

SIGHTSEEING

◎ Im Juli zieht ein **NACHTWÄCHTER** mit Urlaubern durch die Gassen: Start Di um 20 Uhr, ab Farvergården **(22)**. Unterhaltsame Stadtführung.

◎ Ein Boot bringt NATUR-Liebhaber zur **INSEL ROMSØ** im Großen Belt, wo VÖGEL und Damwild zu beobachten sind. 1.4.–31.8. Mi + Sa 9 Uhr ab Dosseringen 1. Ticket-Tel. 2343 6304, Tarife 250/125 DKK. www.romso.dk.

FESTE, VERANSTALTUNGEN

◎ **KIRSEBÆRFESTIVAL** : Kunst, Kultur und Kulinarisches dominieren das KIRSCHENFESTIVAL an einem verlängerten Wochenende im Juli: www.kirsebaerfestival.dk auch auf Deutsch.

◎ **KERTEMINDE HAVNEFEST**: viel Stimmung beim HAFENFEST immer am ersten Wochenende im August.

◎ **KAMMERMUSIKFESTIVAL**: Hofgut Lundsgaard Gods, Lundsgårdsvej 6 (am südöstlichen Stadrand, Zufahrt ab Straße 165 nach Nyborg), www.kammermusikfestival.dk. Mindestens ein Konzert findet in der Kertemninde Kirke statt. Am (verlängerten) zweiten Augustwochenende.

KINDER

◎ **KERTEMINDE MINIGOLF** , Marinavejen 16, Tel. 6532 3466. Attraktive Anlage mit Greens wie auf Golfplätzen. April bis Oktober 11–18/20/22/23 Uhr. Start 50/35 DKK.

◎ **MUNKEBO MULTIPARK** : schöner Park mit Seen, Lagerfeuer- und Pfadfinderplatz, vielen Spielflächen, Festplatz, Skulpturen, einem 1,6 km langen Trimmpfad sowie im Süden Anlagen für Skater, diverse Ballspiele usw. In Munkebo, nördlich der Str. 165.

KONTAKT, HILFE

◎ **ÄRZTLICHE BEREITSCHAFT**: Tel. 7011 0707. Konsultationsadressen in Odense und Nyborg (siehe dort).

◎ **POLIZEI**: Tel. 1448.

◎ **POST**: Langegade 14 (Supermarkt Spar). **(3)**

◎ **TRANSPORT**: Bus 482 nach Rynkeby fährt über Ladby, Kertinge, Kølstrup und Hundslev. Die Hindsholm-Busse 481/483/484 sind mit ausgedünntem Fahrplan unterwegs, die Linie 481 via Måle, Viby und Mesinge nach Dalby, die Linie 483 nur zwischen Dalby und Korshavn via Stubberup und Hersnap und die Linie 484 zwischen Munkebo und Dalby via Mesinge und Midskov. Alternativ Telekørsel, Tel. 6311 2255. Zu allen Linien gibt's im Touristenbüro Faltblätter mit Fahrplan und Karte sämtlicher Lokalrouten. **(2)**

Weiterreise

◎ **BUS**: Busbahnhof RUTEBILSTATION, Strandvejen. **(2)**

LOKAL- UND FERNBUSSE: nach Nyborg sowie Faaborg (Linie 920), nach Odense entweder über Munkebo (Linien 151 / 152) oder via Rynkeby und Langeskov (Linie 885), nach Assens (Linien 151 / 152 über Odense, s.o.).

◎ **AUTO**: **NACH NYBORG**. Str. 165 südwärts zunächst als schöne Küstenstrecke, anschließend durch eine reizvolle Landschaft im Binnenland. Vor Nyborg empfehlenswerter Campingplatz Grønnehave (siehe Seite 192).

NACH ODENSE. Str. 165 westwärts am Haff Kertinge Nor und an Munkebo vorbei. – Überlegen Sie im Voraus, wo Sie in Odense (via STADTRING O2) hin wollen. Die Beschilderung ist gut, Innenstadtplan siehe Seite 149.

5 EMPFEHLUNGEN NYBORG:

- **KÜSTEN-RADTOUR**: Seite 198 ff.
- **HAFENRUNDE VESTERHAVNEN**: Seite 196.
- **PICKNICK STRANDVÆNGET**: Seite 200.
- **ZAPFENSTREICH**: Seite 203.
- **WINDMÜHLE DYREHAVE MØLLE**: Seite 196.

Nyborg

PALMEN AM HAFEN

Wer um 2000 zum letzten Mal an Nyborgs Hafenbecken spazieren ging, mag diesen Ort nicht wiedererkennen. Nirgends sonst auf Fünen ist die Neugestaltung eines Hafens so weit fortgeschritten und so gelungen wie in Nyborg: Durchdachte Konzepte zum Wohnen und schön gestaltete Freiflächen mit Rastbänken, Blumen und sogar Palmen vermitteln ein lässiges, mediterranes FLAIR – und das Gefühl, dass die Anwohner gerne hier leben (und arbeiten) dürften. Die Kleinstadt zählt 17.200 Einwohner, die gleichnamige Gemeinde 32.050.

Die schillerndste Epoche Nyborgs ist lange vorbei. Die Geschichte der Burg (gebaut im 12. Jh.) war jahrhundertelang gleich bedeutend mit dänischer Geschichte: Von 1282 bis 1413 wurden hier die DANEHÖFE abgehalten, wie die Treffen der mächtigsten Männer hießen. Konflikte wie Grafenfehde (1533–36) und Schwedenkriege (1658–60) fügten Schloss wie Stadt schwere Zerstörungen zu. 1798 wütete ein Großbrand, weshalb wenig ältere Bebauung vorzufinden ist.

Nyborg lag schon immer an der Handelsroute zwischen Seeland mit Kopenhagen im Osten sowie Jütland im Westen. Das hat den Menschen dabei geholfen, nach Krieg und Feuer neu anzufangen. Solange Zoll für die Überquerung des Großen Belts zu entrichten war, floss ordentlich Geld in den Stadtsäckel. Seit Brücken und Eisenbahntunnel das Passieren des Großen Belts beschleunigt haben, legen zwar weniger Reisende einen Stopp in Nyborg ein. Dafür haben die guten Verkehrsanbindungen hier einen Tagungs- und Konferenzspot mit hoher Bettenkapazität sowie vielen Arbeitsplätzen etabliert, Stadt und Kommune melden steigende Einwohnerzahlen. Da der Tourismus allerorten wichtiger wird und Nyborg mit seiner reizvollen KÜSTE sowie kurzen Wegen in die NATUR punkten kann, scheint die Stadt gut aufgestellt und hat zuletzt clever investiert. Die aufwändige Restaurierung des SCHLOSSES soll weitere Besucher anlocken, und auch das neue Wohnen im HAFEN ist immer einen Rundgang wert und in solcher Dimension auf Fünen bisher sonst nur in Odense zu begutachten.

INFORMATION

◎ **BUREAUET NYBORG (1)**, Torvet 2 B, DK–5800 Nyborg, Tel. 6333 8090, visitnyborg@nyborg.dk, www.visitnyborg.dk. 1.6.–31.8. Mo–Fr 10–17 (Juni nur bis 16) Uhr, Sa 10–14 Uhr, sonst Mo+Di+Do 11–16, Fr 11–13 Uhr.

ORIENTIERUNG

Aus Kerteminde kommend, trifft die Str. 160 direkt auf den Hafen und dort auf die Str. 163 (aus Svendborg sowie Odense/Autobahn E 20). Auf dem Hafen-Vorplatz gibt's einen kostenlosen Parkplatz. Bahnhof **(2)** und Busbahnhof **(3)** liegen am Ostrand der Innenstadt. Wie stets: großen Stadtplan im Touristenbüro abholen.

◀ **Schmuckes Nyborg: oben im neuen Hafen, unten malerisch am Wallgraben**

Unterkunft

(STRAND-)HOTELS

Durch die vielen Konferenzbetten ist an den Wochenenden ein Preisnachlass von 200 DKK/Person gut möglich.

◎ **HOTEL HESSELET (5)**, Christianslundsvej 119, Tel. 6531 3029, www.hotel-hesselet.dk. Dynamische Tarife, EZ ab 1.095 DKK, DZ ab 1.295 DKK, Angebote für Gourmet-, Spa-, Golf- sowie sonstige Kurzferien.

Am Beltufer im Wäldchen Christianslund, SCHÖNER GEHT ES KAUM in Dänemark. Wer sich in dieser relaxten Umgebung nicht erholt, darf am Griesgram-Casting teilnehmen. Tarifunterschiede zwischen Zimmer mit Meerblick und Waldblick sowie zwischen »klassisch« und »modern«; soll heißen: Das Hotel renoviert schrittweise seine Zimmer. Hallenbad, Tennis, Tischtennis und kilometerweit Ufer-Strand.

◎ **HOTEL STOREBÆLT (6)**, Østerøvej 121, Tel. 6531 4002, www.sinatur.dk. Dynamische Tarife, EZ ab 898, DZ ab 1.098 DKK. Relativ neues, aber eher nüchternes Konferenzhotel mit dem nächstgelegenen Brücken-Blick.

◎ **HOTEL NYBORG STRAND (7)**, Østerøvej 2, Tel. 65 31 31 31, www.nyborgstrand.dk. EZ ab 968 DKK, DZ ab 1.288 DKK. Ebenfalls ufernah mit Beltblick, aber hinter der Straße gelegen. Neben Restaurant auch ein Bistro.

◎ **HOTEL VILLA GULLE (8)**, Østervoldgade 44, Tel. 6530 1188, villa-gulle.dk. EZ ohne/mit Bad 475/725–775, DZ 875 DKK.

Relativ ZENTRAL gelegen, zwischen Hafen und Zentrum. Gutes Preis-Leistungsverhältnis, eigenes Restaurant.

BED & BREAKFAST

Das Touristenbüro vermittelte zuletzt für Nyborg und Umgebung mehr als 12 Adressen via Internet sowie weitere bei persönlicher Vorsprache. Richtpreise EZ ab 325 DKK, DZ ab 500 DKK.

CAMPING

◎ **NYBORG STRANDCAMPING**, Hjejlevej 99, Tel. 6531 0256, www.strandcamping.dk. Mitte April bis etwa 20.9. Camping 90/50 DKK. Campinghütten für 2–4 Personen ab 530 DKK, Ferienhütten ab 850 DKK. **(9)**

Service, Aktivitäten und der kinderfreundliche Strand AM BELTUFER als Plus. Die oberhalb verlaufende Autobahn E 20 ist leicht zu vernehmen.

◎ **GRØNNEHAVE STRAND CAMPING**, Rejstrupvej 83, Tel. 6536 1550, gronnehave.dk. Ostern bis etwa 20.9. Camping 86/48 DKK. Hütten je nach Größe / Saison 395–795 DKK, Nebensaison-Rabatte ab 3 Tagen. **(10)**

Auf Fünen einer der SCHÖNSTEN Plätze: privilegierte Lage 5 km nördlich von Nyborg am Belt, von viel Grün umgeben, Strand weiter unten sowie (mit Infrastruktur) weiter südlich. Für Zeltschläfer eine Wiese am Rand.

◎ **TÅRUP STRAND CAMPING**, Tårup Strand, Lersey Alle 25, Tel. 6537 1199, www.taarupstrandcamping.dk. Anfang April bis etwa 20.9. Camping 85/45 DKK. Hütten für 4–5 Personen 400–500 DKK, Wohnung 400–700 DKK.

Liegt ähnlich REIZVOLL wie Grønnehave, aber 9 km südlich Nyborgs. Mit tollem Blick auf Belt, Brücke, Sprogø und Seeland. Verschieden angelegte Flächen, direkter Zugang zu Ufer und Badestegen. Gepflegt, großzügig und mit vielen Aktivitäten.

Ein berühmter Sohn von Nyborg ist *Erik Balling*, der im Jahr 2005 verstorbene Drehbuchautor und Regisseur der meisten Olsenbanden-Filme.

NYBORG
Information/Orientierung:
1 Touristenbüro
2 Bahnhof
3 Busbahnhof
4 Post (im Supermarkt)
Unterkunft/Gastronomie:
5 Hotel Hesselet
6 Hotel Storebælt
7 Hotel Nyborg Strand
8 Hotel Villa Gulle
9 Nyborg Strand Camping
10 Grønnehave Strand Camping
11 Restaurant Lieffroy
12 Clark's
13 Den gode Smag
14 Cafe Anthon
Stadtrundgang/Ferien aktiv:
15 Schloss Nyborg
16 Mads Lerches Gård Borgmestergåden
17 Vor Frue Kirke
18 Hafen-Treff
19 Dyrehave Mølle
20 Wall Landporten
21 Wall Wasserturm
22 Wall Ladegårds å
23 Hallenbad
24 zum Golfplatz und zum See Øster Sø
25 Nyborg Destilleri
0
200 m
Skaboeshusevej
Nymarksvej
Frisengårdsvej
Strandalleen
E20
Fynske Motorvej
Christianslundsvej
Vestergade
Helgetoftevej
Lindealléen
M. Rasmus-sensgade
Wøris hoffergade
Bredahtsgade
Svane-damsgade
Elle-mosevej
Kronprinsengade
Ravelinsvej
Nørrevoldgade
Nørregade
Birkhovedvej
Mellemg.
Kongegade
Slotsg.
Vestervoldgade
Dronningensvej
Gasværksvej
Boeseng.
Pilevej
Vindingevej
Strandvejen
Dyrehavevej
Adelgade
Østervoldg.
Enghavevej
Havnegade
163
Toldbodgade
Holmens Boulevard
Holme-gade
Knudshovedvej
Storebæltsvej
Banegårdsalleen
Østerøvej
Slipshavnvej
Hjejlevej
Fiskervej
Vesterhavnen

Essen und Trinken

◎ **RESTAURANT LIEFFROY (11)**, Hesselhuset, Skræddergyden 34, Tel. 6531 2448, www.lieffroy.dk. Di–Sa ab 18 Uhr, unbedingt reservieren.

Schon der Rahmen stimmt: Dieses Feinschmecker-Restaurant residiert in einer schmuck renovierten VILLA AM WALDRAND, nahe »Hotel Hesselet«. Elegantes Dinieren unter frei liegenden Holzbalken, an warmen Sommerabenden auch gerne auf der Terrasse mit Belt-Aussicht. Das Konzept lautet: 3 Gänge für 410 DKK, weitere Gänge um 150 DKK sind möglich, ebenso wie Sondermenüs je nach Jahreszeit oder Anlass. Immer abgestimmt darauf der Wein, auch in »Autofahrer-Rationen« erhältlich. Das Menü wechselt mit jeder neuen Woche, die Zutaten sollen aus der Region kommen. Kenner versichern, dass hier Gourmetküche in einem guten Preis-Leistungsverhältnis zu genießen ist. Chefkoch *Patrick Lieffroy* gilt als Großer seiner Zunft; er hat lange genug im legendären »Falsled Kro« gearbeitet, sein Vater *Jean-Louis* agierte dort 37 Jahre lang als Koch, Betriebsleiter und Miteigentümer.

◎ **CAFÉ CLARK'S (12)**, Vesterhavnen 80, Tel. 4061 6007, cafeclarks.dk. Mo–Fr 16–22, Sa+So 11–22, Juli / August bis 23 Uhr. Speisekarte auf Deutsch.

Das »Clark's« hat sich in das Neubaugebiet am Westhafen gewagt und schlug voll ein, mit Unterstützung der nahen Marina; jedoch ohne die Gäste, die eigens aus der Stadt herkommen, liefe es nicht. Der Name ist übrigens eine Hommage an den US-Schauspieler Clark Gable, die Speisekarte an die Crossover-Küche – im positiven Sinn. Ob Sandwiches, Burger, Tortillas und Nachos oder Pasta, 65–129 DKK, auch fleischlastige Hauptgerichte bis 199 sowie Brunch (129–149 DKK). Im Inneren hell und nüchtern, Trumpf ist im Sommer die große Terrasse in dem ruhigen Viertel, ein Ort zum Relaxen.

◎ **DEN GODE SMAG (13)**, Torvet 5, Tel. 6531 0665, www.den-gode-smag.dk. Mo–Do 10–17.30, Fr 10–18 Uhr, Sa 10–14 Uhr.

Eher ein Geheimtipp ist dieser Laden für hochwertige Lebensmittel sowie Delikatessen, samt Lokalbetrieb. Stets frisch zubereitet werden LECKERE Sandwiches und Salate für klar unter 100 DKK sowie Tapas-Kreationen. »Der gute Geschmack« eignet sich zudem zum Einkauf von (kulinarischen) Souvenirs – und als Station zwischen Wall und Hafen, gegenüber vom Touristenbüro am alten Rathausplatz.

◎ **CAFE ANTHON (14)**, Mellemgade 25, Tel. 6531 1664, www.cafe-anthon.dk. Mo–Do 10.30–21.30 Uhr, Fr+Sa bis 22.30 Uhr, So 11–18 Uhr.

Seit Langem ein Platzhirsch für junges Publikum; der Mix an Interieur erinnert an eine Studentenkneipe alter Prägung (vor dem Millenium). Es gibt eine Tages- und eine Abendkarte, die Preise liegen tagsüber sowohl über als auch unter 100 DKK, dann gibt es zudem Snacks. Die Küche serviert den zurzeit üblichen Querschnitt aus traditioneller dänischer Kost sowie internationaler Crossover-Gerichte – keine Erschließung kulinarischer Horizonte, aber von solider Qualität und im Preis durchschnittlich-manierlich. Via Facebook werden Konzerte sowie andere Events angekündigt.

Übrigens gibt es einen – inzwischen volljährigen – Anton (ohne h), der dem Cafe oben seinen Namen verdankt, da sich seine Eltern hier kennen gelernt hatten…

Stadtrundgang

Einen Spaziergang im Bereich Schloss und Wallgraben sollten Sie nicht entgehen lassen (siehe Seite 202); gewiss genau so reizvoll ist die Inspektion am Hafen (siehe Seite 196). Beide Runden sind mit ein wenig Ausdauer bequem miteinander zu kombinieren.

Das Touristenbüro hat gehaltvolle Begleiter in deutscher Sprache für die Stadterkundung auf eigene Faust!

◎ SCHLOSS **NYBORG SLOT** **(15)**: wird restauriert sowie umgebaut bis 2020/21. Die Neugestaltung umfasst auch den angrenzenden historischen Rathausplatz (1586), heute Torvet.

Das erste Schloss Nyborg begann man 1175 als Teil der Verteidigungskette, die die Belt-Anwohner vor den Wenden schützen sollte. Die ältesten erhaltenen Teile stammen aus dem 13. Jh. Ursprünglich bestand das Bauwerk aus einer unregelmäßigen, viereckigen RINGMAUER mit runden Ecktürmen, der exakte Grundriss ist allerdings nicht überliefert. – Bis 1413 versammelte sich der DANEHOF in Nyborg, also König, Adel, Geistlichkeit. Auch die erste »Verfassung« des Landes wurde (1282) hier verabschiedet. Während der Schwedenkriege geriet das Schloss inmitten der hiesigen Festung in das Zielfeuer des Gegners. Die Schäden waren so gravierend, dass der König die Sommerresidenz in Nyborg aufgab. Als 1913 die hiesige Garnison abzog und Verfall drohte, kaufte der Staat das Anwesen.

Zurzeit läuft eine umfassende Restaurierung und Erweiterung des Bauwerks, um dessen ursprünglichem Erscheinungsbild noch näher zu kommen: auch mit dem Ziel, dass das Gelände als UNESCO-Weltkulturerbe anerkannt wird. Archäologische Funde vor Ort lieferten – seit 2009 – neue Erkenntnisse, etwa dass Nyborgs wichtige Rolle im Reich im 13. Jahrhundert um einige Jahrzehnte vorzuverlegen ist, was die spätere Abhaltung der Danehöfe in Nyborg eindeutiger als zuvor erklärt.

◎ HEIMATMUSEUM **BORGMESTERGÅRDEN** alias MADS LERCHES GÅRD **(16)**, Slotsgade 11. 1.6.–31.8. täglich 10–16, ab 1.3. und bis 31.10. plus Adventszeit Di–So 10–16 Uhr. Eintritt 40/0 DKK. Ausleihe Textheft auf Deutsch.

Das zweigeschossige, rot-schwarzblaue Fachwerkwerkhaus baute man 1601 als Residenz des Bürgermeisters, daher der Name Borgmestergården. Später fungierte es als Kaufmannshof. Vom schlimmen Brand 1798 blieb es verschont – die DEKO-Vertäfelungen reichen bis ins 18. Jh. zurück.

Bei dem Rundgang inspizieren Sie vornehme Wohnräume einer Kaufmannsfamilie (Stile Barock, Rokoko), eine Bauernstube, Küche, Werk- und Arbeitsstätten, ein Schulzimmer mit Sünderbank, eine Zunftlokal, einzelne Möbel verschiedener Herkunft sowie Sammlungen zu speziellen Themen. Im Hof rekonstruierte man eine Hufschmiede (1900); dort stehen auch eine Feuerwehrspritze und ein Boot für den Personentransport über den zugefrorenen Großen Belt (Isbåden).

Im Anbau ist eine größere Auswahl an Werken des lokalen Bildhauers *Carl Aarsleff* (1852–1918) versammelt. Der Künstler schmückte den Sarkophag von Margrethe I. im Dom zu Roskilde.

Carl Cordts (1844–1910 ist ein weiterer Sohn der Stadt mit lokaler Berühmtheit. Das Heimatmuseum verfügt über zahlreiche seiner zoologischen Zeichnungen.

◎ **VOR FRUE KIRKE** (**NYBORG KIRKE**, **17)**, Gammel Torv. Zutritt durch Südeingang (Korsbrødregade). 1.4.–30.9. täglich 10–16 Uhr, sonst Mo–Sa 10–16 Uhr. Textheft auf Deutsch 10 DKK, im Touristenbüro gratis ausliegend.

40 Jahre lang war die Bauzeit, bis die GOTISCHE Liebfrauenkirche 1428 eingeweiht wurde. Zwar hat sie einen schlichten Altar, doch Pomp gibt es genügend: das Renaissance-Taufbecken mit Zwiebelturm (1585), die Epitaphien (um 1600), die barocke Kanzel (1653), der Kronleuchter mit zwölf verzierten Armen, die die Namen der Apostel tragen. Aus dem 20. Jh. stammen die Orgel (1973, aus Kopenhagen) und das GLOCKENSPIEL (1957), bestehend aus 125 Glocken, das nur an bestimmten Tagen erklingt.

Die alte Turmuhr war eigentlich für den Dom zu Viborg (in Jütland) bestimmt; dort konnte man die bestellte Uhr jedoch nicht bezahlen, so dass sie ihren Weg nach Nyborg fand.

◎ EMPFEHLUNG: Ein Prunkstück der Gegenwart ist das **HAFENVIERTEL** in seiner neuen Funktion als Wohnquartier. Wo bis vor drei Dekaden Industrie, Werft und, weiter östlich, der Güter- und Rangierbahnhof für den Zugverkehr für Betriebsamkeit sorgten, ist heute viel Platz und vor allem hafennah eine gefragte Wohngegend. Die Landzunge VESTERHAVNEN zwischen dem größeren Hafenbecken und dem kleineren mit der Marina gilt als Musterbeispiel: Auto-Parkdeck im Erdgeschoss unter den Wohnetagen statt entlang der Wege und die Szene verschandelnd, viel Licht und Hafenblick, Einkaufen unweit, das Lokal »Clark's« **(12)** mittendrin. Nebenan die Marina mit stolzen 640 Liegeplätzen und als Anlieger eine Vielzahl von Klubs, vom Taucher- bis zum Ruderclub.

Unbestritten ein HINGUCKER ist die Stirnseite des Hafenbeckens **(18)**, wo sich Bürger und Besucher treffen, auf Stegen und Findlingen am Wasser sitzen, im Sommer ein Eis vom nahen Kiosk schlemmen. Blumen geben Farbe und Palmen mediterranes Flair. Hier ist immer was los, starten Segelkurse, legen (nostalgische) Yachten an. Symbol von Alt mit Neu ist der LASTKRAN.

Das »Cafe Apostrof« befindet sich mitten im Geschehen, im »Clark's« drüben sitzt es sich »störungsfreier«.

Inzwischen setzte sich die Wohnbebauung am inneren Hafenbecken fort, dem ØSTERHAVN, so an Dampskibsmolen mit Kanal und Bootsanlegern.

◎ EMPFEHLUNG: Im Süden Nyborgs, an der Str. 163 nach Svendborg (und mögliche Station im Rahmen der An-/Weiterreise) thront die WINDMÜHLE **DYREHAVE MØLLE** (1858). Ohnehin auf einem Hügel stehend sowie 25 m hoch, ist sie weithin zu erkennen. **(19)**

Bis 1976 wurde hier Korn gemahlen. Das Textblatt (auch auf Deutsch) erklärt sehr gut die sieben Geschosse und Funktionen einiger Gerätschaften. Der AUFSTIEG über zunehmend steile Treppen ist unsportlichen Zeitgenossen nicht anzuraten, die Aussicht von dem Außen-Balkon (Zugang viertes Geschoss) allein die Mühe wert. Dyrehavevej 84: steile Auffahrt und wenig Parkraum; der ist aber auch unten an der Straße knapp. Täglich 10–16 Uhr. Eintritt frei; um eine Spende wird gebeten, und dies ist als BEITRAG angemessen, die imposante Konstruktion so lange wie möglich zu erhalten.

Oben im Vesterhavnen, bei den Vorbereitungen zum Segeltörn, unten links Landporten im Festungswall Nyborg Vold (Baujahr 1660, inzwischen restauriert), unten rechts die eindrucksvolle Dyrehave Mølle, die sieben Etagen im Inneren zählt ▶

1727

Ferien aktiv

RAD FAHREN

◎ EMPFEHLUNG: **RUNDFAHRT** entlang der Küste sowie Abstecher landeinwärts; die Route folgt vorwiegend den Regionalradwegen 40 (aus/nach Norden) und 50/51 (aus/nach Südwesten). Ein guter Startpunkt ist Nyborg Strand, wo einige Unterkünfte liegen. Länge gut 30 km, eine formidable Tagestour mit vielen Stopps unterwegs: STRÄNDE – VERLASSENER FÄHRANLEGER - VOGELSEE – HAFENGEBIETE – FJORDBLICK – WALD, PARK, PICKNICK.

Start am Nyborg Strand (8), vor Ort auch Parkplätze. Auf den ersten Kilometern der Tour verläuft kein offizieller Radweg. Die Straße zwischen dem Strand und der unüberhörbaren Autobahn E 20 ist der Hjejlevej. Die Route folgt dem Hjejlevej hinaus auf die Halbinsel, wo die E 20 ebenso wie die Gleise für den Zugverkehr abheben und auf die Brücke über den Großen Belt führen, die STOREBÆLTSBRO. Der Hjejlevej knickt ab und unterquert die E 20. Lassen Sie sich nicht von den alten aufgemalten Spuren irritieren.

Die Route lässt die Raststätte links liegen und hält auf das Brachland zu: Hier ist »verkehrshistorisches« Terrain, hier befinden sich die Rampen, wo bis 1998 die Auto- und Eisenbahnfähren an- und ablegten. Die drei erhaltenen **FÄHRANLEGER** sind ein guter Ort für Brücken-Sightseeing – inklusive Zugverkehr. Die Halbinsel **KNUDSHOVED** war früher so gut wie allen Dänen ein Begriff, eben wegen ihrer Funktion als Fährhafen. Die Baumreihe südlich der Anleger wirkt undurchlässig, doch es geht nahe beim dritten und letzten sowohl zum Strand als auch für Radler über einen Durchschlupf auf den Fyrvej (Leuchtturmweg). km 12.

An dieser Stelle sind zwei Abstecher möglich: Erstens mit Fahrrad hinaus zur südlichen MOLE, die den Fährhafen vor unruhiger See schützte; dazu nimmt man den Fyrvej nach links bis zum Parkplatz (ca. 100 m), durchquert das Kursuscenter-Areal und hält sich links zur Mole, die trotz Verbot unter Anglern sehr populär ist. Zweitens ohne Fahrrad zum Vogelbeobachtungsturm am **ØSTERØ SØ** (siehe Seite 203); das Fahrrad kann man beim Parkplatz zurücklassen. Die Abstecher sind (jedoch nur zu Fuß) miteinander zu kombinieren, indem man vom Vogelbeobachtungsturm über den Damm sowie anschließend strandnah hinaus zum 2012 restaurierten Leuchtturm läuft, weiter zur Mole und zuletzt am Strand zurück. Die Runde sei eher als Wanderung empfohlen, zumal damit auch noch der nächste Abstecher der Radtour einbezogen werden kann.

Weg vom Parkplatz/Kursuscenter, mündet der Fyrvej nach 500 m in den Sliphavnsvej. Hier bietet sich besagter nächster Abstecher an: nach links hinaus zum SLIPHAVN, im Mittelalter bereits Zollstelle, später Marinestation.

Nach rechts sind es auf dem Slipshavnsvej keine 1,5 km bis zum Knudshovedvej, der kurz vor der Hauptstraße links abzweigt. Geradeaus bis zum Holmens Boulevard, links und wieder rechts in die Toldbodgade, die bereits den Osten des neu gestalteten Hafens markiert. Ein kurzer Abstecher führt links über den Weg Dampskibsmolen auf eine Insel mit Neubauten. Zurück

Ab der im Rahmen der Radtour beschriebenen Raststätte auf Knudshoved ist eine Aussichtsplattform unterhalb der Brücke nach Sprogø ebenso zu erreichen wie über die Verlängerung des Hjejlevej auf der anderen Seite der E 20.

STOREBÆLTSBRO – OHNE SCHIFF ÜBER DEN GROSSEN BELT

Eine Attraktion im Raum Nyborg ist unverändert das Brücken- und Tunnelband zwischen Fünen und Seeland über den Großen Belt. Ab KNUDSHOVED auf fünischer Seite führt zunächst eine 6,6 km lange, 18 m hohe Brücke für motorisierte Fahrzeuge und Eisenbahn auf die Insel SPROGØ, mitten im Belt. Auf Sprogø verschwinden die Schienen dann in einem 8-km-Tunnel, während die Fahrzeuge die gigantisch anmutende 6,8 km lange, bis zu 60 m hohe Hängebrücke über den Ostteil des Belts nehmen, die Storebæltsbro; deren Brückentürme, im Fachjargon PYLONEN, sind mit 254 m über 100 m höher als der Kölner Dom, die Trageseile 85 cm dick und 3 km lang. In Halsskov bei Korsør treffen Schienen und Autobahn E 20 wieder zusammen; dort befindet sich die MAUTSTATION, deren Einnahmen das Projekt refinanzieren.
Für die Westbrücke mussten u.a. die 62 Pfeiler von Nyborg aus auf den Belt hinaus transportiert und – computergesteuert – versenkt werden, wofür in den Niederlanden eigens ein Kran gebaut worden war. Ebenso aufwändig war das Präparieren des Meeresbodens, um bis zu 7 t schwere Senkkästen zu tragen, die wiederum das Fundament für die Pfeiler bildeten. Diese Vorarbeiten gehörten zu den spannendsten Aktionen.
Während die Bauarbeiten an den beiden Brücken weitgehend nach Plan abliefen, standen die Arbeiten am Eisenbahntunnel von Korsør zur Insel Sprogø unter keinem guten Stern. Erst kamen die Bohrmaschinen zu spät, dann ging eine kaputt, schließlich liefen die Tunnelröhren voll Wasser. Das (Selbst-)Bild von akkurat agierenden Nordländern bekam Kratzer, ebenso nach Eröffnung der Brücke, als das Leitsystem nicht funktionierte sowie die ankommenden Fahrzeuge per Hand (!) in die Wartespuren eingewiesen werden mussten. Es dauerte 1998 eine Weile, bis die Brückenüberquerung, je nach Tageszeit, tatsächlich schneller war als zuvor das Übersetzen mit der Fähre ;-)
◎ **MASTBRUCH**: Zum Brückenband über den Storebælt gibt es eine köstliche Anekdote. 1992 steuerte ein – deutsches – Segelschiff mit 28 m hohen Masten auf die nur 18 m hohe Brückendurchfahrt im fertigen westlichen Teil zu. Alle Warnungen, die die Bauarbeiter der Besatzung entgegenriefen, beantwortete diese mit ausgelassenem Winken. Kurze Zeit später war der Schoner 10 m niedriger, die Brücke unbeschädigt, immerhin niemand verletzt worden. Der *nicht* alkoholisierte Kapitän gab bei seiner Vernehmung an, er habe erst vor Kurzem gelesen, dass die Brücke 60 m hoch sei. Stimmt zwar, doch das gilt für den östlichen Teil zwischen Sprogø und Seeland...
◎ **HEUTE** überqueren bald 12 Mio. Fahrzeuge jedes Jahr die Storebæltsbro, eine satte Zahl. Maut 2019 in DKK/Euro: Pkw bis 6 m Länge 245/35, Wohnmobile und Kleinbusse 245–965/35–135, Motorräder (ohne Anhänger) 130/18. Die aktuellen Tarife stehen auf www.storebaelt.dk auch auf Deutsch.
◎ Bei **STURM** muss die Brücke für windanfällige Fahrzeuge wie Wohnmobile gesperrt werden; der furchtbare Unfall Anfang 2019 mit mehreren Toten offenbarte das Risiko auch für den Eisenbahnverkehr. Bei solchen Vorkommnissen, ob auf Straße oder Schiene, muss die Unglücksstelle erst geräumt werden. Schiffe als Ersatztransportlösung sind nicht vorgesehen und wegen des hohen Verkehrsaufkommens auch keine realistische Option.

auf der Toldbodgade, geht es zum bunt-belebten Platz an der Stirnseite des Hafenbeckens; im Vesterhavnen zwischen Hafenbecken und Marina ist eine Rast im »Café Clark's« denkbar, je nach Tageszeit (siehe Seite 194).

Die Uferhauptstraße STRANDVEJEN nach Westen bis zur nächsten großen Kreuzung, biegt man dort in den Dyrehavevej (Str. 163) Richtung Svendborg ein; dieser ist zwar ohne eigene Radspur, passiert dafür jedoch die imposante Windmühle DYREHAVEMØLLE rechter Hand, deren Besichtigung empfehlenswert ist (siehe Seite 196), allein schon der Aussicht wegen.

Die Str. 163 passiert stadtauswärts ein Wäldchen und trifft auf den **HOLCKENHAVN FJORD**, den der Straßendamm in Restfjord und See trennt. Da die Straße Richtung Süden stark befahren und weiter ohne begleitende Radspur ist, ist der Parkplatz am Fjord sozusagen der Ort der Umkehr. km 20.

Nördlich des Fjords zweigt eine Nebenstraße nach Westen ab; dort kommen auch die Radwege 8 / 51 aus Nyborg her. Über deren Route verläuft nun der Rückweg in die Stadt. Am Gl. Vindingevej liegen einige Filetstücke zum Wohnen. Aufgepasst: Wo rechts ein Schild die besagten Radroute 51 / 8 markiert, mag man verleitet werden, auf die beginnende Radspur zu wechseln; an dieser Stelle gilt es aber, den Weg scharf zurück Richtung Stadt einzuschlagen, der ein gewöhnliches Wohngebiet erreicht, dann parallel zu einem Gleis-Relikt verläuft und an jener großen Kreuzung Dyrehavevej mit Strandvejen wieder herauskommt.

Weiter auf der Radspur des Strandvejen/Havnegade/Storebæltsvej ostwärts, vorbei am Hafen, Kreisel, Slipshavnsvej und Hjejlevej zwischen beiden Straßen auf einer Brücke über die E 20. Auf der Trasse der Regionalroute 40 geht es nach Norden, stets in Küstennähe, vorbei am SEEBAD Storebæltsbadet, »Nyborg Strand Hotel«, durch den WALD **CHRISTIANSLUND** mit dem »Hotel Hesselet« und dem edlen »Restaurant Lieffroy«. Alternativ können Sie statt durch den Wald einfach zwischen Waldrand und Küste radeln; dann aber geht es nur landeinwärts sowie parallel zur Küste weiter.

Die Passage über STRANDALLEEN mag eine harte Probe sein, den womöglich aufkommenden Neid zu unterdrücken: Was hier an Wohnlagen zum Belt hin einzusehen ist, mag eine/n im Geiste die Umzugskisten packen lassen – mal abgesehen von einigen furchtbar protzigen Anwesen.

Goldener Abschluss (vor der Rückfahrt) ist der immerhin 16 ha große PARK **STRANDVÆNGET**. Dieser Park grenzt an die Küste und verfügt über mehrere Stellen zum Picknicken, mit Grill- und Spielplätzen, Mini-Zoo und, über Treppen, Zugang zu einem als kinderfreundlich geltenden Strand; küstennah findet man sogar eine kleine Ausstellung zur Beltüberquerung, im Süden den Wald TEGLVÆRKSSKOVEN – die Freiflächen sind jedenfalls das Sahnestück.

FINALE: Ab Strandvænget geht es entweder zurück via Radweg 40 zum Ausgangspunkt/Hjeljevej oder über den Radweg des Skaboeshusevej, bis dieser rechts abknickt und sich entlang einer Gartenkolonie fortsetzt. An seinem Ende links via Nymarksvej und rechts via Frisengårdsvej, stößt man

Unterwegs auf unserer Radtour-Empfehlung: oben links an einem der verlassenen Fähranleger auf Knudshoved, im Hintergrund die Beltbrücke, oben rechts am Nyborg Strand, unten Strand- und Küstenblick aus dem Wald Teglværksskoven ▶

auf die Str. 160, wo halblinks gegenüber ein schmaler Weg zu Møllebakken und Wallareal führt.

◎ Die 2018 aktualisiert erschienene Faltkarte **GRØNNE OPLEVELSER** soll in absehbarer Zeit auf Deutsch (Grüne Erlebnisse) herauskommen, ist aber auch auf Dänisch gut zu verwenden. Sie enthält Vorschläge zum Radfahren und Wandern in und rund um Nyborg. Nicht alle Ziele sind die Anreise wert. Als reine Radtouren geeignet sind vor allem die Nr. 13 (nahe Holckenhavn Fjord) und 7 (u.a. Alleen rund um Gut RAVNHOLT). Gratis im Touristenbüro.

◎ Mit gut 25 Kilometern Distanz ab Nyborg-Zentrum oder entsprechend weniger ab den aufgeführten Quartieren im Stadtnorden eignet sich der **RADWEG 40** gut für einen Tagesausflug nach **KERTEMINDE**. Nördlich von Strandvænget verläuft die Route für gut 10 Kilometer im Inland.

◎ **FAHRRADVERMIETUNG**: im Touristenbüro, siehe Seite 191 **(1)**.

WANDERN, WALKEN, JOGGEN

◎ **GRØNNE OPLEVELSER** (s.o.): Als Spaziertouren empfehlen sich besonders die Nr. 1 (Østerø Sø, siehe Seite 203 unter »Vogelbeobachtung«), 9, 11 sowie 12 (Glorup, siehe Seite 204).

◎ Unweit des Touristenbüros ist der verbliebene **FESTUNGSWALL** zu besteigen: Zugang **LANDPORTEN (20)**, dem 40 m langen Stadttor im Burgwall (1660, 1997 restauriert), das westlich von Nyborg Slot erhalten ist und damals der einzige Stadtzugang war. An mehreren Stellen erläutern Texttafeln mit Skizzen und Zeichnungen Bauweise sowie Funktion der Anlage, in Kurzfassung auch auf Deutsch – zum Beispiel am WASSERTURM (1899, **21**). Das Gelände liegt ruhig und idyllisch, ist auch Ort von kulturellen Veranstaltungen (Nyborg Voldspil) und eignet sich für ausgiebige Spaziergänge.

◎ Das Faltblatt **WANDERUNG AUF DEM SCHLACHTFELD** begleitet eine 4,5 km-Tour (retour 9 km) ab Schlosswall **(22)** entlang des künstlich angelegten Baches LADEGÅRDS Å bis zum See Hjulby Sø. Der Text berichtet vom Kampf gegen Schweden 1659.

Die Route beinhaltet vor allem auf dem ersten Drittel ab Wallgraben einige reizvolle Abschnitte. Sie quert allerdings auch Straßen und führt nicht immer am Bach entlang, der streckenweise zugewachsen und in trockenen Monaten brackig sein kann. Der Hjulby Sø ist mehr für solche Naturfreunde von Interesse, die Spaß daran haben, Pflanzen zu entdecken und Tiere zu beobachten. Der Parkplatz in Nähe des Hjulby Sø ist auf dem Faltblatt eingezeichnet.

◎ **KLØVERSTIER**: Ein junges Projekt sind die KLEEPFADE – 4 mit farbigen Kleeblättern markierte Routen, die 2,7 km (grün), 5,7 km (blau), 7 km (rot) sowie 33,5 km (schwarz) lang sind. Das Touristenbüro hat einen Ausdruck zu den drei kurzen Routen, der Text zwar nur auf Dänisch, jedoch mit hilfreicher Kartendarstellung. Ausführlich vorgestellt werden die Routen via www.visitnyborg.dk/nyborg/kloeverstier-i-nyborg, samt Download von Karten und einer Fitness-App.

Streckenweise sind die Wege auch per Fahrrad zu benutzen.

◎ KÜSTENPFAD **KLOKKEFRØSTIEN** samt renaturierten Kalkgruben: siehe Seite 205.

ANGELN

◎ **MOLENANGELN**: Gut stehen die Chancen auf Meerforelle, Hornhecht, Scholle und (im Winter) Dorsch. Entweder nördlich der E 20 bei »Nyborg Strand Camping« oder südlich Knudshoved via Slipshavnsvej, Fyrvej sowie Kursuscenter (siehe Seite 198). Oder bei den anderen Campingplätzen.

BADEN, SCHWIMMEN

◎ **FÜNF BLAUE FLAGGEN**: nördlich von Nyborg GRØNNEHAVE STRAND (nahebei Campingplatz), CHRISTIANLUNDS STRAND, STOREBÆLTSBADET, FYNS STRAND auf Knudshoved (anbei »Nyborg Strandcamping«) sowie bei Tårup am KONGSHØJ STRAND.

Alle Strände sind gut per Rad zu erreichen: die im Norden via Radweg 40, Fyns Strand ab Hafen via Storebæltsvej und rechts ab in den Hjejlevej, gen Tårup/Kongshøj via Nationalroute 8.

◎ **HALLENBAD** NYBORG SVØMME-OG BADELAND, Storebæltsvej 13–15, Tel. 6531 1725. Zurzeit im Umbau, Öffnungszeiten: www.ni-f.dk. **(23)**

GOLF

◎ **SCT. KNUDS GOLFKLUB**, Slipshavnsvej 16, Tel. 6531 1212, sct knuds.dk. 18-Loch-Platz, idyllisch trotz naher Autobahn **(24)**. Der Slipshavnsvej beginnt am 1. Kreisel südlich der Abfahrt von der E 20. Bisher kein Pay & Play.

VOGELBEOBACHTUNG

◎ **ØSTERØ SØ**: Zu beobachten sind, je nach Jahreszeit, Graugans, Entenarten, Schwan, Watvögel, Schwalben, Turmfalke, Bussarde, Fischadler u.v.a. **(24)**

◎ **SPROGØ**: siehe rechte Spalte.

Was fehlt noch?

SIGHTSEEING

◎ EMPFEHLUNG **ZAPFENSTREICH**: TAPPENSTREG Juli bis Mitte August Di um 19 Uhr, ab Kreuzung Adelgade / Strandvejen. Faltblatt auf Deutsch im Info-Büro.

◎ Fragen Sie im Touristenbüro nach dem Heft **STADT- UND FESTUNGS-WANDERUNG** für die Erkundung auf eigene Faust.

◎ Das Touristenbüro organisiert Besuche der **INSEL SPROGØ**, entweder in Kombination mit einer Stadtwanderung in Nyborg (um 400 DKK) oder um Vögel zu beobachten. Die Sprache der Guides sollte abgeklärt werden.

FESTE, VERANSTALTUNGEN

◎ **DANEHOF**: Mittelaltermarkt, meistens mit Ritterturnier. Am ersten Juliwochenende. Bis 2020/21 muss wegen der Arbeiten am sowie rund ums Schloss improvisiert werden. www.danehof.dk.

◎ **NYBORG OPEN BY NIGHT**: Volksfest an einem Freitag um den 10.07. herum, das um 24 Uhr ein Feuerwerk beschließt. Die Geschäfte sind zudem bis spätabends geöffnet.

◎ **NYBORG VOLDSPIL**: Musical oder Operette, open air auf dem Festungswall, schräg über dem Stadttor Landporten. Mitte Juli bis Mitte August, lange Ticket-Vorlaufzeit. nyborgvoldspil.dk.

◎ **NORDEN I NYBORG**: Neues Kulturfestival mit Film, Musik, Literatur etc. 4–5 Tage am ersten verlängerten Septemberwochenende, Herbstmarkt inklusive. www.nordeninyborg.dk.

◎ **KIRCHENKONZERTE**: das ganze Jahr über in unregelmäßigen Abständen in Vor Frue Kirke (siehe Seite 196). Oft Di oder Mi 20 Uhr. Erschwingliche Tickets, in der Regel 50–100 DKK, Verkauf vor Ort etwa 30 Minuten vor Konzertbeginn. **(17)**

NYBORG DESTILLERI

Dort wo einst Lokomotiven und Waggons repariert wurden, kann Whisky, Rum und Gin verkostet und auch gut gegessen werden. 90 % Öko-Zutaten.

◎ **NYBORG DESTILLERI**, Holmens Boulevard 11, Tel. 6988 443, nyborgdestilleri.com. Mi–Sa 11–22, So 11–16 Uhr, Frokost 11.30–14.30 Uhr. **(25)**

KONTAKT, HILFE

◎ **ÄRZTLICHE BEREITSCHAFT**: Tel. 7011 0707. Falls Konsultation vor Ort (siehe Seite 59): Vestergade 17 (City).

◎ **POLIZEI**: Tel. 114.

◎ **POST**: Dronningensvej 1 (nahe am Hafen im Supermarkt »Kvickly«). **(4)**

TRANSPORT

◎ **BUS**: Die Stadtbusse halten beide vor der Kirche in der Adelgade. Bus 1 fährt nach Norden bis Strandvænget und hält auf dem Rückweg am Bahnhof, Bus 2 bedient den Süden über Dyrehavevej und Gammel Vindingevej.

◎ **TAXI**: Nyborg Taxa, Tel. 7010 3320.

Weiterreise

◎ **BAHN**: Der Bahnhof NYBORG BANEGÅRD befindet sich östlich der City. Banegårdsalléen 100, Bus 1. **(2)**

NACH WESTEN: nach Odense sowie via Middelfart und Fredericia zurück nach Deutschland.

NACH OSTEN: über und unter dem Großen Belt nach Kopenhagen.

◎ **BUS**: Die Fernbusse **(3)** starten am Bahnhof, der nach Kerteminde hält an der Ecke Adelgade/Strandvejen.

FÜNEN-ROUTEN: nach Svendborg (Linien 930–932), nach Faaborg (Linie 920), nach Odense (Linie 195) sowie nach Kerteminde (Linie 920).

◎ **AUTO**: **NACH SVENDBORG**. Str. 163, möglicher Stopp südlich des Holckenhavn Fjords am HOLCKENHAVN SLOT; das Schloss ist nicht zu besichtigen, kann für Feste oder Anlässe gebucht werden. Der Schlosspark ist in Teilen zugänglich (Mo–Fr 10–16 Uhr). – In Øksendrup empfiehlt sich im Kreisel (an der Tankstelle) der Abstecher nach rechts zum HOFGUT **GLORUP**: Im stillen PARK des Anwesens lässt es sich herrlich SPAZIEREN GEHEN. Im 18. Jh. von einem französischen Gartenarchitekten angelegt, floss in den letzten Jahren einiges Geld in den Erhalt des Parks, indem zum Beispiel das Spiegelbecken restauriert wurde; das Faltblatt »13 Grüne Erlebnisse« (siehe Seite 202) zur Hand, können Sie Ihren Trip vorbei am Andromeda Tempel in der südöstlichen Parkecke, zu einem 6 km langen RUNDWEG über Glorups Ländereien ausdehnen, etwa die Hälfte davon durch Wälder; rund 2 Stunden sollten Sie sich gönnen; übrigens ist der Schlosspark tagsüber für Besucher geöffnet. – Ein anderes Natur-Erlebnis ermöglicht der Abstecher über Vormark an die Küste zu den **KLINTHOLM KALKGRAVE**, wo ein Pfad ab dem ausgeschilderten Parkplatz am

In die Zukunft investiert: die rund angelegte Marina im Hafen von Lundeborg, in deren Mitte (im Bild links) ein Platz zum Treffen, Klönen, Grillen und fotogen am Steg (hier nicht im Bild) ein paar Holzhütten in frischem, skandinavischem Dunkelrot ▶

Hof Stenagergård zu den ehemaligen Kalkgruben führt; das Gebiet wurde renaturiert und ist heute Heimat u.a. von – je nach Jahreszeit – deutlich zu vernehmenden Rotbauchunken; der aussichtsreiche, attraktive Pfad (samt Rastplatz) gehört zum 14 km langen **KLOKKEFRØSTIEN**, der KONGSHØJ im Norden mit Lundeborg im Süden verbindet und nach den seltenen Unken benannt ist; bei feuchtem Wetter kann der Pfad stellenweise aufgeweicht sein. – **LUNDEBORG** war einst Fährstation und mit Lohals drüben im Norden Langelands verbunden; vor Jahren wurde die Verbindung nochmals für eine Fahrradfähre reaktiviert, rentierte sich aber nicht; umso mehr überrascht der sommers betriebsame Hafen mit ein paar Kuttern, der rund angelegten Marina und Anlaufstellen zum Einkehren und Shoppen, so dass etliche Reisegruppen ihren Weg hierher an die Küste finden; am STRAND entlang wird es schnell ruhiger, nach Norden verläuft besagter Küstenpfad Klokkefrøstien und dort landeinwärts ein Feldweg durch abwechslungsreiche Landschaft; zudem ist Lundeborg eine Endstation des Fernwanderwegs ØHAVSSTIEN (35 km bis Svendborg) und Station der Nationalradroute 8.

NACH KERTEMINDE. Str. 165, eine reizvolle Strecke, erst im Binnenland, dann entlang der Küste. Vor Kerteminde führt eine Abzweigung links nach Sibirien! Im Bild auf Seite 23.

NACH ODENSE. Entweder schnell über die E 20. Oder als Nordschleife via KERTEMINDE (siehe Seite 174 ff.).

NACH FAABORG. In umgekehrter Richtung beschrieben auf Seite 118.

5 EMPFEHLUNGEN SVENDBORG:

- **RADTOUR AM SUND**: Seite 218 ff.
- **NATURAMA**: Seite 211 f.
- **TROENSE**: Seite 216.
- **FÜRSORGEMUSEUM**: Seite 211.
- **WANDERN ØHAVSSTIEN**: Seite 221.

Svendborg

FERIEN-FAVORIT AM SUND

Svendborg war schon 1229 eine bedeutende Stadt, als hier eine Burg mit Namen Swineburgh stand; warum sie »Schweineburg« hieß, ist nicht mehr zu ermitteln. Entscheidend für ihren Standort war die geschützte Lage am Sund, mit den Inseln THURØ und TÅSINGE gleich gegenüber. Dieser Sund bot den Händlern mit ihren Schiffen und Booten günstige Bedingungen. Svendborg (sprich: swennbor) wuchs zum Handelszentrum heran. Der Ostseehandel florierte, auch der straffen Hanse-Organisation wegen. Ab dem 16. Jh. berichtet die Chronik von Pest, Kriegen, Großbränden.

Im 19. Jahrhundert setzte der wirtschaftliche Boom ein: Hafen und Straßennetz wurden erweitert, neue Fähren nahmen Kurs auf die südlich gelegenen Inseln, die Eisenbahn eroberte Fünen, Werften sowie weitere Betriebe siedelten sich an. Zählte man 1810 1.942 Einwohner, waren es 1850 bereits 4.500 und 1901 sogar 11.500.

Heute leben mehr als 27.000 Bürger in der Stadt und gut 58.500 in der gleichnamigen Kommune. Die Seefahrt-Tradition erhalten das Zentrum für maritime Ausbildung und einige kleine Werften auf der Hafeninsel Frederiksø, darunter auch die aus Thurø und Marstal / Ærø, die hierher zogen. Im Sommer finden sich viele Freizeitkapitäne aus den Ostseeanrainerstaaten ein. Der Tourismus ist ein eminenter Faktor – Attraktionen wie NATURAMA und FÜRSORGEMUSEUM gibt es sonst nicht auf Fünen, und als einzige richtige STADT im Südfünischen Inselmeer profitiert Svendborg vom geschärften Profil Dänemarks als Reiseziel für Aktiv-Urlauber: Ausflugsziele gibt es von hier aus zuhauf, und das Kulturprogramm ist vielfältiger als in vergleichbaren Kleinstädten, was u.a. der »Kopenhagener Kolonie« zu verdanken ist, die sich hier in den 1970er und 80er Jahren niederließ, um es entspannter zu haben als in der »Hektik« der Hauptstadt. Tote Hose ist also selten. Auch wenn im Zentrum nur einige Gassen die Großfeuer und Stadtsanierungen überstanden, vermitteln viele Orte LOKALKOLORIT. Vor allem aber sind es die LAGE und die NATUR AM SUND, die Svendborg, Thurø und Tåsinge zu einem (meiner) Favoriten an Dänemarks Ferienküsten machen.

Von 1933 bis 1939 lebte übrigens der geflohene Bertolt Brecht samt Anhang in Svendborg.

INFORMATION

◎ **VISITSVENDBORG (1)**, Havnepladsen 2, DK–5700 Svendborg, Telefon 6223 6952, turist@svendborg.dk, www.visitsvendborg.dk. 1.7.–31.8. Mo–Fr 9–17 Uhr, Sa 9–13 Uhr, sonst Mo–Fr 9–16 Uhr.

ORIENTIERUNG

Vom City-Ring aus (im Stadtplan gelb) erreichen Sie einige Parkplätze, etwa in VOLDGADE oder DRONNINGEMAEN. Bahnhof **(2)** und Busbahnhof **(3)** liegen zwischen Hafen und City.

◂ **Oben die Thurø-Bucht, im Hintergrund Gambøt und Yachtenwerft (siehe Seite 214 ff.), unten auf Tåsinge der Blick von Valdemars Slot in Richtung Schlossteich und Küste; das Foto ist ein paar Jahre alt, die dezente Kette ersetzt heute ein unansehnlicher Zaun**

Unterkunft

HOTELS

◎ **HOTEL CHRISTIANSMINDE (5)**, Christiansmindevej 16, Tel. 6221 9000, christiansminde.dk auch auf Deutsch. Dynamische Tarife, dabei EZ ab 900, DZ ab 1.100 DKK, Angebote für Sommer-, Golf- und Mini-Ferien.

Tagungs- und Ferienzentrum nett am Sund, Abzweig von Thurø-Straße. Terrasse und viele Zimmer mit Sundblick, angenehme Atmosphäre, sehr freundlicher Umgangston sowie mit *Rasmus Urup* ein Könner als Küchenchef, einst im Falsled Kro. Tolles Naherholungsgebiet vor der Tür und die Blaue Flagge am nahen Strand.

◎ **HOTEL SVENDBORG (6)** am Centrumspladsen 1, Tel. 6221 1700, www.hotel-svendborg.dk. Dynamische Tarife = kurzfristig Zimmer unter 1.000 DKK, Standard-EZ ab 1.175 DKK, DZ ab 1.375 DKK, diverse Angebote für Golf- und Mini-Ferien.

ZENTRAL gelegen, zweckmäßig für alle, die kurze Wege schätzen, von der Lage her keine Konkurrenz für »Hotel Christiansminde«, jedoch ebenso mit guter Küche. Eigene Parkplätze.

◎ **HOTEL GARNI (7)**, Toldbodvej 5, Tel. 6221 1700, www.hotel-garni.dk. EZ saisonabhängig ab 565 DKK, DZ ab 665 DKK. Frühstück 100 DKK.

Nahe am Hafen, nur kurzer Fußweg ins Zentrum. Preisgünstiger Ableger vom »Hotel Svendborg«, dessen Rezeption die 18 Zimmer mit verwaltet und u.a. auch den Schlüssel bzw. die Codekarte ausgibt. Lecker Frühstück gibt's im »Hotel Svendborg«, oder Sie gehen in eins der City-Cafés.

JUGENDHERBERGE, B & B

◎ **DANHOSTEL SVENDBORG (8)**, Vestergade 45, Tel. 6221 6699, www.danhostel-svendborg.dk. Ganzjährig geöffnet. 84 Familienzimmer mit Bad, in vier Kategorien. Preis pro Bett im 4-Bett-Zimmer ab 150 DKK, EZ ab 475, DZ ab 500 DKK, 3/4-Bett-Zimmer ab 550/600 DKK. Frühstück 85 DKK.

Modernes Danhostel, schönes Gelände am Westrand der City, kurzweiliges Angebot. Bushalt 800 m.

◎ **BED & BREAKFAST**: Fast 40 Adressen im Raum Svendborg hat die Webseite des Touristenbüros gelistet, eine davon siehe im Anschluss auf Thurø.

AUF TÅSINGE UND THURØ ...

... liegen die schönsten Campingplätze, das schon mal vorneweg.

◎ **HOTEL TROENSE (9)** auf TÅSINGE, Troense, Strandgade 5, Tel. 6222 5412, www.hoteltroense.dk. EZ ab 975 DKK, DZ ab 1.175 DKK, Familienzimmer ab 1.725 DKK. Diverse Angebote für Mini- und Themen-Ferien. Dansk Kroferie.

Verschieden gestaltete Zimmer auf mehrere Gebäude verteilt, das Hauptgebäude liegt an der Hauptstraße nahe zum Ufer, dies als Trumpf. Ordentliche Zimmer.

◎ Eine ganz spezielle Adresse ist der **THURØ KRO (10)**, Bergmannsvej 101, Tel. 6220 5859, thurokro.dk. 1.4.–30.9. In einem altehrwürdigen Kro sind einige Zimmer für **B & B**-Gäste sowie als Ferienwohnungen hergerichtet, Zimmer ohne/mit Bad. Als EZ 500 DKK, DZ 600 DKK, 2 DZ als Wohneinheit für 4 Personen mit Bad 1.000 DKK. Gehaltvolles Frühstück 85 DKK.

Die Gastgeber: Søren Duun ist ein Original mit Faible für Kunst und Old-

Insgesamt verteilen sich mehr als 10 (meist ufernahe) Campingplätze in Svendborg und Umland, gleich zwei davon nördlich der Stadt in Lundeborg, wo auch eine Blaue Flagge am Strand weht.

SVENDBORG ZENTRUM
Enghavevej
Dronningemaen
Møllergade
Lerchesvej
Havnegade
Skolegade
Viebæltet
Grubbe-
møllevej
Bagergade
Møllergade
Toldbodvej
Jessens Mole
Teatergade
Fruestræde
Thingusgade
Ramsherred
Centrum-
pladsen
Vestergade
Katte-
sundet
Torve-
stræde
Kloster-
stræde
Nannasvej
Gerritsgade
Brogade
Havnepladsen
Brogade
Voldgade
Valdemarsgade
Sankt Nicolai Gade
Skattergade
Korsgade
Jernbanegade
Kullingcade
Sankt Jørgens Vej
Krankenhaus
Valdemarsgade
Baagøes Allé
Willemoesvej
Færgevej
Strandvej
Niels Juels Vej
0
100 m
Information/Orientierung:
1 Touristenbüro
2 Bahnhof
3 Busbahnhof
4 Post
Unterkunft/Gastronomie:
5 nach Christiansminde
6 Hotel Svendborg
7 Hotel Garni
8 Jugendherberge
9 nach Tåsinge
10 nach Thurø
11 Resumé
12 Øko Cafeteriet
13 Tapas Classico
14 Carlos' Kitsch'en
15 Fischladen
Sehenswertes:
16 Naturama
17 Fürsorgemuseum
18 Sak Kunstbygning
19 Vor Frue Kirke
20 Sct. Nicolaj Kirke
21 Bølgen
22 Frederiksø
23 Anleger M/S Helge
24 Fähranleger Ærø
25 Anleger Højestene
9 nach Tåsinge
10 nach Thurø

timer, Mette Sørensen malt, gibt Kurse und arrangiert Ausstellungen. Unkonventionelles, angenehmes Milieu in ruhiger Umgebung.

◎ **SVENDBORG SUND CAMPING (9)**, Tåsinge, Vindebyørevej 52, Tel. 2172 0913, www.svendborgsund-camping.dk. Ostern bis Ende September. Camping 88/52 DKK. Campinghütten saisonabhängig ab 450 DKK, Ferienhütten ab 800 DKK. Bus 250.

Attraktiv am Svendborgsund: Blick gen Hafen und Christiansminde. Platz für viele Aktivitäten, auf dem Gelände ein Teich, umgeben von Weiden und Birken. Zeltfläche ufernah, aber auch mit schrägem Rasen. Kajak-Zentrum, Boots- und Fahrradvermietung, Anleger für Sundboot »Helge« anbei.

◎ **THURØ CAMPING (10)**, Smørmosevej 7, Tel. 6220 5254, www.thuroecamping.dk auch auf Deutsch. Ebenfalls Ostern bis Ende September. Camping 84/45 DKK. Hütten in 4 Kategorien, Tarife saisonabhängig 500–730 DKK. Bus 240.

Nahe kinderfreundlichem STRAND mit BLAUER FLAGGE, Badesteg, Wasserrutsche, öffentlichem Freizeitgelände. Einkaufen auf Thurø möglich.

Essen und Trinken

◎ **KULINARISCHE ERLEBNISSE**: Die Auswahl an erlesenen Küchen ist ähnlich gut wie in Odense. *Anders Granhøj* ist einer der bekanntesten Spitzenköche in Dänemark – und auf Fünen sowieso. Er lernte in Svendborg, arbeitete aber mehrere Jahre in Frankreich. Jetzt ist er im Luxusresort STELLA MARIS tätig, Kogtvedvænget 3, Tel. 6221 2525, www.stellamaris.dk. 12–14 und 18–21 Uhr. Im Südwesten der Stadt, draußen am Sund vor Rantzausminde. – Wer das angesagteste bessere Restaurant besuchen will, reserviert zurzeit im RESUMÉ (11), Møllergade 35 A, Tel. 6038 8642, www.restaurantresume.dk. Täglich 17.30–24 Uhr. Konzept: ein wöchentlich wechselndes Menü für 500 DKK, mit Wein für 750 DKK, was für dänische Verhältnisse akzeptbabel ist, zumal die Qualität stimmt. – Nicht zu vergessen die ambitionierten Hotelrestaurants, die beide außer Diner auch Lunch/Frokost servieren: Christiansminde (5) und das RESTAURANT KRINSEN im Hotel Svendborg (6), das ebenfalls dank Festpreisen für Gänge und Wein einen gleichermaßen berechenbaren wie schmackhaften Genuss offeriert, wobei die Portionen für ein Top-Restaurant eher großzügig sind.

◎ **ØKO CAFETERIET (12)**, Møllergade 30, Tel. 8172 6010, www.oekocafeteriet.dk. Di–Fr 11–20, Sa 11–16 Uhr.

Die Begrüßung ist eindeutig: Öko-Kost ja, aber für Wikinger, Vegetarier und Veganer – also ohne erhobenen Zeigefinger. Die Auswahl an Speisen deckt viele Geschmäcker ab, Buddha Bowl ebenso wie Fish'n Chips, Hauptgerichte bis 98 DKK. – Mitunter ist es schwer, in der Gaststube einen Platz zu ergattern; da kommt der Sommer gerade recht, wenn die entzückende Hangterrasse mit Hafenblick öffnet.

◎ **TAPAS CLASSICO (13)**, Møllergade 21 C, Tel. 2272 5700, via Facebook. ACHTUNG: nur Fr+Sa 18–22.30 Uhr.

Ein Tipp in rustikalem und gleichermaßen gemütlichem Ambiente. Hier

Von Juni bis August finden sich auf der Insel Frederiksø (22) mitten im Hafen diverse Wagen und Buden ein, aus denen heraus Streetfood verkauft wird.

isst das Auge mit, das Antipasti wie Tapas und hin und wieder einen skandinavischen Akzent erfasst. Lassen Sie sich fallen und gönnen Sie sich eine Weinempfehlung der kompetenten Gastgeber für den Schlemmerabend.

◎ **CARLOS' KITSCH'EN (14)**, Møllergade 29, Tel. 2076 6723, www.carloskitschen.dk. Di–Sa 17–22 Uhr.

Der Name ist ein Wortspiel aus dem dem einen Vornamen des Besitzers in Bezug auf das deutsche »Kitsch« und das englische »kitchen«, Küche. Søren Carlos Rasmussen ist ausgebildeter Koch und Lehrer und startete dieses Projekt, das Ex-Knackis bei der Resozialisierung helfen soll. Der Koch aber ist vom Fach. Die Wochenkarte bietet 2–3 Gerichte um 119–149 DKK an.

◎ **FRISCHFISCH**: Bendixens Fiskehandel, Jessens Mole **(15)**.

Stadtrundgang

◎ EMPFEHLUNG: **NATURAMA (16)**, Dronningemaen 30, Tel. 6221 0650, www.naturama.dk. 1.2.–30.11. Di–So 10–16 Uhr, in den Schulferien täglich 10–17 Uhr. Eintritt Ferien 140/0, sonst 110/0 DKK. Texte auch auf Englisch.

Naturama ging aus dem Zoologischen Museum vor Ort hervor und bezieht als NATURHISTORISCHES Museum auch Fossilien und Mineralien mit ein. Mittelpunkt ist jedoch die offene, originell gebaute Halle mit DREI Ebenen (Luft, Erde, Wasser), wo Protagonisten der nordatlantischen Tierwelt jeweils zu ihrem Lebensraum gehörend ausgestellt sind. Die PRÄPARIER-

AUF BESUCH IM ARMENHAUS

Viebæltegård ist das FRÜHERE ARMENHAUS Svendborgs. Von 1872 bis 1974 in Funktion, hat man einige Wohn- und Arbeitsräume in dem (spartanischen) Zustand belassen, als sie geräumt wurden.

Hinter dem Innenhof schließt das ARBEITSHAUS an. Bis 1961 waren hier »sozial auffällige« Menschen interniert, getrennt nach Geschlechtern. Im 19. Jh. konnten sie von »feinen Bürgern« zum Straßenfegen oder für Gartenarbeiten angefordert werden. Die Insassen durften die Anstalt nur sonntags für eine feste Zeit verlassen, oder für Bewerbungsgespräche, sofern sie Arbeit in Aussicht hatten. Mit der Sozialreform 1933 wurden die Einschränkungen gelockert und 1961 aufgehoben. Arbeit war nun nicht mehr Pflicht, sondern ein Angebot – dahinter stand aber auch die Unterscheidung in rentable und unrentable (arbeitsunwillige bzw. ineffektive) Heimbewohner. Zuletzt hatten sie die »rentablen« Fußmatten gefertigt und Teilaufträge erledigt, etwa für Schreinereien oder Druckereien.

Bewahrt sind Werkstatten und eindrückliche Fotos.

◎ EMPFEHLUNG FÜRSORGEMUSEUM **FORSORGSMUSEET (17)**, Grubbemøllevej 13, Tel. 6221 0261. Etwa 15.2.–19.12. Di–So 10–16 Uhr. Eintritt 50/0 DKK. Texte teilweise auf Deutsch, QR-Code für Handy-Filmchen. Gute Texte auf Deutsch draußen im Innenhof.

TEN Tiere sollen ANREGEN, mehr über sie herauszufinden. An Monitoren können Sie sich (auch auf Deutsch) zu Informationen zu Lebensraum, Lebensweise, physiologischen Besonderheiten, Fortpflanzung und Ausbreitung, Nahrung etc. durchklicken. Tierstimmen sind ab-, Computeranimationen aufzurufen. Relativ ausführlich ist die VOGELWELT vertreten, was dem alten Museum zu verdanken ist. Aus dessen Fundus stammt das SKELETT des 17 m langen BARTENWALS, der 1955 an Tåsinges Küste strandete – es ist gut zu erkennen, wie die Walart zu ihrem Namen kam. Ein Ausstellungsraum des alten Museums (1935) blieb bewahrt.

Wechselnde Ausstellungen stellen Zusammenhänge her und ergänzen Naturamas permanente Schauen. Die tolle Innenarchitektur und die multimediale Animation, selbst etwas herauszufinden, sind gleichzeitig eine kleine Schwäche, denn es ist bei starkem Andrang vielstimmig und laut in der Halle.

◎ **SAK** KUNSTBYGNING **(18)**, Vestergade 27, Tel. 6222 4470, www.sak.dk. Di–So 11–16 Uhr. Eintritt 40/0 DKK.

Wechselnde Ausstellungen bevorzugt zeitgenössischer Kunst. Immer präsent sind Werke des Svendborger Bildhauers *Kai Nielsen* (1882–1924). Auch Konzerte und Kinderkunst. Aktuelles und Kommendes siehe Website.

◎ Die **VOR FRUE KIRKE (19)** markiert den HÖCHSTEN PUNKT der Stadt, dort wo die Burg SVINEBURGH thronte, die Svendborg ihren Namen verlieh. Das 1253–79 errichtete (spätromanische) Gotteshaus wurde im späten Mittelalter in eine gotische Kirche verwandelt und zuletzt 2002–2004 im Innern restauriert: herrlich die GLASMALEREIEN in den SEITENSCHIFFEN vom Färinger *Tróndur Patursson*. Zum Interieur liegt ein Info-Blatt auf Deutsch aus. Um 8, 12,16,22 Uhr erklingt ein **GLOCKENSPIEL**. Frue Kirkestræde 4. 1.4.–1.10. täglich 10–17 Uhr, sonst 10–16 Uhr.

◎ Die **SCT. NICOLAJ KIRKE (20)** an der Gerritsgade ist die älteste Kirche der Stadt. Das Hauptgebäude aus rotem Backstein entstand um 1180, der Turm um 1500. Im Rahmen einer großen Restaurierung 1892–94 schuf *Joakim Skovgaard* den neuen Altar, legte man im Gewölbe FRESKEN frei. Die Glasmosaiken entwarf *Kræsten Iversen* 1940–46. Ferner gibt es viel (spät-)mittelalterliches Inventar zu besichtigen. Gerritsgade 5. Täglich 9–16 Uhr.

AM HAFEN

Entlang der Hafenstraße Jessens Mole wird es noch ein paar Jahre dauern, bis sich die Neugestaltung klären wird: Derzeit ringen die Rathausfraktionen, Einzelhandel und engagierte Bürger noch um den Erhalt von Parkplatzflächen, um die Gestaltung zwischen Innenstadt und Hafen. Dort ist man bereits weiter, westlich der Fähranleger und vom Touristenbüro:

◎ Einen Vorgeschmack auf mehr Hafen für die Bürger liefert **BØLGEN (21)**, die Welle: ein Ponton draußen vor der schicken neuen Hafenmeisterei, über einen Steg zu erreichen als Aussichts-, Treffpunkt und sogar Konzertbühne mit eigenem Facebook-Auftritt.

◎ Auch die Insel **FREDERIKSØ (22)** verändert sich: jahrezehntelang dem Werftenbetrieb sowie zugehörigen Werkstätten vorbehalten, benötigen die nur noch die Nord- und Westseite

Oben Entspannen am Hafen, das schmale Bild blickt von Christiansminde auf Frederiksøs restliches Gewerbeareal, unten rechts Fachwerk und Vor Frue Kirke auf Svendborgs höchstem Punkt, links ein Kirchenfenster, gestaltet von Tróndur Patursson ▶

der Insel. Auf dem südlichen Ausläufer tummeln sich heute ATELIERS von Künstlern und Kunsthandwerkern, Läden, eine STRANDBAR und mehr. Ein altes Werftengebäude belegt KAMMERATERIET als Konzertstandort mit Bar, die alte Schmiede das Segelsportmuseum DANMARKS MUSEUM FOR LYSTSEJLADS, aktuelle Öffnungszeiten siehe www.lystsejlads.dk auch auf Deutsch. Eintritt frei, Spende erbeten.

TEXTTAFELN stellen (auf Englisch) die frühere Funktion einiger Industriegebäude auf Frederiksø vor.

Der Kai landeinwärts wirkt mit Minigolf, Petanque etc. nicht grundlos so provisorisch, denn hier soll in den nächsten Jahren **KULTURHAVN** entstehen, der Kulturhafen...

Ausflüge

MIT DEM SUNDBOOT

◎ **SUNDFARTEN M/S HELGE**: Sightseeing auf dem Svendborgsund, ab Hafen Svendborg mit Anlegern in Vindebyøre (auf Tåsinge), Christiansminde, Troense (auf Tåsinge), Grasten (auf Thurø), Valdemars Slot (auf Tåsinge). Ca. 10.5.–15.9. 3–4 Abfahrten täglich zwischen 10 und 14.40/16.30 Uhr ab Svendborg **(23)** – es ist möglich, unterwegs auszusteigen und die Rundfahrt später fortzusetzen. Ticket retour oder einfach 140/70 oder 70/35 DKK, Kurzstrecke retour oder einfach 70/35 oder 35/20 DKK. Fahrrad/Kinderwagen 30 DKK, jedoch nur, sofern genügend Platz an Bord: in der Hochsaison deshalb nur unter Vorbehalt.

Aktueller Fahrplan: www.mshelge.dk, Info-Folder im Touristenbüro.

THURØ

Im Südosten der Stadt verbindet seit 1934 ein 450 m langer Damm Svendborg mit der Insel Thurø, die wie ein Hufeisen parallel zum Festland liegt – wer in den Süden von Thurø will, muss über den Bogen im Osten fahren.

Im Norden ist Thurø stark besiedelt, im Osten und Süden kaum. In Grasten oder an der Pile Allé am Südwestufer lassen die Sträßchen kaum Parkplätze zu, so dass diese Kante besser mit dem Fahrrad zu erkunden ist.

◎ **BEGLEITER**: jährlicher THURØ TURISTGUIDE u.a. im Touristenbüro.

◎ Das Sundboot HELGE legt im Südwesten in **GRASTEN** an, eine abseitige, idyllische Ecke zum Wohnen. Der Blick vom Anleger auf den Sund und die umliegenden Inseln ist famos.

◎ Ein paar hundert Meter landeinwärts ab Grasten erstreckt sich der Wald **FREDSKOVEN** von der Thurø-Bucht bis zur Küste. Schön zum SPAZIEREN.

◎ Thurøs landschaftliches Highlight aber ist die OSTKÜSTE, besonders zwischen **SMØRMOSEN** und der Landzunge **THURØS REV** als Südostspitze. Den kinderfreundlichen STRAND bei Smørmosen wertet ein Sommer-Freizeitgelände auf, dessen Einrichtungen – wir befinden uns in Dänemark – vorwiegend kostenlos zu benutzen sind, abgesehen von der fantasievollen Minigolf-Anlage beim Kiosk.

Auf dem Küstenpfad am Waldrand des NØRRESKOV geht es hinaus auf Thurøs Rev, wo Strandwiesen vorherrschen und je nach Jahreszeit Vögel zu beobachten sind.

Das Ausflugsboot »M/S Helge« nimmt Kurs auf Thurøs Anleger in Grasten ▶

THURØ UND TÅSINGE

Ja, es klingt wie Pat und Patachon (die kamen auch aus Dänemark): die eine Insel = Thurø klein (gut 7,5 km²), die andere = Tåsinge groß (fast 70 km²), und das Verhältnis der Inselbewohner untereinander soll, zumindest vor Generationen, von nachbarschaftlicher Rivalität geprägt gewesen sein. Auf Tåsinger war man sich angeblich einig, dass die Menschen auf Thurø von Hause aus Tåsinger seien, »die den Verstand verloren haben und deshalb über den Sund geschickt wurden«. Die Gegenseite wusste zu berichten, »dass es am schönsten ist, auf Tåsinge zu wohnen – weil man von dort die Aussicht auf Thurø hat«. Alteingesessene Insulaner der Gegenwart haben von solchen Nicklichkeiten jedoch nie gehört. So gravierend können die vermeintlichen Rivalitäten auch nicht sein, so lange das Ausflugsboot »M/S Helge« ohne Zwischenfälle auf beiden Inseln anlegt, Gelegenheit für eine Radrundfahrt...
Dass Tåsinge mehr Historisches, mehr Natur sowie einen Kleinflughafen zu bieten hat, fällt bei einem Größenverhältnis von gut 9:1 nicht allzu schwer. Bei der Einwohnerzahl reicht es nicht mal zu einem 2:1. Jedenfalls sind eine ganze Reihe Künstler darunter, SchriftstellerInnen und MalerInnen, die das hiesige Licht schätzen. Trotz der relativ dichten Besiedlung gibt es auf Thurø einige schöne Naherholungsareale (siehe Seiten 214 und 220).

◎ Thurøs Norden repräsentiert eher die Kulturgeschichte: etwa der Bootshafen und die Yachtenwerft am Ende des Gambøtvej, zu erreichen ab der Hauptstraße Bergmannsvej rechts ab in die Smedestræde. In **GAMBØT** legten früher die Fischkutter ab.

◎ Ans Nordufer grenzt das Friedhofsareal mit der **THURØ KIRKE** (1639), in der die frei liegenden Deckenbalken, die geschnitzten Figuren am Beginn der Sitzreihen und der mittelalterliche Altar (aus einem Kloster vor der Reformation) starke Akzente setzen. Kirkestræde 10 A. Täglich 8–16 Uhr.

Vom idyllischen Friedhofsgarten in Hanglage ergibt sich ein fantastischer Blick auf den SKÅRUPØRE SUND samt kleinem Bootshafen.

◎ **UNTERKUNFT**: siehe Seite 208 ff.

TÅSINGE

Die Insel grenzt gleich südlich Svendborgs an den Svendborgsund, den die Str. 9 (in Richtung Langeland) auf der 1.220 m langen Brücke SVENDBORGSUNDBROEN (1966) überquert.

Die Insel eignet sich als Tagesausflug oder im Rahmen der An-/Weiterreise von/nach Langeland.

◎ EMPFEHLUNG: **TROENSE** (er)füllt akkurat das Bild, das sich Dänemark-Urlauber von einem malerischen Dorf machen: schmale Gassen, Fachwerk, Häuser in kräftigen Farben sowie teilweise mit Stroh gedeckt, davor niedliche, hübsche Gärten voller Blumenpracht und über allem eine geruhsame, friedliche ATMOSPHÄRE. Die Lage am Sund und der Bootshafen machen die Idylle perfekt; dort empfiehlt sich auch eine Rast: Tische und Bänke stehen zudem oberhalb an der Straße.

Früher ein kleines, unbedeutendes Fischerdorf, ließ Niels Juel (siehe auch das Extra über Valdemars Slot) 1750 einen Handelshafen bauen, dem eine Werft folgte. Der Handel mit Früchten und anderen, bis dato unbekannten Waren verwandelte Troense in eine Seefahrerstadt. An den PFLANZEN IN DEN VORGÄRTEN war zu erkennen, in welchen Ländern die Männer herum kamen. Um 1870 stagnierte der Ort, als die Reedereien nach Svendborg und Thurø umzogen.

1905 öffnete ein Badehotel, die ersten Ferienhäuser wurden gebaut. Seit die Brücke den Sund zwischen Svendborg und Tåsinge überquert, ist die Bedeutung des TOURISMUS noch gewachsen. Dennoch, der Gemischtwarenladen im Ortskern hat zugemacht; die Touristen juckt das weniger als die Alteingesessenen. Malerisches Fachwerk findet sich u.a. in GRØNNEGADE, STRANDVEJ und BADSTUEN. Ein idyllischer ort ist auch der BOOTSHAFEN.

◎ **BREGNINGE KIRKE**, Kirkebakken (Abfahrt von Tåsinge-Hauptstraße 9). Mo–Do 10–16 Uhr, Fr 8–13 Uhr, Kirchturm 8–20 Uhr (Zutritt 5/2 DKK).

Die Kirche und ihr Friedhof liegen erhöht auf einem Hügel und thronen als Hort der Besinnung über der profanen Landwirtschaft ringsum. – Vom KIRCHTURM genießt man eine super AUSSICHT auf Svendborg und Sundbrücke, Tåsinge und die umliegenden Inseln. – In der Nähe die WINDMÜHLE BREGNINGE MØLLE, heute mit Panoramarestaurant, ein FROKOST-Tipp.

◎ HEIMATMUSEUM **TAASINGE MUSEUM**, Kirkebakken 1, Tel. 6222 7144. 1.6.–31.8. Di–So 11–16 Uhr. Eintritt 40/0 DKK. Textblatt auf Deutsch.

Auf Seite 67 haben wir die Bregninge Kirke im Bild, auf Seite 206 unten eine – beinahe historische – Ansicht auf dem Gelände von Valdemars Slot.

SCHLOSS **VALDEMARS SLOT AUF TÅSINGE**

Christian IV. widmete das 1639–44 erbaute Schloss seinem Sohn Valdemar Christian. Also ließ er sich nicht lumpen und stellte einen prachtvollen Renaissancebau dort an Tåsinges Ufer, nach dem Vorbild des Kopenhagener Schlosses Rosenborg. Seinem Stammhalter gefiel es ganz und gar nicht, sein Leben auf einer Provinzinsel zuzubringen. Stattdessen zog er es vor, sich als Feldherr in halb Europa zu betätigen, wobei er 1656 in Polen zu Tode kam. Die Schwedenkriege (1657–60) überstand dann das Schloss nicht.

Einige Jahre später machte ein Seeheld namens Niels Juel von sich reden, dem der König seine militärischen Erfolge dankte, indem er ihm das Grundstück mit der Schlossruine. Juel ließ die Ruine 1678 als barocken Herrenhof wieder aufbauen. In der Folgezeit kamen der Schlossteich und die seitlichen Tore, Wirtschaftsgebäude und Stallungen hinzu.

Das Schloss ist weiterhin in Privatbesitz: Lehensbaronesse und Lehensbaron Iuel-Brockdorff hatten Teile zum Erhalt des Ganzen für die Öffentlichkeit zugänglich gemacht: in Form von Museen, Veranstaltungen, Freizeitvergnügen wie Minigolf und Gastronomie. Für den Erhalt des Anwesens reichten diese Mittel allerdings selten aus. Nachdem der Lehensbaron 2017 verstarb, wird der Tourismus neu justiert und die Gastronomie zunächst mal heruntergefahren, bis sich die Perspektiven für die Zukunft deutlicher abzeichnen.

◎ Es herrscht eine LOCKERE, einladende **ATMOSPHÄRE** auf dem Anwesen. Das Schlossgelände grenzt an Tåsinges Ufer. Draußen zieht sich ein BADESTRAND mit Blauer Flagge die Küste entlang, anbei der kurze Damm für den Anleger für »M/S Helge« (siehe Seite 214).

◎ **SLOT, JAGT- OG TROFÆMUSEUM** (Schloss, Jagd- u. Trophäenmuseum), Slotsalléen 100, Tel. 6222 6106, www.valdemarsslot.dk. 1.5.–31.8. Di–So 10–17 Uhr. Eintritt 120/55 DKK, Familien (2+4 330 DKK). Der Schlossrundgang umfasst 21 Räume, vom mondänen Speisesaal, mit Gedeck, Silberkandelaber und von Hand bemalten Tapeten aus Paris (um 1780), über den Rittersaal und das Schlafgemach einer früheren Hausherrin, in dem die Farbe der Gardinen zum Manikürtisch passt, zur pompösen Kirche. Auch Küche, Waschküche, Warenkontor und die ärmlichen Stuben des Dienstpersonals sind zu besichtigen, wodurch der Rundgang nicht zur Jubelarie anas Opulente gerät. Jagdtrophäen und ethnografische Exponate fanden unter dem Dach Platz. Das Entré gilt ebenso für den Park.

◎ Draußen im Freien, hinter der Hofdurchfahrt Richtung Troense, können sich Besucher an Dänemarks angeblich größtem **MINIGOLFPLATZ** ausprobieren. Weiter Richtung Troense, war 2018 zur Küste hin zudem ein **MTB-PARCOUR** ausgewiesen. – **KULTUR**: Ob die langjährigen Sommerkonzerte zur Hauptsaison aufrecht erhalten werden, war bei Redaktionsschluss ebenfalls noch nicht abzusehen.

◎ **ANREISE**: Außer mit dem Sundboot sowie einigen speziellen Segeltörns ist Valdemars Slot noch über eine durch das Grundstück führende, schmale Straße u.a. von Troense aus zu erreichen.

Adrett herausgeputztes Lokalmuseum, auf ein Ensemble reetgedeckter Fachwerkhäuser verteilt. Themen Seefahrt, Schiffbau, Handwerk u.a., dazu die tragische Liebe zwischen Offizier Sparre und Zirkusartistin Madigan.

◎ RUNDFLÜGE ab **SYDFYNS FLYVEPLADS**, Flyvervej 35, Tel. 6223 3099.

Gemessen am Kirchturm von Bregninge gibt es noch eine Steigerung in puncto Aussicht: ein RUNDFLUG in einem Sportflugzeug, das auf der Wiese des Kleinflugfelds mitten zwischen den Feldern Tåsinges auf Kundschaft wartet. Sie haben die Wahl zwischen Kurzflügen über Tåsinge, Svendborg, Valdemar Slot (um 700 DKK) und etwa dem Trip zur Brücke über den Großen Belt; die Tarife orientieren sich an Personenzahl/Gewicht.

Anfahrt: in Bregninge (Str. 9), aus Svendborg kommend, die zweite große Kreuzung rechts.

◎ VOGELSCHUTZGEBIETE **TÅSINGE VEJLE** und **MONNET**: siehe Seite 223.

SÜDFÜNISCHES INSELMEER

◎ Fähren verbinden die Stadt mit den Inseln **SKARØ**, **DREJØ**, **HJORTØ** und **ÆRØ** (24). Die drei erstgenannten Inseln zählen jeweils nicht mal 100 Einwohner, wobei Drejø über ein wenig touristische Infrastruktur verfügt, während auf Skarø und Hjortø »nur« gezeltet werden kann.

Zu Drejø und Skarø hat das Touristenbüro Faltblätter, zum Teil mit deutschem Text; hilfreich sind darauf die Karten mit Vorschlägen für Rundwanderungen und weiteren Tipps. Fahrplan der Fähre »M/F Højestene«: www.hoejestene.dk, Tel. 6223 3000 (25).

Die Verbindung nach Hjortø (8 Einwohner) sollte am Vortag (bis 12 Uhr) angemeldet werden – außerhalb der Sommerferien verkehrt »Hjortøboen« nur auf Bestellung: www.svendborghavn.dk unter »Færger«. Ticket retour: 110/60 DKK. Überfahrt: 60 Minuten.

Ferien aktiv

KARTE/INFORMATION

◎ Im Touristenbüro gibt es gratis die **INSELMEERKARTE** über »Erlebnisse im Südfünischen Inselmeer«.

RAD FAHREN

◎ EMPFEHLUNG: **RUND UM DEN SUND** via Svendborg, Thurø, Tåsinge; die Route folgt streckenweise der Nationalroute 8 sowie dem regionalen Radweg 50 (in Richtung Nyborg) und enthält einen Bootstransfer. Ein guter Startpunkt ist einer der Parkplätze vor der Dammstraße nach THURØ, zumal man hier relativ rasch retour am Ausgangspunkt ist, sollte das Sundboot Helge (zwischen Grasten und Valdenmars Slot) so voll mit Menschen sein, dass keine Fahrräder mitgenommen werden (was fast nur in der Hochsaison vorkommt). Distanz ohne Abstecher rund 15 km, eine Panorama-Tour par excellence: STRÄNDE – VALDEMARS SLOT – TROENSE – SUNDBRÜCKE MIT AUSSICHT – SVENDBORG (HAFEN) – CHRISTIANSMINDE – WÄLDER.

Auf Thurø eingetroffen, hält sich die Hauptstraße Bergmannsvej links, mögliche Abstecher links zur Kirche, rechts nach Gambøt (beide siehe Seite 216). Immer nach Osten, die Haupt-

Oben das Südfünische Inselmeer aus der Vogelperspektive, unten Graugänse im Naturschutzgebiet Tåsinge Vejle ▶

straße knickt rechts ab (nun Tuborgvej), dann wieder links: Der Søndervej verlässt den Hauptort; dort wo er wieder rechts nach Grasten abknickt, hält sich die Radroute geradeaus auf dem Gyldenstensvej durch den Wald Smørmoseskov. Am Ende des Sträßchens und an der Ostküste angekommen, befindet sich rechts das Freizeitgelände am **SMØRMOSEN STRAND**, wo auch wegen der zahlreichen, zum Großteil kostenlosen Einrichtungen bei sommerlichem Schönwetter richtig etwas los ist – Touristen finden nur den Weg hierher, falls sie über einen guten Reiseführer verfügen...

Das Fahrrad über die Wiese geschoben, kann man auf der anderen Seite entweder die Tour zurück nach Westen gen Grasten fortsetzen oder zuvor eine Kurzwanderung durch den NØRRESKOV zur Landspitze THURØS REV unternehmen (siehe Seite 214). Einen Waldspaziergang an Bucht und Küste ermöglicht, kurz vor Grasten, auch der FREDSKOVEN.

GRASTEN: Westende der kürzeren, südlichen Hufeisen-Hälfte von Thurø, der Anleger des Sundboots »M/S Helge« ist erreicht: Im Norden zeichnen sich die Bootswerft und -häfen Thurøs ab, im Westen Troense auf der Nachbarinsel Tåsinge. Das Boot setzt über zu Valdemars Slot (siehe Seite 217).

Von Valdemars Slot führt eine Nebenstraße zusammen mit der Nationalroute 8 nordwärts nach **TROENSE**. Noch auf freiem Feld biegt der ausgeschilderte Radweg auf die Præstealleen ein, die nach einem Bogen zur GRØNNEGADE und von malerischen Anwesen mit Fachwerk sowie grünen Vorgärten flankiert wird. In Troense-Zentrum links ab, erscheint unterhalb der Straße mit dem Bootshafen bald die nächste Bilderbuch-Szenerie: Hier besteht ebenfalls die Möglichkeit zum Pausieren, ein traumhafter Blick über den Sund inbegriffen.

Während die Nationalroute 8 direkt zur Sundbrücke führt, empfiehlt sich ein Schlenker rechts ab in den Pilekrogen auf der Øhavsstien-Route. Der Wanderweg führt hinunter zur Küste, unsere Radroute hält sich geradeaus auf dem Feldweg in den Wald bis zu dem größeren Stein mit der Nummer 28; hier zweigt die Route links ab, nun wieder mit dem Øhavsstien vereint. Rund 2 km nach dem Abzweig kehrt Pilekrogen auf den Troensevej zurück. Der Troensevej führt an den Bootshafen von VINDEBY heran und hält auf die große Brücke zu. Rechts ab in den Kystvej, doch zuvor kann an der Kreuzung leckere, frische Verpflegung in der Bäckerei »Vindeby Bageri« gekauft werden (Kystvej 1). Am Ende des Kystvej geht es weiter auf einem Spazierweg; plötzlich ist man unterhalb der **SVENDBORGSUNDBROEN** mit den gewaltigen, bis zu 33 m aufragenden Brückenpfeilern – vielleicht haben Sie Glück und eine Fähre navigiert gerade zwischen den Pfeilern hindurch.

Unterhalb der Brücke den Hang hinauf, erscheint die Treppe als schnelle Lösung, ist jedoch nicht anzuraten, da man oben nicht die Seite wechseln kann und gegen den – je nach Tageszeit – dichten Radlerverkehr anfahren müsste. Also besser an der Treppe auf den Bratenvej und diesen rechts oder links bis zur nächsten Querstraße, die parallel zur Brückenauffahrt landeinwärts führt; nach 500 m ist man (egal auf welcher Seite) nahe der großen Kreuzung, über die man auf den Sundbrovej zur Brücke gelangt. Von oben hat man eine formidable Aussicht auf Svendborg und Tåsinge.

Nach der Abfahrt rechts in den Skovvej, rechts in den Sankt Jørgensvej – nicht links, sonst endet man im Zentrum – bis zum Kreisel, dort die 2. Ausfahrt hinunter zur Küste mit der **SCT. JØRGENS KIRKE** (Ende 13. Jh.), heute von Ortsunkundigen leicht übersehen, im Mittelalter am Hauptverkehrsweg zwischen Osten und Westen platziert. Die Kirche ist täglich von 9 bis 16 Uhr geöffnet.

Zurück auf dem Strandvej und damit dem Regionalradweg 55, verläuft die gesamte Route durch Svendborg **UFERNAH**, zu empfehlen die Weiterfahrt via Niels Juels Vej, Otte Ruds Vej, Færgevej und Kullinggade vorbei an Bootshafen, Ex-Fähranleger (Tåsinge) samt Sommerkiosk, Mini-Strand samt Liegewiese sowie maritimem Milieu. Inzwischen auf der Regionalroute 50, folgen Hafen, Anleger Ærø-Fähre **(24)**, Anleger Sundboot **(23)**, daneben die Auffahrt zur Insel Frederiksø **(22)**, deren Südausläufer in den nächsten Jahren zum KULTURHAFEN werden soll.

Weiter ab Sundboot-Anleger, bietet sich der Fischladen »Bendixen« an **(15)**, um für den Abend einzukaufen.

Während die Regionalroute 50 links abzweigt, führt unsere Route geradeaus, um an das Ufer zurückzukehren – der nächste Höhepunkt ist das herrliche NAHERHOLUNGSGEBIET **CHRISTIANSMINDE** mit Strand und vielem mehr. Ufernah geht es schließlich weiter bis zum Thurø-Damm, zurück am Ausgangspunkt.

◎ Eine TAGESTOUR ermöglichen die zusammen zumeist KÜSTENNAH verlaufenden und markierten Radwege 8 und 50 **NACH LUNDEBORG**, das wir auf Seite 205 kurz vorstellen. Die Distanz retour beträgt um 47 km.

◎ **MTB**: www.visitsvendborg.de.

◎ **FAHRRADVERMIETUNG**: Cykeltutten, Frederiksø 18 F, Tel. 5224 5866, www.svendborgcykeludlejning.dk. Mit Werkstatt. Mo–Fr 9–15 Uhr, aktuell siehe Facebook. – Svendborg Sund Camping, Tåsinge (siehe Seite 210).

WANDERN, WALKEN, JOGGEN

◎ EMPFEHLUNG **ØHAVSSTIEN**: Vor allem BLATT 4 der Kartenserie ist interessant, denn die Route führt ab der Svendborgsundbrücke über Tåsinge, wobei das Ausflugsboot M/S HELGE in die Tagesplanung einbezogen werden kann und Abstecher durch die malerischen Gassen in TROENSE möglich sind (siehe Seite 216). Ein landschaftlicher HÖHEPUNKT ist die UFERNAHE Etappe durch den Wald NØRRESKOV, südlich von Valdemars Slot. Mögliche Route: Mit dem Sundboot ab Hafen in Svendborg nach Valdemars Slot, auf dem Øhavsstien (über die Brücke) zurück nach Svendborg. Siehe auch Radtour Seite 218 ff. Distanz rund 11 km ohne Abstecher.

Blatt 3 führt ab der Sundbrücke via Christiansminde sowie anschließend durch das Inland nach Lundeborg, eine stramme Tour über 35 km.

◎ **SYLTEMADE ÅDAL**: auf Fünen eine fast einzigartige Rundwanderung mit Passagen durch ein grün-feuchtes naturgeschütztes BACHTAL. Faltblatt mit Karte im Touristenbüro. Tourenbeschreibung siehe Seite 118.

◎ **SKOVTURE I SVENDBORG** heißt Waldtouren in Svendborg und ist ein Faltblatt, das zwei RUNDWEGE im erweiterten Stadtgebiet darstellt; wobei die längere die Überreste der Burg Ørkild passiert, wo bis zum 16. Jh. der Bischof von Odense residierte. Die Routen sind nicht markiert, die Karte auf dem Faltblatt ist grob, aber hilfreich. Erhältlich im Touristenbüro.

◎ **UFERSPAZIERGÄNGE**: Wald NØRRESKOV bei Valdemars Slot (s.o.), Nørreskov auf THURØ an der Ostküste, in CHRISTIANSMINDE sowie bei LEHNSKOV HUSE, westlich Svendborgs bzw. von Rantzausminde.

CHRISTIANSMINDE ...

... ist ein beliebtes Ausflusgziel im Osten Svendborgs: mit BADESTEG und Infrastruktur (Toiletten), Hotel **(5)**, Spiel- und Bolzplatz, Minigolf, Bootsvermietung und herrlichem STRAND (Blaue Flagge) samt AUSSICHT auf Thurø, Tåsinge und bis hin zur Sundbrücke. Der ØHAVSSTIEN kommt hier vorbei, das »M/S Helge« hat einen Anleger, auf dem Sund sind Paddler, Ruderer sowie Freizeitkapitäne unterwegs.

BADEN, SCHWIMMEN

◎ **BLAUE FLAGGEN** wehen am CHRISTIANSMINDE STRAND (mit Aufsicht ca. vom 20.6. bis 10.8.) **(5)**, an Thurøs Ostküste besonders kinderfreundlich am SMØRMOSEN STRAND (siehe Seite 214), bei Valdemars Slot am SLOTSHAGEN STRAND sowie ein paar Kilometer westlich der Stadt am BALLEN STRAND. Populär ist auch LEHNSKOV STRAND, westlich Svendborgs, noch vor Ballen.

◎ **HALLENBAD** SVENDBORG SVØMMELAND, Ryttervej 70, Tel. 6223 5050. Mo–Fr 8–20 Uhr, Sa+So 9–16 Uhr, in den Sommerfreien Mo–Fr verkürzt. Im Westen Svendborgs, zu erreichen ab Innenstadtring über die Voldgade.

GOLF

◎ **SVENDBORG GOLFKLUB**, Tordensgårdevej 5, Tel. 6222 4077, www.svendborg-golf.dk. 18-Loch-Platz sowie 9-Loch-Platz 5 km nordwestlich der Stadt, Zufahrt ab Str. 44 (nach Faaborg) via Sørup. Bisher kein Pay & Play.

PADDELN (SEEKAJAK)

◎ **TOUREN**: Nach SKARØ ab Ballen (16 km retour) oder Vindebyøre (32 km retour), ab Troense nach Lunkebugten (19 km retour), rund um die Inseln Thurø (14 km) und Tåsinge (40 km). Der Svendborgsund ist verkehrsreich und hat eine starke Strömung, so dass Anfänger nicht allein aufbrechen sollten. Für alle gilt: Bereiten Sie sich sorgfältig vor – achten Sie auf Wind / Wetterbericht, Strömungen und Schutzgebiete wie Thurø Rev und Monnet.

◎ **NICUS NATURE (9)**, Tåsinge, Vindebyrevej 31 B, Tel. 4041 8982, www.nicusnature.com. Ausrüstung, Touren mit Begleitung sowie Kurse für Anfänger, Geübte, Fortgeschrittene. Preise auf Anfrage, englische Sprachkenntnisse von Vorteil.

PFERDE (PLANWAGEN)

◎ **PLANWAGENTOUR** für Selbstversorger: Fam. Hansen, Skårup, Holmdrup huse 3, Tel. 6223 1825, www.hestevognsferie.dk auch auf Deutsch.

SEGELN

◎ Das **MARITIMT CENTER** organisiert Segeltörns rund um Fünen ebenso wie kurze Abstecher wie zum Beispiel Sonnenuntergangstouren nach Skarø. Tickets können Sie übers Touristenbüro in Svendborg erwerben, das im prägnant gelb-roten früheren Lagerschuppen am Hafen ansässig ist – nebenbei auch der Stammsitz des Maritimt Center. Havnepladsen 2, Tel. 6223 6954, www.maritimtcenter.dk.

◎ **SVENDBORG CLASSIC REGATTA**: Regatta IM AUGUST, ebenso für Holzboote wie für »Hostalenschüsseln« – nur alt genug sollten sie sein. www.classicregatta.dk auch auf Deutsch.

TAUCHEN

◎ **SPOTS**: Christiansminde, unter der Svendborgsund-Brücke und vor BALLEN, wo die ausgediente Fähre »M/F Ærøsund« 2014 kontrolliert versenkt wurde. www.dyk-sydfyn.dk.

VOGELBEOBACHTUNG

◎ Nach einem Dammbruch 1904 sowie der Aufgabe der Weidewirtschaft entwickelte sich **TÅSINGE VEJLE** zum Paradies für Wasservögel; hier brüten Lappentaucher!

Anfahrt: In Bregninge auf Tåsinge rechts ab nach Westen, zunächst wie zum Flugplatz (siehe Seite 218), dort geradeaus, dann links ausgeschildert.

◎ **MONNET** bildet die Südspitze von Tåsinge. Außer Vögeln sind hier seltene PFLANZEN zu entdecken. Ein Pfad führt weit hinaus an die KÜSTE. Vom 15.3. bis 1.7. ist er gesperrt und nur der Beobachtungsstand zugänglich. Faltblatt mit Karte im Touristenbüro.

KULINARISK SYDFYN

Eine Bereicherung im Festivalkalender ist Dänemarks größter LEBENSMITTELMARKT am letzten Juniwochenende. Ein Schwerpunkt ist dabei das NORDISK OSTEFESTIVAL, das Käsefestival.

In Svendborg-City findet sich ein, was in der Branche auf sich hält: Ökologisch produzierende Betriebe sind ebenso vertreten wie ausländische. Eintritt 50/0 DKK. Es gilt Kosten, Probieren, Degustieren...

Unterhaltung

FESTE, VERANSTALTUNGEN

Der Veranstaltungskalender im Jahresheft des Touristenbüros ist relativ opulent. Ein Auszug:

◎ **SYNGSYDFYN**: Chorkonzerte in ganz Südfünen. Eintritt teils frei, teils gegen Ticket. Verteilt übers Frühjahr an mehreren Orten in Svendborg und Umland, oft in Kirchen. Aktuelle Termine via Facebook.

◎ Unregelmäßig (zuletzt 2018) findet in Svendborg das **INTERNATIONAL CLOWN FESTIVAL** statt. Ende Mai. www.clownfestival.dk.

◎ **SVENDBORG JAZZFESTIVAL**: eine neue Initiative im Festkalender der Stadt. Ende Juni. www.svendborgjazzfestival.dk.

◎ **TØSINGERNES SOMMERUDSTILLING**: Tåsinges Künstler zeigen ihre Werke in Troense, Slotsalléen 13 im Sognehuset. Etwa 20.7.–10.8. Di–So 14–18 Uhr. toesingerne.dk.

Wie in der Einleitung auf Seite 207 angerissen, ist das kulturelle Angebot (gemessen an der Einwohnerzahl) überdurchschnittlich in Svendborg, da seit den 1970ern relativ viele »Bildungsbürger« aus anderen Landesteilen zuzogen.

◎ **SKARØFESTIVAL**: Drei Tage buntes Inselfest mit viel Musik, primär für Segelfreunde. Am ersten Augustwochenende. www. lovein.dk.

◎ **SVENDBORG CLASSIC REGATTA**: siehe oben unter »Segeln«.

MUSIK UND SZENETREFFS

◎ Wer **KLASSISCHE MUSIK** schätzt, sollte Svendborgs Kirchen aufsuchen, wo etliche Konzerte bei freiem Eintritt stattfinden; da die Konzerte unregelmäßig stattfinden, kann man sich auf den Info-Tafeln an den Kirchen oder online informieren.

◎ **BØLGEN**: Auf oder unter der Treppe finden Konzerte statt, eher für ältere Semester. Mitte Juni bis Mitte August. Termine via Facebook. **(21)**

◎ **KAMMERATERIET**: Die neue Kulturhochburg auf der Insel Frederiksø bietet im Sommer eine Mischung aus Live-Musik, DJ-Abenden zum Abtanzen, Snacks und Streetfood sowie Bar und Strandfeeling. **(22)**

◎ **ARNE B.** Vestergade 10 A, Veranstalter sind www.giantsteps.dk. sowie www.folkforfolk.dk. Live-Musik meistens Di, Do, Sa. Eintritt ab 90 DKK, ohne Ermäßigung um 180 DKK. Jazz und Worldmusic, Blues, Rock, Folk. Für Reservierungen im zugehörigen Lokal: Tel. 6222 4783. Tickets gibt's auch im Touristenbüro.

◎ **SPILLESTEDET HARDERS**, Møllergade 36, Tel. 6221 3090, www.harders.nu. Breites musikalisches Spektrum. Hier treten zumeist Skandinavier, jedoch hin und wieder auch bekannte Namen aus anderen Ländern auf. Das Lokal ist Nachfolger des legendären Musikclubs »Harmonien«.

Was fehlt noch?

GORILLA PARK SVENDBORG

◎ Der »Gorilla Park« ist ein grandioser **KLETTERPARK** mit NEUN PARCOURS für alle Altersklassen ab 4 Jahre. Ostern bis ca. 20.10. gorillapark.dk. Eintritt 320/270–95 DKK. In Stenstrup, ab Str. 44 in Vester Skerninge nordwärts.

KONTAKT, HILFE

◎ **ÄRZTLICHE BEREITSCHAFT**: Tel. 7011 0707. Falls Konsultation vor Ort (siehe Seite 59): Krankenhaus Valdemarsgade 53 (Stadtplan Seite 209).

◎ **POLIZEI**: Tel. 114.

◎ **POST**: Møllergade 92 (»Føtex«). **(4)**

TRANSPORT

◎ **BUS**: Alle Busse halten am Busterminal **(3)** beim Bahnhof.

Bus 250 fährt nach Troense, Bus 240/241 pendelt zwischen Grasten/Thurø und Rantzausminde, Bus 230 bedient das nördliche Stadtgebiet. Falls kein Bus verkehrt (also nachts und ggf. an den Wochenenden), kann ein Transfer zum oder ab Bahnhof bestellt werden: Telecity-Tel. 6311 2255.

◎ **TAXI**: Taxa Fyn, Svendborg, Telefon 7010 2122.

Weiterreise

◎ **FÄHRE** NACH ÆRØ/ÆRØSKØBING: 8–11 x täglich. Reservierung Fr nachmittags sowie an den Wochenenden empfohlen. www.aeroe-ferry.dk. **(24)**

Ohne motorisiertes Fahrzeug besteht die Möglichkeit zum sogenannten INSELHÜPFEN bis Faaborg, wobei mehrere Fähren in Anspruch zu nehmen sind (siehe Seite 218). Das zuständige Touristenbüro ist das in Faaborg.

◎ **BAHN**: Der Bahnhof SVENDBORG STATION liegt am Klosterplads 10. Info-Tel. 7013 1415. **(2)**

Der REGIONALZUG fährt mehrmals täglich nach Odense, wo Sie Richtung Seeland/Kopenhagen oder nach Fredericia/Jütland (mögliche Heimreise) umsteigen können.

◎ **BUS**: Alle Busse halten am Busterminal **(3)** beim Bahnhof.

NACH LANGELAND. Bis Rudkøbing (Linien 930/810 U).

AUF FÜNEN: Nach Faaborg (Linie 931), nach Odense (Linie 162 u. 810 U) und nach Nyborg (Linien 930–932).

◎ **AUTO**: **NACH LANGELAND**. Str. 9 über Tåsinge (mögliche Abstecher siehe Seite 216 ff.), Damm und Brücke.

NACH FAABORG. Str. 44. Sofern es nicht ganz schnell gehen muss, empfiehlt sich ab Innenstadt die Voldgade oder der Strandvej unter der Brückenauffahrt hindurch nach RANTZAUSMINDE; dort und in LEHNSKOV gibt es schöne Strände sowie Uferwege zum Flanieren. Über die Margeriten Route gelangt man zur Str. 44 Richtung Faaborg; unterwegs mögliche Kurzwanderung in das naturgeschützte SYLTEMADE ÅDAL (siehe Seiten 118 f./221).

NACH ODENSE. Str. 9 als Autobahn ausgebaut. Mögliche Abstecher zum KLETTERPARK GORILLA PARK SVENDBORG (siehe oben) und bei Kværndrup zum EGESKOV SLOT (siehe Seite 117).

NACH NYBORG. In umgekehrter Richtung beschrieben unter »Nyborg, Weiterreise« auf Seite 204 f.

◀ Svendborg ist eben ein bisschen anders als sonstige Provinz: Sommerdeko in der City

5 EMPFEHLUNGEN LANGELAND:
◎ LANGELANDSFORT: Seite 247 ff.
◎ WILDPFERDE SÜDLANGELAND: Seite 247/248.
◎ GRÜNES HOFGUT SKOVSGAARD: Seite 240 ff.
◎ RISTINGE HALE/STRAND/KLINT: Seite 244 ff.
◎ RADTOUR IN NORDLANGELAND: Seite 238 f.

Langeland

HUTHÜGEL, VOGELTRANSIT UND EIN BERÜHMTER »SOHN«

Die Insel Langeland trägt ihren Namen mit Grund: Nur bis zu 11 Kilometer breit, erreicht die Längenausdehnung von Norden nach Süden 52 Kilometer. In der Inselmitte verbindet die Str. 9 über rund 9 km die Langeland-Brücke im Westen (nach Tåsinge und weiter nach Fünen) mit Spodsbjerg im Osten, von wo aus die Fähren nach Tårs auf Lolland übersetzen. Von der Str. 9 zweigt die Str. 305 nach Norden wie nach Süden ab, und nur wer diese Hauptstraße verlässt, lernt die Reize der 284 km^2 großen, rund 12.350 Einwohner zählenden Insel kennen.

Die größte, da ungewöhnlichste Attraktion ist das LANGELANDSFORT, ein früherer NATO-Posten ganz im Süden. Auffälligstes landschaftliches Merkmal sind hunderte abgerundeter Hügel, die die Dänen HUTHÜGEL nennen. Entstanden sind sie aus Ablagerungen, die ein Gletscher während der letzten Eiszeit über dem Großen Belt aufeinander schob. Den südlichsten Hügel der Insel gibt es nur noch zur Hälfte: Die fehlende Rundung von DOVNS KLINT hat sich das Meer geholt. Imposant wirkt auch die bis 25 m hohe Steilküste RISTINGE KLINT im Südwesten. Im Herbst ziehen abertausende Vögel auf ihrem Weg nach Süden über Dovns Klint; andere finden in seichten Seen und Mooren Lebensraum über das ganze Jahr, wie im Haff TRYGGELEV NOR und im Osten in den PÅØ-Wiesen, die zum Grund des früheren Adelshofs SKOVSGAARD gehören. Das Gut Skovsgaard bewirtschaftet heute die Stiftung Danmarks Naturfond, ist einen Ausflug wert und Ausgangspunkt mehrerer Naturtrips. Schöne Natur sind auch der Schlosspark von TRANEKÆR mit der permanenten Kunstausstellung TICKON und, nahe gelegen, das Beltufer am STENGADE STRAND, der Adam Oehlenschlæger zu den ersten Zeilen der Nationalhymne inspirierte. Der Dichter war mit Hans Christian Ørsted befreundet, dem bekanntesten Spross der Insel (siehe Seite 230).

Ørsted wurde 1777 in RUDKØBING geboren, mit gut 4.650 Einwohnern Langelands größte Ortschaft, die ein relativ geschlossener historischer Kern kennzeichnet. Im mittleren Inselwesten sozusagen am Fuß der Brücke gelegen, sollte hier jeder Neuankömmling Station machen, um sich im gut organisierten Touristenbüro mit Material zu versorgen. In Rudkøbing stößt man ständig auf H.C. Ørsted, ob als Statue oder als Namensgeber für Park, Schule oder einen neuen Ortsteil. Außerhalb Rudkøbings gibt es eher Leerstand als Neubaugebiete: Wie Ærø kämpft Langeland mit der ABWANDERUNG vor allem junger Menschen. Rund 30 % der Insulaner sind älter als 65, was Langeland zwangsläufig zu einer Kommune mit relativ hohen Steuern und kniffligen Sparmaßnahmen macht.

◂ Die 771 m lange Brücke Langelandsbro stellte 1962 zusammen mit einem Damm die Verbindung nach Tåsinge und zum Festland her; sie wurde zuletzt jahrelang bei laufendem Verkehr modernisiert. – Unten Angler am Stengade Strand (siehe auch Seite 233 f.).

Tourist auf Langeland

INFORMATION

◎ Der jährliche **LANGELAND GUIDE** ist ein 144 Seiten starkes Heft in drei Sprachen, das Information und Werbung erkennbar trennt und viele Anregungen enthält. Was Sie in diesem Reiseführer nicht finden, steht darin. Erhältlich per Post sowie für Rundreisende auch in den Touristenbüros auf Fünen sowie in Ærøskøbing auf Ærø.

◎ **LANGELAND TURISTBUREAU**, Torvet 5, DK–5900 Rudkøbing, Tel. 6251 3505, info@langeland.dk, www.langeland.dk. 1.7.–31.8. Mo–Fr 9.30–16.30, Sa 9.30–14.30 Uhr, sonst Mo–Do 9.30–16.30, Fr 9.30–16 Uhr.

Das Touristenbüro ist sehr gut organisiert und auch bei der Pflege seiner Website im Vergleich vorne dabei.

TRANSPORT

Da die BUSSE vor allem abgelegene Orte nur wenige Male am Tag sowie am Wochenende gar nicht anfahren, erreicht man diese praktisch nur per Fahrrad oder selbst motorisiert.

◎ **LINIENBUS 913** erschließt den Inselnorden bis Lohals, No. **912** den Süden bis Bagenkop, jedoch nur entlang der Inselhauptstraße. Zentraler Treff ist die Inselhauptstadt Rudkøbing, wo auch die weiteren Routen Station machen: **591** Inselmitte Nordroute, **592** Inselmitte Südroute sowie **621–623** rund um Humble, Langeland-Süd; diese Lokalrouten verkehren nur an den Schultagen, dafür aber kostenlos. Im Alltag kann sich das als schwieirig erweisen, denn am frühen Morgen fahren die Busse von der Peripherie ins Zentrum und nicht umgekehrt. Die FAHRPLÄNE gibt's als Faltblätter im Touristenbüro oder via www.fynbus.dk, siehe dort »Find din rejse«.

◎ **FAHRRAD**: Die schmale, stark befahrene Inselhauptstraße 305 ist kein Tipp. Inzwischen durchqueren die Regionalrouten 80 und 81 den Inselnorden sowie 82 und 83 den Inselsüden. Wer im Touristenbüro die Gratis-Karte zum Kunsthandwerk mitnimmt oder die Langeland-Fahrradkarte (30 DKK – sechs Routenvorschläge 15–33 km) ersteht, findet darauf weitere Nebenstrecken. Hier gibt's auch ein Gratis-Blatt mit den FAHRRADVERMIETERN, die Gratis-Produkte zudem online.

◎ **TAXI**: Rudkøbing, Tel. 6251 1080 oder 6251 1258. – Humble (Inselsüden), Tel. 6257 1077.

UNTERKUNFT

Das Touristenbüro behauptet: Selbst in der Hochsaison findet man dort eine freie Unterkunft. Insofern ist eine Rundreise denkbar, um lange Anfahrten zwischen Inselnorden und -süden zu vermeiden. Auf jeden Fall kann das Touristenbüro die Suche nach der Unterkunft erheblich erleichtern.

◎ **ÜBERSICHT**: Die Website des Touristenbüros listet jede Menge Unterkünfte auf, vom komfortabelsten Hotel in Rudkøbing über Gasthöfe, Campingplätze bis zu Ferienhausagenturen (siehe auch Seite 46) und Privatvermietern; dabei sind Betten für unter 200 DKK je Person zu entdecken.

Leider sind die meisten Ferienhäuser, aber auch einige Zimmer im Rahmen von Bed & Breakfast von Juni bis August nur wochenweise und mit dem Samstag als Wechseltag zu mieten.

Für den ganzen Urlaub ein Ferienhaus – oder eine andere Unterkunft – auf Langeland zu buchen, macht wegen der Randlage nur Sinn, wollen Sie sich mit der Insel sowie Abstechern nach Svendborg (mit Tåsinge und Thurø) begnügen.

Fünen
Lundeborg
Lohals
Stoense
Dageløkke
Emmerbølle
Tranekær
Tullebølle
Spodsbierg
Svendborg
Thurø
Tåsinge
Rudkøbing
Strynø
(neu: Ende 2019)
Marstal (Ærø)
Lindelse
Hennetved
Kædeby
Humble
Ristinge
Hesselbjerg
Tryggelev
Magleby
Bagenkop
Langelandsbælt
Tårs (Lolland)
9
305
0
5 km
LANGELAND
Information s.S. 228
Rudkøbing s.S. 230 ff.
1 Bjerreby Jættestue
2 Stengade Skov
3 Tobaksladen
4 TICKON im Schlosspark
5 Tranekær Slotsmølle
6 Emmerbølle Feriepark
7 Vejskrækgården
8 Karskov Langdolmen
9 Hou mit Nordstrand
10 Leuchtturm Hou Fyr
11 Stigtehave Wandern
12 Bræmlevænge Wandern
13 Skovsgaard
14 Konabbe Waldparkplatz
15 Skovsgaard Mølle
16 Kong Humbles Grav
17 Ristinge Klint
18 Ristinge Hafen
19 Nørreballe Nor
20 Tryggelev Nor
21 Langelandsfort
22 Hjulbjergjættestuen
23 Dovns Klint
24 Keldsnor
25 Gulstav Mose

Rudkøbing

LANGELAND(-INFO)-PORTAL

Mit gut 4.650 Einwohnern ist die Inselhauptstadt Rudkøbing ein großes Dorf, das zum Hafen hin über ein paar, dank Kopfsteinpflaster und Fachwerk, nostalgisch anmutende GASSEN verfügt. Im Hafen, von wo aus die Brücke nach Tåsinge gut zu sehen ist, legen die Fähren nach Ærø sowie Strynø ab. Von den traditionellen Sparten Handel und Seefahrt, Fischerei und Bootsbau ist nicht mehr viel übrig. Die letzte Holzbootwerft ging 2017 in Konkurs, der Fischereihafen ist in einem verlotterten Zustand, wie viele anderen Anlagen auch. – Es fehlt an Geld. In Bürgerversammlungen wird die Zukunft rege diskutiert, denn nicht alle wollen einfach nur neue Wohnhäuser, sondern auch den Erhalt alter Gebäude in neuer Funktion.

Große Sehenswürdigkeiten hat der Ort nicht, mit Hans Christian Ørsted jedoch einen berühmten Sohn, dessen Name an vielen Stellen in Erscheinung tritt. Als Station ist Rudkøbing besonders Pflicht, um sich im Touristenbüro Spezialkarten und Tipps zu holen.

ORIENTIERUNG

Ab Kreisel führt der Spodsbjergvej in die Kleinstadt, kurz vor dem Zentrum sind mehrere Parkplätze beschildert. Das Busterminal liegt nordöstlich der Innenstadt am Ringvejen. Die Innenstadt ist klein und übersichtlich, die Østergade als Fußgängerzone die unangefochtene Hauptstraße. Über den Marktplatz Torvet und die Brogade geht es hinunter zum Hafen.

HANS-CHRISTIAN ØRSTED

Auf dem alten Platz GÅSETORVET steht eine Statue, die Rudkøbings berühmtesten Sohn darstellt: Hans Christian Ørsted (1777–1851). Der Naturwissenschaftler Ørsted wies 1820 den ELEKTROMAGNETISMUS nach, führte grundlegende Experimente zu verwandten Gebieten durch und verfasste beachtete naturphilosophische Abhandlungen. Diese Richtung schlug er wohl bereits ein, als er in jungen Jahren in der APOTHEKE des Vaters aushalf; diese steht heute noch in der Brogade (No. 15), versieht ihren (zeitgemäßen) Betrieb und verfügt über eine kleine historische Sammlung. Von Juli bis Mitte August ist der APOTHEKERGARTEN mit den Heilpflanzen/Kräutern sowie betagten Bäumen zu besichtigen (Führung), zuletzt donnerstags um 11 Uhr. Einen Text auf Deutsch zur Apotheke gibt's im Touristenbüro.

INFORMATION

◎ **LANGELAND TURISTBUREAU**: siehe Seite 228.

UNTERKUNFT

◎ **HOTEL RUDKØBING** SKUDEHAVN, Skudehavnen 21, Tel. 6251 4600, www.rudkobingskudehavn.dk. EZ ab 565, DZ ab 695 DKK. Angebote für weekend, Kurzferien. Zudem Apartments in erneuertem Fischerhütten-Look ab 750 DKK, Minimum 2 Nächte.

Die inselweit SCHICKSTE Herberge, gleich hinter der Marina: ruhig, nette Aussicht, Ambiente, relativ preiswert.

Wir unterteilen Langeland in drei Kapitel: Rudkøbing (auch mit allgemeinen Angaben zur Insel), danach Langeland-Nordhälfte und Langeland-Südhälfte. Weitere Unterkünfte und Lokale sind in die Inselrouten integriert.

◎ **RUDKØBING CAMPING + B & B**, Engdraget 11, Tel. 6251 1830, rudkobing-camping.dk. Geöffnet bis 1.10. Jugendherberge ab 15.2. Camping ab 15.3. Preise Camping 80/75, Hütten ab 450, Ferienwohnungen mit Bad ab 500, Hostelzimmer ohne/mit Bad ab 425/500 DKK, Frühstück 80 DKK.

Große Auswahl an verschiedenen Unterkünften. Gelegen am südlichen Ortsrand; in schönerer Umgebung sowie komfortabler zelten Sie in der Inselmitte in Spodsbjerg: an der Ostküste bei BILLEVÆNGE CAMPING, Spodsbjergvej 182, Tel. 2311 8035, www.dcu.dk. Geöffnet etwa 25.03.–20.10.

ESSEN UND TRINKEN

Für höhere Ansprüche können Sie im Hotelrestaurant von Rudkøbing Skudehavn Platz nehmen, wo das abendliche Buffet eine Option ist. – Ansonsten ist es in dem kleinen Ort schwierig, ein gutes Lokal übers ganze Jahr zu bringen – im Jahr vor Erscheinen dieses Buches musste sogar das populärste Lokal dichtmachen.

◎ **DRAGONFLY'S**, Østergade 54, Tel. 2911 7233, via Facebook. Mo–Fr/Sa 10/11–16 Uhr, im Winter teilweise nur Mi–Fr, im Sommer ggf. verlängert.

Angesagter Treffpunkt als Lokal im Retrostil und, dazu passend, Vintage Store mit Vinyl, Zierrat und selbst Möbeln. Zu speisen gibt's Tagesgerichte unter 100 DKK, darunter häufig auch Fisch, und stets ein paar Sandwiches.

STADTRUNDGANG

◎ Rudkøbing erinnert an Ærøskøbing auf Ærø. Die meisten **FACHWERKHÄUSER** stehen nördlich von Brogade und Østergade, zum Hafen hin; die **GASSEN** zog man im mittelalterlichen Rudkøbing. Frühere Kaufmannshöfe, Werkstätten, Pfarrhöfe und Gasthäuser wurden in den letzten 40 Jahren saniert und zum Teil in Wohnhäuser umgewandelt. Die ältesten Gebäude sind aus dem 18. Jahrhundert; ältere Bausubstanz blieb nach diversen Großfeuern nicht erhalten, abgesehen von ein paar Gesteinsbrocken der Kirche (siehe unten).

Zu den stattlicheren Häusern zählen ØSTERGADE 2 und 24 sowie NØRREGADE 12 und 14. Wer pittoresken Gassen mit FACHWERK zugeneigt ist, schlendere die kopfsteingepflasterte RUESTRÆDE entlang, die vom Marktplatz TORVET abzweigt und auf die einzige, aber schön erhaltene WINDMÜHLE zuhält, RUDKØBING BYMØLLE (1826), heute die älteste der Insel.

◎ Mittendrin steht die **RUDKØBING KIRKE**, deren Tradition bis ins 13. Jh. zurück reicht. Über dem Altar hängt die Kopie eines um 1100 gefertigten KRUZIFIXES. Erst seit 1988 erklingt das **GLOCKENSPIEL** um 8, 12, 16, 20 Uhr. Etwas kurios wirkt der frei stehende Glockenturm auf dem Anwesen schräg gegenüber. – Ab und zu finden KONZERTE statt, meist bei freiem Eintritt. Kirkepladsen 1. Täglich 8–17 Uhr.

◎ **LANGELANDS MUSEUM**, Jens Winthersvej 12, Tel. 6351 6300, www.langelandsmuseum.dk. Das Heimatmuseum (1905) präsentiert eine Auswahl an Funden aus der Steinzeit sowie Wikingerzeit, die Ausgrabungen auf Langeland, Strynø und Ærø zu Tage förderten. Darunter befinden sich Funde von später überfluteten Wohnplätzen, die die Nachwelt Marinearchäologen verdankt. Museumsstifter

Wem es Rudkøbings Altstadt angetan hat, kann für 20 DKK einen schriftlichen Begleiter für einen erweiterten Rundgang erstehen. Außerdem findet in der Hauptsaison eine ausführliche Stadtführung statt.

Jens Winther grub eigenhändig Kostbarkeiten aus.

◎ Das Museum verfügt über eine Filiale in der Østergade 25, wo in einem SCHÖN BEWAHRTEN KAUFMANNSHOF **WECHSELNDE AUSSTELLUNGEN** arrangiert werden. Im Hinterhof verbirgt sich ein authentischer **GARTEN** vom Anfang des 20. Jhs. Mit stolzem Rosengarten. Eintritt frei.

STRYNØ

◎ Auf der INSEL STRYNØ beheimatet ist **ØHAVETS SMAKKECENTER**, südlich von Tåsinge bzw. südwestlich von Rudkøbing. Das Programm umfasst Kurse für Paddler und Jollensegler, Vermietung von Ausrüstung, die Übernachtung in Zelten oder in Mehrbett-Zimmern (Verpflegung aber nur für Gruppen), Besichtigung der historischen Jollenwerft sowie Teilnahme aus Bootsausflügen, SEEHUNDSAFARIS u.a. Strynø Brovej 12, Tel. 5098 13 06, www.smakkecenter.dk auch auf Deutsch. 1.5.–30.9. täglich 10–16 Uhr. FÄHRE nach Strynø siehe Seite 73.

FERIEN AKTIV

◎ **RUDKØBING SØBADEANSTALT**: 2016 wurde das damals 90 Jahre alte, schick restaurierte Seebad südlich des Hafens wieder eröffnet. Die Saison beginnt je nach Witterung April/Mai, für die Hartgesottenen.

◎ **FAHRRADVERMIETUNG**: Scooter Martin, Spodsbjergvej 147 B, Tel. 2022 1888, www.scootermartin.dk – Rudkøbing Camping (siehe Seite 231).

◎ **KAJAKVERMIETUNG**: Kajakbiksen, Broløkken 1, Tel. 3056 5685, www.kajakbiksen.dk. Geöffnet saisonabhängig, Minimum Fr 14–18, Sa 10–14 Uhr.

◎ **TAUCHEN**: Wracks und versunkene Steinzeitsiedlungen an der Küste sind die Ziele. Die Infrastruktur unterliegt jedoch ständigen Wechseln; das »Færgegårdens Camping« drüben in Spodsbjerg an der Ostküste vermittelt solche Touren, Tel. 6250 1136. Große Anlage, empfiehlt sich als Basis.

FESTE, VERANSTALTUNGEN

◎ **LANGELANDSFESTIVAL**: gut eine Woche viel Musik, Varieté, Zirkus, Kinderprogramm u.a. Auf dem küstennahen Freigelände südlich der Stadt.

KINDER

◎ **MULTIBANEN** ist ein Freizeitgelände für Jugendliche bei der Marina, das sich für mehrere Ballsportarten eignet. Anbei auch ein Spielplatz für kleinere Kinder.

KONTAKT, HILFE

◎ **ÄRZTLICHE BEREITSCHAFT**: Tel. 7011 0707. Falls Konsultation vor Ort (siehe Seite 59): Sundhedshus Langeland, Havnegade 118.

◎ **POLIZEI**: Tel. 114.

◎ **POST**: Østergade 28 (Womans Stuff).

WEITERREISE

◎ **FÄHRE** NACH MARSTAL AUF ÆRØ: geplanter Start Ende 2019, www.aeroexpressen.dk und via Facebook.

◎ **BUS**: Busterminal Ringvejen, Umgehungsstraße am Zentrumsrand.

Linien 930 und 860 U über Tåsinge (dort Halt in Lundby sowie Vindeby) nach Svendborg.

◎ **AUTO**: **NACH SVENDBORG**. Str. 9 über die Insel Tåsinge, dort mögliche Abstecher zu Valdemars Slot und nach Troense (siehe Seite 216 ff.).

Langeland - Nord

AUF DER STR. 305 NORDWÄRTS

Die Inselhauptstraße 305 zweigt gut 2,5 km hinter der Brücke links von der Str. 9 Richtung Spodsbjerg ab. Einen Schlenker über Spodsbjerg kann man sich sparen, sofern man nicht gezielt in der Inselmitte einen Campingplatz (siehe Seiten 231 und 232) zum Übernachten wählt, um Ausflüge nach Süden und Norden zu unternehmen.

◎ Die **BJERREBY JÆTTESTUE** (oder Dyssekamre Bjerreby/Bjergby) ist vermutlich über 5.000 Jahre alt, ein sogenannter LANGDOLMEN und besteht aus zwei heutzutage unzugänglichen Grabkammern. Auf einer Info-Tafel ist eine Abbildung zu sehen, die die enormen Maße der auf 25–30 m Länge vermuteten Grabanlage darstellt. **(1)**

Nördlich der Kreuzung Str. 305 / 9. Linker Hand, als »Dysse« beschildert, dort wurde jetzt auch ein kleiner Parkplatz eingerichtet.

Tullebølle

3 km nördlich des Abzweigs ergibt sich womöglich der erste Stopp..

◎ Die WINDMÜHLE **BAGENBJERG MØLLE** (1860) links am Ortseingang war bis 1981 und damit am längsten auf der Insel in Betrieb. Noch vor wenigen Jahren ohne Flügel, wurde die Holländermühle in privater Initiative beeindruckend restauriert, der betagte Besitzer ist ein Tüftler. Leider ist sie nur am sog. Dansk Mølledag (dritter Junisonntag) für die Öffentlichkeit zugänglich. Løkkebyvej 3.

◎ Die Institution TULLEBØLLE KRO ging pleite und 2019 in die Zwangsversteigerung. Die Bäckerei **STÆHRS BAGERI** eignet sich aber bestens, um sich mit Verpflegung für den Ausflug nach Langeland-Nord zu versorgen – oder gemütlich dort im Garten zu sitzen. Dorf-Hauptstraße Bygaden 7. Di–Fr 6.30–17 Uhr, Sa+So 6.30–15 Uhr.

Stengade

Spätestens nördlich von Tullebølle ist die Abzweigung rechts nach Stengade zu nehmen; der Ort Stengade gibt nichts her – man folgt der Beschilderung (»Tobaksladen«, ein Mal fehlend, dort links) und hält sich beim Hinweis »Stengade Strand« geradeaus, Parkplatz am Waldrand zur Rechten.

HMYNENGESANG

◎ Der Stengade Strand erstreckt sich wunderbar UMRAHMT von dem Forst **STENGADE SKOV (2)**. Die schöne Natur am Ufer soll Adam Oehlenschlæger zu den ersten Zeilen der Nationalhymne inspiriert haben. Der Dichter war übrigens mit Hans Christian Ørsted aus Rudkøbing befreundet (siehe Seite 230).

Der Weg führt ab Parkplatz 500 m geradewegs ans Ufer, den Buchen mit

Ein Foto vom Stengade Strand ziert unsere Auftaktseite 226 unten. – Die roten Ziffern in Klammern beziehen sich auf unsere Langeland-Karte auf Seite 229.

frei liegenden Wurzeln säumen. Weiter nach Norden, finden sich im Gras zwischen Bäumen und Strand nette Plätze zum Picknicken. Der Blick aufs Meer erfasst Lolland und die Fähren. Ein paar hundert Meter weiter treffen Sie auf einen Pfosten: Gehen Sie nach links in den Wald hinein. Nach kurzer Zeit erkennt man rechts Reste einer Schanze (1807), die sich als nutzlos erwies, da die Kanonenkugeln nur 2 km weit reichten. Die (englischen) Schiffe umkurvten den Gefahrenbereich.
◎ Am Stengade STRAND enden bzw. beginnen die Etappen/Karten 5 und 6 des Fernwanderwegs **ØHAVSSTIEN**.

TABAKSCHEUNE

◎ **TOBAKSLADEN** zwischen Stengade und Tranekær ist kein Laden, sondern eine spezielle Scheune: eine offene Holzkonstruktion mit Dach und Wänden aus Stroh. Ein Rückblick, wie man in Dänemark in Kriegszeiten Tabak anbaute, als der Import brachlag: Die Pflanzen trocknete man hängend in solchen Scheunen. Darin eine Vitrine mit Rauchutensilien, anbei ein Beet mit Virginia-Tabakpflanzen. Informative Texte auch auf Deutsch. Stengadevej 24. Ostern bis etwa 20.10. zumindest 10–17 Uhr. Eintritt frei. (3)
◎ Der benachbarte **RYTTERMOSEN** darf wieder ZUM URWALD WERDEN. Zutritt ab Parkplatz möglich.

Tranekær

Die Ortschaft Tranekær an der Str. 305 wuchs im Laufe der Zeit um die Festung Tranekær (um 1160), die heute in markanter roter Farbe als SCHLOSS auf einer Anhöhe steht. Hier ist die Grafenfamilie Ahlefeldt-Laurvig in 13. Generation wohnhaft. Zu dem Anwesen gehört das Hofgut Tranekær Gods.

Touristisch wird Tranekær zwar gehörig promotet, als Sehenswürdigkeit aber überschätzt. Das Schloss selbst ist selten zu besichtigen. Dafür ist der Schlosspark mit der Kunstausstellung TICKON außergewöhnlich. Überhaupt ist das Umland relativ grün, gemeint: stark bewaldet, da Tranekær Gods neben Land- auch Forstwirtschaft betreibt und im Wald gejagt wird. Wobei die Einnahmen bei Weitem nicht ausreich(t)en, um Schloss und Länderein zu erhalten – weshalb 2019 ein dänischer Investor einstieg, der die beiden anderen großen Hofgüter Nordlangelands besitzt und fortan 90 % einer neuen, gemeinsamen AG hält.

INFORMATION

◎ **TRANEKÆR** NATUR & KULTUR ist ein informativer Folder des Touristenbüros (in Rudkøbing), der auch vor Ort erhältlich ist, zumindest als Texttafel.

VON SÜDEN NACH NORDEN

◎ Die **TRANEKÆR KIRKE** (um 1450) thront am Ortseingang linker Hand. Von 1659 bis 1942 befand sie sich im Besitz derer von Ahlefeldt, die große Umbauten im 19. Jh. vornehmen ließen und von denen mehrere hier bestattet liegen. Das Altarbild schuf C.W. Eckersberg (1847), die Schnitzerei am Taufbecken *Lorentz Jørgensen* (1644).

Die Kirche und den Friedhof dahinter umgeben stattliche Kastanien und Linden, eine wahre Pracht.

TICKON (= Tranekær Internationales Centrum für Kunst und Natur, der letzte Teil auf Dänisch: *Kunst og Natur*). Der Rundgang ist jedoch nicht zu unterschätzen: Wer alles sehen will, sollte Verpflegung mit in den Park nehmen, gutes Schuhwerk sowieso. ▶

KUNST AUF LANGELAND: TICKON UND MEHR

Das Künstlerdasein ist eine der wenigen Berufe, für die Langeland eher als attraktiv gilt: Licht, das innerdänisch freundliche Klima und die Ruhe mögen Motive sein, zumindest für eine Schaffensphase auf der Insel zu leben. Außer den Galerien (und Werkstätten) ist die Kunst auch anderweitig präsent:

◎ **TICKON**: Im weitläufigen Park hinter dem Schloss entstand seit 1993 eine Galerie an Kunstwerken in der Natur. Ein LAGEPLAN mit Abbildungen (und zur Philosophie der Aktion) ist am Eingang zum Park (mit Teich) deponiert: Routen sind darauf eingezeichnet, doch einige Objekte gar nicht leicht aufzuspüren. Das Wetter, die Jahreszeiten haben inzwischen einigen Kunstwerken den Garaus gemacht, während andere nach Jahren wie unverändert wirken, da sie gepflegt werden: Die Philosophie gesteht den Künstlern zu, über Verfall oder Pflege zu entscheiden. Kurioser Nebeneffekt: Man passiert einen Holzstapel und betrachtet ihn prüfend, ob er bearbeitet worden ist...

Der Park, in dem sich übrigens viele in Dänemark seltene Baumarten verteilen, ist tagsüber geöffnet. Infos auch via QR-Codes. Eintritt 25/0 DKK; außerhalb der Hauptsaison ist eine Kasse montiert, Bezahlen ist Ehrensache. **(4)**

◎ Ebenso KREATIV: **KUNSTTÅRNE** – Kunst in still gelegten Transformatorenhäuschen der E-Werke, 12 davon über die Insel verteilt. Da aber Schwalben und andere Vögel in den (nicht hermetisch verriegelten) Kunsttürmen nisten, sind die Werke größtenteils verkotet, was bei dieser Dauerausstellung nicht zur Philosophie gehört. Folder mit Karte im Touristenbüro.

◎ HOTEL UND RESTAURANT **TRANEKÆR SLOTSKRO**, Slotsgade 74 (Str. 305), Tel. 5033 4944, via Facebook.

Der Kro gehört nicht zu Tranekær Gods. Nach einem Besitzerwechsel ist hier keine präzise Auskunft möglich.

◎ 200 Meter hinter dem Kro geht es rechts zum Parkplatz für Schlossparkbesucher, auf der anderen Seite des Sträßchens, das von der Tabakscheune am Stengadevej kommt.

Vom Parkplatz ein paar Schritte in die entgegengesetzte Richtung, hat ein Verein 2010 auf einem Hügelchen damit begonnen, den HEILPFLANZEN-Garten **MEDICINHAVERNE I TRANEKÆR** anzulegen. Sechs von neuen Sektionen sind bereits fertig, darunter ein Arboretum – insgesamt eindrucksvoll. Botofte Strandvej 2 A, Tel. 2184 7822, medicinhaverne.dk u.a. auf Deutsch. Tagsüber geöffnet. Eintritt 30/0 DKK.

◎ SCHLOSSBESICHTIGUNG **TRANEKÆR SLOT** nur in dänischer Sprache. In der 2. Julihälfte an ausgewählten Tagen. Ticket 150 DKK. Information, auch zur Anmeldung u.a. auf Deutsch: tranekaergods.dk.

◎ Wie ein Flohmarkt im Endstadium: SOUVENIRMUSEUM **SOUVENARIET**, Slotsgade 84 B, Tel. 6259 1718, www.souvenariet.dk. Mitte Juni bis Mitte August plus Herbstferien täglich 11–17 Uhr, ab 1.5. und bis etwa 25.9. nur Di–So 11–17 Uhr. Eintritt 30/5 DKK.

Über 4.000 Souvenirs aus aller Welt sind inzwischen zusammen getragen, jedes Jahr werden die Exponate zum Teil ausgewechselt. Kurzweil und Unterhaltung ohne die Absicht zum Tiefgang. – Die Idee entwickelte ein Journalist, nachdem Zeitungsleser im Rahmen einer Aktion hunderte Fotos solcher Souvenirs eingesandt hatten und die Bandbreite und, zum Teil, Fremdheit der Gegenstände und Kuriositäten selbst weit gereiste Kollegen überraschte. Untergebracht unterhalb des Schlosses im früheren Theater.

◎ WINDMÜHLE **TRANEKÆR SLOTSMØLLE**, Lejbøllevej 3, Tel. 6251 5900, slotsmoelle.dk. 1.7–31.8. täglich 12–17 Uhr, ab 1.5. und bis ca. 20.10. Di+Do 12–17 Uhr. Eintritt 20/20–0 DKK. **(5)**

1 km nördlich des Schlosses thront die SCHLOSSMÜHLE (1846) auf einem weiteren Hügel. Die Einrichtung ist inzwischen wieder am Platz, die Mechanik intakt; sie wird während der Ferienzeit, wenn die Mühle öffnet, mitunter in Gang gesetzt. Der untere Teil der Mühle bis zu der umlaufenden Galerie hat die gleiche ROTE FARBE wie das Schloss, der obere Teil und die bewegliche Haube (Holländer-Typ, ebenso wie die Windmühle in Tullebølle) sind schwarz verkleidet. Eine Ausstellung widmet sich der Geschichte der Windenergie. Direkt an der Str. 305.

FERIEN AKTIV

◎ **SCHLOSSPARK** mit Kunstausstellung **TICKON**: siehe Seite 235.

◎ **REITEN**: Tranegård Ridesenter, Korsebøllevej 16, Tel. 3070 2763, www.helsehesten.dk auch auf Englisch.

Ausritte auf ISLANDPFERDEN und mit Begleitung, auf Feld- und Waldwegen wie entlang der Küste. 500 DKK ab 2 Stunden je Person (2 Minimum). Tagestouren nach Absprache.

◎ **SEGWAY LANGELAND**, Sønderskovvej 2, Tel. 3035 4929, www.segwaylangeland.dk. Ab Ostern. Übungsgelände und Touren ab einer Stunde Dauer (300 DKK).

Es gibt nicht viele Gelegenheiten auf Fünen, Langeland, Ærø, wo Sie eine alte, gut erhaltene Mühle so genau inspizieren können wie in Tranekær.

Nach Lohals

EMMERBØLLE

◎ **FERIEPARK LANGELAND**, Emmerbøllevej 24, Tel. 6259 1226, www.emmerbolle.dk auch auf Deutsch. Ende März bis Mitte September. Camping 99/78 DKK, (Ferien-)Hütten in 5 Kategorien, Tarife je nach Saison ab 400–695 DKK, die komfortabelsten nur wochenweise. Ferner Wohnwagen, Zelte und Ferienhäuser. (6)

PROFESSIONELLE 4-Sterne-Anlage an der Westküste, mit Strand, Bade-, Bootssteg, Schwimmbassin, sportlichen Aktivitäten zur Genüge, ebenso Kurzweil für KINDER. Paddeln, Surfen, Fahrrad- und Bootsvermietung.

DAGELØKKE

◎ **DAGELØKKE HAVN** ist ein Kleinhafen mit Marina, ebenfalls an Langelands Westküste – ein trefflicher Platz BEI SONNENUNTERGANG, traumhaft schön mit Blick auf Fünen. Vor Ort das Restaurant LANTERNEN und im Sommer ein Laden mit FRISCHFISCH sowie ein Lebensmittelkiosk und Eisverkauf. Im Sommerhalbjahr, auch abhängig vom Wetter 8–18/20/22 Uhr. Eine gute Infrastruktur für Bootskapitäne und Tagesgäste.

Anfahrt: in Fæbæk aus Süden links ab zur Westküste.

FÆBÆK

Diese Kante entspricht ungefähr dem südlichsten Punkt der Radtour-Empfehlung ab Seite 238. Die Unterkunft liegt günstig, falls man Tagesausflüge sowohl nach Tranekær im Süden als auch nach Lohals im Norden plant.

◎ **VEJSKRÆKGÅRDEN**, Fæbækvej 1, Tel. 6259 1458, www.feriebolig-langeland.dk. Apartments mit Mini-Küche sowie Bad ab 500 DKK, guter Gegenwert. Familiär geführt von Ole Sander, einem freundlichen Gastgeber. (7)

KARSKOV

Der Wald Karskov erstreckt sich östlich von Fæbæk bzw. Tressebølle von Langelands Ostküste 500 m landeinwärts. Am ausgewiesenen Parkplatz sind Faltblätter mit Karte deponiert.

◎ Der auf der Karte eingezeichnete **SPAZIERWEG** tangiert die **KÜSTE** mit Strand. Eine Runde misst ca. 2,3 km.

◎ Ein weiterer, 150 m langer Feldweg dort wo die Straße auf den Wald trifft, führt zu zwei **DOLMEN** (ca. 3.500 bis 3.100 v.Chr.). Der Langdolmen wurde 1956 restauriert. (8)

Lohals

DEM ABSEITS TROTZEN

Als die Seeland-Fähre nach Korsør mit Eröffnung der Brücke über den Großen Belt den Betrieb einstellte, war Lohals noch mehr RANDGEBIET als ohnehin bereits zuvor. Um das Jahr 2000 ging ein MORBIDER CHARME von Lohals aus, mit dem leer stehenden früheren Badehotel als Symbol. Nun, ein richtiges Hotel mag sich hier im hohen Norden Langelands nicht mehr rentieren, und auch die Abwanderung bleibt ein Thema; heute zählt Lohals weniger als 450 Bürger. Die Personen- und Fahrradfähre mit Lundeborg/Fünen wurde wegen zu weniger Passagiere wie-

Die roten Ziffern in Klammern beziehen sich auf unsere Langeland-Karte auf Seite 229.

der aufgegeben. Lohals ist damit eher Endstation als Etappenziel auf dem Øhavsstien.

Trotzdem geben die Bürger nicht auf, wurde rund um den Hafen kräftig investiert: Wenigstens für die tausende Feriengäste, die im Sommerhalbjahr die MARINA ansteuern, liegt Lohals mitten im Geschehen.

◎ **LOHALS HAVN SOMMERMUSIK**: Mit diesen Sommergästen im Rücken hat man von Ende Juni bis Anfang August Liederabende etabliert, die von Pop, Rock über Country, Irish Folk und Tanzmusik bis zu ausgefallenen Auftritten reichen. Fr+Sa am Hafen *(havn)*. Ergänzt durch mehrere Sommerfeste, wie zum Beispiel das FRIKADELLEN-FEST um den 15.–20.7. herum.

◎ **HOU** (auch HOV) markiert Langelands Nordspitze, ist aber unscheinbar im Vergleich mit Dovns Klint ganz im Süden oder Ristinge Klint im Westen. Nach Nordosten zieht sich der NORDSTRAND vor einem Ferienhausgebiet, westlich davon misst die Abbruchdüne FRANKEKLINT zwar 14 m, ist aber mickrig schmal. Der schönste Fleck ist der LEUCHTTURM gen Osten, der allerdings auf Privatgrund steht. Am besten ist Hou mit dem FAHRRAD zu erkunden (siehe unten). **(9)**

◎ **LOHALS CAMPING**, Birkevej 11, Tel. 6255 1460, www.lohalscamping.dk. Ganzjährig geöffnet. Camping 85/50 DKK, 6 Hütten (2–6 Personen) je nach Saison 475 DKK, Ferienhütte 650 DKK. Nicht an der Küste. Außenpool, Fahrrad- und Bootsvermietung, Segways.

◎ **ESSEN UND TRINKEN**: Dänische Küche zu zivilen Preisen serviert der LOHALS KRO, Søndergade 13, Tel. 6251 2051. Im Sommer auch im Innenhof. – Am Hafen gibt es mehrere Lokale, die aber einer gewissen Fluktuation unterliegen. – Bäckerei HEDO'S BAGERI, Kaptajn Kaasvej 7. Als Konditor selbst gemachte SCHOKOLADE. Mo–Fr 7–17 Uhr, Sa+So 7–15.30 Uhr.

FERIEN AKTIV

◎ EMPFEHLUNG: **RADRUNDFAHRT** in Nordlangeland, ab Lohals nach Süden auf den Regionalrouten 80 / 81. Distanz rund 35 km ohne Abstecher, unterwegs mögliche Wandertrips.

Ein günstiger Ausgangspunkt ist der Parkplatz an der Straße nach Hou, am Wald STIGTEHAVE nördlich Lohals' (siehe Seite 240). Nach Norden, an der Kreuzung mit dem Hou Fyrvej geradeaus. An der nächsten Kreuzung führt die Route zwar nach rechts – wer aber an Langelands Nordspitze stehen will, muss geradeaus – und erreicht nach gut 400 Metern einen eher trostlosen Strand- und Wiesenabschnitt: im Norden die Brücke über den Großen Belt, im Westen Fünen. Der eigentliche Hou Nordstrand verläuft weiter östlich, wo die Ferien- und Sommerhäuser der HOU PLANTAGE stehen – also zurück zur Straße und gen Osten, Gäste sind aber nicht erwünscht, wie die Privatschilder verkünden. Es folgt die Ferienanlage Hoborglund; hier darf man immerhin an den allerdings steinigen Strand. Vom Fahrweg auf den Deich – eigentlich nur noch ein Fußweg, also Rücksicht nehmen. Tolle Strecke zwischen Meer und offenem Land. Hinter dem LEUCHTTURM **HOU FYR (10)**, der heute in Privatbesitz ist, führt der Hou Fyrvej landeinwärts, nach 150 m mögliche Rast an militärischer Anlage (Tisch, Bänke, WC unten im Turm).

Über 5.000 Jahre alt: Megalithgrab Langdysse i Karskov (siehe Seite 237) ▶

Ein spürbarer Anstieg, zurück an der Kreuzung, jetzt aber nach Süden, am Startpunkt vorbei, geradeaus auf dem Houvej, nun auf der Regionalroute 81, vorbei an der Kirche Hou Kirke und am Start für Spaziergänge im Forst Bræmlevænge (siehe Seite 240). Immer der 81 folgen: kurzes Stück auf dem Radweg parallel zur Str. 305, links ab, zwei Mal nahe an die Küste heran, im Wald KARSKOV 150 m langer Abstecher zu zwei Dolmen (siehe Seite 237). Die 81 führt landeinwärts, tangiert das Dorf Tressebølle, Wechsel auf Gras und losen Belag bis zur Allee Nedergårdsvej. Dort (nun ohne 81) rechts zur Str. 305, 100 m auf der Inselhauptstraße nach rechts, dann links ab in den Dageløkkevej, möglicher Abstecher nach DAGELØKKE (siehe Seite 237).

Oder gleich, nach 200 m, rechts auf die Regionalroute 80: Fæbækvej, Ennebøllevej, in Ennebølle links auf den Skattebøllevej, Kuppe und Meerblick, Stoense Udflyttervej vorbei an einem Neubaugebiet, links ab in den Lohalsvej, der als Søndergade hinunter zum Hafen LOHALS führt (siehe Seite 237). Via Østergade und Houvej geht es zurück an den Ausgangspunkt.

◎ Der **ØHAVSSTIEN** führt ab Hafen Lohals mehr als 15 Kilometer an der WESTKÜSTE entlang nach Süden, um über Tranekær (19,5 km) zur Ostküste am Stengade Strand (29 km, siehe Seite 233 f.) zu wechseln. Der Untergrund des Küstenpfads ist jedoch nicht zu unterschätzen und strengt an.

ACHTUNG: Eine Sturmflut im Winter 2018/19 hat die Westküste Lange-

lands streckenweise überspült und einige Abschnitte des Øhavsstien verwüstet/unterbrochen. – Fragen Sie im Touristenbüro, ob die beeinträchtigten Stellen wiederhergestellt sind.

Eine mögliche Tagestour ist die von Lohals nach Tranekær (oder in umgekehrter Richtung), inklusive Bustransfer zum Auftakt.

◎ **WANDERN**: IN DEN WÄLDERN bei Lohals sind einige Wanderwege von 1,6 bis 3,3 km Länge markiert, sehr zu empfehlen **STIGTEHAVE** **(11)** sowie **BRÆMLEVÆNGE** **(12)**. Folder / Karte »Nordlangeland« in Metallbehältern an den Startpunkten, im Touristenbüro oder via Download (siehe Seite 74).

Startpunkte am Houvej, der Straße, die von Langelands Nordspitze nach Süden führt und dabei Lohals im Osten tangiert: ab Kreuzung Østergade/ Houvej entweder 300 m nach Norden zum Stigtehave, Parkplatz links 60 m hinter dem reetgedeckten Hollænderhuset (Naturausstellung, Garten, WC), anbei SKOVHAVEN, ein neuerer Waldlehrgarten mit 47 verschiedenen Bäumen, die in Dänemarks Wäldern heimisch sind. Das Schönste am hiesigen Wald aber sind jene Wege, die an der Küste aus dem Wald treten. – Oder ab besagter Kreuzung Houvej / Østergade nach Süden zum Bræmlevænge, vorbei an der HOU KIRKE, nach weiteren rund 500 m rechts Waldweg mit Parkplatz, nicht ausgeschildert.

In beiden Wäldern sind primitive Übernachtungsplätze für Radwanderer und Wanderer eingerichtet.

◎ **REITEN**: Reitpferde und Ponys vermietet Lohalsgaarden am Tom Knudsensvej 3, Tel. 2495 3608.

Langeland - Süd

AUF DER STR. 305 SÜDWÄRTS

Die Inselhauptstraße 305 nach Süden zweigt kurz hinter der Langeland-Brücke rechts von der Str. 9 ab. Bis Bagenkop ganz im Süden sind es 25 Kilometer. Auf den ersten Kilometern fungiert die Str. 305 auch als Umgehungsstraße für Rudkøbing. Nach gut 8 km ist Lindelse erreicht.

◎ Die **LINDELSE KIRKE** (um 1200) ist ein typisches Beispiel für die Wehrkirchen auf Langeland, das im Mittelalter den Überfällen der Wenden (aus dem nordostgermanischen Raum) ausgesetzt war. Im Inland auf einer Anhöhe platziert, ausgestattet mit sehr dicken Mauern und (später) mit Schießscharten im Turm, mussten die Gotteshäuser oft als kleine Festungen herhalten.

◎ Der **LINDELSE KRO** kam 2017 unter den Hammer und wurde mittlerweile wieder eröffnet – als Hotel und Lokal: Langegade 21, Tel. 6060 4599, lindelsekro.wordpress.com.

◎ EMPFEHLUNG: Wer in Lindelse die Str. 305 in Richtung Osten verlässt, um Kurs auf Gut **SKOVSGAARD** **(13)** zu nehmen, fährt durch ALLEEN, lichte Wälder und an typischen Langeland-Hügeln vorbei, bis die Route auf einen Feldweg biegt, der auf dem holprigen Parkplatz endet. Mit Rundgang, Wandertrips, Museums- und Cafébesuch können Sie hier einen halben bis zu einem ganzen Tag verbringen.

Die roten Ziffern in Klammern beziehen sich auf unsere Langeland-Karte auf Seite 229.

SKOVSGAARD: NATURSCHUTZ TESTAMENTARISCH VERFÜGT

Das Gut SKOVSGAARD GODS war jahrhundertelang die Heimat von adligen Geschlechtern. Der Gutshof, 1887–89 im Renaissancestil gebaut, löste den vorigen Fachwerkhof ab. Die letzte Eigentümerin, *Ellen Fuglede,* vermachte das Anwesen 1979 mit ihrem Tod DANMARKS NATURFOND. Dem Testament entsprechend, wurden Alleen und Wälder erhalten und Wiesen nicht in landwirtschaftliches Nutzland umgewandelt. Das 387 (heute 390) Hektar große Grundstück sollte durchaus den herrschaftlichen Charakter bewahren.
Die Forst- und Ackerflächen bearbeiten die Naturschützer mit ökologischen Methoden. Zum Erhalt des Anwesens und zur Mitfinanzierung seiner Projekte forcierte der Naturfond den TOURISMUS vor Ort, restauriert schrittweise die Gebäude, kreierte Museum und Ausstellungen, Angebote für KINDER und eröffnete ein entzückend platziertes CAFÉ mit Garten, Terrasse sowie Blick aufs Haupthaus, dessen Wallgraben und viel Grün.

◎ **SKOVSGAARD GODS**, Kågardsvej 12, Tel. 6257 2666. Ende März bis etwa 20.10. täglich 10–17 Uhr. Eintritt zu Museum / Ausstellungen 60/0 DKK. Am Empfang INFO-MATERIAL zu Anwesen und Natur-Erlebnissen.

◎ Der Erhalt des Schlösschen-artigen HAUPTHAUSES ist teuer und kann nur in Schritten geschehen. Einige Räume wurden ansehnlich hergerichtet, wie die Bibliothek, teils mit Originalinventar, teils rekonstruiert, wie das Schlafgemach der letzten Hausherrin. Die Attraktion ist aber das GESINDEMUSEUM **TYVENDEMUSEUM**, das die Lebens- und Arbeitsbedingungen der Angestellten (im 19. und 20. Jh.) vor Augen führt. Vieles spielte sich im Keller ab: das Waschen, Abwaschen, Kochen und Einlagern von Obst, Gemüse sowie gepökeltem Fleisch. Selbst das Büro der privilegierten Wirtschafterin befand sich im Keller, die armselige Stube der Haushaltshilfe sowieso. Ohne Heizung wärmte der große Ofen in der Küche andere Räume mit. Die Angestellten hier waren trotzdem besser untergebracht als die in der Landwirtschaft.

◎ **VOGNUDSTILLINGEN**: Die WAGENAUSSTELLUNG ist in einer Scheune kreativ in Szene gesetzt. Sie umfasst Kutschen und Gespanne für diverse Zwecke, sei es in der Landwirtschaft oder zum Jagen. Dazu kommen Spezialgefährte, u.a. ein Schneepflug, Bestattungswagen, Löschgeräte oder eigens für Handwerker, wie zum Transportieren von Backwaren, Frischfleisch, Milchkannen, Tieren. Auch Traktoren und Maschinen für die Landwirtschaft sind ausgestellt, ferner kleine Sammlungen wie etwa historisches Spielzeug.

◎ **CAFÉ SKOVSGAARD**, Tel. 5498 8803. Geöffnet wie das Hofgut, Do bis 21 Uhr. Helles, freundliches Interieur, mit Bildern aufgelockert, Garten und Terrasse. Tagesgericht um 100 DKK, Zutaten aus Bio-Anbau, selbst gemachter Kuchen sowie Getränke teilweise aus dem Öko-Reich, ob Bier oder Limonade. Anbei ist auch ein HOFLADEN vertreten, die **GÅRDBUTIK**, um die herum die Veranstaltungen zum Herbstmarkt/Høstmarked stattfinden – doch davon mehr in der:

FORTSETZUNG SIEHE NÄCHSTE SEITE

FORTSETZUNG **SKOVSGAARD: UNTERWEGS IN DER NATUR**

◎ **HØSTMARKED**: Der HERBSTMARKT fungiert als GRÜNES VOLKSFEST und fällt in der Regel auf einen Sonntag (Anfang) September, wenn die Hofprodukte vorgestellt und viele weitere Aktivitäten arrangiert werden.

◎ Auf Skovsgaard können **FAMILIEN MIT KINDERN** mit Hilfsmitteln die Natur erforschen (FRÖSCHE KÜSSEN**,** siehe auch Seite 61).

Die TOUR DE SKOVSGAARD ist ein Quiz für den Rundgang durchs Haupthaus, in deutscher Sprache erhältlich am Empfang.

◎ Das Info-Blatt, das Sie am Empfang bekommen, enthält 5 farbig markierte **PFADE**, auf denen Sie die LANDSCHAFT mit Wäldern, Feldern, Teichen und Strandwiesen bis hin zum Langelandsbelt im Osten durchstreifen können. Wer nur eine kleine Runde drehen will, beschränkt sich auf den KONABBE-Wald (ein teils schmaler Pfad durch kniehohes Gras, über Brückchen, vorbei an einer Steinsetzung oder aus der Bronze- oder Wikingerzeit und mit einem möglichen Abstecher zu einem Vogelbeobachtungsstand, s.u.) oder auf die weiße Route zur famos restaurierten Windmühle SKOVSGAARD MØLLE (s.u.). Wer eine längere Tour unternehmen will, verbinde die grüne Route durch den Konabbe-Wald mit der gelben Route hinaus zum Belt. Etwas abseits, auf der Karte als *Mindesten* vermerkt, erinnert fast am Beltufer ein Gedenkstein an 1.500 russische und französische Kriegsgefangene, die hier im Mai 1945 strandeten. Sie hatten sich in den letzten Kriegstagen auf ein schwimmendes Dock gerettet, das fünf Tage auf der Ostsee trieb, bevor die entkräfteten Männer ihre Rettung fanden.

◎ Der rote und weiße Pfad starten in Skovsgaard selbst. Bleibt man auf dem **KÅGÅRDSVEJ**, ohne nach Skovsgaard abzubiegen, führt diese Nebenstraße durch METERHOHES GRÜN vorbei am Konabbe-Wald, wo – aufpassen – ein **WALDPARKPLATZ** beschildert ist; dort kann man herrlich PICKNICKEN **(14)**, zur grünen, gelben und blauen Tour aufbrechen sowie am nahen See Vögel beobachten. Die Straße führt weiter bis zur Küste, als holprige Piste zurück in den Wald und dann als **PAØVEJ** an der Windmühle **SKOVSGAARD MØLLE (15)** vorbei (im Juli Mi nachmittags zugänglich, 14–17 Uhr).

Sie tun der Natur einen großen Gefallen, wenn Sie die Straße nicht motorisiert abfahren. Wer Fahrräder dabei hat, parke das motorisierte Fahrzeug in Skovsgaard, an besagtem Waldparkplatz (s.o.) oder spätestens an der Küste. Mit der Info-Karte vom Empfang fällt die Orientierung leicht.

◎ **VOGELBEOBACHTUNG**: ab Waldparkplatz Konabbe (s.o.) führt ein kurzer Pfad zum REBJERG SØ mit Beobachtungsstand. Ob Schwäne, Enten oder seltenere Vögel – die dort montierten Plakate mit den Tierabbildungen nennen auch die Namen auf Deutsch. – Im Winterhalbjahr machen ZUGVÖGEL draußen auf den zeitweise überschwemmten PÅØ-STRANDWIESEN Station (gelbe Route, Gummistiefel angeraten, Schutzbestimmungen beachten).

Das Haupthaus von Skovsgaard Gods (mit dem sehenswerten Gesindemuseum); weitere Skovsgaard-Fotos: auf Seite 15 die prächtige Windmühle Skovsgaard Mølle und auf Seite 53 eine Szene vom jährlichen Herbstmarkt ▶

Humble

Wenn die Str. 305 die Ortschaft Humble durchquert, ist etwa die Hälfte auf dem Weg nach Süden »geschafft«.

◎ **KONG HUMBLES GRAV** ist ein gut erhaltenes Megalithgrab, dessen stolze 55 x 9 Meter messende Grabkammer nur ein einziger Dolmen bedeckt. Zwar fehlen einige Randsteine, doch ist die asymmetrische Lage inmitten der umliegenden Äcker gut zu übersehen und stehen viele der Steine an ihrem ursprünglichen Platz: reales Relikt aus der Vergangenheit, das etwa 5.500 Jahre alt sein dürfte. **(16)**

Das Grab erstreckt sich nordöstlich der Kirche von Humble und ist ausgeschildert. Parkplatz mit Maschinengerümpel, nicht irritieren lassen.

◎ **HUMBLE KRO & HOTEL**, Ristingevej 2, Tel. 6257 1134, via Facebook. Gepflegte Zimmer, die Preise saisonabhängig und auf Anfrage.

Ein klassischer Kro mit guter DÄNISCHER HAUSMANNSKOST, Tagesgerichte, freitags für 75 DKK, ansonsten die Hauptgerichte um 130–220 DKK bei angemessener Qualität. Der beste Beweis, dass ein Kro an der Hauptstraße mit Glück und Geschickt rentabel zu betreiben ist. Im SOMMER mit Terrasse und gemütlichem Garten.

FERIEN AKTIV

◎ **LANGELANDS GOLF KLUB**, Østerskovvej 49 C, Tel. 6356 0099. 18-Loch-Platz bei Tryggelev, südöstlich von Humble. Für Gäste gibt es ferner einen Par-3-Platz mit 6 Löchern. Pay and play 75 DKK, Ausrüstung 50 DKK.

Ristinge

◎ EMPFEHLUNG: Westlich Humbles streckt sich die Halbinsel Ristinge mit der Landzunge **RISTINGE HALE** in die Ostsee; von dort sind es nur 5 Kilometer bis Marstal (auf Ærø) im Westen. Nach Süden verläuft die bis zu 25 m hohe Steilküste **RISTINGE KLINT**, der sich lange, familienfreundliche Strände anschließen.

INFORMATION

◎ **HALBINSEL RISTINGE** ist ein Info-Faltblatt mit Karte, das im Touristenbüro wie auch online erhältlich ist. Es gibt Auskunft über Geologie, Besonderheiten in Flora und Fauna und wie sich die historische Abhängigkeit der Bevölkerung vom Meer entwickelte. Inklusive Wandertourenempfehlung.

Ein weiterer Folder widmet sich den den Vogelschutzgebieten **TRYGGELEV NOR** und NØRREBALLE NOR.

VON NORDEN NACH SÜDEN

◎ Den Ausflug nach **RISTINGE HALE** sollten Sie möglichst mit dem Fahrrad unternehmen, denn die Straße dorthin ist ab Ristinge schmal, im Sommer voller Ausflügler zu Fuß oder per Rad und der Parkraum am Ziel begrenzt. Hier treffen sich öfter Kitesurfer zu ihren ersten Versuchen. Der Blick nach Norden erfasst die Langelandbrücke und den Silo im Hafen Rudkøbing.

Die flache Landzunge entstand als Folge fortwährender Sandablagerung und wird weiter wachsen. Vor Ristinge Hale liegt noch Storeholm, das als Vogelschutzgebiet vom 1.3. bis 15.7. ohnehin nicht betreten werden darf.

◎ Nach Südosten beginnt die Steilküste **RISTINGE KLINT**, die fast 2 km lang und bis zu 25 m hoch ist. Als Relikt der letzten Eiszeit sind hier mehrere Schichten aus Ton und Sand übereinander gefaltet, die die Brandung frei gelegt hat; besonders im nördlichen Bereich nahe Ristinge Hale ist an einigen Stellen gut zu sehen, wie das Meer am Land nagt. Ein KÜSTENPFAD begleitet oberhalb das Ufer (s.u.), wobei man sich an den Verlauf halten und nicht querfeldein gehen soll, u.a. der seltenen Pflanzen wegen. **(17)**

◎ Die sich nach Süden anschließenden Strände **RISTINGE STRAND** und **HESSELBJERG STRAND** gelten als die schönsten auf Langeland, da sie bis weit hinaus recht flach und somit gut für KINDER geeignet sind – dennoch sollte man sich vor Ort vergewissern. Da der Wind hier ordentlich blasen sowie Wellen aufwerfen kann, sind hier auch WINDSURFER unterwegs.

◎ **FERIEPARK LANGELAND**, Ristingevej 104, Tel. 6257 1329, feriepark-langeland.dk. Ende Mai bis 1.9. Preise Camping 90/65 DKK. Diverse Hütten saisonabhängig 425–675 DKK. Ein familienfreundlicher, strandnaher Platz (Blaue Flagge) mit eigenem Pool. Für Campinggäste Fahrradvermietung.

◎ Das DORF **RISTINGE** wirkt größer, als es eigentlich ist, denn viele küstennahe Grundstücke bestehen Sommer- und Ferienhäuser. Nach Norden liegt, leicht zu übersehen, der kleine Hafen (Ristinge Havn), da hier eine Fahrrinne hinaus auf die Ostsee besteht. Früher verkehrte hier sogar eine Fähre nach Marstal auf Ærø; seit den 1960er Jahren entstand Langelands kleinster FISCHEREIHAFEN, wo heute eine Hand-

Oben lebhafter Wellengang am zumeist familienfreundlichen Ristinge Strand, unten trocknen Fischernetze in dem kleinen Hafen von Ristinge im Wind ▶

voll Fischer im Haupt- oder Nebenerwerb ihre Fänge einbringen und die NETZE ZUM TROCKNEN fotogen im Wind baumeln. (18)

FERIEN AKTIV

◎ **WANDERN**: Der Küstenpfad oberhalb von Ristinge Klint ist schmal und stellenweise steil. Gutes Schuhwerk versteht sich von selbst. Wem die 2 km zu kurz sind, kann mit dem Info-Faltblatt (siehe Seite 244, rot markiert) im Gepäck auf die Nordseite der Halbinsel wechseln und sogar einen Rundkurs von beliebiger Länge (bis 10 km) einschlagen. Wer Ristinge Klint von unten erleben möchte, kann vom Strand von Süden aus auf eigene Gefahr gehen.

◎ **VOGELBEOBACHTUNG**: Südlich von Hesselbjerg ist Haff-Landschaft: **NØRREBALLE NOR** (19) und **TRYGGELEV NOR** (20). Das Nørreballe Nor ist erst seit 2005 wieder ein See; was im Rahmen eines EU-mitfinanzierten Renaturierungsprojekts geschah, um dem von Düngemitteln belasteten Boden die Stickstoffe und Nährsalze zu entziehen. – Insgesamt werden 70 ha früheres ACKERLAND **RENATURIERT**.

Die Maßnahmen bieten nicht nur Pflanzen neuen Raum, sondern verbessern die Bedingungen für die Vogelwelt. Hier überwintern viele Enten aus nördlicheren Gefilden und lassen sich Zugvögel wie Gänse zu einer Rast nieder. Zu den seltenen Vogelarten, die hier ganz ansässig geworden sind oder es werden sollen, zählen Große Rohrdommel, Rohrweihe und Tüpfelsumpfhuhn. Weitere begehrte Objekte der Vogelbeobachter sind Lappentaucher, Blesshuhn, Bartmeisen, Rothalstaucher, Greifvögel (u.a. Adler).

Zugangspunkte: Parkplätze Nørreballe Nor im Norden (anbei Langdolmen) und Westen (mit Pfad hinaus zur Pumpstation). Tryggelev Nor aus Süden via Vesteregn, Beobachtungsposten am Schilf und KÜSTENPFAD nach Norden (keine Rundtour möglich).

Bagenkop

Bagenkop ist die südlichste Ortschaft auf Langeland und hat 510 Einwohner. Entweder kommt man über die Inselhauptstraße 305 oder ab Humble via Hesselbjerg die Südwestküste entlang. Seit die Butterfähre aus Deutschland nicht mehr lohnt, ist es still geworden hier in Langelands Süden – vor allem jenseits der Haupt-Ferienzeiten. Ähnlich wie in Lohals hat man sich mit jeder verfügbaren Krone kräftig gegen den Trend gestemmt und in den Hafen investiert. Wer die Natur schätzt, wer gern Vögel beobachtet, kann hier durchaus für ein paar Nächte Quartier nehmen; den Vergleich mit Lohals im Norden dürfte Bagenkop gewinnen. Die Infrastruktur ist relativ gut.

◎ **BAGENKOP KRO**, Østergade 15, Tel. 6256 1304, www.bagenkopkro.dk. EZ 500, DZ 800. Frühstück 89 DKK. Gut im Preis, auch Zimmer ohne Bad.

In der GASTSTUBE wird bevorzugt dänische Kost serviert. Die Preise à la carte liegen im oberen Durchschnitt, jedoch für satte Portionen. FROKOST-Tipp der Fischteller mit 5 Kostproben für 165 DKK. Der große Renner ist jedoch das allabendliche FISCHBUFFET ab 18 Uhr. Im Zweifel reservieren.

Die roten Ziffern in Klammern beziehen sich auf unsere Langeland-Karte auf Seite 229.

◎ **BAGENKOP CAMPING**, Vestervej 17, Tel. 6256 1295, via Facebook. Ein Lesertipp! Relativ einfacher Platz mit guten Sanitäranlagen, Supermarkt in der Nähe. Stellfläche suchen, der Eigner kommt bei Gelegenheit zum Kassieren. Etwas entfernt ein steiniger Strand. Schön gelegen im Norden von Bagenkop, an der Nebenstraße Richtung Hesselbjerg u. Humble/Ristinge.

ORTSRUNDGANG

Bagenkop besteht aus keinem architektonisch einheitlichen, malerischen Ensemble, aber es hat seine Ecken mit Charme, etwa am Hafen mit den holzverkleideten, roten Ferien- und anderen Häuschen samt Ausguck.

1967 waren über 60 Trawler in Bagenkop registriert. Heute sind es keine 10, aber das sind mehr als sonst in Fünen und den umliegenden Inseln.

◎ **FISKERIETS HUS**, Havnegade 2, fiskeriets-hus-bagenkop.dk. Ca. 25.6. –15.8. sowie Oster-/Herbstferien täglich 10–17 Uhr, ab Mitte April und bis Mitte Oktober Mo+Do+So 10–17 Uhr. Eintritt 40/40–0 DKK.

Das HAUS DER FISCHEREI bietet mitten im Hafen ein großes Sammelsurium zu Fischerei und Seefahrt: von der Sammlung geleerter Bierflaschen über Fotos, Gemälde, Flaschenschiffe sowie viele Navigationsgeräte bis zu Kombüse und Steuerkabine, die beim Abwracken bewahrt wurden. Ein Kleinod ist der Rettungskorb aus dem Oscar-prämierten Film »Pelle, der Eroberer« – darin wurden früher Menschen bei Sturm von gestrandeten Schiffen gerettet, sofern ein als Seilwinde fungierendes Tau am Mast wie an Land fixiert werden konnte.

◎ Die **BAGENKOP KIRKE** war zuletzt nur im Rahmen von Gottesdiensten geöffnet. So bleibt nur ein Blick durch das Glasfenster im zugänglichen Vorraum. Der Insel kleinstes Gotteshaus entstand 1920 auf dem früheren Mühlenhügel, prägnant die in Dänemarks Kirchenbau häufigen gotischen Staffelgiebel. Kirkevej 8 – 200 m vor dem Bagenkop Kro rechts ausgeschildert.

KLISE NOR

◎ EMPFEHLUNG: Von vielen übersehen, sind auch am Haff gleich nördlich von Bagenkopf **WILDPFERDE** zu beobachten, und zwar oft leichter als im weitläufigeren Süden. Beim Parkplatz befindet sich ein Unterstand für die Tiere. Am Ortseingang nach Norden.

AUS DEM KALTEN KRIEG

◎ EMPFEHLUNG: **KOLDKRIGSMUSEUM LANGELANDSFORT**, Vognsbjergvej 4 B, Tel. 6256 2700, www.langelandsfortet.dk ergiebig auf Deutsch. 1.5.–30.9. täglich 10–17 Uhr, April und Oktober 10–16 Uhr. Eintritt 110/0 DKK. Texte vor Ort u.a. auf Deutsch. **(21)**

Das Langelandsfort ist ein Produkt des Kalten Krieges. 1953 gebaut, war die Überwachung des Schiffsverkehrs im Langelandsbelt seine Aufgabe, vor allem der Schiffe aus den Staaten des Warschauer Paktes.

Dass die NATO in dieser Region im Ernstfall taktische Atomwaffen eingesetzt hätte, wurde freilich erst nach dem Ende des Kalten Kriegs bekannt. Die Militärstrategen hätten zu verhindern versucht, dass sowjetische Schiffe die Nadelöhre Langelandsbelt und Øresund passieren, obwohl es sich um internationale Gewässer handelt und

Das Fort war in seiner Anfangszeit von den einheimischen Bauern und Fischern nicht gut gelitten, da man ihnen während der Schießübungen Beschränkungen auferlegte, so dass sie nicht säen, ernten oder ihre Netze auswerfen konnten.

ihre Sperrung einen Bruch des Völkerrechts bedeutet hätte...

Zu sehen sind der Operationsbunker mit der Leitzentrale, Luftabwehrbatterie, Kanonenstellung, Munitionsmagazine, Metallwerkstatt, Nahverteidigungsstellung, Schutzraum und Einrichtungen zum Überleben in den Bunkern. Eine OBJEKTIVE Ausstellung berichtet über den Kalten Krieg, gesellschaftliche Entwicklungen berücksichtigend.

Außerhalb der Bunker versammelt man ausrangiertes KRIEGSGERÄT: das (seit 2004) letzte dänische U-Boot namens »Springeren«, ein in Schweden gebauter NATO-Kampfbomber sowie eine sowjetische »MIG 23«. Der Weg zwischen den Stationen ist weit, Bollerwagen sind auszuleihen.

LANGELANDS SÜDSPITZE

Rund um Langelands südlichen Zipfel mit Dovns Klint ist eine ganz besondere, von Wind und Wetter geformte Natur zu bewahren und zu entdecken.

Halten Sie sich am Einkaufsmarkt Bagenkop links; nehmen Sie nach ca. 1 km den ersten Parkplatz links oder den folgenden an der »Jættestue«:

◎ **HULBJERGJÆTTESTUEN (22)** gilt als interessanteste GRABSTÄTTE aus der Vorzeit auf Langeland. Fachleute schätzen ihr Alter auf mindestens 5.000 Jahre. Sie können in das Ganggrab hineinkriechen, sofern Sie eine Lichtquelle zur Hand haben. Landeinwärts haben Sie einen schönen BLICK auf einige von Langelands Huthügeln.

◎ EMPFEHLUNG: 300 Hektar Land hat der Staat hier im Süden erworben, um die einmalige Natur zu schützen und gleichzeitig als Naherholungsgebiet herzurichten. Damit die Wiesen hinter den Uferzonen nicht zuwachsen, müssen sie beweidet werden. Im Gegensatz zu anderen Regionen, wo dies Schafe oder Kühe übernehmen, wurden hier **WILDPFERDE** ausgesetzt, die zuvor auf einer dänischen Kleininsel gelebt hatten. Das besagte Info-Faltblatt »Südlangeland« enthält mehrere Wanderwege, die zum Teil miteinander kombiniert werden können; die Wildpferde halten sich bevorzugt im Bereich von Bredstens Bjerg auf, der auf einem RUNDWEG vorbei am Gehöft Søgård zu erreichen ist; dabei können Sie Ihr Fahrzeug auf dem Parkplatz nahe / an der Jættestue stehen lassen. Die Route kann bis hinunter nach Dovns Klint und Keldsnor verlängert werden. Die Pferde leben auf 120 der insgesamt 300 ha.

◎ Die Gegend um **DOVNS KLINT (23)** an Langelands Südspitze prägen Steilufer, das große Haff **KELDSNOR (24)**, Wäldchen und Feuchtgebiete. Keldsnor steuern viele ZUGVÖGEL auf ihrer Reise nach Süden als Rastplatz an. Im benachbarten Moor **GULSTAV MOSE (25)** sind in den warmen Jahreszeiten viele Enten zu Gast, und es quakt überall: Es ist gelungen, hier wieder UNKEN anzusiedeln, die in den 1980er Jahren ausgestorben waren. Es sind auch mehrere GREIFVÖGEL zu beobachten: Bussarde, Falken, Rohrweihe, Sperber, Roter Milan und Fischadler.

Die Straße führt ganz hinunter bis nach Dovns Klint. Am Parkplatz und im nahen Info-Center Dovnsgården, das nicht weiter aufregend ist, ist das Info-Blatt »Südlangeland« zu entnehmen, das das Gebiet bestens vorstellt und das mehrere Touren zu Fuß be-

Wildpferde *(vilde heste)* an Langelands Südspitze ▶

inhaltet, die längste 5,3 km lang. Auf jeden Fall ist Dovns Klint ein schöner Ort bei SONNENUNTERGANG.

◎ Der Leuchtturm **KELDSNOR FYR** thront an der Südostküste. Er ist nicht als Aussichtspunkt zugänglich. Eine Betontreppe führt hinunter ans Wasser. Dieser Küstenabschnitt ist unter (fortgeschrittenen) SURFERN beliebt.

FERIEN AKTIV

◎ **ANGELN**: DOVNS KLINT, vor allem Meerforellen und Plattfische.

◎ **RAD FAHREN**: Eine Runde in Langelands Süden stellt die Fahrradkarte des Touristenbüros in Rudkøbing vor (siehe Seite 228). Distanz 26 km, plus mögliche Abstecher zum Langelandsfort und Tryggelev Nor, die Str. 305 fast komplett ausgespart. Auch in Eigenregie lässt sich eine Tour auf den Nebenstraßen basteln. Die Regionalroute 82 startet in Bagenkop nach Norden.

◎ **WANDERN** BEI DOVNS KLINT: Vor Ort sind drei Pfade farbig markiert, die auch kombiniert werden können. Die blaue Route führt ins Gebiet der Wildpferde, die weiße sowie gelbe Route kombiniert vereint Dovns Klint, Blick auf Keldsnor Fyr und Gulstav Mose, etwa 2,7 km in 40–50 Minuten. Doppelt so lang ist die Kombination blau/weiß. Ab Parkplatz Dovns Klint kann man an der Abbruchküste entlang laufen, wo oft Angler anzutreffen sind (s.o.).

◎ **VOGELBEOBACHTUNG**: Etwas Besonderes sind die Zugvögelbewegungen im Herbst über DOVNS KLINT. Bei GULSTAV MOSE (s.o.) gibt es einen Beobachtungsturm, der dortige Parkplatz beim Info-Center ist der vorletzte auf dem Weg nach Süden.

5 EMPFEHLUNGEN ÆRØ:

- ◎ **RADRUNDFAHRT**: Seiten 273 ff..
- ◎ **STEILKÜSTE VODERUP KLINT**: Seite 271.
- ◎ **FLASCHENSCHIFFE**: Seite 264.
- ◎ **KIRCHEN INSELMITTE**: Seiten 269 ff.
- ◎ **SEEFAHRTMUSEUM**: Seite 257 f.

Ærø

DIE INSEL MIT DEM ANGENEHM LANGSAMEN TAKT

Als der Autor während der letzten Recherche seine erste Runde auf dem Fahrrad durch Marstal drehte, kam es immer wieder vor, dass ihn wildfremde Menschen, Einheimische, freundlich grüßten: Obwohl Dänemark im Allgemeinen ein gastfreundliches Land ist – ist das Leben auf Ærø langsamer, beschaulicher, dörflicher, persönlicher; der schnelle urbane Takt passt nicht hierher: Viele Insulaner nutzen selbst für längere Distanzen das Fahrrad. Jedoch haben viele von ihnen auch richtig Zeit – da sie sich im Pensionsalter befinden. Und so wirbt die Kommune Ærø unverdrossen um junge Zuzügler, denn ein großer Anteil von denen, die tatsächlich kommen, sind Ex-Insulaner, die im Alter zurückkehren. Trotz aller Bemühungen geht die Bevölkerungsanzahl zurück: 2012–2017 um fast 7 %.

Die lang gestreckte Insel Ærø (sprich: ärö) hebt sich mit 155 km Küstenlinie aus dem Südfünischen Inselmeer. In ihrer Mitte verläuft ein Hügelrücken, dessen höchster »Gipfel« immerhin 65 m ü.d.M. misst. Von jedem Hügel blicken Sie über Meer und Inseln. Ærø ist rund 30 km lang und an keiner Stelle breiter als 9 km.

Drei größere Ortschaften liegen an der Küste, und jede verbinden Fähren mit der Außenwelt: Søby im Westen, Ærøskøbing im Norden und MARSTAL im Osten, mit über 2.200 Einwohnern die mit Abstand größte Siedlung der Insel, die über eine stattliche Tradition in Schiffbau, Handel und Seefahrt zurückblickt: Anfang des 20. Jahrhunderts verkehrten Frachtsegler aus Marstal auf allen Meeren. Das malerische ÆRØSKØBING erhielt für sein bewahrtes historisches Gefüge mehrere Auszeichnungen. Viele der Häuser aus dem 17. und 18. Jahrhundert stehen unter Denkmalschutz. Im weniger anheimelnden SØBY befindet sich mit einer Stahlschiffwerft der wichtigste Arbeitgeber. An Ausbildungsstätten sind Navigationsschule und Kunsthochschule hervorzuheben.

Im Sommer wird die Zahl der gut 6.150 ständigen Inselbewohner deutlich überboten, wenn die Feriengäste nach Ærø kommen. Nicht wenige reisen mit dem eigenen Boot an, die drei YACHTHÄFEN sind für deutsche Freizeitkapitäne oft die erste Station auf der Seglerroute rund um Fünen. Die Sommergäste bevölkern Ortschaften und STRÄNDE oder sind anderweitig aktiv. Tagestouren per Rad sind bei den Inselmaßen gut zu variieren, die markierten Radwege prädestiniert für Naturtrips, etwa zur Steilküste VODERUP KLINT oder zur Landzunge UREHOVED. Nur Wälder, die sucht der Naturfreund fast vergeblich: Ærøs Boden ist so fruchtbar, dass einst jeder brauchbare Meter in Äcker und Wiesen umgewandelt wurde. Fast mühsam hat an einigen Orten das Renaturieren begonnen.

◀ **Typisch Ærø: oben Abbruchdüne bei Urehoved, unten Strandhütten alias Badehäuschen am Vestre Strand, zwischen Æroskøbing und Urehoved**

Tourist auf Ærø

INFORMATION

◎ Der jährliche **ÆRØ GUIDE** ist (ähnlich wie bei Langeland) eine der seltenen Broschüren, in denen die Information mit der Werbung Schritt halten kann – was Sie in diesem Buch nicht finden, finden Sie darin. Erhältlich online sowie für Rundreisende ebenso in den Touristenbüros in Rudkøbing auf Langeland, Svendborg, Faaborg usw. Gut zum Wandern und Radfahren ist auch die KARTE 7 zum ØHAVSSTIEN.

◎ **ÆRØ TURISTKONTOR**, Ærøskøbing Havn 4, DK–5970 Ærøskøbing, Tel. 6252 1300, post@arre.dk, www.visitaeroe.dk. Mo–Fr 10–14 Uhr, etwa 20.6.–25.8. zudem Sa 10–14 Uhr sowie ggf. Mo–Fr verlängert.

◎ **IN MARSTAL** gibt es eine Filiale ohne Personal in der Bibliothek, Skolegade 26. Mo+Mi+Do 13–18, Di 10–13, Fr 10–14 Uhr. – **IN SØBY** öffnet von Ende Juni bis Anfang August eine Filiale am Hafen.

TRANSPORT

Der Gepäckbeförderung wegen reisen die meisten Urlauber mit dem Auto an. Besonders wer über ein Fahrrad verfügt, kann seinen Wagen auf der Insel dann jedoch oft stehen lassen; und es gibt einen weiteren Anreiz:

◎ Der **LINIENBUS** auf Ærø ist für alle Fahrgäste **KOSTENLOS**. Mo–Fr pendelt er TAGSÜBER STÜNDLICH zwischen Marstal, Ærøskøbing und Søby, an den Wochenenden können es auch zwei Stunden zwischen den Abfahrten sein. HALTESTELLEN sind außerhalb der Hauptorte ab Marstal Dunkær Kro, Rise, Lille Rise, ab Ærøskøbing Stokkeby, Tranderup, Bregn, Skovby, Leby. Es können maximal drei Fahrräder mitgenommen werden; die Haltestellen, wo Fahrräder aufgenommen werden können, sind im FAHRPLAN markiert. Den Fahrplan bekommen Sie in den Touristenbüros ebenso wie online via aeroe-ferry.dk. Für abgelegene Ecken wie z.B. Ommel gilt tagsüber »Betrieb nach Bedarf«, der anzumelden ist: Tel. 6252 4000.

◎ Wer z.B. mit der letzten Fähre ankommt, benötigt ein **TAXI** und sollte dies besser im Voraus bestellen: Tel. 6615 4415 oder 2020 8202 oder 2040 9690 oder info@taxasyd.dk

◎ **FAHRRAD**: Zwei ausgeschilderte Routen – südlich sowie nördlich der Hauptstraße – verbinden den Inselosten und Marstal mit dem Inselwesten, wobei die kaum befahrenen Nebenstraßen Alternativrouten ermöglichen. Die Inselhauptstraße ist zu meiden, da schmal und weitgehend ohne begleitenden Radweg.

Viele Insulaner nehmen für Fahrten zwischen Ort und Nachbarort ebenso wie für größere Distanzen das Fahrrad. Typisch dänisch: das Fahrrad als selbstverständliches Transportmittel. Fahrradvermieter stehen unter »Ferien aktiv« auf Seite 276.

UNTERKUNFT

In der Hauptsaison sollten Sie bereits gebucht oder konkret Aussicht auf ein Bett haben, bevor Sie die Ærø-Fähre in Anspruch nehmen.

Leider sind die meisten Ferienhäuser, aber auch viele Zimmer im Rahmen von Bed & Breakfast von Juni bis August nur wochenweise und mit dem

Die Fähren nach Ærø stellen wir bereits im Rahmen der Anreise auf Seite 26 vor.

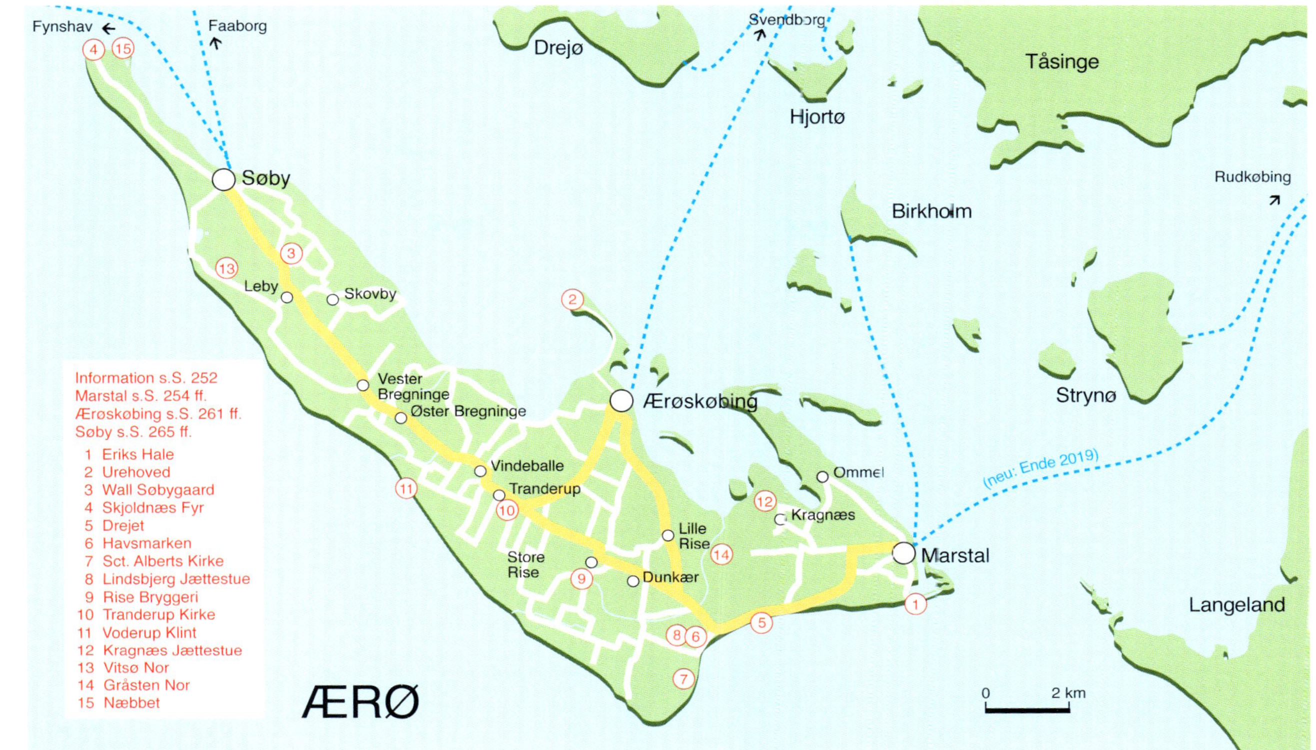
ÆRØ
Information s.S. 252
Marstal s.S. 254 ff.
Ærøskøbing s.S. 261 ff.
Søby s.S. 265 ff.
1 Eriks Hale
2 Urehoved
3 Wall Søbygaard
4 Skjoldnæs Fyr
5 Drejet
6 Havsmarken
7 Sct. Alberts Kirke
8 Lindsbjerg Jættestue
9 Rise Bryggeri
10 Tranderup Kirke
11 Voderup Klint
12 Kragnæs Jættestue
13 Vitsø Nor
14 Gråsten Nor
15 Næbbet
Fynshav
Faaborg
Svendborg
Rudkøbing
Drejø
Hjortø
Tåsinge
Birkholm
Strynø
Langeland
Søby
Leby
Skovby
Vester Bregninge
Øster Bregninge
Vindeballe
Tranderup
Store Rise
Dunkær
Lille Rise
Ærøskøbing
Kragnæs
Ommel
Marstal
(neu: Ende 2019)
0
2 km

Samstag als Wechseltag zu erhalten; so wie in ganz Dänemark, wodurch es auf den Anfahrtrouten zu erheblichen Verkehrsbehinderungen kommt. Der Platz auf der Fähre (siehe Seite 26) ist dann unbedingt zu reservieren.

◎ Die Website www.visitaeroe.dk des **ÆRØ TURISTKONTOR** und der jährliche Ærø Guide bieten jede Menge Information, Auswahl und Kontaktdaten. Im Touristenbüro liegen zudem Werbemittel von Unterkünften aus.

◎ **ÜBERSICHT**: Während die Hotels in den größeren Ortschaften angesiedelt sind, gibt es Bed & Breakfast, andere Privatunterkünfte, Ferienhäuser und -wohnungen sowohl in diesen Ortschaften als auch in abgelegenen Höfen und Siedlungen. In Marstal gibt es ein Hostel und in Ærøskøbing eine ähnliche Unterkunft. Campingplätze sind schließlich drei vertreten, jeweils nahe der großen Ortschaften.

◎ **BED & BREAKFAST**: Im Jahresheft des Touristenbüros finden sich knapp 30 solcher Unterkünfte. Die günstigsten Tarife liegen um 250 DKK pro Person, ohne Frühstück, teils mit gemeinschaftlich genutztem Bad, teils auch mit Küchenzugang.

Die Tarife der privaten Unterkünfte vor Ort steigen und fallen mit der aktuellen Nachfrage, je nach Saison; das sollten Sie wissen, wenn Sie sich spontan auf Quartiersuche begeben.

◎ Die meisten Ærø-Urlauber buchen ein **FERIENHAUS**. Wer auf bestimmte Wochen oder auf ein bestimmtes Objekt festgelegt ist, sollte sich frühzeitig darum kümmern, d.h. mit Beginn des Jahres. Vor Mitte Juni und nach Mitte August besteht auch kurzfristig noch eine gewisse Auswahl.

Ferienhaus-Adressen vor Ort verrät www.visitaeroe.dk, Landesweit tätige Agenturen stehen auf Seite 46.

◎ Auch auf Ærø wurden inzwischen EINFACHE, komfortlose **ZELTPLÄTZE** für nicht-motorisierte Urlauber eingerichtet. Radfahrer und Wanderer können zwischen rund 15 Stellen wählen, die im Ærø Guide beschrieben sind.

Marstal

IM ZEICHEN DER SEEFAHRT

Wie kein anderer Ort auf Ærø steht das ca. 2.210 Einwohner zählende Marstal für Ærøs Traditionen in Seefahrt und Handel. Ähnlich wie ihre berühmt-berüchtigten Vorfahren, die Wikinger, verfügten auch die Insulaner über eine fortgeschrittene Schiffsbautechnik. Als Ærø im 17. Jh. neue Strukturen in Herrschaft und Verwaltung erhielt, brachte es Marstal allmählich zu einer eigenen Handelsflotte, zu Werften, zuarbeitenden Handwerksbetrieben. Zunächst verkehrten die Segelschiffe im Nordsee- und westlichen Ostseeraum, ab Mitte des 19. Jhs. fuhren sie nach Island, Grönland, Russland, Südeuropa, in die Karibik, nach Süd- und Nordamerika. Klassische Frachtrouten waren Holz nach Island, Trockenfisch nach Portugal/Spanien, zurück kam man mit Salz und anderen Produkten und Gütern, die es zu Hause nicht gab.

Kriege sowie das Verlangen der dänischen Obrigkeit nach üppigen Abgaben sorgten für Brüche in der Entwicklung, aber selbst den Durchbruch der Dampfschiffe überstand Marstals

Handelsflotte. Anfang des 20. Jhs. gab es immer noch Frachtrouten, die für Dampfschiffe unrentabel waren, und bis 1959 baute man hier selbst die eisernen Pötte. Die verbliebenen Werftbetriebe reparieren und restaurieren, wie 2008–2012 den historischen Schoner BONAVISTA (1914). In dieser Blütezeit der Handelsfahrten waren fast 350 Schiffe in Marstal registriert und auf ihnen bis etwa 1.400 Seeleute beschäftigt waren. Schiffsanteile waren selbst unter den Landwirten Ærøs begehrt, die ansonsten in einer ganz anderen Welt lebten.

Bis heute sind noch viele in Marstal registrierte Schiffe auf internationalen Gewässern unterwegs, wenn auch nicht die größten dänischen Reedereien. Dafür befindet sich mit der Marstal Navigationsskole eine von landesweit zwei Ausbildungsstätten für Schiffsoffiziere und -ingenieure auf Ærø.

Die Verwaltung der Kommune Ærø befindet sich zwar in Ærøskøbing, dafür sind in Marstal als größtem Inselort wichtige Einrichtungen wie die weiterführende Inselschule beheimatet, ebenso der größte Supermarkt.

ORIENTIERUNG

Der Verkehr von und zur Langeland-Fähre wird deutlich durch den Ort geleitet; Parkplätze in den Nebenstraßen sind ausgeschildert. An der parallel zum Ufer verlaufenden Havnegade gibt's kaum Parkplätze. Der jährliche Ærø Guide enthält einen Stadtplan.

UNTERKUNFT

◎ **ÆRØ HOTEL** – SKIPPERBYEN MARSTAL, Egehovedvej 4, Tel. 6253 2406, www.aeroehotel.dk. EZ ab 795, DZ ab 995 DKK, mehr als ein Dutzend Angebote, teils vom Monat, teils von der Aufenthaltsdauer abhängig, oder speziell für Wanderer, Radler, Golfer, teils inklusive Fährticket / Halbpension.

Am Ortsrand landeinwärts gelegen. Fahrradvermietung.

◎ **HOTEL MARSTAL**, Dronningestræde 1 A, Tel. 6253 1352. Zimmer mit und ohne Bad, Preise auf Anfrage.

Zentral gelegen, ein alteingesessener Familienbetrieb mit hauseigenem Restaurant, das seinen Gästen immer ein Abendessen offeriert.

◎ **FEMMASTEREN** HOTEL & HOSTEL, Havnegade 28 A, Telefon 5360 4821, www.femmasteren.dk. Mitte April bis Mitte Oktober. DZ Hotel ab 1.100 DKK, zum Teil Bad auf dem Flur. Hosteltarife ab 250 DKK pro Person im Gemeinschaftszimmer, auch DZ sowie preiswerte Alternativen für Familien.

An der Hafenstraße, zwischen Museum und Kajakklub, gelber Anstrich, Terrasse im Vorgarten.

◎ **MARSTAL CAMPING**, Egehovedvej 1, Tel. 5152 4485, www.marstalcamping.dk. Mitte April bis Mitte Oktober. Camping 90/60 DKK. 11 Campinghütten (4–6 Personen) ab 250 DKK, 12 Ferienhütten (6 Personen) ab 650 DKK, in der Hochsaison bevorzugt wochenweise oder ab 450/850 DKK.

Übersichtlicher 3-Sterne-Platz am Waldrand, nahe Eriks Hale, Kajakklub sowie Beachvolleyball. Angeln, Fahrradvermietung. Grüner Schlüssel (siehe Seite 48), ein netter Fleck Erde.

ESSEN UND TRINKEN

Die Insulaner selbst gehen eigentlich fast nur zu festlichen Anlässen in ein Restaurant, abgesehen vom Sommer, wenn es sich gemütlich draußen sitzen lässt. Außerhalb der Touristensaison wird es knifflig für die Gastronomen, den Laden am Laufen zu halten. Nicht wenige machen im September bis zum nächsten Sommer dicht; einige Eigner leben von anderen Einkünften, andere setzen auf Take away.

Insofern ist es für Urlauber gar nicht einfach, in den ruhigen Monaten ein Lokal zu finden. Am ehesten gelingt dies in Marstal als größtem Inselort, aber auch hier ist es schwierig. Gleich mehrere Lokale befinden sich entlang der streckenweise als Fußgängerzone ausgewiesenen Kirkestræde.

◎ **CAFÉ HAVKATTEN**, Møllergade 2 (Ecke Havnegade), Tel. 5334 2969, via Facebook. Im Sommer Di–So 13–22 Uhr, im Winter nur Sa/So, etwa 13–17/18 Uhr, besser vorher anfragen.

POPULÄRE Küche mit einer großen Vielfalt: Fisch bekommen Sie hier sowohl als profane Fischfrikadelle oder Fisch & Chips ebenso wie als Edelfisch an entsprechenden Saucen. Dazu u.a. Tapas, Tarte, Sandwiches, Burger, mal syrisch inspirierte Pizza – auch hier ist Kreativität angesagt. Es gibt auch ein Dagens Ret, um 100 DK; sonst bewegt sich die Preisspanne zwischen 65 und 250 DKK. Ab und zu Live-Musik.

◎ **MINDE** BAR & RESTAURANT, Kongensgade 13, Tel. 6253 1526, via Facebook. So–Do 10–24, Fr+Sa 10–2 Uhr, auch im Winterhalbjahr geöffnet.

In einem ehrwürdigen Backsteinhaus mit maritim-stimmungsvollem Interieur serviert Chefin *Tine Damkjær* solide dänische Hausmannskost. Ab 18 Uhr kommt ein Dagens Ret für klar unter 100 DKK auf den Tisch, im Sommer öffnet ein netter Innenhof. Halb Restaurant, halb Kneipe sowie an den Wochenenden mitunter Live-Musik.

◎ **FISCH AM HAFEN**: Die Einheimischen ohne Quelle in Familie und Bekanntenkreis KAUFEN VOM KUTTER; die legen im kleinen Hafenbecken hinter der Grünanlage an der Havnegade an, keine 200 m südlich vom Fähranleger, nahe zum Seefahrtmuseum.

Gleich beim Fähranleger verspricht das RESTAURANT **FRU BERG** die größte Auswahl an Fischgerichten, geöffnet von März bis Oktober und in der Hauptsaison dank der Sommerterrasse ein stark frequentiertes Lokal, mit gehobenem Preisniveau vor allem am Abend: www.bergsrestauranter.dk.

ENTLANG DES HAFENS

Knapp 1,5 Kilometer misst die Distanz vom Anleger der Langeland-Fähre zum Ansatz der sandigen Landzunge Erikshale. Parallel zum Hafen nach Süden repräsentieren zahlreiche Orte die MARITIME Verbundenheit von Marstal. Malerisch ist diese Route entlang von Havnegade und (sich anschließend) Østersøvej aber nicht, weshalb die Erkundung per Fahrrad angemessener sein mag. Zu Fuß bleiben immer noch die Gassen oberhalb der Havnegade.

◎ Die Werft **HCC BÅDEVÆRFT** liegt gleich nördlich des Fähranlegers: Früher als »Ebbes Bådsbyggeri« auf Holzschiffe und Jollen spezialisiert, wurde hier an Pfingsten 2012 unter großem Hallo der Marstaler Neufundland-Schoner »Bonavista« zu Wasser gelassen. 2013 kam es zum Besitzerwechsel. Die einst ruhmreiche Branche ist heute klein, stets unter Kostendruck und hangelt sich von Geschäftsjahr zu Geschäftsjahr. Es wird gewartet, repa-

Die Hafenrunde per Fahrrad ermöglicht einen Abstecher landeinwärts, vorbei an der Navigationsschule und an der inselweit größten Solarkraftanlage Ærøs. Die Insulaner sind in Sachen nachhaltiger Energieerzeugung sehr engagiert ...

riert sowie umgebaut; die neue Besitzerin nimmt auch Glasfiberboote zur Reparatur an. Zur Werft gehört traditionell eine Segelmacherei, die immerhin eine Vollzeitkraft dank zuverlässiger Nachfrage beschäftigt.

◎ Unscheinbar im Bereich des **FÄHRANLEGER**s liegen Boote der Navigationsskole vertäut, die selbst heutzutage landeinwärts neben dem »Ærø Hotel« beheimatet ist. Der Fähranleger ist unspektakulär – abgesehen vom **DENKMAL** I SKAL IKKE BLIVE GLEMT, auf Deutsch: Ihr werdet nicht vergessen (2006, *Hans Krull* und *Søren West*). Allein 80 Seeleute aus Marstal kamen im Zusammenhang mit dem Zweiten Weltkrieg ums Leben. Ihnen wie allen über 6.000 dänischen Seeleuten, die damals (nach der Besetzung durch die Wehrmacht unter alliierter Flagge) im Einsatz waren, ist dieses Monument aus Bornholmer Bronze und 18,2 Tonnen Granit gewidmet.

◎ Wer auf dem aufgeschütteten, betonierten Vorplatz mit dem Denkmal steht, befindet sich an der Hafeneinfahrt, markiert von der 1,2 km langen **MOLE**, die ab 1825 in mehreren Bauabschnitten in freiwilliger Arbeit entstand. Glücklicherweise gab es Winter mit richtig dickem Ostsee-Eis, worauf Steinbrocken geschafft werden konnten; die kamen von den Feldern oder hatten als Ballast auf Schiffen gedient. Mit dem Auftauen des Eises brachen sie durch, mussten aber anschließend mühsam mit Gerätschaften im 2–3 m tiefen Wasser positioniert werden.

◎ Der Platz am und südlich des Anlegers heißt **HAVNEPLADSEN**. Hier befinden sich u.a. die Hafenmeisterei und das Lokal »Fru Berg«. Nach Süden schließt sich eine Grünanlage an, weitere DENKMÄLER erinnern an umgekommen Seeleute. Im kleinen FISCHEREIHAFEN kaufen Eingeweihte werktags direkt vom Kutter.

◎ Auf das Hafenbecken mit den Fischerbooten folgt der Liegeplatz des restaurierten Neufundland-Schoners **BONAVISTA** (1914), einer von damals 110 Neufundland-Schonern aus Marstal, der 2012 nach vierjähriger Generalüberholung in »Ebbes Bådsbyggeri« (heute: HCC, s.o.) vom Stapel lief.

Das stolze Schiff gehört inzwischen dem Nationalmuseum, hat neue Masten und eine Takelage erhalten und soll 2019 verschiedene Orte an der dänischen Küste besuchen. Für 2020 ist ein Neufundland-Trip geplant, wie in alten Zeiten. Eine Hinweistafel informiert über die Geschichte.

◎ EMPFEHLUNG: An der Havnegade steht das spannendste Museum Ærøs, das 1929 gegründete **MARSTAL SØFARTSMUSEUM**, Eingang Prinsensgade 1, Tel. 6253 2331, www.marmus.dk. 1.6.–31.8. täglich 9–17 Uhr, ab Mitte April sowie bis 31.10. täglich 10–16 Uhr, sonst Mo–Sa 11–15 Uhr. Eintritt 70/0 DKK. FÜHRUNGEN 1.7.–15.8. nur auf Dänisch. Texte teilweise auch auf Deutsch und/oder Englisch.

Das Museum konzentriert sich auf die Zeit seit dem 16. Jh., als Ærø unter vier Herzogtümern aufgeteilt war. Es war damals schwer, auf eigene Rechnung Handel zu treiben; dies sollte in Marstal zuerst gelingen. Die Ausstellungen zeigen die Boots- und Schiffstypen, die den Vorsprung der nordischen Schiffsbauer und Handelsleute begründeten, von der offenen Schute bis zu Motorseglern (sowie Dampf-

... und wollen bis 2025 mit ihrer Energieversorgung autark sowie bis 2030 auch »fossilfrei« werden. Als erhoffter Meilenstein dahin gilt die neue EL-Fähre, die zwischen Søby und Fynshav verkehren soll: Eferryproject via Facebook.

schiffen, bei denen die Fertigkeit der Schiffsbauer eine kleinere Rolle spielte); damit verwoben sind die Ausweitung der Handelsrouten und die Art der Fracht, die Marstals Handelsflotte transportierte. Modelle, Fotografien, Zeichnungen, Karten, Originales von den Schiffen – wie nautisches Instrumentarium – und selbst Deckbauten dokumentieren diese glorreiche Seefahrtgeschichte. Neben einer Auswahl an Flaschenschiffen sind Exponate zu Fischerei und dem aus Ærøskøbing stammenden Künstler *Carl Rasmussen* sowie viele Souvenirs zu sehen, die die Seeleute aus fernen Ländern mitbrachten. Dazu einige Boote und die Werkstatt eines Modellbauers, der ab und zu an seinen Projekten werkelt.

◎ Das Seefahrtmuseum hat sich unmerklich über die Havnegade hinweg vergrößert, dort wo rund um **ERIKSENS PLADS** ab 1855 mehrere Holzschiffwerften angesiedelt waren, darunter »Erik Eriksens Træskibsværft« als Namensgeber dieses Hafenareals.

Eine satte Spende des dänischen Seefahrt-Giganten Mærsk ermöglicht es dem Museum, Relikte der Werften zu bewahren – sind Werfthalle oder Motorschuppen geöffnet, sind sie mit dem Museumsticket zu besichtigen.

Es schließt sich der still gelegte Industriehafen an, u.a. das Gelände der 2017 nach Svendborg umgezogenen Werft »Marstal Værft«. Bis dahin wurden im Trockendock Stahlschiffe umgebaut, gewartet und repariert.

◎ Die benachbarte **MARSTAL MOTORFABRIKKEN** ruhte bereits jahrelang , als 2017 drei Frauen die Anlage für 1.000 Kronen kauften. Mittlerweile ist bis 2022 ein Finanzierungsplan gesichert, der die zu erhaltenen Gebäudeteile restaurieren und darin Werkstätten und Büros einrichten soll, die u.a. projektbezogen angemietet werden können. Das Konzept ist komplex und fußt auf der starken Frequentierung Ærøs durch Freizeitsegler, beinhaltet allerdings ebenso die Nutzung der Anlage für kulturelle Zwecke und als Bürgertreff. Ein treffliches Beispiel für ziviles Engagement.

◎ Wer mit dem eigenen Boot nach Marstal kommt, passiert vor Erreichen des eigenen Liegeplatzes erst mal all die Stationen entlang der Kaianlagen, die dieser Rundgang bereits erwähnt hat: Fischereihafen, Werftengelände. Der **YACHTHAFEN** mit seinen zeitgemäßen Anlagen wurde mehrfach erweitert, denn Marstal ist zum Beispiel für aus Kiel kommende Freizeitskipper die erste mögliche Anlaufstelle in dänischen Gewässern. Es sei empfohlen, hier ein wenig zu schlendern und den hohen Standard zu begutachten. Sogar ein Beachvolleyballfeld sorgt für Kurzweil.

◎ Der zurzeit letzte Anlegesteg mit dem RONDELL ragt bereits in eine flache, kleine Bucht, die nach Süden von einer sandigen Landzunge begrenzt wird. An der Bucht, gleich hinter dem Yachthafen, ist das Domizil des **MARSTAL KAJAKKLUBS** beheimatet. Das flache Wasser ist ideal für Anfänger. Siehe Seite 278 f.

Zum Uferweg Østersøvej hin erinnert eine doch eher zierliche KANONE an den Beschuss Marstals durch englische Kriegsschiffe im April 1808. Bevor sie diesen Platz erhielt, war sie im Hafen zum Vertäuen »zweckentfremdet« worden.

CARSTEN JENSEN: WIR ERTRUNKENEN

Das Buch schaffte es 2008 verbreitet ins deutsche Feuilleton. Carsten Jensen stammt aus Marstal, er berichtet von der wirtschaftlich bedeutendsten Epoche der Stadt, als ihre Frachtsegler eine kleine Weltwirtschaftsmacht waren. Beginnend 1849 mit dem Gefecht zwischen Dänen und Deutschen in der Eckernförder Bucht und endend in den letzten Tagen des Zweiten Weltkriegs, in dem viele Seeleute ihr Leben ließen, während das Transportgeschäft auf den Meeren längst anderswo registrierte Dampfschiffe dominierten.
Wie in dem Milieu zu erwarten, spinnt der Autor auch Seemannsgarn, erzählt von Laurids Madsen, der durch einen Volltreffer, den sein Schiff abbekam, in die Luft gewirbelt wurde, doch dank seiner Stiefel wieder sicher auf den Planken landete. Oder vom Schrumpfkopf James Cooks. Das meiste Geschilderte könnte sich allerdings wirklich so zugetragen haben. Das Gefecht in der Eckernförder Bucht hat es gegeben, die Sturmfluten auf Birkholm ebenso und den Wohlstand, den Handel und Seefahrt nach Marstal brachten: die neuen Straßen, Gebäude und Laternen, das Verschwinden der offenen Rinnsteine. Natürlich auch Leiden und Bitterkeit, wenn die Männer nicht heimkehrten. Berührend und nachwirkend ist aber etwas Anderes: Wie man zwischen all den verschlagenen Zeitgenossen, prügelnden Lehrern und Steuermännern ein Mensch mit Mitgefühl und Verantwortung für andere werden oder bleiben kann, das mag der rote Faden sein, der fesselt und über den historischen Roman hinausgeht. Das Buch ist nur noch antiquarisch zu erhalten.

◎ **AUF DEN FUSSSPUREN VON CARSTEN JENSEN** : siehe Seite 260.

◎ Die Landzunge **ERIKS HALE (1)** zieht sich an der Südostspitze Ærøs im 90-Grad-Winkel in die Ostsee hinein. Auf der anderen Seite der Schifffahrtstraße sind die hellen Abbruchdünen von Ristinge Klint auf Langeland zu erkennen, im Südwesten Bagenkop.

Blickfang sind jedoch die bunten **BADEHÄUSCHEN** auf der Landzunge selbst, die in Privatbesitz sind und von Generation zu Generation weitergegeben werden und besonders in den Abendstunden ein dankbares Fotomotiv darstellen. Am Strand weht die Blaue Flagge. Eriks Hale ist übrigens der hauptsächliche Grund, dass Ærøs größter Hafen sich hier an der Ostküste etablierte, denn die sandige Landzunge bildete einen wenn auch bescheidenen Schutz gegen die Ostsee, so dass man schon vor dem Bau der Mole hier die inselweit günstigsten Bedingungen hatte. Nichtsdestotrotz berichten die Chroniken von gewaltigen Stürmen, die das versandete Terrain durchbrachen und Schiffe bis an die Küste warfen.

IN MARSTALS GASSEN

Wer auf pittoreske Häuschen, repräsentative Bauten und Kopfsteinpflaster steht, wird in Ærøskøbing leichter fünfig als in Marstal. Während der Ort im Inselnorden nach einem Stadtplan entstand, wuchs Marstal eher unkontrolliert und vom Hafen ausgehend den Hang hinauf. Frische Farben an hübschen Häuschen werden Sie auch hier finden, jedoch kaum einheitliche Straßenzüge. Eine nette Wohngegend ohne »architektonische Avantgarde« erschließen H.C. Christensensvej und Strandvejen als Verlängerung der Havnegade, nördlich von Fähranleger sowie Ebbes Holzbootwerft.

◎ **AUF DEN FUßSPUREN VON CARSTEN JENSEN** heißt ein Faltblatt, das sechzehn Stationen aus dem Roman aufsucht und ein bisschen über Historie, Hintergründe und auch die richtigen Namen mancher Protagonisten verrät. Von keinem Geringeren als Ulrich Sonnenberg übersetzt, der auch den Roman ins Deutsche brachte.

◎ Die **KIRKESTRÆDE** bildete sich im Lauf der Jahre als Hauptstraße im Ort heraus. Hier gibt es die meisten Lokale und Geschäfte und am nördlichen Ende stößt man auf Ærøs größten, gut sortierten Supermarkt.

◎ Die **MARSTAL KIRKE** entstand in mehreren Etappen ab 1738, der auffällige Turm mit der kupfernen Dachverkleidung 1920. Die Altartafel schuf Carl Rasmussen. An der Ostseite erinnert eine Gedenktafel an die verlorene Seeschlacht bei Eckernförde 1849.

Der die Kirche – wie in Dänemark üblich – umgebende Friedhof wurde bereits 1896 aus Platzmangel verlegt. In wirtschaftlich prosperierender Zeit, als Marstal wesentlich mehr Einwohner zählte als heute, entschied man sich für ein stattliches, zukunftssicher erscheinendes Areal, weiter nördlich am Ommelsvejen, dem Weg zum dortigen Nachbardorf. Sollte Marstal eines Tages wieder berühmt (und groß) werden, mag sich Marstal Kirkegård doch noch bis zur Küste hin füllen.

Ærøskøbing

PUPPENSTUBE AM MEER

Wie eine Puppenstube am Meer wirkt das gut 950 Einwohner zählende Ærøskøbing. Oberhalb des Hafens, dort wo die Svendborg-Fähre an- und ablegt, reihen sich fotogene bunte Fachwerkhäuser an kopfsteingeplasterten Gassen. Das einheitliche Bild ist dem Umstand zu verdanken, dass hier seit 1629 kein Großfeuer wütete, nachdem der Bau von Ziegeldächern verfügt worden war. Ærøskøbing wuchs seitdem immer mit Maß und Planung, auch weil man Anfang des 20. Jhs. keinen Wirtschaftsboom wie drüben in Marstal erfuhr.

Der Ort ist heute stark vom Tourismus abhängig, weshalb es hier außerhalb der Hauptsaison auch besonders ruhig zugeht. Da es sonst nicht viele Arbeitsplätze gibt, wurde der Sitz der 2006 zusammengelegten Gemeinde Ærø hier eingerichtet. Das als Flachbau weniger repräsentative als zweckmäßige Insel-Rathaus steht unauffällig im Neubaugebiet westlich der Vestre Allé, der Haupt-Zufahrtsstraße hinunter zum Fähranleger. Von der Vestre Allé zweigt ebenso der Sygehusvejen nach Westen ab, über den man nicht nur zum Insel-Krankenhaus gelangt (deshalb der Name: sygehus ist das Krankenhaus), sondern auch zu den Badehäuschen am Vestre Strandvej und zur im strammen Wind liegenden Halbinsel Urehoved mit Abbruchdüne. Im historischen Ortszentrum, die größte Sehenswürdigkeit, verteilen sich drei Lokalmuseen, von denen die FLASCHENSCHIFFSAMMLUNG des *Peter Jacobsen* (1873–1960) diejenige mit den meisten Besuchern ist.

ORIENTIERUNG

Zunächst einmal sei auf den kostenlosen Bustransport hingewiesen (siehe Seite 252), ebenso auf denRadweg von und nach Marstal. Wer motorisiert ankommt, passiert vor der Ortseinfahrt einen Kreisel: aus Marstal kommend am Smedevejen, aus Søby weiter westlich; man halte sich geradeaus und biege ab in den Pilebækken, aus Marstal kommend nach links, aus Søby kommend nach rechts; am Pilebækken befindet sich ein großer Parkplatz, keine 500 m vom Zentrum entfernt. Unten am Hafen gibt es nämlich nur wenige Parkplätze: im »Søby-Kreisel« links halten zur Vestre Allé, *nicht* geradeaus und die Vestergade im beschaulichen Ortszentrum hinunter.

UNTERKUNFT

◎ **HOTEL ÆRØHUS**, Vestergade 38, Tel. 6252 1003, www.aeroehus.dk. EZ ab 990 DKK, DZ ab 1.250 DKK, Budget-EZ/DZ ohne Bad 595/795 DKK. Auch Flexferien mit gestaffeltem Rabatt bei mehreren Übernachtungen und weitere Extras, z.B. mit Halbpension oder Fährenrabatt.

Nettes Anwesen mit viel Fachwerk-NOSTALGIE und im Grünen, da etwas zurückgesetzt an der Vestergade liegend. Das Hotel hat einen sehr guten Ruf, und dies gilt auch für die Küche. Viel Ærøskøbing-Flair. Das Hotel verwaltet ferner Ferienwohnungen nahe der Marina, mit erheblichen Preisunterschieden zwischen Neben- und Hauptsaison. Fahrradvermietung und Tennis.

Wie bei Marstal und Søby auch, enthält der jährliche Ærø-Guide einen großen Ærøskøbing Stadtplan.

◎ **ANDELEN GUESTHOUSE**, Søndergade 28 A, Tel. 6126 7511, www.andelenguesthouse.com. Ganzjährig geöffnet. DZ ab 900 DKK, 3-Bett-Zimmer 1.195 DKK, Frühstück 100 DKK.

Zimmer mit Dielen und frei liegenden Holzbalken in einem historischen Haus, stilsicher und kreativ restauriert mit viel Flair. Fahrradvermietung.

◎ **VILLA BLOMBERG** VANDRERHJEM, Smedevejen 15, Tel. 6252 1044, www.villablomberg.dk. Ende Februar bis etwa 20.12. 40 Betten in 2- und 4-Bett-Zimmern. Als EZ 350 DKK, DZ 500 DKK, 3-/4-Bett-Zimmer 750/900 DKK. Frühstück 75 DKK, Lunchpakete möglich.

Gelegen am Ortsausgang Richtung Marstal (Kreisel). EINFACHER Standard für das kleine Geld, Bad auf dem Flur. Fahrradvermietung.

◎ FERIENWOHNUNGEN sog. **HOTEL DAMGAARDEN**, Borgnæsvej 4, Tel. 6252 2044 und 4034 5161, www.hoteldamgaarden.dk. 8 Ferienwohnungen für 4–6 Personen. Woche je nach Saison 5.200–6.500 DKK, in der Nebensaison auch tageweise ab 1.500 DKK.

Der Name ist missverständlich: Hotelservice gibt es nicht. Es handelt sich um schicke Ferienwohnungen, 4,5 km außerhalb, an der Nebenstraße nach Borgnæs, westlich Ærøskøbings.

◎ **ÆRØSKØBING CAMPING**, Sygehusvejen 40, Tel. 6252 1854, www.aeroecamp.dk. Mitte April bis Anfang Oktober. Camping 90/60 DKK. Campinghütten in 3 Kategorien 150–570 DKK. Grüner Schlüssel.

Abseits gelegen zwischen Dorf und Strandvej, kurzer Fußweg zum Strand mit Blauer Flagge. Angeln vor Ort und auf Urehoved, Fahrradvermietung.

ESSEN UND TRINKEN

Mit den Café Aroma (s.u.) und seinen Zusatzangeboten haben Feriengäste eine richtig gute Auswahl, allerdings nur von Juni bis August. Ganzjährig standesgemäß mit gehobenem Anspruch serviert das Hotelrestaurant Ærøhus, im Sommer auch lauschig im Grünen. Ganzjährig geöffnet ist »Lenda's Grill'er« am Hafen (ab 11 Uhr).

◎ **AROMA** besteht aus Fischrestaurant, Café und Eisbar (und Hotel), beheimatet am stark frequentierten Hafen, gleich gegenüber vom Touristenbüro im schokobraunen Gebäudekomplex. Ein durchdachtes Konzept, hochwertige Zutaten aus der Region, leider auf die Hochsaison beschränkt. Havnepladsen, Tel. 6252 4002, www.cafe-aroma.dk.

Das CAFÉ AROMA öffnet von Juni bis Ende August. Beliebt ist die kleine Terrasse, für das beschauliche Ærø geradezu abgefahren die schräge, bunte Inneneinrichtung. Die Auswahl an Speisen ist KREATIV, die Qualität gut. Zur Abwechslung kommen (auch) unerwartete Rezepte und Mixturen aus mehr oder weniger fernen Ländern zur Geltung. Ob Salate, Burger oder Unbekannteres – nettes Flair, absolut zu empfehlen und Preise auch unter 100 DKK für ein Hauptgericht. Do–Mo 11–20.30 Uhr, in der Hauptsaison ggf. verlängert.

Zur gleichen Zeit öffnet nebenan der Verkauf mit selbst gemachtem EIS – auch dieser erfreut sich großem Zuspruch, nicht zuletzt dank einiger ausgefallener Sorten.

Nur von Anfang Juli bis Anfang August lädt nebenan das FISKERESTAURANT in stilvoller Umgebung zu ge-

Essen und Trinken: Für Selbstversorger sind die Hofläden von Interesse, die im jährlichen Ærø Guide neben weiteren Erzeugern aufgelistet werden; das gilt ganz besonders in der Nebensaison, wenn viele Lokale schließen.

hobenen, jedoch nicht übertriebenen Preisen. Der Fisch kommt bevorzugt aus nahen Beständen. Eine kurze und richtig gute Weinkarte bekräftigt den ambitionerten Auftritt. Tel. 4040 2684.

◎ **ÆRØSKØBING RØGERI**, Havnen 15, Tel. 6252 4007, via Facebook. Mitte Juni bis Mitte August täglich 10–21, ab 1.4. sowie bis ca. 20.10. 11–19 Uhr.

Die preiswerte Alternative zu den anderen Fischspezialisten, im Gegenzug auf und mit Plastik gereicht, Fisch bedingt als kulinarische Herausforderung. Dafür gibt's Hering und Fischfrikadellen mit Beilage für wenig Geld und andere geräucherte Ostseefische mit Kartoffelsalat um 90 DKK.

STADTRUNDGANG

Über die Vestergade gelangt man zum Hafen. Alle weiter östlich gelegenen Gassen betonen das historische Ærøskøbing, die Puppenstube. Ein authentischer Ort ist ebenso der Marktplatz Torvet mit dem alten Rathaus und der Kirche, am Ende der Brogade.

◎ **SIGHTSEEING**: Eine schöne Tradition von Mitte Mai bis Ende August ist der RUNDGANG MIT DEM NACHTWÄCHTER um 21/20 Uhr, in der Hochsaison mittwochs auch auf Englisch. Teilnahme 40 DKK. Information über die aktuellen Zeiten im Touristenbüro oder bei »Ærø Tours« Tel. 4046 6675, via Facebook und aeroetours.dk.

◎ **MUSEUMSWERFT** DEN GAMLE VÆRFT, Havn (Hafen) 4. Mo–Fr 11–16 Uhr. Eintritt 50/30 DKK.

Unter der Leitung versierter Handwerker können Sie (und Ihre Kinder) schmieden und vieles mehr. Der Betrieb erhält aktuelle Aufträge – auch an Booten wird gearbeitet.

◎ EMPFEHLUNG **FLASKE PETER**, Smedegade 22, Tel. 8155 5972. Etwa 25.6.–25.8. täglich 10–16, ab Ostern und bis Ende September plus Herbstferien Mo–Sa 11–15 Uhr. Eintritt 50/0 DKK, Texte z.T. auch auf Deutsch.

Einmalige Flaschenschiffsammlung, angefertigt von einem Zugezogenen, der kurz vor seinem Tod dann sogar Ehrenbürger von Ærøskøbing wurde. Mehr im Kastentext auf Seite 264

◎ **ÆRØ MUSEUM**, Brogade 3–5, Tel. 6252 2950. 1.7.–31.8. Mo–Fr 10–16, Sa+So 11–15, sonst Mo–Sa 11–15 Uhr. Eintritt 50/0 DKK. Info auf Deutsch.

Das kulturhistorische Museum umfasst tausende Exponate: Wohnungsinterieur, darunter eine Bauernstube (18. / 19.Jh.) Einzelmöbel, Alltagskleidung, Stoffe, Trachten, Gerätschaften aus Haushalt und Landwirtschaft, Modelle u.v.a. Viele Exponate stiftete die Bevölkerung, so auch die Einrichtung einer Apotheke 1911. Die Seefahrt ist untergeordnet; dafür gibt es Marstal.

Im Garten wachsen Insel-typische Pflanzen, wie sie 1920 verbreitet waren. Und das Gebäude wurde 1780 als Wohnsitz des Landvogts errichtet.

Das Museum wurde umgebaut sowie mit einer neuen Ausstellung versehen, die in etwa zeitgleich mit diesem Buch Premiere feiert.

◎ **HAMMERICHS HUS**, Gyden 22 (Ecke Brogade), Tel. 6252 2950. 1.7.–31.8. täglich 10–13 Uhr. Eintritt 40/0 DKK. Textblatt auf Deutsch.

Gunnar Hammerich (1893–1977) war ein Bildhauer, der in seinem bürgerlichen Haus aus dem frühen 18.Jh. regelmäßig mit Gleichgesinnten zusammentraf. Das Inventar trug der Hausherr aus Fünen, den umliegen-

Diese **FLASCHENSCHIFFSAMMLUNG** ist einmalig! *Peter Jacobsen,* auch als Flaschen-Peter *(Flaske-Peter)* bekannt, bastelte in seinen 87 Lebensjahren – bis 1960 – mehr als 1.700 Buddelschiffe, von denen eine reizvolle Auswahl im früheren Armenhaus zu bewundern ist. Fantasievolle Gebilde hat er geschaffen: außer den Schiffen ganze Hafenzeilen, Küstenlandschaften, Leuchttürme, Windmühlen, Brücken. Selbst die Flaschen überraschen durch ihre Formenvielfalt. Die meisten stammen aus dem schottischen Pub, den Jacobsen und seine Frau einmal geführt hatten; einzelne bekam er aus fernen Ländern mitgebracht oder zugeschickt. Es ist eine Legende, dass der frühere Seemann sämtliche Flaschen im Alleingang geleert haben soll.
Jacobsen und seine Frau kamen erst 1940 auf die Insel und bezogen dieses Armenhaus 1942, um hier mietfrei zu leben. Im Gegenzug durfte die Gemeinde die Sammlung zur Schau stellen – in manchen Jahren verzeichnete die Flaschenschiffsammlung mehr Besucher als Kopenhagens Nationalmuseum. 1957 verkaufte Jacobsen das Gros der ihm verbliebenen Sammlung an *Einar Lange,* einen US-Amerikaner mit dänischen Wurzeln. Mit dem Geld konnten sich Jacobsens einen besseren Alterssitz in der Østergade leisten. Die verkaufte Sammlung tourte durch die Kontinente, war 1958 der einzige »dänische Beitrag« auf der Weltausstellung in Brüssel. 2008 konnte sie mit Unterstützung diverser Fonds zurückgekauft werden, um sie hier in Ærøskøbing als separate AMERIKA-SAMMLUNG wie hinter Bullaugen zu präsentieren.

den Inseln und aus Nordschleswig zusammen. Spektakulär ist allein schon, dass in dem Haus annähernd 3.000 WANDKACHELN verarbeitet sein sollen. Das Sammelsurium sucht seinesgleichen, ob Möbel, Fayencen, Trinkgläser und -krüge, Senfmühle oder die Souvenirs aus fernen Ländern: Viel Platz haben die Besucher jedenfalls nicht, um sich in den zwölf Räumen und über zwei Treppen zu bewegen.

◎ Von Hammerichs Hus ein paar Meter die Brogade hinauf, steht man auf dem kleinen historischen Marktplatz **TORVET**, dem die Parkplätze von seiner nostalgischen Ausstrahlung nehmen. Das gelb gestrichene Gebäude mit den Jahreszahlen 1782 fungierte bis 1863 als Rathaus. Die dekorativen Pumpen auf dem Platz waren bis 1952 als Wasserquelle in Betrieb, um einen Brand schnell löschen zu können. Hinter dem alten Rathaus erhebt sich:

◎ **ÆRØSKØBING KIRKE**, Kirkestræde 5. Mo–Sa 8–16 Uhr, So 9–16 Uhr.

Mit dem geweißten Gewölbe wirkt die Kirche etwas nüchterner, unspektakulärer als die Kirchen der Inselmitte, trotz der Säulenreihen, der prachtvollen Renaissance-Kanzel und der Altartafel, eine Kopie des Eckersberger Meisterwerks aus der Vor Frue Kirke in Svendborg. Errichtet 1756–58, ist sie die dritte Kirche hier am Platz; aus der Vorgänger-Kirche stammt, außer der Kanzel, weiteres Inventar wie das mittelalterliche Taufbecken.

◎ Die Halbinsel **UREHOVED** **(2)** stellen wir im Rahmen einer Radtour auf Seite 274 f. vor.

Søby

Søby ist die dritte größere Ortschaft auf Ærø. Von der Nordwestspitze der Insel geschützt, dreht sich alles um den Hafen, wo die Werft SØBY VÆRFT als größter Insel-Arbeitgeber ebenso repariert wie neue Schiffe baut, etwa für die dänische Marine. Auch Ærøs Fischkutter sind hier stationiert – der Hafen soll sogar vergrößert werden.

Gleich zwei Fähren verbinden Søby mit der Außenwelt: die eine mit Faaborg an der Küste Südfünens, die andere mit Fynshav auf der Insel Als, die schnellste Verbindung nach Deutschland. Sonst gibt die knapp 450 Einwohner zählende Ortschaft für Touristen wenig her: Bevor man hier Quartier nimmt und sich häufiger in den Inselsüden und -osten aufmacht, sei es eher umgekehrt angeraten: Denn die meisten Urlauber werden mit einem einzigen Ausflug in den Nordwesten Ærøs auskommen, es sei denn sie suchen gezielt diese Abgeschiedenheit – oder sind passionierte Golfer, denn der Insel-Golfcourt umgibt den stolzen Leuchtturm draußen auf SKJOLDNÆS, der Ærøs Nordwestspitze markiert.

ORIENTIERUNG

Oberhalb des Hafens ist ein Parkplatz ab Hauptstraße ausgeschildert; Ortsplan im jährlichen Ærø Guide.

UNTERKUNFT

◎ **SØBYLYST**, Østerbro 4, Tel. 6258 1120, www.sobylyst.dk. Ganzjährig geöffnet. Ferienwohnungen für 2–8 Personen, nur wochenweise zu buchen,

◀ Ærøskøbings historischer Marktplatz Torvet mit dem alten Rathaus. Im Sommerhalbjahr serviert das »Café På Torvet« etwa von 11.30 bis 15 Uhr diverse Gerichte und Snacks, bei warmem Sonnenwetter auch draußen auf dem Platz und mitunter bei Live-Musik.

je nach Saison 3.100–6.900 DKK ohne Nebenkosten und Endreinigung.

Schick wohnen im völlig umgebauten früheren Domizil des »Søby Kro«, zentral an der Kreuzung bei der Kirche, jedoch nicht am Ufer gelegen.

◎ **SØBY CAMPING**, Vitsø 10, Telefon 6258 1470, soeby-camping.dk. Ganzjährig geöffnet, wobei 1.10.–1.5. nur bei Anmeldung. Camping je nach Saison 110–120/60–70 DKK. Wohnwagen und Hütten (4 Personen) ab 400/500 DKK, in der Hauptsaison (15.6.–15.8.) nur wochenweise plus Personentarif. Auch große Familien-Wohnzelte.

Nach Westen gelegener, ufernaher Platz am Waldrand. Populär bei Anglern, kurzer Fußweg zum Kiesstrand. Familiär geführt und recht gepflegt.

ESSEN UND TRINKEN

Im Hafen ist ØENS GRILL & SPISEHUS ganzjährig geöffnet (um 11–20 Uhr).

◎ **CAFÉ ARTHUR**, Ellehøjvej 1, Tel. 6258 1823, cafearthuraeroe.dk sowie via Facebook. Regelmäßig geöffnet nur Juli und August, ansonsten wechselnd an ausgewählten (Feier-)Tagen. Ferner Take away – primär Fastfood-Sparten Burger und Hotdogs und mit mehr Aufwand herzurichtende Speisen wie Smørrebrød nur auf Bestellung. Nett AN DER MARINA gelegen.

SØBYGAARD

Etwa 2 km vor Søby erhebt sich rechts der Inselhauptstraße ein begrÜnter Wall, der vermutlich im 12. Jh. angelegt wurde und damals eine Burg umgab. Dort wo im Südwesten das Vitsø Nor liegt, streckte sich eine Bucht ins Land, an deren Ende landeinwärts am Fuß der Burg ein Naturhafen lag. (3)

◎ Der **RINGWALL** ist zu begehen. Im Südwesten liegt das naturgeschützte Vitsø Nor, im Nordosten besetzt die Windmühle VESTERMØLLE einen Hügel. Ein feiner Platz für Abendstunden und Sonnenuntergänge. Die steilsten Passagen zwischen den begehbaren Wallhöhen sichern Holztreppen, Schafe halten den Bewuchs niedrig.

Eine Treppe führt hinunter zum:

◎ **SØBYGAARD**, Søbygaardsmarkvej (Inselhauptstraße), Tel. 6258 1676, Mitte Mai bis etwa 20.10. täglich 10–16 Uhr. Eintritt 60/0 DKK.

1580 als Herrenhof gebaut, wohnten hier bis 1771 mehrere Generationen von Herzögen. Ein Blickfang ist die rekonstruierte ZUGBRÜCKE über den (trockenen) Wallgraben, der das Haupthaus umgibt. Sorgfältig saniert wurden auch die Wirtschaftsgebäude: In einem finden unregelmäßig klassische KONZERTE statt, in einem ande-

ren, eindrucksvoll restaurierten werden Kunstausstellungen arrangiert.

Die Ausstellungen im Haupthaus, sind eher dürftig: Bilder, Fotos, Texte über die Herzöge, vorwiegend nur auf Dänisch, einige Möbel, Haushaltsgeräte, die Butterwaage aus der einst zugehörigen Molkerei, Wandmalereien und etwas Fachwerk vermitteln einen begrenzten Erkenntniswert.

◎ Über den Øhavsstien ist der Parkplatz an der Inselhauptstraße mit dem **VITSØ NOR** verbunden (siehe Seite 277 unter »Wandern«).

SØBY LANGEBRO

Mitten in Søby knickt die Hauptstraße rechts ab und führt als Havnevejen hinunter zum Hafen. Geradeaus geht es über die Straße Langebro vorbei an Supermarkt und restaurierter Windmühle direkt nach Skjoldnæs.

◎ An der Kreuzung Havnevejen/Langebro steht auf dem höchsten Punkt im Ort die **SØBY KIRKE**. 1745 errichtet, ist sie im Inneren eher nüchtern und das Inventar noch jung. Die Pieta, das Gemälde der Maria mit dem toten Jesus, stammt von *Magdalene Hammerich,* einer Schwester des Bildhauers Gunnar Hammerich (siehe Seite 263), der das Bild anlässlich der Restaurierung 1978 stiftete.

◎ Die Windmühle **SØBY MØLLE** ist eine sogenannte Holländermühle, errichtet 1881. Seit 2005 im Besitz eines eigens gegründeten Fonds, wurde sie ansehnlich RESTAURIERT. Leider blieb kaum Inventar erhalten, so dass sich die Mühlenwiese primär als Picknickplatz empfiehlt, die Mühle selbst aber nur zu besonderen Anlässen geöffnet wird.

NORDWESTSPITZE SKJOLDNÆS

◎ 5,5 km ab Hafen sind es, vorbei an der Werft, hinaus nach Skjoldnæs, wo der LEUCHTTURM **SKJOLDNÆS FYR** 22 m hoch aufragt **(4)**. 1881 aus Bornholmer Granit gebaut, versah Skjoldnæs fyr den Dienst zuerst mit Dochtbrennern in Glaszylindern (und einem Nebelhorn als Warnton), ab 1907 mit Glühstrumpf-Petroleumlampen und ab 1936, nun elektrifiziert, mit Glühbirnen. Der ursprüngliche Zugang erfolgte über den angebauten Gebäudetrakt für die früheren Leuchtturmwärter. Für die Besucher hat man eine zusätzliche Pforte geschaffen – die allerdings so schmal ist, dass in unserer heutigen Zeit des verbreiteten Übergewichts ein nicht unerheblicher Teil der Interessentenschar nicht (!) in den Genuss der 57 Stufen hinauf zur Aussichtsplattform kommen dürfte.

Von oben blickt man BEI KLARER SICHT nach Als, aufs Südfünische Inselmeer und bis zum Kleinen Belt. Geöffnet von Sonnenaufgang bis Sonnenuntergang. Entré 20/10 DKK. Texte zur Leuchtturmhistorie Dänemarks im Allgemeinen und zu Skjoldnæs fyr im Besonderen hängen im Eingangsbereich.

◎ Den Leuchtturm umgibt Ærøs einziger, 2006 angelegter **GOLFPLATZ**. Der »Ærø Golf Klub« hat das Gebäude der Leuchtturmwärter übernommen, wozu zeitweise ein kleines Lokal gehörte, das zuletzt aber unbesetzt war. Jedenfalls vermittelt die unmittelbare Nähe von Meer sowie Schiffen einen rauen Charme.

Im Osten erstreckt sich mit NÆBBET ein naturgeschütztes Areal in einer früheren Kiesgrube (siehe Seite 280).

◀ Søbygaard: Haupthaus mit Wallgraben und Brücke

Ausflüge

Dieses Kapitel stellt Orte und Gegenden abseits der drei großen Ortschaften vor, beginnend von Osten nach Westen. Wobei sich die schmalen Nebenstraßen südlich und nördlich der Inselhauptstraße besser für Fahrradausflüge eignen (siehe Seite 273 ff.).

MARSTAL BUGT

Die Stationen im Bereich dieser Bucht sind für Radler wesentlich günstiger zu erreichen als für Autofahrer, die ihr Gefährt nicht überall problemlos abstellen können.

◎ Bis ins 19. Jh. bestand Ærø aus zwei Inseln, die ein schmales, steinernes Riff *(drej)* miteinander verband. 1856, als das Haff GRÅSTEN NOR zwischen Marstal und Ærøskøbing nach Norden hin eingedeicht wurde, baute man **DREJET** (5) zum Damm aus, auf dem heute die Inselhauptstraße auf 1,7 km direkt an der Südküste entlang führt. Unterhalb zu der bewaldeten Landseite hin wurde 2009 endlich ein ordentlicher Radweg angelegt; mehrere Parkplätze ermöglichen Abstecher nach Gråsten Nor (siehe Seite 277 f.).

Drejet gilt als gutes ANGELREVIER. Auf den Holzbuhnen, die im rechten Winkel zum Ufer ins Wasser ragen und die Wellen zum Schutz der Küste brechen sollen, lassen sich gerne Kormorane nieder.

◎ Wer am westlichen Ende von Drejet auf die Nebenstraße am Ufer entlang abbiegt, durchquert mit **HAVSMARKEN** (6) HISTORISCHES Terrain: Nachdem Hobby-Archäologen 2008 in den Feldern über der Straße Münzen aus der Wikingerzeit zu Tage gefördert hatten, belegten offizielle Ausgrabungen sowie Funde 2009: Hier dürfte um 750 ein Handelsplatz gelegen haben, direkt am Strand, da landeinwärts keine Siedlungsreste nachzuweisen waren. Die Münzen und anderen Metallfunde stammen zum Teil aus entfernten Regionen im Mittelmeerraum. Zu sehen gibt es heute nichts vor Ort. In diesem Abschnitt lagen noch Anfang des 19. Jhs. Schanzen zur Abwehr von feindlichen Schiffen – ebenso auf der anderen Seite von Drejet. An der Küste aber kann man gut rasten.

◎ Die Nebenstraße nach Lindsbjerg knickt landeinwärts ab und führt hügelaufwärts. Wer gleich links in den Eskevej abbiegt, um dann am Hof wieder links zur Küste zurückzufahren, erreicht dort einen Parkplatz. Auch hier machen es sich **KORMORANE** gerne auf den Holzbuhnen gemütlich.

◎ 200 Meter die Küste entlang nach Süden, umgibt ein zum Meer offener, begrünter Wall eine Wiesenfläche, in der sich deutlich niedrigere Erdwälle abzeichnen. Diese markieren die Fundamente der **SCT. ALBERTS KIRKE** (7), die von etwa 1300 bis zur Reformation in Funktion war. Als ländliche Dependance der größeren Kirche in Rise war sie von untergeordneter Bedeutung. Die meisten Mauern fanden bei der Kirchenvergrößerung in Rise sowie auf anderen Baustellen der Region Verwendung.

Der erst 1996/'97 restaurierte Wall ist übrigens bedeutend älter. Bereits um 800 dürfte hier eine Festung angelegt worden sein, was auch mit den Funden drüben in Havsmarken zeitlich korrespondiert.

◎ Der Hügel Lindsbjerg, rechts der Nebenstraße landeinwärts, markiert einen Langdolmen sowie zwei Grabkammern. Authentisch soll dieser Ort namens **LINDSBJERG JÆTTESTUE (8)** aber nicht sein. Im Zweiten Weltkrieg hatte sich die deutsche Wehrmacht auf der Anhöhe eingerichtet und nahm wenig Rücksicht auf die altertümlichen Hinterlassenschaften.

Die Restaurierung nach 1945 unter Regie des Nationalmuseums bewerten heutige Fachleute als Missgriff.

RISE

Seit der Kommunalreform 2006 gibt es ja nur noch eine Inselgemeinde namens Ærø. Die historische Aufteilung nach Kirchspielen betrachtet, gibt es außer Marstal, Ærøskøbing und Søby drei solcher Kirchengemeinden in der Inselmitte, die östlichste davon ist Rise mit ca. 825 Einwohnern. Rise selbst unterteilt sich wiederum in Lille Rise, an der Inselhauptstraße, und Store Rise, nördlich davon. Nach Lille Rise:

◎ Lille Rises größte Besonderheit ist die 2004 wieder ins Leben gerufene Brauerei **RISE BRYGGERI (9)**, die in landesweiten Vergleichstests bereits den ein oder anderen Sieg errungen hat und mit einigen Spezialbieren ihre Nische gefunden zu haben scheint: So hat man Ale-Versionen zu Ostern und Weihnachten und andere kreiert, zu beziehen in lokalen Supermärkten, Souvenirläden und im eigenen Shop. Seit 2008 setzt die Brauerei stärker auf Biere mit Öko-Zutaten. Eine kreative Schöpfung ist Ærø Økologisk Valnød mit natürlichem Walnussaroma.

Rise, Vandværksvej 5 (ab Kirche an der Inselhauptstraße ausgeschildert), Tel. 6252 1132. Café/Shop Juli sowie August täglich 10–14 Uhr, sonst Shop Mi+Sa 10–14 Uhr. Auch Werksführungen mit Kostproben, aber nur in dänischer Sprache. 1.4.–31.10. Sa um 11 Uhr, Juli/August auch Mi um 11 Uhr.

◎ EMPFEHLUNG: **RISE KIRKE**, Store Rise, St. Rise Landevej 9 (Inselhauptstraße). Täglich 8–16 Uhr. Beachten Sie bitte die Fotos auf Seite 270!

Ursprünglich im 12. Jh. im romanischen Stil erbaut, erfuhr das Gotteshaus mehrere Anbauten, um die vor allem in Marstal ständig wachsende Bevölkerung aufnehmen zu können; 1738 bekamen die Marstaler ihre eigene Kirche. Die Rise Kirke ist von den drei Kirchen der Inselmitte die unauffälligste: Das Gewölbe ist geweißt, die Renaissance-Kanzel nichts Außergewöhnliches in der Region. Die Galerie entstand ebenfalls, um mehr Kapazität im Innenraum zu schaffen. Besondere Aufmerksamkeit verdient die Altartafel (spätes 15. Jh.) aus Eichenholz. Die dreigeteilte Relieftafel zeigt links Szenen vom Verrat des Judas über die in der Mitte platzierte Kreuzigung bis zu Jesu' Wiederauferstehung.

Draußen in der FRIEDHOFSMAUER blieb ein Tor aus der Zeit um 1450 bewahrt, das sog. MÖNCHSTOR.

◎ Nur ein kurzer Fußweg ab der Rise Kirke führt zur ehemaligen Thingstätte **TINGSTEDET**, wo ein Langdolmen (Langdysse) Gräber aus der jüngeren Steinzeit markiert, die 5.000 und mehr Jahre alt sein könnten. Von den einst angeordneten Feldsteinen verblieben nur wenige vor Ort, die Grabkammer-Zugänge sind längst zugeschüttet und waren zuletzt zugewuchert.

Die Ortschaft Rise verteilt sich auf Lille Rise (Klein-Rise), auf dem Weg nach Ærøskøbing, und Store Rise (Groß-Rise) an der Inselhauptstraße, dort wo sich Kirche und Brauerei befinden. Rise verlor seit 2012 etwa 10 % seiner Einwohner.

VINDEBALLE/TRANDERUP

Die Ortschaften Vindeballe und Tranderup liegen bereits südwestlich von Ærøskøbing. Sie gehen direkt ineinander über: Der Vindeballe Kro an der Inselhauptstraße liegt nur wenige Meter entfernt von der:

◎ EMPFEHLUNG: **TRANDERUP KIRKE (10)**, Tranderupvej 49. Geöffnet täglich 8–16 Uhr.

Gerade mal 360 Einwohner leben im Kirchspiel Tranderup. Was haben sie für eine schmucke Kirche, geprägt vor allem durch die GEWÖLBEMALEREIEN mit Inschriften, die frisch nachgezeichnet wirken. Die Kirchenarchitektur zeigt romanische wie gotische Merkmale, als ältestes Inventar gilt die Maria-Figur (vor 1300). Wie in den Kirchen Rise und Bregninge gibt es eine dreiflügelige Altartafel (um 1510) und eine Renaissance-Kanzel. Anders als die Nachbarkirchen wurde der äußerlich gleiche Turm aber 1832 durch einen im neoklassizistischen Stil ersetzt: Hier hängt und schwingt die KIRCHENGLOCKE IM FREIEN.

VODERUP KLINT

Der Steilküste Voderup Klint **(11)** ist ähnlich wie Urehoved ein Ort auf Ærø, an dem die Kraft ursprünglicher Natur Spuren hinterließ und hinterlässt.

◎ EMPFEHLUNG: Mehr als 3 km erstreckt sich diese **STEILKÜSTE**, deren höchste Stellen bis zu 30 m hoch sind. Wer am Strand entlang läuft, kann gut die SCHICHTEN an der Abbruchkante nachvollziehen, die Steine sowie den Muschelkalk, die bereits halb oder ein Stück weit aus der Düne herausragen und irgendwann in absehbarer Zukunft herabfallen werden.

◎ Die Brandung ist nicht die einzige Naturgewalt, die Voderup Klint formt. Vom ausgeschilderten Hauptzugang, dort wo Tische und Bänke zum Picknick einladen, ist die **TERRASSENBILDUNG** in der Landschaft oberhalb der Steilküste gut zu überblicken. Grund sind die verschiedenen Bodenschichten aus sog. Geschiebelehm, Sanden und wasserundurchlässigem Ton: Hat sich über Jahre sehr viel Regenwasser in den wasserdurchlässigen Schichten angesammelt und den Ton glitschig werden lassen, kann das Gewicht von oben solch eine Tonschicht herausdrücken und die betroffene Fläche zusammenstauchen und absenken; das geschieht in eher großen Zeitabständen sowie auch eher langsam als abrupt, kann aber über dutzende Meter vor sich gehen.

◎ Voderup Klint steht seit 1957 unter **NATURSCHUTZ**. Das Gebiet wird aber beweidet, damit die Vegetation erhalten bleibt und vor allem die heimisch gewordenen Tiere und Pflanzen ihren Lebensraum nicht verlieren. Frösche, Nattern und Blindschleichen überlebten nicht, würden hier Bäume und hohe Sträucher wachsen und der Boden keine Sonnenwärme mehr erhalten. Als Protagonisten der lokalen Fauna gelten Rotbauchunke und Ölkäfer.

◎ **INFORMATION**: Anfahrt ausgeschildert über Tranderup, Vindeballe, aber auch küstennah aus Bregninge. Info-Faltblatt auf Deutsch in den Touristenbüros, enthält u.a. nähere Auskünfte über Tiere und Pflanzen sowie zum nahen Dorf Voderup (siehe auch Seite 274).

◀ Rise Kirke mit Altartafel aus Eichenholz – die drei Kirchen in Ærøs Inselmitte (außer Rise noch in Tranderup und in Bregninge) gelten als besonders schmuck und sehenswert

BREGNINGE

Die letzte nennenswerte Ortschaft im Westen vor Søby: Im Dorf Bregninge mit den umliegenden Siedlungen leben etwa 475 Bürger.

◎ EMPFEHLUNG: **BREGNINGE KIRKE**, Vester Bregninge 15 (Parkplatz beschildert, auf der anderen Seite der Hauptstraße). Täglich 8–16 Uhr. Ausführlicher Folder auf Deutsch 10 DKK.

Wie in Tranderup wurde die Kirche (um 1200) im romanischen Stil erbaut und im 15. Jh. mit gotisch geprägten Gewölben erhöht. Auffallend sind die Wand- und Deckenmalereien, die sich nicht auf Verzierungen beschränken, sondern auch Figuren darstellen. Die außergewöhnlichste Figur ist der Narr mit dem geöffneten Mund, durch den (vor der Reformation) ein Seil herabhing, mit dem an einer bestimmten Stelle des Gottesdienstes eine Glocke betätigt werden konnte. Die überpinselten Malereien wurden erst im 20. Jh. wieder frei gelegt und restauriert. Auch die Bregninge Kirke ist mit einer dreiflügeligen Altartafel ausgestattet, während der romanische Taufstein aus der Gründerzeit des Gotteshauses stammt. Baugleich mit Rise, wurde der Kichturm in 2012 neu gedeckt.

◎ Kurios **DET MINDSTE GALLERI** IN EINER ausgedienten gelben TELEFONZELLE aus Deutschland – Dänemarks kleinste Galleri. Zu finden südwestlich von Bregninge, Radweg 91 bzw. Nebenstraße Tværbymark 18.

MIT FÄHRE UND POSTBOOT

Wer eine Woche auf Ærø weilt, mag womöglich Lust auf etwas mehr kleinstädtisches Feeling bekommen. Die Fähren nach Fünen bieten die Gelegenheit und sind für Fußpassagiere und Radfahrer als Tagesausflügler absolut erschwinglich. Der Ausflug nach Rudkøbing auf Langeland ist bedingt zu empfehlen, dafür ähneln sich Marstal/Ærøskøbing sowie Rudkøbing zu sehr. Die Fähre ab Søby nach Fynshav auf Als bringt nichts, denn in Fynshav gibt es außer dem Anleger nicht viel.

Des Weiteren verkehrt ein Postboot zur kleinen Insel Birkholm.

◎ **ÆRØSKØBING – SVENDBORG**. Fähre siehe Seite 225, Svendborg siehe Seite 206 ff.

◎ **SØBY – FAABORG**: Fähre siehe Seite 116, Faaborg siehe Seite 100 ff.

◎ **MARSTAL – RUDKØBING**: Ende 2019 soll eine neue Fähre in Betrieb gehen: www.aeroexpressen.dk.

◎ Das POSTBOOT **ÆRØSKØBING – BIRKHOLM** verkehrt von Mitte Mai bis Mitte September zweimal täglich und sonst einmal täglich, montags bis samstags. Ein Retourticket kostet 70/35 DKK, Fahrrad 30 DKK. Anmeldung erforderlich. Tel. 4040 0325 oder auch online via birkholmposten.dk.

Nicht mal 1 km² groß ist die kleine Insel zwischen Ærø und Tåsinge. Mit Beginn 2018 waren neun permanente Einwohner gemeldet; nur auf der benachbarten Hjortø sind es weniger. Im Sommer freuen sich die Freizeitkapitäne auf den kleinen Hafen, wo es für Camper zwei karge Mini-Hütten gibt. Proviant sollte man jedoch mitbringen (und Müll wieder mitnehmen).

Birkholm, das nicht mal 2 m aus der See ragt, umgeben zwei Deiche. Carstens Jensens »Wir Ertrunkenen« (siehe Seite 259) enthält die kurze, aber beeindruckende Schilderung, wie eine Sturmflut die Insel überspülte.

Ferien aktiv

RAD FAHREN

◎ Ein guter Begleiter ist die GRATIS-**KARTE** 7 zum **ØHAVSSTIEN** mit Rad- und Wanderwegen und weiteren Eintragungen. Die auf Seite 23 genannte Fahrradkarte ist in der Maßstabszahl größer, also weniger detailliert.

◎ Die **10 RADTOUREN AUF ÆRØ** aus dem gleichnamigen Büchlein sind 4,9–80 km lang, präzise im Ablauf dokumentiert, die Karten ausreichend – ein komfortabler Zusatz, jedoch kein Muss, bei Interesse vor dem Kauf prüfen. Im Touristenbüro 135 DKK, auch im Voraus in Deutschland erhältlich.

◎ EMPFEHLUNG: RUNDTOUR **MARSTAL - ÆRØSKØBING - VODERUP KLINT - MARSTAL**. Länge ohne/mit Abstecher etwa 34/49 km.

Beginn am Fährhafen, nach Norden parallel zur Küste an der Werft HCC vorbei, dann links in den Toftevej, an dessen Ende rechts auf den Ommelsvejen Richtung Ommel. OMMEL ist nicht der Rede wert, auch die von der Landwirtschaft stark geprägte Landzunge Ommelshoved lohnt den Abstecher nicht. Stattdessen in Ommel links halten: auf den Kærvej abbiegen sowie dann wieder links auf dem Kirkevejen, der Ommel gen Süden verlässt. (Wer dem Radweg 92 folgt, fährt einen Bogen durch Ommel und kann in den Klevenvej hinunter zum Yachthafen abbiegen, wo ein schlichter Zeltplatz mit WC für Radfahrer und Wanderer eingerichtet ist.)

Die Route, wieder identisch mit dem Radweg 92, passiert südlich Ommels linker Hand die verschlossene Ortskirche, die nur noch selten zu kirchlichen Handlungen genutzt wird. Es geht in Nähe der Kleven-Bucht nach Kragnæs, zuvor rechts ab in den Færgevej. In der Siedlung KRAGNÆS empfiehlt sich der 750 m lange Abstecher zur etwa 5.000 Jahre alten GRABKAMMER **KRAGNÆS JÆTTESTUE**, die 1975 restauriert wurde – ein Stück weit kann man hineinkriechen. Der Hinweg via Færgegårdsvej ist beschildert: Die letzten hundert Meter zweigt die Route vom links abbiegenden Øhavsstien ab und führt geradeaus durch ein Maisfeld. **(12)**

Zurück zum Færgevej, der sich zwischen den Anwesen in Kragnæs hindurchwindet und am Ortsausgang in einen unbefestigten Weg namens Ved Dæmningen übergeht: Der führt durch Feld und Flur und sogar ein Stückchen Wald, macht eine kurze Steigung und plötzlich befindet sich der Radler direkt an einer Bucht und auf dem Deich, der Gråsten Nor (siehe Seite 277) vom Südfünischen Inselmeer trennt; hier am Deich beginnt ein anderer Abstecher zur Kragnæs Jættestue.

Der folgende Abschnitt entlang der Bucht nach Ærøskøbing ist relativ neu und ersetzt die frühere Strecke über die Autostraße. Der **RADWEG** verläuft bei gleich bleibend schöner Aussicht beständig am Wasser, vorbei an Booten und Reusen. Mit dem schmalen Forst ist der Waldspielplatz LUNDEN erreicht, wo man rasten und sogar in offenen Holzverschlägen übernachten kann. Vorbei an einer Solarstromanlage, hält man sich in Ærøskøbing (Bøssehage) zunächst links.

km 11: Kreuzung Bøssehage / Smedevejen. Bøssehage wird zu Pilebækken und später zum Vråvejen. Der Abstecher nach ÆRØSKØBING (siehe Seite 261) empfiehlt sich über Vestergade oder Vestre Allé, der Hauptstraße zum Hafen hinunter. Von der Vestre Allé zweigt links der Sygehusvejen durch das Neubauviertel mit Krankenhaus und Zufahrt zum Campingplatz ab, der aufs offene Meer zuhält, dann rechts abknickt und als Vestre Strandvej am Strand entlang führt. Hier stehen bunte BADEHÄUSCHEN aufgereiht, pittoresk wie auf Eriks Hale in Marstal. Weiter geht es in einem Bogen hinaus auf die Landzunge **UREHOVED**, die nicht so vehement von der Landwirtschaft vereinnahmt ist wie Ommelshoved. Eine Handvoll gepflegter Anwesen gibt es, von denen auch welche als Ferienhäuser zu buchen sind. Vom Wendeplatz aus (3,4 km ab Kreuzung Sygehusvejen/Vestre Allé) kann Urehoveds Außenposten mit Steilküste umrundet werden, ein beliebtes Revier unter den Anglern. Die Landzunge ist bei jedem Wetter ein NATUR-ERLEBNIS und das Betreten der Steilküsten von oben zu deren Schutz nicht gestattet. **(2)**

Über den Vråvejen aus Ærøskøbing heraus, an einem Reiterhof vorbei, auf dem Øsemarksvej nahe an der Bucht entlang, hält sich die Route 3,4 km hinter Bøssehage/Smedevejen links, während der Radweg 92 rechts abzweigt. Über Strandhuse sowie Præstens vej geht es aufwärts – mit zunehmender Steigung wird das Panorama im Norden immer prächtiger: also anhalten und zurück auf die Bucht schauen, dahinter Urehoved, die umliegenden Inseln und bis nach Fünen.

Ortseingang VINDEBALLE, womit Ærøs Moränenrücken erklommen ist, wenn man die Inselhauptstraße überquert, rechts der »Vindeballe Kro«. Auf der Abfahrt gleich links sollten Sie anhalten, um einen Blick in die TRANDERUP KIRKE zu werfen (siehe Seite 271). Hügelaufabwärts folgt man der Hinweisschildern via Tranderupvej sowie Holmevej nach Voderup Klint, zuvor durchquert man das Dorf Voderup mit dem putzigen Dorfteich.

km 18,5. VODERUP KLINT ist erreicht, der Spaziergang zum Ufer hinab und die Küste entlang ein ähnliches starkes Erlebnis wie Urehoved.

Zurück nach Voderup sowie fortan die Südküste auf dem Radweg 91 begleitend, geht es nach Südosten. Etwa 2,5 km ab Voderup Klint führt ein weiterer Abstecher ans Ufer (= Stranden), 800 m sind es bis zu einem schönen Wiesenplateau oberhalb. 6 km weiter, über Oldemarksvej auf dem Søndre Kystvej angelangt, führt ein Feldweg an zwei Silotanks vorbei als dritter Abstecher zum Ufer, hier sogar mit einigen Flecken Sand. Die riesigen WINDMÜHLEN decken zusammen mit drei weiteren weiter südöstlich den größten Teil von Ærøs Strombedarf. Weiter geht es über Lindsbjerg, vorbei am Hof ESKE mit möglichem Abstecher zur SCT. ALBERT KIRKE (siehe Seite 271) hinunter zur Küste und dann in einem Knick nach links. Reizvoll geht es entlang der Marstal Bugt.

km 29. Bei DREJET (siehe Seite 268) wird die Inselhauptstraße überquert; der Radweg führt zwischen Wald und Straße unterhalb des Damms über losen Belag. Zwei Rastplätze ermöglichen Wanderungen zum Gråsten Nor, wobei es schönere Touren zu Fuß auf der Insel gibt (siehe Seite 277 f.).

Hinter Drejet verlässt die Route die Inselhauptstraße und biegt links ab in

Radtour auf Ærø: oben der neue Radweg zwischen Kragnæs (bzw. Marstal) und Ærøskøbing an der Bucht entlang, unten Küstenlandschaft bei Eske ▶

den Ronæsvej. Rechts ab via Grasvængevej, Møllevejen hinein nach Marstal und der Beschilderung zum Hafen folgend, ist der Ausgangspunkt erreicht.
◎ **LEUCHTTURM SKJOLDNÆS (4)**: Der einzige Weg über die Straße ab Søbys Hafen ist 5,5 km lang. Zwischen Søby und dem Golfplatz geht es durch landwirtschaftlich genutzte Flächen, unterbrochen nur vom in einer Senke liegenden grünen Dorf HAVEN.

Wem die 11 km Gesamtdistanz zu wenig sind, kann die Tour ab Søby über die **RADWEGE 91** (Südærø) und **90** (Nordærø) verlängern und zu einer **RUNDFAHRT** kombinieren. Zum Beispiel indem man den Radweg 91 bis VODERUP KLINT (siehe Seite 271) befährt und ab dort, der Empfehlung unserer großen Tour folgend, in umgekehrter Richtung über Vindeballe vorbei an der TRANDERUP KIRKE (siehe Seite 271) auf die Nordseite der Insel wechselt und ab Strandhuse den Radweg 90 via Borgnæsvej zurück nach Søby nimmt. Unterwegs passieren Sie den Badestrand Blakstensodde sowie Ærøs höchsten Punkt, SYNNESHØJ.

Wem diese Schleife zu lang gerät, kann schon in Bregninge in den Norden wechseln. Dazu biegt man an der BREGNINGE KIRKE (siehe Seite 272) in die Nebenstraße Vester Bregningemark ab, diejenige mit dem ausgeschilderten Parkplatz für Kirchgänger.
◎ Der NEUE RADWEG südöstlich von **ÆRØSKØBING** macht die TOUR von und nach **MARSTAL** zum Genuss. Folgen Sie der Empfehlung unserer großen Tour, die bis Ærøskøbing mit dem **RADWEG 92** ab Ortsausfahrt Marstal identisch ist. Wem zweimal 11 km für Hin- und Rückfahrt plus Ærøskøbing plus Urehoved-Abstecher zu viel sind, kann zurück den Bogen über Ommel aussparen und ab Kragnæs/Færgevej rechts in den Katteskovvej abzweigen und via Grasvængevej und Møllevejen abkürzen, statt wieder den Kirkevejen nach Ommel zu nehmen.
◎ **FAHRRADVERMIETUNG**: Marstal Marina, Sejlmagervej 2 (beschildert), Tel. 6253 1271. – Pilebækkens Cykelservice, Ærøskøbing, Pilebækken 11, Tel. 6252 1110. Erste Querstraße ab Kreisel, gegenüber vom ausgeschilderten Parkplatz. – Søby Cykeludlejning, Havnevejen 2, Tel. 4033 9114. Die Hauptstraße hinauf, schräg gegenüber der Kirche. – Weitere Vermieter im jährlichen Ærø Guide, darunter mehrere Unterkünfte, u.a. beide Hotels.

WANDERN, WALKEN, JOGGEN

Abgesehen von den Teilstücken entlang der Küste sowie einigen über Asphalt, findet Wandern auf Ærø überwiegend auf Feldwegen inmitten der allgegenwärtigen Landwirtschaftszonen statt. Waldgebiete gibt es nur wenige kleine auf der Insel – dessen muss man sich im Voraus klar sein.
◎ GRATIS-**KARTE** 7 **ØHAVSSTIEN**: gut geeignet, siehe Seiten 273/277.
◎ Die imposante STEILKÜSTE **VODERUP KLINT** erhebt sich bis zu 30 Meter hoch, südwestlich von Vindeballe und Tranderup, von wo aus die Küste auch erreichbar ist (siehe Seite 271).

Die Abhänge stehen unter Naturschutz! Darum ist es auch nicht möglich, oberhalb der Abbruchkante auf Tour zu gehen. Mit rund 3 km ist dieser Küstenabschnitt aber lang genug für eine unvergessliche Wanderung zwischen Dünen und Meer.

◎ Die schönste Rundwanderung verläuft um den erst 2009 entstandenen See des **VITSØ NOR** nahe dem Burgwall von Søbygaard. Bis ins 18. Jh. erstreckte sich ein Fjord bis an den Fuß des Walls; dann entwässerte man den Fjord schrittweise, bis ein Sturm 1872 das Areal erneut flutete. Erst 1964 war die Technik so weit fortgeschritten, dass die Feuchtwiesen richtig trocken gelegt werden konnten, doch heute stehen 160 ha des Gebiets, darunter das gesamte Vitsø Nor, als staatliches Renaturierungsprojekt unter NATURSCHUTZ. Die Bäume und Waldflächen sind keine 20 Jahre alt; es kehren verschwundene Pflanzen zurück, und in dem neuen See hat man künstliche Inseln geschaffen, die Graugänsen und anderen Vögeln als Rast- und Brutplätze dienen. **(13)**

Der Rundweg führt über weite Strecken an den Kanälen entlang, die der Regulierung des Wasserstands dienen, passiert das kleine, neue Pumpwerk sowie die flügellose Windmühle VITSØ MØLLE (1836). Kanal und Weg an der Mühle verlaufen zwischen dem See und den STRANDWIESEN SØBY MÅE, ein weiteres Rückzugsgebiet für Pflanzen und Tiere. Der Rundweg ist nördlich des Sees identisch mit dem Øhavsstien und misst gut 5 km. Startpunkte sind der Parkplatz Søbygaard an der Inselhauptstraße (siehe Seite 266) und am Wäldchen Vorbjerg Skov bei Højsten/Vorbjerg, wo das Küstensträßchen ab/nach Søby vorbeiführt, hier als Lebymarksvej; dieser Parkplatz war zuletzt nicht beschildert.

◎ KARTE 7 zum **ØHAVSSTIEN** zeigt außer der 36 km langen Etappe von Marstal über Ærøskøbing nach Søby in der neuesten Ausgabe den lilafarben gepunkteten **KYSTSTIEN** als südliche Alternative. – Empfehlenswerte Abschnitte auf dem Øhavsstien sind: von Søbygaard nach Søby über 4 km, was durch die Umrundung des Vitsø Nor bzw. durch die Nutzung des südlichen Wegs verlängert werden kann; vor Søby tangiert man die LODDENBJERG PLANTAGE, der älteste und stolzeste Wald auf Ærø, wo auch ein einfacher Campingplatz angesiedelt ist; mit dem Linienbus kann man zurück zum Ausgangspunkt fahren, der ebenso gut auch in Søby sein kann. – Westlich von Ærøskøbing führt der Øhavsstien 5 km lang direkt an der Nordküste entlang, Fünen und Urehoved immer im Blick; ca. 700 m nachdem der Øhavsstien landeinwärts abgebogen ist, verlässt man seine Route, denn nun gilt es der Straße nach Vester Bregninge zu folgen, um mit dem Bus zurückfahren zu können; ab Ærøskøbing bis Vester Bregninge ca. 10 km. – Kürzer, aber auch mit Küstenabschnitt läuft man zwischen Ommel und Kragnæs; ein kurzer Abstecher führt zur KRAGNÆS JÆTTESTUE (siehe Seite 273); zurück ab Deich Gråsten Nor empfiehlt sich der Radweg 92, denn die Øhavsstien-Route entlang des Gråsten Nor ist eher langweilig; östlichster Punkt dieser Rundstrecke ist die Kreuzung Kirkevejen (aus Ommel) und Færgevej; der beste Ausgangspunkt für die Tour ist der Parkplatz nahe Kragnæs Jættestue im gleichnamigen Ort. Distanz der Rundstrecke knapp 7 km.

◎ 1856 wurde das zwischen Marstal und Ærøskøbing liegende Haff **GRÅSTEN NOR** eingedeicht, 1880 war es so weit entwässert, dass es als landwirtschaftliches Nutzland verwendet werden konnte. Zwischen dem Deich im Norden und DREJET im Süden (siehe Seite 268) erstrecken sich über 400 ha Weiden und Ackerland, mittendrin der Inselflugplatz für Kleinflugzeuge. Es besteht die Möglichkeit, das Areal wie im Quadrat zu umgehen, die große Runde ist 8 km lang, wobei es im Norden auch eine Abkürzung gibt. Jedoch ist die Tour relativ ereignisarm und nur zu bestimmten Zeiten im Frühjahr anzuraten, wenn viele Pflanzen blühen und Zugvögel Station machen und sogar brüten. Von Mitte Mai bis Anfang Juni blühen hier gewöhnlich tausende ORCHIDEEN. **(14)**

Parkplätze bei Drejet, der am Flughafen ist begrenzt und eher für Radfahrer zu empfehlen. Ab Drejet etwa 500 m bis zum »Quadrat«. Besonders der Feldweg am Westrand des Gråsten Nor ist nach Regen rasch aufgeweicht.

◎ Touren **MIT NATURGUIDE** stehen im aktuellen Ærø Guide, Anmeldung im Touristenbüro Ærøskøbing. Tarife um 100/50 DKK, z.T. auf Englisch.

ANGELN

◎ **MEERFORELLEN** angelt man fast die ganze, ca. 80 km lange Küste entlang, von Skjoldnæs im Nordwesten bis Ærøs Hale im Osten. Gute Aussichten bestehen ferner bei Hecht, Dorsch sowie bei Plattfischen, diese vor allem westlich von Søby und rund um Ommelshoved; an dieser Landzunge im Nordosten besteht im Sommer außerdem Aussicht auf Aale. Jedenfalls darf mit Meerforellen und Dorschen gerechnet werden, die über 5 kg auf die Waage bringen. Literatur und Angelschein im Touristenbüro.

BADEN, SCHWIMMEN

◎ **BLAUE FLAGGEN** wehen südlich von Marstal bei ERIKS HALE, am familienfreundlichen VESTER STRAND bei Ærøskøbing und neuerdings auch am SØBY STRAND. Zu empfehlen sind außerdem westlich von Ærøskøbing der BORGNÆSSTRAND sowie der Strand beim »Søby Camping«. – An der Südküste geht es eher rau zu und ist wenig Sand vorhanden, am ehesten eignen sich ab der Südspitze bei Dunkær die zwei ersten ab Radweg 91 westwärts ausgeschilderten Wege zum RISEMARK STRAND (auch FKK).

GOLF

◎ **ÆRØ GOLF KLUB**, Søby, Skjoldnæsvej 8, Tel. 2145 8863, www.aeroegolf.dk. 18-Loch-Platz mit Meerblick sowie an der Schifffahrtsroute. Siehe auch Seite 267. Pay & Play.

PADDELN (SEEKAJAK)

◎ **PADDELN FÜR ANFÄNGER**: Marstal Kajakklub, Taget 4, Tel. 2341 1086, via E-mail: kurtlund61@gmail.com – Juli Mi 16–18 Uhr, Teilnahme 150/75 DKK. Die geschützte kleine Bucht ist im Südfünischen Inselmeer der beste Ort für die ersten Paddelschläge. Die Teilnehmer erhalten Boot, Schwimmweste und eine kurze Einweisung.

◎ **VIER TOUREN** AB ÆRØ empfiehlt der Seekajakführer (Seite 78) für Fortgeschrittene und Könner: ab Ærøskøbing nach Kleven und zurück (16 km), ab Marstal nach Birkholm und zurück (24 km) oder nach Strynø und Halmø und zurück (26 km). Die Inselumrundung wird insgesamt als schwierig kategorisiert und kommt auf 70 km. Die ersten drei Touren sind mittelschwer,

Oben Abbruchdüne Voderup Klint vom Ufer aus, unten erste Paddelschläge in der geschützten Bucht vor dem Domizil des Marstal Kajakklub bei Eriks Hale ▶

das Wetter ist stets wichtig und für die Inselumrundung entscheidend.

Der Marstal Kajakklub (s.o.) bietet an seinem Stammsitz (Taget 4) und in seiner Filiale in Ærøskøbing die Einlagerung von mitgebrachten Kajaks an.

◎ **KAJAKVERMIETUNG**: Ærø Kajakudlejning in Marstal, Knasterbjergvej 10, Tel. 2940 9656 und 2461 2070, kajakudlejningen.dk. 1.5.–30.9.

SEGELN

◎ Der prächtige SCHONER **FYLLA** im Hafen von Ærøskøbing ist nur zu chartern und hat keinen festen Fahrplan. Fragen kostet nichts – vielleicht sind beim nächsten Törn Plätze an Deck frei. Info im Touristenbüro oder Tel. 6252 1222, skonnertenfylla.dk.

SEGWAY

◎ **SEGWAY ÆRØ**, Vitsøhus bei Søby, Søbygårdsmarkvej 3, Tel. 2564 4003, www.vitsoehus.dk auch auf Deutsch. Geführte Touren ab Marstal und Ærøskøbing, 325 DKK. Vor Ort besteht die Möglichkeit, sich im Gelände an den fahrbaren Untersatz zu gewöhnen.

VOGELBEOBACHTUNG

Es gibt einige Orte, wo man rastende und brütende Vögel erleben kann, jedoch ohne einen Beobachtungsturm.

◎ An der Nordküste, gut 1 km östlich vom Leuchtturm Skjoldnæs Fyr, liegt das Naturschutzgebiet **NÆBBET**, mit Lebensraum für Blässhuhn, Schwäne, Enten, Watvögel wie Rotschenkel und Austernfischer, Sandregenpfeifer sowie Seeschwalben, darunter auch die Zwergseeschwalbe. Zugang via Küste unterhalb des Leuchtturms oder über den ersten Feldweg auf dem Golfgelände zur Rechten. Aber Vorsicht, Besucher haben sich in der ehemaligen Kiesgrube vorsichtig zu bewegen, um Tiere und Pflanzen zu schonen. **(15)**

◎ Im Noor **VITSØ NOR** bei Søby sind im Frühjahr Graugänse beim Brüten. Vertreten sind u.a. auch Bachstelze, Bekassine, Kiebitz, Rotschenkel sowie Kleiner Lappentaucher. Mehr zu Vitsø Nor siehe Seite 277 f.

◎ Im Koog **GRÅSTEN NOR** sind jede Menge Singvögel zu vernehmen. Wer im Frühjahr und im Herbst Zugvögel oder brütende Vögel beobachten will, muss hinauf zum Deich im Norden sowie nach rechts mit Blick auf das vorgelagerte Eiland **NØRREHOLM**. Hier sind Graugans, Kormoran und Enten zu Hause, in diesem Küstenabschnitt auch oft u.a. Schwalben, Schwäne, Sägetaucher zu beobachten. Mehr über das Gråsten Nor siehe Seite 277 f.

WINDSURFEN/KITESURFEN

◎ Für Anfänger eignet sich im Süden **MARSTALS** die Bucht bei Eriks Hale, die zum Meer hin versandet ist und wo auch die Kajak-Novizen die ersten Paddelschläge erlernen. Können finden zum Beispiel entlang der frischen **SÜDKÜSTE** ihr Terrain. Kitesurfer sind in der Kragnæs-Bucht in Aktion.

Was fehlt noch?

SIGHTSEEING

◎ Das Angebot an **FÜHRUNGEN** ist vielfältig, sei es im Hafen von Søby, in der Brauerei Rise Bryggeri (siehe dort), beim Zigarrenhersteller »Ærø Cigar«

oder draußen in der Natur. AKTUELLE Daten stehen im Ærø Guide. Zur Tour mit dem Nachtwächter in Ærøskøbing siehe Seite 263.

◎ Ein Erlebnis sind **RUNDFLÜGE** ab Kleinflugfeld ÆRØ FLYVEPLADS, auf dem eingedeichten Terrain von GRÅSTEN NOR. Mit »Starling Air«, Tel. 6253 3394. Es sind rund zehn Schleifen im Angebot, die ab etwa 750 DKK kosten. Bei günstigem Wetter ein tolles Erlebnis, aus eigener Erfahrung absolut zu empfehlen. Westlich Marstals, Dorthe-adalsvej 11, beschildert ab Drejet an der Inselhauptstraße in den Ronæsvej.

◎ **PROGRAMM** an ORGANISIERTEN TOUREN: ærø tours, Tel. 4046 6675, www.aeroetours.dk/de.

FESTE, VERANSTALTUNGEN

Der Veranstaltungskalender im jährlichen Ærø Guide informiert ausgiebig über alle möglichen Events, von Oper auf der Werft bis Yoga am Strand. Bei Vorträgen und Führungen sollte vorher angefragt werden, ob das Angebot für deutschsprachige Teilnehmer geeignet ist.

◎ **MUSIKFESTIVALS**: Klassik (Søbygaard, mittwochs, unregelmäßig, auch außerhalb der Feriensaison), Jazz (Ende Juli/Anfang August, in Ærøskøbing und Marstal, www.aeroejazzfestival.dk) und das Ærø Harmonikafestival (Ende Mai/Anfang Juni, in Marstal, via Facebook sowie www.harmonika-festival.dk auch auf Deutsch).

◎ **ÆRØ DOG DAYS**: neues Festival mit Kunst, Lyrik und Musik ebenso wie – Achtung: Namensgeber – Hundeausstellung und Hotdog-Wettessen. Ende Juli, in Ærøskøbing. www.aeroedogdays.dk. In der Kombination einfallsreich bis kurios, mit überwiegend skandinavischen Künstlern.

KINDER

◎ **SPIELPLÄTZE**: überdurchschnittlich ausgestattete bei den Yachthäfen in Marstal und Ærøskøbing sowie vor allem der Naturspielplatz LUNDEN, im Südosten Ærøskøbings in einem Waldstreifen bis hin zur Küste, südlich der Solarstromanlage. Auch im Innenhof des Marstaler Seefahrtsmuseums und bei den Marinas gibt es gute Spielflächen, ebenso wie gewöhnlich auf den Campingplätzen.

KONTAKT, HILFE

◎ **ÄRZTLICHE BEREITSCHAFT**: Tel. 6352 3090. Station in Ærøskøbing, Sygehusvejen, tagsüber Tel. 6352 1400. Im Neubauviertel, westlich des historischen Ortskerns.

◎ **POLIZEI**: Tel. 114.

◎ **POST**: Marstal, Kirkestræde 2 (Supermarkt, Mo–Fr 8–19 Uhr, Sa+So 8–18 Uhr). – Søby, Langebro 13 (Supermarkt, täglich 8–19 Uhr).

WEITERREISE MIT DER FÄHRE

◎ **INFORMATION**: Telefon 62524000 und aeroe-ferry.dk auch auf Deutsch. In der Feriensaison sind die Abfahrten samstags, freitags nachmittags sowie sonntags mittags oft ausgebucht.

◎ **MARSTAL-RUDKØBING**: geplant ab Ende 2019, www.aeroexpressen.dk und via Facebook.

◎ **ÆRØSKØBING-SVENDBORG**: im Kapitel »Svendborg«, siehe Seite 225.

◎ **SØBY-FAABORG**: im Kapitel »Faaborg«, siehe Seite 116.

◎ **SØBY-FYNSHAV** AUF ALS: für die Heimreise, siehe Seite 26.

Register

Die drei nordischen Sonderbuchstaben Æ (æ) Ø (ø) und Å (å) stehen am Ende des dänischen Alphabets und sind dementsprechend eingereiht.

ORTS-/SACHREGISTER

Für fast alle Museen etc. verwenden wir im Buch die dänischen Namen, da deren Übersetzung ins Deutsche Ihnen vor Ort (etwa bei Nachfragen) nicht weiterhelfen würde.

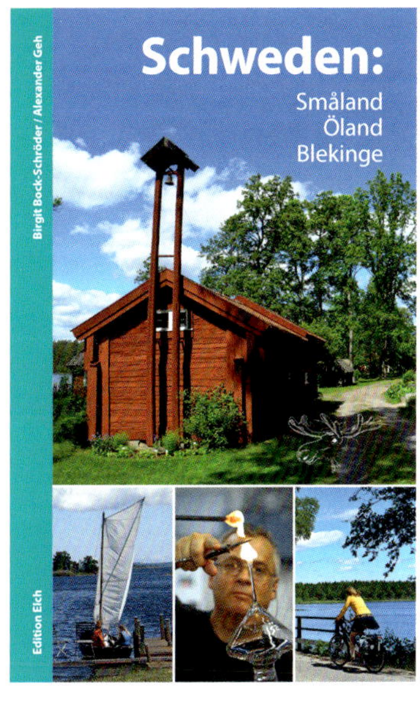

Für fast alle Museen etc. verwenden wir im Buch die dänischen Namen, da deren Übersetzung ins Deutsche Ihnen vor Ort (etwa bei Nachfragen) nicht weiterhelfen würde

PERSONENREGISTER

Für fast alle Museen etc. verwenden wir im Buch die dänischen Namen, da deren Übersetzung ins Deutsche Ihnen vor Ort (etwa bei Nachfragen) nicht weiterhelfen würde.

Åland-Inseln
Heiner Labonde / Jessika Kuehn-Velten
Edition Elch

Wir stellen mindestens 1-2 mal jährlich

AKTUALISIERUNGEN

zu diesem Reiseführer online:

www.edition-elch.de

Updates zu Buchinhalten, Leseproben, Leserpost, Links in den Norden

Bildnachweis

© *Alexander Geh:*
sämtliche Fotos außer den unten aufgeführten

© *Konnerup & Co ApS, Faaborg:*
- Seite 104 rechts
- Seite 119 oben

© *VisitDenmark:*
- Seite 104 links (Claes Bech-Poulsen)

© *VisitFaaborg:*
- Seite 100 oben (Rune Johansen)

© *VisitFyn:*
- Seite 62
- Seite 171 oben (Kirstine Mengel)

© *VisitOdense:*
- Seite 165 oben

© *Øhavsmuseet:*
- Seite 113 unten (Ard Joungsma)